Guido Hiß

DER THEATRALISCHE BLICK

Einführung in die Aufführungsanalyse

Dietrich Reimer Verlag Berlin

Gedruckt mit Hilfe der
Geschwister Boehringer Ingelheim Stiftung für
Geisteswissenschaften in Ingelheim am Rhein

Die Deutsche Bibliothek - CIP-Einheitsaufnahme

Hiss, Guido : Der theatralische Blick :
Einführung in die Aufführungsanalyse /
Guido Hiss. - Berlin: Reimer, 1993
Zugl.: Berlin, Freie Univ., Habil.-Schr., 1991
ISBN 3-496-02501-8

©1993 by Dietrich Reimer Verlag
Dr. Friedrich Kaufmann
Unter den Eichen 57
1000 Berlin 45

Umschlaggestaltung: Bayerl & Ost, Frankfurt a. M.,
unter Verwendung von Aufführungsfotos *Tasso*
(Fotograf: Günter Vierow)

ISBN 3-496-02501-8

Für Brigitte und David

INHALT

Einleitung: Das Simulacrum des Theaters

Die kunst des theaters ist weder die schauspielkunst noch das theaterstück, weder die szenengestaltung noch der tanz. Sie ist die gesamtheit der elemente, aus denen diese einzelnen bereiche zusammengesetzt sind. Sie besteht aus der bewegung, die der geist der schauspielkunst ist, aus den worten, die den körper des stückes bilden, aus linie und farbe, welche die seele der szene sind, und aus dem rhythmus, welcher das wesen des tanzes ist.[1]

In diesem Zitat von Edward Gordon Craig aus dem Jahr 1905 drückt sich aus, was für das neue Verständnis vom Theater, wie es sich um die Jahrhundertwende entwickelt hat, typisch ist: Theater wird als eigenständiges Medium entdeckt, gefordert und praktiziert – in radikaler Abwendung von der Drama- und Dichterversessenheit des 19. Jahrhunderts. Das "reine" Theater sollte es sein, Spiel und Fest, frei von der als Ballast, ja als Versklavung empfundenen Dominanz des "Dichterwortes". Es ist kein Zufall, daß sich wesentliche Aussagen der Protagonisten der "Stilbühnenbewegung" mit den Programmentwürfen für die neue Wissenschaft vom Theater decken. Sie wird etwa zeitgleich geplant und in ersten Anfängen auch schon in Seminaren und Übungen verwirklicht.[2] Wo sich Theaterleute von der Dominanz des Dramas befreien wollten, setzten sich Theoretiker von seiner akademischen Zuständigkeit ab – der literaturwissenschaftlichen Dramenforschung. Max Herrmann:

---

1   Edward Gordon Craig: *Die Kunst des Theaters.* In: E. G. C.: *Über die Kunst des Theaters.* Berlin 1969, S. 101 (Zuerst veröffentlicht: Berlin und Leipzig 1905)
2   Im Jahr 1900 beginnt Max Herrmann mit theaterwissenschaftlichen Veranstaltungen an der Berliner Friedrich-Wilhelms-Universität; Arthur Kutscher folgt 1909 in München. In Jena und Kiel werden Eugen Wolff und Hugo Dinger aktiv. 1920 begründet Carl Niessen das erste, noch unselbständige Institut für Theaterwissenschaft in Köln. Selbständig wird das Fach 1923: das *Theaterwissenschaftliche Institut an der Universität Berlin* nimmt seinen Lehrbetrieb auf, unter der Leitung von Max Herrmann und Julius Petersen.

Daß in theatergeschichtlichen Festsitzungen Vorträge über die dichterische Bedeutung eines Schillerschen Dramas ... gehalten werden konnten, ist nur ein allzudeutliches Symptom dafür, daß man auch unter den Adepten die Geschichte der dramatische Dichtung und die Geschichte des Bühnenwesens immer noch durcheinanderwirft. Das Drama als dichterische Schöpfung geht uns aber in der Theatergeschichte nichts oder nur in soweit etwas an, als der Dramatiker bei der Abfassung seines Werkes auch auf die Verhältnisse der Bühne Rücksicht nimmt, und insofern also das Drama uns einen unbeabsichtigten Abdruck vergangener Theaterverhältnisse liefert ... Das spezifisch Dichterische aber bleibt für uns ganz außer Betracht; das völlig unkünstlerische 'Theaterstück' ... ist für unseren Gesichtspunkt unter Umständen wichtiger als das größte dramatische Meisterwerk der Weltliteratur.[3]

Die Entdeckung des Theaters als eigenständige und eigengesetzliche Kunstform prägte den produktiven Horizont des Jahrhunderts[4], sie prägte auch maßgeblich die neue Wissenschaft vom Theater. Bis heute gilt, was Max Herrmann 1914 forderte: Erster Gegenstand des Fachs ist die Aufführung, nicht das Drama. Damit verschaffte man sich zugleich sein größtes Problem: Mit dem Fallen des Vorhangs ist die Aufführung unwiederbringlich in Raum und Zeit verloren. Theater ist flüchtig oder, um es mit dem Lessing-Begriff zu sagen, "transitorisch". Bücher können Jahrhunderte überdauern; doch wie soll man die Geschichte eines Genres schreiben, das dem Historiker nichts hinterläßt als karge Spuren?

Was Max Herrmann als Lösung vorschlug, prägte theaterhistorische Arbeit bis in die sechziger Jahre: "Rekonstruktion". Diese 'Methode' baut auf der Verbindung zweier unterschiedlicher Prozeduren, verkürzt gesagt: Sammeln und Beleben. Im ersten Schritt wird zusammengetragen, was vom vergangenen Theaterereignis übrig ist (etwa Regiebücher, Bühnenbildfragmente, Zeichnungen, Masken, Probennotizen,

---

3   Max Herrmann: *Forschungen zur deutschem Theatergeschichte des Mittelalters und der Renaissance.* Berlin 1914, S. 3
4   Die Forderung nach dem reinen, nichtliterarischen Theater stand auch im Mittelpunkt der Programmatik nachfolgender Avantgardebewegungen (der zwanziger und sechziger Jahre). Und auch die Entwicklung des modernen Regietheaters wäre ohne den Einfluß der Stilbühnenbewegung kaum denkbar gewesen: den szenischen Autor (den Regisseur) dem dramatischen überzuordnen.

Programmzettel und Kritiken). Im zweiten Schritt soll aus den Bruchstücken auf das verlorene Ganze, die ursprüngliche "Bühnengestalt", geschlossen werden. Das geht nicht ohne kombinatorischen, ja kriminalistischen Scharfblick, und als unerläßliche Voraussetzung für erfolgreiche Arbeit galt Intuition. "Theatersinn" wurde in den Rang eines hermeneutischen Prinzips erhoben. "Theatersinn" sollte ermöglichen, "die Herstellung verlorengegangener Leistungen" so weit zu treiben, "daß sie in der Anschaulichkeit eines unmittelbaren Abbildes vor uns stehen":

> Das wichtigste wird doch immer sein, den papierenen Ermittlungen dadurch zum Leben zu verhelfen, daß man sie in die Praxis der eigenen Stimme, des eigenen Körpers, der eigenen Seele überträgt und so in unwillkürlicher Ergänzung aus der lückenhaften Überlieferung ein blutvolles Gesamtbild herstellt ..., zum Zwecke der Neuschöpfung des Verlorenen ...[5]

Diese Methode wird heute von den meisten Theaterwissenschaftlern in Frage gestellt. Zwar könne man – wie Arno Paul schreibt – anhand des fragmentarischen Quellenmaterials "gewisse Rückschlüsse auf die jeweilige historische Situation ziehen, doch erweist sich der Anspruch, den die Theatergeschichtsschreibung damit verbindet, nämlich 'das Erkannte in lebendiges Theater umzusetzen', als mythisches Denken, das weder der Logik der Geschichte noch den Bedürfnissen des Theaters gerecht wird."[6] Ähnlich argumentiert Knut Hickethier: "Ein 'unmittelbares' Abbild mit Hilfe der Rekonstruktion herstellen zu können, ist ... unmöglich ..., weil das Material in seiner zeitbezogenen Determiniertheit und seiner (oft verdeckten) Intentionalität immer nur kritisch benutzbar ist und immer nur in Verbindung mit der Reflexion seiner Bedingungen verwendet werden kann."[7] Und Jan Berg bringt die Konsequenzen eines unkritischen Umgangs mit Theaterquellen auf den Punkt: "In der 'authentischen Inszenierung' des 16. Jahrhunderts, die Herrmann beschreibt bzw. beschwört, erkennen wir heute ohne Mühe Wissenschaftsdiskurs und ästhetische Erfahrung des beginnenden 20.

5   Max Herrmann, a. a. O., S. 7
6   Arno Paul: *Theater als Kommunikationsprozeß.* In: Helmar Klier (Hrsg.): *Theaterwissenschaft im deutschsprachigen Raum.* Darmstadt 1981, S. 210
7   Knut Hickethier: *Methodisches Nachwort.* In K. H. (Hrsg.): *Grenzgänger zwischen Theater und Kino. Schauspielerporträts aus dem Berlin der zwanziger Jahre.* Berlin 1986, S. 249

Jahrhunderts."[8] Unkritische, ja intuitive Theatergeschichtsschreibung kann nur äußerst spekulative Ergebnisse hervorbringen. Halbbewußte Medienvorstellungen, das, was man – vor der Folie seiner eigenen Erfahrung – für *das Theater* hält, pausen sich auf die historischen Zeugnisse durch. In die Leerstellen, die das fragmentarische Quellenmaterial offenläßt, dringt unreflektiert Gegenwart. Wir müssen unseren eigenen Begriff vom Theater kennen, um die Dokumente seiner Geschichte einordnen zu können. Und wir können ihn nur kennenlernen, wenn wir uns mit dem Theater auseinandersetzen, das uns umgibt. Das Mittel dazu heißt *Aufführungsanalyse*. Darum geht es in diesem Buch.

Für die Theaterwissenschaft ist Aufführungsanalyse aus mehreren Gründen unverzichtbar. Sie kann einerseits der Geschichtsschreibung den (Gegenwarts-) Horizont liefern, der den kritischen Umgang mit historischen Splittern erst ermöglicht. Theatertheorie braucht die analytische Praxis als Korrektiv und Inspiration. Und nicht zuletzt: Aufführungsanalyse kann ihrerseits zukünftigen Wissenschaftsgenerationen historische Dokumente zuarbeiten. Hätten die Gründerväter des Fachs ihre theatralische Gegenwart genauer beachtet, würde uns heute wertvolles Material zur Verfügung stehen, vielleicht über Aufführungen von Brecht, Jeßner, Piscator, Reinhardt ... (Das heißt indes nicht, daß damit ein Heilmittel gegen die Transitorik gefunden wäre. Auch eine Aufführungsanalyse kann ihren Gegenstand nicht konservieren; es geht allerdings weniger verloren. Zumindest eines erhält sich: ihr Abdruck im Bewußtsein des Interpreten.)

Erst in den sechziger Jahren begann man, über die Begründung einer kritischen Theaterwissenschaft nachzudenken. Und erst seit dieser Zeit setzt man sich ernsthaft mit analytischen Problemen auseinander. Wir sind damit noch nicht sehr weit. Auf der Suche nach Fachliteratur stößt man gerade auf drei Bücher, die sich gezielt mit Aufführungsanalyse auseinandersetzen: Jürgen Kleindieks Dissertation "Zur Methodik der Aufführungsanalyse" (München 1973), Erika Fischer-Lichtes "Die Aufführung als Text", der dritte Band ihrer "Semiotik des Theaters" (Tübingen 1982) und Franz Willes "Abduktive Erzählnetze", eine Berliner Doktorarbeit von 1991, Untertitel: "Zur Theorie theaterwissenschaftlicher Aufführungsanalyse".[9] Man findet darüber hinaus ein paar

---

8   Jan Berg: *Theorie des spektatorischen Ereignisses*. Berlin 1987, Typoskript der Habilitationsschrift, S. 140
9   Auf Kleindieks und Fischer-Lichtes Beiträge gehe ich im Kapitel "Zwei Methodenentwürfe" ausführlich ein. Willes Arbeit, die mir erst nach Abschluß

Aufsätze zu Einzelaspekten[10] und, schön verschlossen in Instituisbücherschränken, eine Reihe von Magisterarbeiten, die Aufführungsanalyse praktisch durchspielen.[11] Würde man alles, was zu diesem Thema (auch international) geschrieben wurde, zusammenstellen – ein Fach im Bücherregal reichte wohl aus.

Daß sich die Theaterwissenschaft spät und vergleichsweise wenig mit analytischen Fragen beschäftigt hat, liegt zum einen in ihrer eher glücklosen Geschichte begründet.[12] Es liegt zum anderen am Gegenstand selbst, der sich mit ganzer Kraft gegen den Zugriff der Exegeten zu wehren scheint. Wer eine Aufführung untersuchen will, stößt auf drei gravierende Probleme, die allesamt mit besonderen Eigenschaften dieses Mediums zu tun haben. Sperrig erweist es sich zunächst im Hinblick auf seine außergewöhnliche formale Vielschichtigkeit. Einen dramatischen Text, ein Gedicht, einen Tanz, eine musikalische oder bildliche Komposition zu untersuchen, ist schwierig genug, und zuständige Universitätsdisziplinen haben in vielen Büchern darüber nachgedacht. Auf der Bühne kann alles, was ich im letzten Satz aufgezählt habe, gleichzeitig ablaufen. Auf der Bühne korrespondieren Worte mit Körpern, Körper mit Bildern, Bilder mit Klängen, Klänge mit Bewegungen. Requisiten können zu wichtigen Bedeutungsfaktoren werden, ebenso Frisur, Bekleidung, Stimmfärbung und vieles andere mehr. Theatralische Darstellung kann sogar andere (multimediale) Genres 'schlucken', kann Filme einblenden oder Videoaufzeichnungen. Und dieses Vielschichtige und Disparate ist – hierin liegt das zweite Problem – nirgendwo niedergelegt. Es gibt keine Partituren. Und auch die

---

dieses Manuskripts zugänglich wurde, werde ich an anderer Stelle rezensieren.
10 Die derzeit interessanteste Sammlung solcher Aufsätze: Erika Fischer-Lichte (Hrsg.): "*Das Drama und seine Inszenierung*", Tübingen 1985
11 Vgl. Kap. "Anwendungsmöglichkeiten"
12 Diese Geschichte ist relativ gut erfaßt. Wertvolle Beiträge haben (u. a..) geliefert: Dietrich Steinbeck: *Einleitung in die Theorie und Systematik der Theaterwissenschaft*. Berlin 1970, Kap. II: "*Zum Selbstverständnis der Theaterwissenschaft*"; Arno Paul: *Theaterwissenschaft als Lehre vom theatralischen Handeln*. (1971) In: Klier, Helmar (Hrsg.): *Theaterwissenschaft im deutschsprachigen Raum*. Darmstadt 1981, S. 208–237; Jan Berg "*Theorie des spektatorischen Ereignisses*", Berlin 1987 (unveröffentlichte Habilitationsschrift), Kap. III: "Problemgeschichtlicher Rückblick: Drama und Theater", Kap. IV: "Die Institutionalisierung des Fachs Theaterwissenschaft und Kap V: "Theater- Film- und Fernsehwissenschaft seit den 70er Jahren"; Theo Girshausen: *Zur Geschichte des Fachs*. In: Renate Möhrmann (Hrsg.): *Theaterwissenschaft heute. Berlin 1990*. S. 21– 40

11

moderne audiovisuelle Technik schafft allenfalls Milderung: Selbst die beste Aufzeichnung bleibt eine *Übersetzung* des Theaters in ein Medium, das völlig anderen Gesetzmäßigkeiten unterliegt. (Eine Videoband kann man fast beliebig oft abspielen, eine Aufführung nicht.) Theater ereignet sich in unmittelbarem Gegenüber von Spielenden und Schauenden. Und hier liegt das dritte Problem, die dritte Aufgabe: Man darf die Zuschauer nicht vergessen. Theater ist immer mehr als die Bühne, jeder Zuschauer bedeutet mit. Wahrscheinlich sehen 500 Zuschauer der gleichen Hamlet-Inszenierung 500 verschiedene Dänenprinzen. Und im Gegensatz etwa zu Romanlesern können Theaterzuschauer ihren "Text" sogar (in seiner Materialität) verändern, nicht nur durch Applaus und Türenschlagen.

Ich versuche in diesem Buch, Lösungsmöglichkeiten für die aufführungsanalytischen Probleme zu entwickeln, im ersten Teil auf theoretisch-methodischer Ebene, im zweiten Teil durch angewandte Analyse. (Es geht darin um die "Tasso"-Inszenierung von Peter Stein (Bremen 1969) und, im Vergleich, um das Goethe-Drama.) Bevor ich einen Überblick über die inhaltlichen Schwerpunkte der Arbeit skizziere, will ich zunächst auf Fragen eingehen, die allen anderen übergeordnet sind: Was heißt überhaupt Analyse? In welchem Verhältnis steht sie zu ihrem Gegenstand, und was kann sie über ihn aussagen?

Das naheliegendste Beispiel liefert dieses Buch selbst. Es analysiert, wie gesagt, zwei Gegenstände: eine wissenschaftliche Teildisziplin und eine Theateraufführung. Beide Untersuchungen haben etwas gemein, obwohl sie sich mit denkbar verschiedenen Objekten auseinandersetzen. In beiden Fällen stellt sich die Aufgabe, einen Gegenstand zu strukturieren, ihn überschau- und nachvollziehbar zu machen. In beiden Fällen wird die Recherche nicht einfach ihren Gegenstand abspiegeln, sondern, indem sie ihn nach bestimmten Kriterien auswertet, mit- und neuschaffen. Wer methodische Lösungsvorschläge aufarbeiten und weiterentwickeln will, hat die Aufgabe, frühere Ansätze und Versuche zu benennen, zu gruppieren und zu kommentieren. Man kristallisiert Fixpunkte der Diskussion heraus, sucht Zitate, worin sich die Thesen der jeweiligen Autoren am knappsten und deutlichsten niedergeschlagen haben. Und man ordnet schließlich das Material mit dem Ziel, seinen Gegenstand einsehbar und kritisierbar zu machen. Wenn man, auf der Basis der entwickelten Methode, eine Aufführung untersucht, wiederholen sich die Vorgänge des Auswählens, des Gliederns und des Arrangierens. Der Analysierende muß sich in einem komplexen Formzusammenhang zurechtfinden, Sinnpfade entwickeln, Eindrücke und Bewertungen gewichten. Auch hier entsteht etwas Neues. Die Interpretation der Aufführung bildet nicht das Original beschreibungssprachlich ab, um auf dieser Grundlage womöglich so etwas wie eine Sinnessenz aufzuspüren. Sie schafft sich ihren Gegenstand (mit), *indem sie ihn benennt*.

Im letzten Abschnitt habe ich unausgesprochen mit strukturalistischen Werkzeugen gearbeitet: dem *Paradigma*, als dem selektiven, gliedernden, Einheiten bestimmenden sprachlichen Prinzip und dem *Syntagma*, dem Verbindenden, dem Ordnungsprinzip der Reihe. Vorgänge des Auswählens und des Arrangierens, der Selektion und der Kombination, sind – gemäß einer grundlegenden strukturalistischen Bestimmung – an jeder Art von sprachlicher Kommunikation beteiligt. Sie prägen demnach auch die wissenschaftlichen Metasprachen, nicht nur die im eigentlichen Sinne strukturalistischen. Wichtig ist dabei zunächst eines: Man kann mit strukturalistischen Argumenten arbeiten, ohne daß man sich damit automatisch mit überzeitlichen und -subjektiven Konsequenzen dieser Schule[13] identifizieren müßte, ein verändertes Erkenntniskonzept vorausgesetzt. Es geht mir, in einem Satz, um den hermeneutisch kontrollierten Einsatz strukturalistischer Instrumente. Ich will dazu zunächst einen Begriff einführen, den ich bei Roland Barthes gefunden habe, und den ich für geeignet halte, die Möglichkeiten der Verbindung strukturtheoretischer und hermeneutischer Ansätze zu illustrieren. Es ist der Begriff, mit dem diese Einleitung überschrieben ist: *Simulacrum*.

Ein Simulacrum entsteht als Endprodukt der von Barthes beschriebenen "strukturalistischen Tätigkeit" der Analyse. Dabei ist es gleichgültig, auf welchen Gegenstand sie sich bezieht, das können Verwandtschaftsverhältnisse sein, phonetische Eigenschaften der gesprochenen Sprache, Volksmärchen, Träume, geschichtliche Zusammenhänge oder die Literatur und das Theater. Eine Aufführungsinterpretation wäre also

---

13 Manfred Frank hat die Konsequenz dieser (vor allem von Lévi-Strauss geprägten) Schule so pointiert: "Die Strukturen ... sind invariant; und die Geschichte der Menschheit ist, unter dem Schein der Oberfläche, die das Bild unaufhörlich "heißer" Revolutionen und Veränderungen bietet, in ihrem Wesen "kalt": d. h. eine Serie von Transformationen identischer Funktionen."(Manfred Frank: *Was ist Neostrukturalismus*. Frankfurt/M. 1984, S. 65) Der "klassische" Strukturalismus bricht radikal mit einer auf Descartes zurückgehenden Konzeption eines transzendentalen Subjekts: Lévi-Strauss schließt aus, "am Schalthebel der Organisation der Struktur säße so etwas wie ein Subjekt, gleichgültig ob man es als Individuum, oder als das Subjekt der Menschengattung" deutet (ebd. S. 71). In einem Satz: "Der Mensch wird von der Struktur selbst strukturiert".

das Simulacrum der untersuchten Aufführung. Worauf es Barthes ankommt: Das Ergebnis einer Analyse steht niemals in einem deckungsgleichen Verhältnis zum analysierten Objekt, z. B. den Bühnenereignissen, sondern "rekonstruiert" es "derart, daß in dieser Rekonstruktion zutage tritt, nach welchen Regeln es funktioniert".[14] Das Simulacrum bringt etwas zum Vorschein, was im ersten Augenschein des Objekts unverständlich bliebe. Im Simulacrum prägt sich etwas Neues ein, etwas Eigenes:

... dieses Neue ist nichts Geringeres als das allgemein Intelligible: das Simulacrum, das ist der dem Objekt hinzugefügte Intellekt ... Schöpfung oder Reflexion sind hier nicht originalgetreuer 'Abdruck' der Welt, sondern wirkliche Erzeugung einer Welt, die der ersten ähnelt, sie aber nicht kopieren, sondern einsehbar machen will.[15]

Ein Simulacrum wird auf der Grundlage zweier Operationen erstellt: "Zerlegung und Arrangement". "In dem man das erste Objekt zerlegt, findet man in ihm lose Fragmente, deren winzige Differenzen untereinander eine bestimmte Bedeutung hervorbringen"[16]: Paradigmen. Und wenn der "strukturale Mensch" ein Simulacrum schafft, setzt er die differentiell bestimmten Elemente in eine neue (horizontale) Beziehung, trifft, auf metasprachlichem Niveau, ein syntagmatisches Arrangement: "Den gesetzten Einheiten muß der strukturale Mensch Assoziationsregeln ablauschen oder zuweisen: das ist die Tätigkeit des Arrangierens, die der Tätigkeit der Nennung folgt."[17]
    Ich habe oben die Analyse einer Aufführung mit der Analyse eines Wissenschaftsbereichs verglichen. Barthes geht einen Schritt weiter; seine provokante These: Es gibt keine wesentlichen Unterschiede zwischen künstlerischer und "strukturalistischer" Tätigkeit. Künstlerische Produktion und die deutende, wissenschaftliche Arbeit funktionieren nach gleichem Muster. In beiden Fällen wird auf einen 'Gegenstand' selektiv reagiert (ob das Welt oder Werk ist, bleibt sekundär). Die je entstehenden Simulacra bilden ihre Objekte nicht einfach ab, sondern

14 Roland Barthes: *Die strukturalistische Tätigkeit.* In: *Essays critiques.* Editions du Seuil, Paris 1964; deutsch von Eva Moldenhauer; in: Günther Schiwy (Hrsg.): *Der französische Strukturalismus.* Reinbek 1969, S. 154
15 ebd.
16 ebd. S. 155
17 ebd. S. 156

fügen das ihre hinzu, selektierend und kombinierend. Aufführungsanalyse als – um ein Brecht-Wort aufzunehmen – "Zuschaukunst"?
Ob man dem zustimmen will, ist für meinen Argumentationszusammenhang zunächst nicht entscheidend. Der Begriff *Simulacrum* bietet
einen Vorteil, den Barthes allerdings selbst nicht zum Thema gemacht
hat. Indem er auf das jeweils entstehende Neue und Eigene der Auslegung verweist, setzt er an die Stelle einer idealen Struktur oder eines
idealen "Gehalts" den Prozeß einer unendlichen Interpretierbarkeit.[18]
Der künstlerische Text selbst erscheint so als Simulacrum der Welt-
wahrnehmung des Autors, die Interpretation als Simulacrum des Werkes, die Wirkungsgeschichte als Simulacren-Kette. Das ist weniger abstrakt, als es sich vielleicht anhört. Eine solche Simulacren-Kette findet
man zum Beispiel in den "Wege der Forschung"-Bänden der *Wissenschaftlichen Buchgesellschaft* dokumentiert. Dort ist ausgewählt und
zusammengestellt, was im Lauf der Zeit geschrieben wurde, etwa über
Kafka, über Goethe, sogar über die Theaterwissenschaft. Man trifft auf
eine in Zukunft offene Folge von Interpretationen, wobei die jeweils
spätere von ihren Autoren als die bessere und endgültigere empfunden
wird.[19]
Wenn ich mit diesem Begriff arbeite, so verhält sich meine
Verwendung zu der Bartheschen bereits im Verhältnis des Simulacrums
zu seiner Vorlage: Ich habe diesen Begriff ausgewählt (aus einer Reihe
ähnlicher Begriffe) und füge ihm etwas hinzu, erweitere seine Bedeutung. Und was hinzukommt, ist der Versuch, diesen Begriff aus seinem
engeren strukturalistischen Kontext herauszulösen. Er drängt sich förmlich auf, hermeneutisch konnotiert zu werden. Barthes erklärt das
"Neue" des Simulacrums mit der Herausbildung einer neuen, meta-
sprachlichen Syntagmatik, welche paradigmatische Splitter des Objekts

---

18 Barthes Überlegungen stehen in engem Zusammenhang mit der neostruk-
    turalistischen Revision und Kritik der klassischen "taxonomischen" Positio-
    nen. Die neue Schule, verbunden vor allem mit den Arbeiten von Derrida, er-
    setzt Vorstellungen einer absoluten, überzeitlichen Struktur durch das Kon-
    zept ihrer unendlichen Neu- und Umbildung in den lebendigen Prozessen des
    Sprechens. Die Struktur ist offen, "ein unendliches Spiel von Differen-
    zen".(Manfred Frank, a. a. O., S. 85) Dieser Paradigmenwechsel innerhalb
    des strukturalen Denkens hat erhebliche Konsequenzen gerade für die Analy-
    se und Interpretation künstlerischer Zusammenhänge. Nicht eine absolute
    Struktur, einen "Gesamtsinn", unterstellt man nun dem Text, das neue Kon-
    zept lautet: "apprécier de quel pluriel il est fait." (Roland Barthes: *S/Z* Paris,
    Seuil, 1970, S. 11)
19 Dabei sind die Beiträge, die vor kurzem etwa über die "Wahlverwandtschaf-
    ten" verfaßt wurden, nicht einfach Simulacren des Goethe-Romans, sondern
    zusätzlich von seiner Rezeptionsgeschichte.

zum Zwecke der Einsehbarmachung ihrer Funktionszusammenhänge arrangiert. Von der Hermeneutik wissen wir um die Kontextbezogenheit dieser analytischen Prozesse, daß, wie Gadamer es unter den Begriff der "Applikation" gefaßt hat, "im Verstehen immer so etwas wie eine Anwendung des zu verstehenden Textes auf die gegenwärtige Situation des Interpreten stattfindet".[20] Wir nehmen künstlerische Texte nicht einfach passiv auf, sondern bringen bestimmte durch unsere geschichtliche Situation geprägte Voreinstellungen – oder, mit Gadamer, "Vorurteile" – mit, die unseren Blick auf den Text maßgeblich bestimmen, und die sich in unsere Deutungen (bewußt oder unbewußt) einschreiben. Eine Interpretation kommt demnach zustande als Synthese aus etwas Fremdem (dem Text) und etwas Eigenem, einer Verstehensdisposition, die durch verschiedene Kontextfaktoren ideologischer, psychologischer, soziologischer Art bestimmt ist.

Der hermeneutisch relativierte Begriff des Simulacrums wird meiner Arbeit gleichsam als Fixpunkt dienen. Das heißt: Ich umreiße und entwickle im ersten Teil dieses Buches nicht *die* Aufführungsanalyse schlechthin, sondern ich erstelle, auswertend, neufügend, erweiternd ein Simulacrum der Teildisziplin. Ich baue es im Hinblick auf drei grundlegende Aspekte: Theoriebezug, Dokumentation und Anwendung.

Wie man etwas analysiert, hängt davon ab, welchen Begriff man sich von seinem Gegenstand macht. Wie man eine Theateraufführung interpretiert, hängt davon ab, als was man Theater begreift, hängt ab von bestimmten Konstitutions- oder Strukturvorstellungen. Wer im Theater nur das Drama sieht, wird es anders analysieren, als jemand, der den Akzent legt auf eine Polyphonie szenischer Ausdrucksmittel. Wer Theater vom Standpunkt der Produzenten aus kennen und deuten gelernt hat, wird es anders interpretieren als ein Anhänger der Interaktionstheorie, für den die Aufführung ein zwischen Bühne und Zuschauerraum schwingender Prozeß ist. Aufführungsanalyse ist damit nicht zu trennen von Theatertheorie, in deren Zuständigkeitsbereich die Fragen nach der "Konstitution" oder der "Struktur" des Mediums fallen.

Theatertheorie ist heute stark geprägt von kommunikationstheoretischen Denkansätzen. In Deutschland markieren zwei Schriften, beide am Anfang der siebziger Jahre entstanden, die Revision und kritische Neubegründung systematischer Theaterwissenschaft: Arno Pauls

---

20 Hans Georg Gadamer: *Grundzüge einer philosophischen Hermeneutik.* Tübingen 1965, S. 291

"Theaterwissenschaft als Lehre vom theatralischen Handeln"[21] und Manfred Wekwerths "Theater und Wissenschaft"[22]. In beiden Fällen rückt eine Überlegung in den Mittelpunkt: Theater spielt nicht nur auf der Bühne; es vermittelt sich zwischen Bühne und Zuschauerraum als "interaktiver" Prozeß.

Im Theater findet, nach Wekwerth, eine "Doppelung" statt, "aber nicht nur in Bühne und Zuschauerraum, sondern in Theater als Abbild der Wirklichkeit und Theater als Teil der Wirklichkeit."[23] Der Schauspieler, der die Bühne betritt, "verdoppelt" sich; er tritt auf die Bühne in seiner natürlichen Gestalt und wird zugleich "etwas anderes als er ist".[24]

> Wird zum Beispiel auf jener Fläche [der Bühne; G. H.] gezeigt, wie ein Mensch stirbt, stirbt er nicht wirklich. Würde er tatsächlich sterben, wäre es eine Sache der Ärzte, nicht die des Publikums. Aber die Zuschauer wären ebenso unzufrieden, wenn sie nicht sehen würden, wie ein Mensch stirbt. Er muß also wirklich vor den Augen der Zuschauer sterben, ohne in *Wirklichkeit* zu sterben.[25]

Wichtig ist Wekwerth dabei vor allem eines: Die szenische Transzendierung von Menschen und Gegenständen "entsteht erst durch die gleichzeitige Anwesenheit der Produzierenden auf der Bühne und im Zuschauerraum."[26] Theater kommt nur dann zustande, wenn *alle* Beteiligten die elementare Vereinbarung befolgen, für die Dauer der Vorstellung zu "doppeln". Dieser Gedankengang führt zu einer starken Aufwertung des Zuschauers. Er wird zum gleichberechtigten Partner, ja sogar zum "primären Spieler":

> Es ist falsch, die sogenannte Stille im Zuschauerraum nur als tatenlose Ergriffenheit zu deuten ... In Wirklichkeit aber zeigt "Stille" zunächst nichts anderes, als daß der Zuschauer begonnen hat zu spielen. *Die Vorgänge auf der Bühne werden für ihn zu*

---

21 Arno Paul: *Theaterwissenschaft als Lehre vom theatralischen Handeln.* (Habilitationsvortrag, FU Berlin, 1971) In: Klier, Helmar (Hrsg.): *Theaterwissenschaft im deutschsprachigen Raum.* Darmstadt 1981 S. 208–237
22 Manfred Wekwerth *Theater und Wissenschaft.* München 1974
23 ebd., S. 75
24 ebd., S. 76
25 ebd.
26 ebd., S. 82

seinen Vorgängen, die er gleichzeitig am inneren Modell in sei-
nem Kopf und an ihrer gegenständlichen Entsprechung auf der
Bühne spielt. [Hervorhebung im Original][27]

Nicht einfach im "physischen Gegenüber kommunizierender Personen"
liegt, nach Arno Paul, die besondere Disposition des Theaters. Zwar
können sich die Partner auf der Bühne und im Zuschauerraum in die
Augen blicken (ähnlich wie in der Alltagskommunikation). Dennoch
kommt Theater nur zustande, wenn sich beide Seiten an eine grundlegende Vereinbarung halten: eben gerade nicht alltäglich miteinander
umzugehen. Theatralische Kommunikation funktioniert auf der Basis
eines "soziokulturell determinierten theatralischen Codes".[28] Und dieser Code regelt vor allem eines (vgl. Wekwerths "Doppelung"): die
"Polarisierung des Interaktionsfelds in einen ... 'fiktionalen' und einen
'realempirischen' Bereich ..., um jene eigentümliche Rückkoppelung zu
gewährleisten, die das gemeinsame Kommuniqué von Akteuren und
Publikum hervorbringt."[29] Vereinfacht ausgedrückt: Sinn macht Theater nur, wenn ich als Zuschauer weiß, daß die auf der Bühne nur so tun,
als ob ... Und die Schauspieler ihrerseits bedürfen "eines Gegenübers,
dessen Aufgabe es ist, die 'Verstellung' als solche zu interpretieren und
zu sanktionieren":

> Theater ist nur und nur das ist Theater, wenn in einer symboli-
> schen Interaktion ein rollenausdrückendes Verhalten durch ein
> rollenunterstützendes Verhalten beantwortet wird, das auf der ge-
> meinsamen Verabredung des "als ob" beruht. Das ergibt beileibe
> keine statische Situation, sondern bleibt wegen der Künstlichkeit,
> der Unverbindlichkeit der Verabredung stets ein gefährdeter, dy-
> namischer Zustand.[30]

Übereinstimmend stellen sowohl Paul als auch Wekwerth den Verab-
redungscharakter theatralischer Verständigung heraus; beide werten
das unmittelbare Gegenüber von Schauspielern und Zuschauern als ein
fundamentales Strukturmerkmal, "wobei sich dies Gegenübertreten
nicht bereits in der Konfrontation Schauspieler-Publikum erfüllt, son-

---

27   ebd., S. 103
28   Arno Paul, *Theaterwissenschaft als Lehre vom theatralischen Handeln.*
      A. a. O., S. 231
29   ebd., S. 230 f.
30   ebd., S. 232

dern erst in deren dialektischer Synthesis: wenn beide sich zugleich als Produzent und Produkt des anderen erweisen".[31]

Dieser Ansatz, für den sich der Begriff "Interaktionstheorie" eingebürgert hat, vollzieht in der typischen Aufwertung der Rezipientenseite einen der wichtigsten Paradigmenwechsel der neueren deutscher Geisteswissenschaft mit die Abkehr von produktions- oder textorientierten Verfahren und Erkenntnisinteressen.[32] Und bei Paul und Wekwerth dringt zum ersten Mal in die deutsche Fachdiskussion ein, was sich in Frankreich schon einige Jahre früher zum Hauptstamm systematischer Theaterwissenschaft entwickelt hatte: Theatersemiotik.[33]

Ihre Wurzeln liegen im tschechischen Strukturalismus der dreißiger Jahre, bei Autoren wie Petr Bogatyrev, Jindrich Honzl, Ottokar Zich und Jan Mukarovsky. Dieser erste, überaus fruchtbare Versuch, systematische Theaterwissenschaft semiotisch zu begründen, wurde durch die deutsche Annexion der Tschechoslowakei abrupt beendet und geriet daraufhin fast völlig in Vergessenheit. Erst in den sechziger und siebziger Jahren wurde diese Schule in Frankreich aufgenommen. Zum Bindeglied zwischen tschechischem Strukturalismus und der neueren (westeuropäischen) Theatersemiotik wurde der polnische Theaterwissenschaftler Tadeusz Kowzan, der 1968 auf französisch zu publizieren begann. Kowzan legte ein Buch vor, das, zutiefst in den Denkweisen des Prager Strukturalismus verwurzelt, richtungsweisend wurde: "Littérature et spectacle".[34] Es gibt heute kaum eine theatersemiotische Unternehmung, die nicht in- oder explizit auf Kowzan verweisen würde, und damit auf den Prager Strukturalismus. Als Hauptvertreter der zeitgenössischen Theatersemiotik gelten Patrice Pavis, André Helbo, Anne Ubersfeld und Keir Elam. In Deutschland wurde diese Schule erst seit Mitte der siebziger Jahre wirklich beachtet. Sie bestimmt inzwischen auch bei uns die theatertheoretische Diskussion maßgeblich mit. Das ist

31 Arno Paul: *Theater als Kommunikationsprozeß*. In: H. Klier (Hrsg.) *Theaterwissenschaft im deutschsprachigen Raum*. Darmstadt 1981, S. 245
32 In der Literaturwissenschaft wurde der Wechsel etwa zeitgleich im Umkreis der Rezeptionstheorie der "Konstanzer Schule"vollzogen, hier vor allem in den Schriften von Hans Robert Jauß und Wolfgang Iser.
33 Das gilt vor allem für den Bereich der Zeichenklassifikation. Arno Paul unterteilt das theatralische Zeichenangebot (nach Bühler) in "Signale, Anzeichen und Symbole" (vgl. Paul: *Theaterwissenschaft als Lehre vom theatralischen Handeln*. A. a. O., S. 225), Wekwerth unterscheidet zwischen "ikonischen" und "semantischen Zeichen" (vgl. Wekwerth: *Theater und Wissenschaft*. A. a. O., S. 90).
34 Tadeusz Kowzan: *Littérature et spectacle dans leurs rapports esthétiques, thématiques et sémiologiques*. Warszawa 1970

besonders das Verdienst von Erika Fischer-Lichte. In ihrer 1982 erschienenen "Semiotik des Theaters"[35] führte sie die deutsche Theaterwissenschaft in die wichtigsten Aspekte der internationalen Fachdiskussion ein; zugleich liefert das Werk eine Fülle von ambitionierten methodischen Weiter- und Neuentwicklungen. Die "Semiotik des Theaters" ist heute eine der meistgelesenen theatertheoretischen Publikationen; ich gehe im Kapitel "Zwei Methodenentwürfe" ausführlich darauf ein.

Theatersemiotik ist von ihrem strukturalistischen Erbe stark geprägt. Es gibt fast keine formale Beobachtung, keine Fragestellung, keine methodische Idee, die nicht schon im Prag der zwanziger Jahre zumindest skizziert worden wäre. Das betrifft die These von der "Bedeutungsdynamik des Theaters". Jan Mukarovsky:

> Das Theater [ist] trotz der stofflichen Greifbarkeit seiner Mittel ... nur die Grundlage für ein unstoffliches Zusammenspiel von Kräften ..., die sich in Raum und Zeit verschieben und den Zuschauer in ihre veränderliche Spannung hineinziehen, in das Zusammenspiel, das wir Bühnenaufführung, Vorstellung nennen.[36]

Diese "Unstofflichkeit" ermöglicht eine "Freiheit der Umgruppierung", ein gegenseitiges Neu- und Umdeuten theatralischer Zeichen. "Mobilität" heißt das Stichwort; und eines der schönsten Beispiele habe ich bei Peter Brook gefunden. Er beschreibt eine kurze Theaterszene, die er kurz nach dem zweiten Weltkrieg im zerbombten Hamburg erlebt hat. In einem Hinterzimmer spielte man eine Bühnenbearbeitung von Dostojewskijs "Schuld und Sühne":

> Ein Schauspieler, der den Raskolnikov darstellte, trat ein, und schon waren wir mitten im Drama. Die Tür erschien in einem Augenblick als vollkommene Verkörperung einer Straßenlaterne, einen Augenblick später wurde sie, die Tür, zur Wohnung der Geldverleiherin, und noch eine Sekunde später der Durchgang zu ihrer Hinterwohnung.[37]

---

35 Erika Fischer-Lichte: *Semiotik des Theaters*. Bd. 1: *Das System der theatralischen Zeichen*. Bd. 2: *Vom "künstlichen" zum "natürlichen" Zeichen*. Bd. 3: *Die Aufführung als Text*. Tübingen 1982
36 Jan Mukarovsky: *Zum heutigen Stand einer Theorie des Theaters*. In: A. v. Kesteren/H. Schmid (Hrsg.): *Moderne Dramentheorie*. Kronberg 1975, S. 78
37 Peter Brook: *Der leere Raum*. Hamburg 1969, S. 134

Das Phänomen ist bekannt: Im Theater können alltägliche Gegenstände und Bedeutungen in Fluß kommen. Die Tür wird zur Laterne, dann zur Wohnung; der Fußboden wird zum Meer, der Regenschirm zum Regen usw. Theatralische Komponenten können sich sogar gegenseitig ersetzen:

> So suppliert bei Shakespeare eine reich entwickelte Wortschilderung die Dekoration, die auf der Shakespearebühne fehlte . Der Regisseur [kann] den Schauspieler durch die Dekoration entlasten'.., indem er etwa eine schwächere ... Leistung durch eine auffällige Bühnenausstattung überdeckt.[38]

Daß die "gedoppelten" Theaterzeichen (im Sinne Wekwerths[39]) hochgradig "mobil" sind, steht heute als breiter Konsens. Es gibt praktisch keinen theatersemiotischen Grundlagenbeitrag, der nicht derartige Phänomene beschreiben würde. Erika Fischer-Lichte macht es sogar zu einem entscheidenden Gattungskriterium: Mobilität

> ... scheint dasjenige Spezifikum zu sein, aufgrund dessen sich das Theater ... von allen anderen ästhetischen Systemen ... prinzipiell unterscheidet. Da die übrigen ästhetischen Systeme stets auf ein bestimmtes homogenes Material festgelegt sind, in dem sie sich artikulieren, ist ihre Möglichkeit der Zeichenerzeugung mit dieser Materialität gesetzt und begrenzt: die linguistischen Zeichen der Dichtung sind nicht durch Bilder, Objekte und Gesten zu ersetzen, die Zeichen der Malerei nicht durch Geräusche ... Auf dem Theater dagegen kann ich anstelle eines Zeichens prinzipiell jedes beliebige andere verwenden.[40]

---

38   Jan Mukarovsky, a. a. O., S. 84
39   Auch das Phänomen der (fiktionalen) Transzendierung alltäglicher Gegenstände auf der Bühne, das Wekwerth unter "Doppelung" faßt, wurde von den tschechischen Strukturalisten ausführlich beschrieben, unter dem Stichwort "Zeichen von Zeichen": "What exactly is a theatrical costume or a set that represents a house on stage? When used in a play, both the theatrical costume and the house set are often signs that point to one of the signs characterizing the costume or the house in the play. In fact, each is a sign of a sign and not the sign of a material thing." Petr Bogatyrev: *Semiotics in the Folk Theatre*. In: L. Matejka/J. R.Titunic (eds.): *Semiotics of Art*. Prague School Contributions. Cambridge 1976, S. 33
40   Erika Fischer-Lichte: *Semiotik des Theaters*. Bd. 1: Das System der theatralischen Zeichen. A. a. O., S. 182
Mobilität als *theatralisches* Wesensmerkmal zu bewerten, halte ich für eher fragwürdig. Denn Zeichen, die unterschiedlichen Zusammenhängen angehö-

21

Daß Theater nicht auf ein "homogenes Material festgelegt" ist, sondern eine Vielzahl von Ausdrucksebenen in der Bühnendarstellung vermittelt, wurde von den tschechischen Strukturalisten unter dem Stichwort "Kompliziertheit des Theaters" beschrieben. Diese "Kompliziertheit" weist über die schiere Auflistung sprachlicher, körpersprachlicher, bildlicher, musikalischer u. a. Anteile hinaus:

> Jede dieser Komponenten zerfällt in untergeordnete Komponenten, die wiederum innerlich in weitere Komponenten unterteilbar sind. So sind z. B. die Komponenten der Schauspielererscheinung: Stimme, Mimik, Gestikulation, Bewegung, Kostüm usw. Jede dieser Komponenten ist wieder an sich zusammengesetzt, so z. B. die Stimme, die folgende Komponenten hat: Artikulation der Laute, Höhe der Stimme und deren Veränderungen, Farbe der Stimme, Intensität des Atems, Tempo. Aber auch hier sind wir noch nicht am Ende: die einzelnen Stimmkomponenten können weiter zerlegt werden ... Das Theater hat also nicht nur eine große Zahl von Komponenten, sondern auch eine reiche Abstufung zwischen ihnen.[41]

Dieser "Kompliziertheit" des Theaters nachzuforschen wurde zu einer der Hauptinspirationen der neueren Theatersemiotik. Man zerlegte und zergliederte den "theatralischen Text", die Aufführung. Man nahm sie horizontal auseinander, stritt sich ausdauernd darüber, wieviele Ausdrucksebenen an der Bühnendarstellung beteiligt sind oder sein können. Man entwarf eine Reihe von Schichtenmodellen, die sich untereinander erheblich unterscheiden – im Hinblick auf Art, Anzahl und Arrangement konstitutiver Zeichensysteme (die Schätzungen liegen zwischen 13 und 23).[42] Man versuchte, Zeichenarten und -klassen zu bestimmen,

---

ren, können sich in *allen* multimedialen Formen gegenseitig ersetzen. Einfaches Beispiel: Im Comic strip springen sprachliche Indizes für körpersprachliche ein: "Zitter", "Ächz", "Stöhn".

41 Jan Mukarovsky, a. a. O., S. 83
42 Um nur ein Beispiel zu nennen: Bei Autoren, die – wie etwa Manfred Pfister – von *dramenwissenschaftlicher* Seite auf das Theater schauen, nimmt Drama als theatralisches Teilsystem einen wichtigen Platz im Modell ein. Im Entwurf der *Theaterwissenschaftlerin* Erika Fischer-Lichte ist es überhaupt nicht vertreten! Vgl. Manfred Pfister: *Das Drama*. München 1982, S. 27; Erika Fischer-Lichte: *Semiotik des Theaters*. Bd. 1: Das System der theatralischen Zeichen. A. a. O., S. 28. Weitere Schichtenmodelle haben (u. a.) geliefert: Tadeusz Kowzan: *Littérature et spectacle dans leurs rapports esthéthiques, thématiques et sémiologiques*. Warszawa 1970, S. 181; Patrice Pavis: *Pro-*

die in der Bühnendarstellung zusammenwirken. Und man sucht ausdauernd und erfolglos, inspiriert von linguistischen Vorbildern, nach "kleinsten bedeutenden Einheiten" der Theatersprache.[43] Einen Gegenstand differentiell zu bestimmen, stellt nach Roland Barthes die eine methodische Basisoperation bei der Produktion des Simulacrums dar. Die andere Seite, die "Tätigkeit des Arrangierens', das "Ablauschen und Zuweisen" von "Assoziationsregeln", bleibt im Rahmen der theatersemiotischen Versuche allerdings weitgehend unberücksichtigt. Obwohl es eigentlich alle fordern. In den Worten von Patrice Pavis: "Que se cache-t-il derrière ce signe? Comment se combinet-il avec ses voisins au cours du déroulement de la pièce?".[44] Dem Aufführungsanalytiker ist wenig geholfen, wenn man ihm theatralische Inventarlisten vorlegt. Wir müssen die Mechanismen des multimedialen Wirkungszusammenhangs kennenlernen. Erst dann wäre das Simulacrum des Theaters komplett und als methodische Orientierungshilfe und Inspiration für die angewandte Analyse nützlich. Denn nicht durch die Addition dramatischer, körpersprachlicher, bildlicher, musikalischer Teilaussagen läßt sich theatralische Bedeutung bestimmen. Sie entsteht, Resultat komplizierter Wechselwirkungen zwischen den Ebenen und Elementen, als ein Drittes und Eigenes.

Der ersten Teil dieses Buches faßt und entwickelt methodische "Perspektiven der Aufführungsanalyse". Ich baue dabei auf die Vermittlung von Elementen theatersemiotischer und interaktionstheoretischer Konzepte.[45] Indem Interaktionstheorie den Zuschauer als gleichberechtigten Partner im theatralischen Kreislauf akzentuiert, liefert sie einen wichtigen Ansatzpunkt zum Verständnis theatralischer Bedeutung. Hier hat die von Roland Barthes geforderte "Tätigkeit des Arrangierens" ihren Platz: *das wahrnehmende Bewußtsein als Instanz der Bedeutungssynthese.* Umgekehrt können formal-deskriptive Ansätze der Semiotik erschließen, was Interaktionstheoretiker bislang zuwenig beach-

blèmes de sémiologie théâtrale. Montréal 1976, S. 50 f.; Keir Elam: *The Semiotics of Theatre and Drama.* London/New York 1980, S. 57 f.

43 Ich gehe im Kapitel "Konventionen" noch genauer darauf ein.
44 Pavis, Patrice: *Problèmes de sémiologie théâtrale.* Montréal 1976, S. ≠
45 Wobei sich in der jeweiligen Grundorientierung dieser theatertheoretischen Schulen die übergeordneten strukturalistischen und hermeneutischen Konzepte niederschlagen.

teten: die multimediale szenische Textur als Bedeutungs*angebot*, den Beitrag der Bühne zum "gemeinsamen Kommuniqué".[46]

Der Ort des Aufführungsanalytikers läßt sich klar bestimmen: Es ist der des Rezipienten. Und eine (theoretische) *Annäherung an die theatralische Bedeutung* erfordert deshalb an erster Stelle: Nachdenken über theatralische Wahrnehmung. Ich vermittle dies in sechs Schritten. Zwei einführende Abschnitte beschreiben multimediale Bedeutungsvorgänge am Beispiel Lied (Wort-Ton-Beziehung) und am Beispiel Comic strip (Wort-Bild-Beziehung). Ich versuche zu zeigen, daß sich vielschichtige Formen lesen lassen als Resultate *gezielter* Verknüpfungen disparater Ausdruckselemente, als (tiefen-) paradigmatische Arrangements. Und ich möchte darlegen, wie sich – in den multimedialen Wahrnehmungsakten – eine neue Bedeutung ergibt, die mehr ist als die Summe der Bedeutungen der Einzelbestandteile, die *Korrespondenzbedeutung*. An diesen einfacheren Beispielen lassen sich zudem grundlegende Ansatzweisen und Möglichkeiten der Korrespondenzanalyse ausprobieren und illustrieren.[47]

Eines der größten Probleme der Aufführungsanalyse liegt in der formalen Komplexität der Bühnendarstellung. Wie wir mit der "Kompliziertheit des Theaters" analytisch umgehen können, entwickeln die folgenden vier Abschnitte. Der erste beschreibt das korrespondentielle Bedeutungsspiel als Dialektik des *Vagen und des Bestimmten*, als dynamischen Vorgang der gegenseitigen Präzisierung und Besonderung (und auch Verschleierung und Verallgemeinerung) der synchronisierten Ausdruckselemente. Daß diese Bedeutungsspiele nicht nur gleichzeitig stattfinden, sondern auch die *horizontale* Abfolge theatralischer Zeichen prägen, illustriere ich am Beispiel einer kleinen Theateraufführung: "Dinner for One." Jedes Theaterzeichen schwingt in einem doppelten, horizontalen und vertikalen Beziehungsfeld. Jede Aufführung liefert damit ihren Zuschauern ein fast unausschöpfbares Angebot an

---

46 Was ich von den genannten Spielarten der Theatertheorie nicht übernehme sind Vorstellungen einer wie auch immer gedachten ideal faßbaren Theaterstruktur. Wenn ich Elemente strukturalistischer und hermeneutischer Verfahren kombiniere, dann nicht in der Hoffnung, durch die Kombination beider Ansätze Theater auf einen verbindlichen Begriff zu bringen. Ich gehe in den Schlußabsätzen dieses einleitenden Kapitels auf diese Frage genauer ein.

47 Hier wird wichtig, was ich oben allgemein gefordert habe: der hermeneutisch bewußte Einsatz strukturalistischer Werkzeuge. Und diese Werkzeuge mache ich aus in der Poetik der russischen Strukturalisten, besonders in der Theorie der "ästhetischen Äquivalenz" von Roman Jakobson und Jurij Lotman.

potentiellen Beziehungsmöglichkeiten. Und dennoch haben es die meisten historischen Theaterformen geschafft, Mittel zu finden, ihre kommunikative Verständlichkeit zumindest in Ansätzen zu sichern. Diesen *Konventionen* gehe ich ausführlich nach; und der abschließende Abschnitt zieht schließlich analytische Konsequenzen: Wir können nicht ideale Gehalte einem vieldimensionalen Werkzusammenhang entlocken, wir können indes unseren analytischen Zugriff reflektieren, Erkenntnisziele und -wege aufdecken und damit unsere Ergebnisse zwar nicht verifizierbar, wohl aber nachvollziehbar und belegbar gestalten. Und das heißt bei der Analyse der Theateraufführung und im Prinzip jedes multimedialen Textes: *Wege durch den Dschungel der Zeichen bahnen, die Sinnpfade entwickeln und beschreiben, die wir unserem Vorgehen zugrunde legen können.*

Welche Sinnpfade und selektiven Strategien bereits erprobt wurden, in den (wenigen) realisierten Aufführungsanalysen, habe ich im Kapitel *Anwendungsmöglichkeiten* dargestellt. Dieser Abschnitt baut auf einer Recherche im Bereich von Magisterarbeiten; und das Ergebnis ist ermutigend: Angewandte Aufführungsanalyse ist weiter entwickelt als erwartet. Man stößt, wenn man das Material sichtet, auf einen durchaus inspirierenden Pluralismus an Fragestellungen und Lösungsversuchen. Der einzige gemeinsame Nenner ist der Figurenbezug; es gibt keine Arbeit, die nicht in irgendeiner Form auf die "Handelnden" auf der Bühne fokussieren würde: der Mensch im Zentrum der szenischen Polyphonie. Dramaturgisch interessierte Autoren *vergleichen* die Aufführung(en) mit dem zugrundeliegenden dramatischen Text, andere konzentrieren sich ausschließlich auf das Bühnengeschehen. Manche tasten sich, beschreibend und deutend, chronologisch vorwärts, andere nähern sich dem Ganzen in ausgesuchten Teilen und arbeiten typische Stil- und Darstellungsmerkmale heraus. Einige interessieren sich für theoretische Aspekte, illustrieren am Beispiel der gewählten Aufführung besondere strukturelle Mechanismen, andere interpretieren ihren Gegenstand im Hinblick auf historische und gesellschaftliche Zusammenhänge. Jede Arbeit entwickelt neue Formen der Darstellung; das Spektrum reicht von der Trennung sprachlich-deskriptiver und interpretierender Teile, über Kombinationen von Beschreibung und Deutung, bis hin zu raffinierten Spaltensätzen, die Fotos, Skizzen, Texte anschaulich zusammenstellen ...

Die Vergänglichkeit der Aufführung stellt den Analysierenden vor eine Leerstelle, wo er, was jede vergleichbare Disziplin bieten kann, wenigstens eine Invariante erwartet, einen schriftlich fixierten Text. Es gibt niemanden, der sich mit Aufführungsanalyse auseinandergesetzt und nicht über dieses Problem nachgedacht hätte. Ich unterziehe die *Dokumentationsdiskussion* einer kritischen Revision. Vorgeschlagen wurden etwa: Dokumentation durch Übersetzung der Bühnenvorgänge in Beschreibungssprache oder durch ihre Übertragung in symbolische Transkriptionspartituren; Dokumentation durch Photographie, Tonband, Film und Video. Interaktionstheoretisch orientierte Wissenschaftler fordern darüber hinaus, der "Produktdokumentation" eine Dokumentation der Verstehensleistungen des Publikums an die Seite zu stellen. Das Spektrum der Vorschläge reicht hier von der Auswertung von Theaterkritiken über mathematisch-statistische Befragungstechniken bis hin zum Einsatz von medizinischen Maschinen, welche die körperlichen Reaktionen der Zuschauer vermessen sollen.

Am Schluß des ersten, theoretischen Teils der Arbeit steht ein Kapitel, das die beiden wichtigsten Entwürfe zu einer Methodik der Aufführungsanalyse aufarbeitet, ich habe sie schon genannt: Erika Fischer-Lichtes "Die Aufführung als Text", der dritte Band ihrer "Semiotik des Theaters", und die (ältere) Dissertation von Jürgen Kleindiek: "Zur Methodik der Aufführungsanalyse".

Der zweite Teil dieses Buches entwickelt Aufführungsanalyse in der Praxis, am Beispiel einer Inszenierung, die in der neueren Theatergeschichte einen wichtigen Platz einnimmt. Peter Steins "Tasso"-Inszenierung steht auf dem Programm (und – im Vergleich – das Goethe-Drama). Diese Wahl hat mit der geschichtlichen Orientierung meiner Arbeit in doppelter Hinsicht zu tun. Das betrifft zum einen den Stellenwert dieser Inszenierung. Die meisten Fachleute bewerten sie als Meilenstein in der neueren westdeutschen Theatergeschichte. Wie in einem Brennglas bündelt sie die politischen und ästhetischen, ja kulturrevolutionären Intentionen einer neuen Generation von Theaterleuten und Kritikern, die im Kontext der Studentenrevolte der ausgehenden sechziger Jahre ihren Marsch durch die (Kultur-) Institutionen begannen (und die sie bis heute prägen).

Die Wahl eines historischen Sujets hat einen zweiten Grund, der mit dem "Scheitern" (Arno Paul), zumindest mit den Problemen historischer Theaterforschung zu tun hat. Probleme, die sich mit dem anfangs umrissenen Konzept der "Rekonstruktion" verbinden. Indem ich eine historische Aufführung zum Thema mache, geht es mir auch darum zu zeigen, wie wir heute jenseits der "rekonstruktiven" Sackgasse mit geschichtlichen Quellen[48] umgehen können: historische Distanz nicht verleugnend, sondern mit zum Thema machend. Da ein einführender Abschnitt (*Transformationen*) die methodischen Schritte erläutert, beschränke ich mich hier auf eine knappe Anmerkung: Beide Schritte, sowohl die Untersuchung des Dramas als auch die eigentliche Aufführungsanalyse, vermitteln inhaltsanalytische mit rezeptionskritischen Fragestellungen. Dies ermöglicht einen doppelten Fokus auf die Aufführung, nimmt sie zugleich als Glied der Rezeptionsgeschichte des Dramas und – im Hinblick auf die Wirkung der Aufführung – als eigenständige theatralische Größe.

Ich versuche auf den folgenden Seiten, das Arbeitsfeld theaterwissenschaftlicher Interpretation zu strukturieren, Wege zu markieren, Anwendungsmöglichkeiten aufzuzeigen. Dieses Buch skizziert einen Rahmen, der die methodische Praxis fördern und erleichtern kann. Den goldenen Schlüssel, mit dem sich alle Formen von theatralischer Darstellung aufschließen ließen, kann ich nicht liefern. Es gibt ihn nicht, weil sich das interpretatorische Wechselspiel zwischen Fremdem und Eigenem nicht in ein allgemeingültiges Set von Vorgehensweisen zementieren läßt. Am Prozeß der Interpretation sind (zumindest) zwei historische Variable beteiligt: *Der Geschichtlichkeit der Werke korrespondiert die ihrer Wahrnehmung.* Jede Aufführung reagiert thematisch, stilistisch oder programmatisch auf ihren Kontext. Und auch der Begriff, den wir uns vom Theater machen, steht nicht jenseits von Raum und Zeit. Ein Modell der Theatersprache können wir nur entwickeln vor dem Hintergrund unserer Theatererfahrung; und andererseits wird theatralische Wahrnehmung (die alltägliche wie die wissenschaftliche) von unserem Begriff vom Theater, vom Medienstereotyp, wesentlich geleitet. Veränderungen auf Gegenstandsebene (ästhetische Innovationen etwa) verändern unsere Gegenstandskonzepte, Sprechen verändert die Sprache. Das Theater verändert das Bild, das wir uns von ihm machen. Eine theatralische Weltformel anzustreben, hieße, sich aus der Geschichte zu verabschieden, hieße die dialektische Beziehung produktiver und rezeptiver Standards zu leugnen.

Nach dem einen und einzigen Bild vom Theater zu fahnden würde zudem bedeuten, sich einer medialen Gegenwart zu verschließen, die, Konsequenz aus einer langen Geschichte multimedialer Avantgarden,

---

48 Ich habe zurückgegriffen auf eine Videodokumentation der Aufführung, auf Erfahrungsberichte und programmatische Statements der Mitwirkenden sowie auf Kritiken.

geprägt ist von einer Pluralität nebeneinander und miteinander existie-
render Spielformen. Formen, die – jenseits der Institution Theater –
Konventionen der Darstellung, der Fiktionalität, das Zusammenwirken
von Spielenden und Schauenden neu arrangieren oder auch destruieren.
Das Spektrum reicht von dadaistischen und futuristischen Veranstaltungen über Happening und Performance bis hin zu hochoffiziellen Schau-
und Großereignissen: 'postmodernen' Ausstellungsprojekten, Städtege-
burtstagen, Olympia-Eröffnungsfeiern ... Und selbst innerhalb der Institution Theater überlagern sich heute eine Vielzahl von szenischen Idio-
men, die einen gemeinsamen strukturalen Nenner im Prinzip ausschließen. Das reicht vom konventionell-biederen Staatstheater, in dem
die fünfziger Jahre zu überwintern scheinen, über Inszenierungen, die
sich auf die Tradition des epischen Theaters beziehen, über die vieldimensionalen Veranstaltungen eines Robert Wilson bis hin zu multi-
kulturellen Experimenten ...
  Es gibt nicht *den* Begriff vom Theater, und ihn einzufordern hieße,
das Eigene und Besondere der einzelnen Spielarten zu vergewaltigen.
"Aktivieren wir die Differenzen!" – diese Forderung Lyotards können
wir in der Aufführungsanalyse nur einlösen, wenn wir auf die Pluralität
der Gegenstände mit einer Flexibilität der Methoden reagieren. Wenn
wir unsere Gegenstände gerade nicht durch vorgefertigte Raster erledi-
gen, sondern sie als Chance begreifen, unser Vorverständnis, unsere
"Vorurteile" durch sie in Frage stellen zu lassen. Von einem Theatermodell ausgehend, von der einen und einzigen Methode, liefe Analyse
Gefahr, ihre Objekte in konventionalisierten Rastern zu verkennen. Sie
würde dabei das vielleicht Wertvollste verschenken, das die Beschäftigung mit dem Theater bietet: Das Hinterfragen des Gewohnten und Alltäglichen, das Durchbrechen des Geregelten und Erstarrten, das In-den-
Fluß-Kommen von Begriffen, und nicht zuletzt: die Hinterfragung unserer Konzepte von Wirklichkeit, die im Spiel der Fiktionen angelegt ist,
die zumindest die Theateravantgarden des Jahrhunderts immer wieder
vorgeführt haben.

Ich möchte an dieser Stelle allen danken, die mein Aufführungsanalyse-
Projekt unterstützt haben. Mein besonderer Dank gilt Prof. Henning
Rischbieter für seinen Rat und seine Hilfe. Ich danke den Studenten,
die meine Arbeit durch Anregungen und Kritik befördert haben, vor allem Irene Rudolf, Markus Diekow und Rudolf Mast. Meinen Eltern
und Josefine Fenger danke ich für ihre Hilfe bei den Korrekturarbeiten,
der Deutschen Forschungsgemeinschaft für ein Stipendium.

I. Methodische Perspektiven der Aufführungsanalyse

Annäherung an die theatralische Bedeutung

Korrespondenzen

Ein Lied stellt normalerweise kein "Schauereignis" dar. Und dennoch ist es den Gegenständen, um die es im Bereich der Theater-, Film- und Fernsehwissenschaft geht, nah verwandt. Diese Verwandtschaft liegt zunächt (und ganz an der Oberfläche) darin begründet, daß im Lied – wie in Aufführung, Film und Fernsehspiel – verschiedene, potentiell selbständige Ausdrucksdimensionen vermittelt werden. Im Lied sind es nur zwei: Musik und Sprache, im Fall der Aufführung erheblich mehr (was deren Analyse, wie gesagt, nicht gerade erleichtert). Die Verwandtschaft reicht womöglich tiefer, geht über die pure Addition von Ausdrucksebenen hinaus. Und daß ich nachfolgend am Beispiel eines Lied einsteigen will in die Probleme multimedialer und insbesondere theatralischer Bedeutung hat folgenden Grund: Ich gehe davon aus, daß in den verschiedenartigsten "polyphonen" Ereignissen zumindest ein gemeinsamer Bedeutungsmechanismus mitspielt: In jedem Wahrnehmungsaugenblick verarbeiten wir *gleichzeitig* Zeichen, die völlig unterschiedlichen Formzusammenhängen angehören, und die uns über unterschiedliche Sinneskanäle erreichen. Und wir werden in den meisten Fällen (ich spreche hier noch nicht von den multimedialen Avantgarden!) dies Disparate und Vielschichtige zu synthetischen Eindrücken, zu *Korrespondenzen*[1], verarbeiten. (Opernaufführungen er-

---

1   Wer meine Arbeit verfolgt hat, wird bemerken, daß ich in diesem einführenden Abschnitt an die Theoriebildung meiner Dissertation anknüpfe (die unter der gleichen Überschrift veröffentlicht wurde). Genauer: Ich knüpfe an das an, was mir heute daran (methodisch) noch wichtig und vertretbar erscheint. Was man hier nicht mehr finden wird: zum einen den Versuch, theatralische Fiktionalität unter dem Stichwort "Tertiärsemiotik" als (system-) konnotatives Phänomen zu erklären. Zum anderen die Idee, den "Theatercode" als Synthese dreier Spielräume (semiotischer, korrespondentieller, interaktionaler Art) zu beschreiben. In beiden Aspekten äußert sich eine Hoffnung, die mit der Theatertheorie der siebziger und achziger Jahre verbunden ist: Theater auf *einen* Begriff zu bringen – und sei er noch so liberal gefaßt Ein Ansatz, den ich heute mehr vertrete. Was bleibt und entwickelt wird (im Hinblick auf eine *flexible* Methodik der Aufführungsanalyse), sind korres-

31

schließen sich uns nicht als Symphoniekonzerte mit Zutaten.) Eine rätselhafte Instanz in unseren Köpfen scheint dafür zu sorgen, daß wir, was auf uns einströmt, zu übergeordneter Bedeutung 'verrechnen'. Diese semantischen Prozesse laufen unbewußt ab; sie funktionieren gewissermaßen automatisch – genauso automatisch wie (normal-) sprachliche. Die Vermutung liegt nahe: Es muß Regelungsmechanismen geben, die uns nur deshalb nicht bewußt werden, weil sie – wie die sprachlichen – internalisiert sind, zur Selbstverständlichkeit verinnerlicht.[2] Diese Vorgänge sind bislang wenig erforscht (Schopenhauer, Nietzsche und Wagner haben im 19. Jahrhundert am Beispiel der Oper darüber nachgedacht – danach kam lange nichts mehr). Und die Aufgaben für die Theater- und Filmtheorie sind kaum unübersehbar. Jener gemeinsame Mechanismus, von dem ich gesprochen habe, läßt sich indes beschreiben und auch nutzbar machen, nicht nur für die Analyse, sondern auch für die produktive Selbstreflexion. Ich will Spielweisen der Korrespondenzbedeutung auf den folgenden Seiten skizzieren. Und wenn meine Annahme stimmt, wonach "multimediale Kommunikation" in verschiedenen Formen auf zumindest einer gemeinsamen Grundlage baut, so läßt sich dies am Modell einer bimedialen Form, an einem Lied, zunächst am anschaulichsten zeigen. Im Zusammenspiel von Wort und Musik kann etwas sichtbar werden, was darüber hinausweist. Als Beispiel habe ich eines der bekannteren Schubert-Lieder herausgesucht: "Der Tod und das Mädchen" (Op. 7, Nr. 3). Es basiert auf dem gleichnamigen Gedicht von Matthias Claudius.[3] Ich werde zunächst das Lied, bzw. das darin realisierte Zusammenspiel von Sprache und Musik, kurz und bewußt nicht "erschöpfend" beschreiben. (Es geht nicht eigentlich um dieses Lied!) Die anschließenden Abschnitte führen, darauf aufbauend, in das korrespondenztheoretische Thema ein. Und die nachfolgenden Kapitel beantworten Fragen, die hier zunächst noch offen bleiben.

---

   pondenztheoretische Überlegungen. Und dieses Buch, *nicht* mehr die Dissertation, markiert ihren Entwicklungsstand.

2   Wenn ich auf polyphone Codifizierungen verweise, so beschreibe ich zunächst den multimedialen Normalfall, der auch viele, gerade konventionelle Formen *ästhetischer* Kommunikation prägt. Doch auch für die Analyse avantgardistischer Theater- und Filmformen können solche Überlegungen sinnvoll werden, da sie beschreiben, was dort durchbrochen, in Frage gestellt und außer Kraft gesetzt wird: Multimediale *Konventionen* als Steinbruch und Negativbezug des Experimentellen.

3   Matthias Claudius: *Der Tod und das Mädchen*. Sämtliche Werke, München 1984, S. 86

Der "Tod und das Mädchen" ist ein kurzes, gerade 43 Takte langes Lied. Es baut auf einem kurzen, gerade achtzeiligen Gedicht. Das Lied ist dennoch beinahe eine Oper und das Gedicht beinahe ein Drama: ein Dialog zwischen den beiden eher ungewöhnlichen Gesprächspartnern, die schon der Titel nennt. Dem Mädchen gehört die erste Strophe, jambisch flehend, mit drei hektischen Hebungen pro Zeile und im Kreuzreim äußert sie ihre Angst:

Vorüber! Ach, vorüber!
Geh wilder Knochenmann!
Ich bin noch jung, geh Lieber!
Und rühre mich nicht an.

Die zweite und letzte Strophe zeichnet die Antwort des "Knochenmanns" ebenfalls jambisch, ebenfalls im Kreuzreim, wenngleich mit (beruhigenden?) ein bis zwei metrischen Akzenten mehr pro Zeile. Man müßte, denke ich, arge interpretatorische Anstrengungen unternehmen, um aus dem Part des Mädchens etwas anderes herauszulesen als den Gestus der Angst und des Schreckens. Die Replik des Todes, der *das letzte Wort* hat, ist vieldeutig, der Trost, das Versöhnliche das sich hier ausdrückt, könnte auch maskierte Verführung, süß-tönende Vergewaltigung sein:

Gib deine Hand, du schön und zart Gebild!
Bin Freund, und komme nicht zu strafen.
Sei gutes Muts! Ich bin nicht wild,
Sollst sanft in meinen Armen schlafen!

Das Lied beginnt ohne Worte, mit einer Art Trauermarsch. "Mäßig" und "Pianissimo" überschrieben, intoniert das Klavier über acht Takte hinweg, was man – wäre es eine Oper – als Motiv des Todes bezeichnen könnte: eine einfache, zweimal wiederholte, monotone melodische Phrase (der Ambitus der melodieführenden Stimme beträgt gerade eine Quart), grundiert von einem – musikgeschichtlich hochgradig konventionalisierten – Trauerrhythmus: einem halben Notenwert folgen, pro Takt, zwei Viertel (vgl. etwa den Beginn von Chopins Trauermarsch). Einfach, düster, spannungslos erklingt das, in tiefen Registern, die Dynamik bleibt eingefroren, die Grundtonart (d-Moll) wird zweimal kadenzierend betont.

Nach einer kurzen Pause schaltet das Lied einen völlig anderen Gestus, mit dem Einsatz des "Mädchens". Das Klavier intoniert "geschwinder": hämmert schnelle Achtel-Akkordketten, in der Vokalstimme treten punktierte Rhythmen auf, die Spannweite der Melodie erstreckt sich hier über eine Septime, und auch die Harmonik gerät in Bewegung, führt zunächst über gewagt dissonante Akkorde (ein – tritonushaltiger – verminderter Septimen-Akkord grundiert den "*wilden* Knochenmann", ein gleichartiger "ich *bin* noch ... ") zunächst zur Subdominate g-Moll (" ... *jung*"). Die Schlußworte des Mädchens, das zweimaligen Flehen "Rühre mich nicht an", grundiert wiederum der Rhythmus des Trauermarsches. Wobei Schubert dem ersten Seufzer interessanterweise die parallele *Dur*tonart (F-Dur) unterlegt: ein markanter harmonischer Impuls – fast scheint Hoffnung aufzuleuchten, Kampfgeist. Doch die Wiederholung umspielt wieder (resignativ?) d-Moll, ein Decrescendo-Zeichen markiert die Rücknahme auch dynamisch. Das Klavier allein wiederholt noch einmal den Seufzer: Pianissimo, Diminuendo. Die Musik erstirbt, den (d-Moll-) Einsatz des "Todes" harmonisch vorbereitend auf der Dominaten (A-Dur). Eine halbe Pause (durch eine Fermate verlängert) – und der Tod setzt ein, "im ersten Zeitmaß", im Gestus der acht Vorspieltakte. Der Tonumfang der Singstimme schrumpft für seine sechzehn Takte auf den Quintabstand, bleibt sogar über sechs Takte (mit einer kleinen Ausnahme) auf einem Ton liegen: "Sei gutes Muts! Ich bin nicht wild, sollst sanft in meinen Armen ..." Und das "Schlafen" – wie auch das Klavier-Nachspiel – wenden, was das düstere Vorspiel ausgedrückt hatte, nach Dur. Der Trauermarsch wird fast schon zum Wiegenlied. Das geht, wie schon das musikalisch inszenierte kurze Aufbegehren des Mädchens, klar über das hinaus, was das Gedicht mit seinen Mitteln sagen konnte und wollte: Nicht der Tod hat hier das letzte Wort, sondern – die Musik.

Indem sich Musik und Gedicht gezielt zueinander verhalten, entstehen neue, übergeordnete Bedeutungsangebote. Derartige Wirkungen sind einem Bedeutungsmechanismus der Lyrik eng verwandt. Sie gewinnen im Lied jedoch eigene Qualität. Durch lautliche, klangliche, reimbezogene Parallelbildungen, "Äquivalenzen", überdeutet der lyrische Ausdruck den semantischen Zusammenhang des Sprachmaterials, auf dem er baut. Ein Wort, das mit einem anderen rhythmisch, metrisch, klanglich korrespondiert, ändert, subtil, seinen Sinn. Vergleichbares passiert im Lied. Auch hier werden Ausdruckselemente in Parallelbeziehungen gebracht, Elemente, die allerdings völlig unterschiedlichen Zusammenhängen angehören. Und diese subtile In-Beziehung-

Setzung passiert in einer neuen Dimension: der Gleichzeitigkeit, der Tiefe. Wo in der lyrischen Form Äquivalenzbildungen stattfinden in der Reihe, der Sequenz, der horizontalen Abfolge, arrangiert die bimediale Form Ausdruckselemente, die völlig unterschiedlichen Bezeichnungssystemen angehören (also etwa Musik und Sprache), in der Transversalen: *Tiefenäquivalenzen.*

Man kann an diesem Schubertlied verschiedene Eigenschaften solcher Transversalbeziehungen deutlich machen. Zunächst: Tiefenäquivalenzen kommen als Resultate von Auswahlvorgängen zustande. Sie stellen, in strukturalistischer Terminologie, "paradigmatische" Wirkungen dar. Im "Tod und das Mädchen" äußert sich das in der raffinierten Arbeit mit musikalischen Gesten. Daß hier Auswahlvorgänge zugrunde liegen, kann man sich deutlich machen, wenn man bedenkt, daß der Komponist eine sehr große Zahl von Möglichkeiten gehabt hätte, Musik und Text zusammenwirken zu lassen: Schubert hätte, einfachstes Beispiel, die Einleitungstakte am Schluß wiederholen können. Der Kreis der Trauer hätte sich geschlossen. Er hätte den Tod musikalisch so inszenieren können, wie ihn das Mädchen charakterisierte, als wilden Sensenmann. Er entschied sich für eine diskret optimistische Wendung, ungefähr: "Tod als Schlaf". Es ist ein *romantisches* Lied.

In der gezielten Kombination gegensätzlicher Tiefenäquivalenztypen offenbart sich die eigenständige Bedeutung dieses Liedes. Musik konkretisiert durch die gezielte Synchronisation ihrer Mittel die Worte, und umgekehrt vermitteln die sprachlichen Begriffe der für sich nur vage bedeutenden Musik einen inhaltlichen Bezug. Bei Claudius weiß man (glaubt man zu wissen), von *was* die Rede ist, das Lied sagt uns – zumindest in der Tendenz – *wie* man sich äußert. Die finale Dur-Wendung der Einleitungssequenz wäre, wenn es um absolute Musik ginge, nicht mehr als ein interessanter formal-syntaktischer Aspekt (vgl. Schuberts gleichnamigen Quartettsatz). Am Schluß dieses Liedes *spricht* die Musik beinahe, hier erhält sie Bedeutung, konnotiert und durchdrungen von der zurückliegenden 'dramatischen Entwicklung.' Wagners Leitmotivik ist nicht weit.

Die *Komposition, das Zusammensetzen* der bi- und multimedialen Form vollzieht sich nicht als simple Gleichsetzung unterschiedlicher Elemente, sondern im Sinne *gezielter* Äquivalenzsetzungen. Der bimediale Code des Liedes konstituiert einen Bedeutungsraum, in dem Musik und Sprache so aufeinander reagieren, *daß sie sich interpretieren.* Am Lied-Beispiel läßt sich zeigen, wie sich ein lyrischer Text, wenn er im Lied aufgeht, verändern kann, wie etwas Neues entsteht, mit eigener

Bedeutung, die mehr ist (oder zumindest sein kann) als ein bloßer Aufguß des (lyrischen) Textes mit musikalischen Mitteln. Diese neue, synthetische Bedeutung nenne ich *Korrespondenzbedeutung.* Korrespondenzbedeutung beschränkt sich nicht auf das Genre *Lied.* Dieser Bedeutungsmodus ist einer Reihe von Genres gemeinsam, die in ihren Texten verschiedenartige Formen vermitteln. Dazu gehören neben Theater, Oper und Film eine Reihe von multimedialen Veranstaltungen, vom Comic strip über Videoclip und "Ton-Dia-Show" bis hin zum "Feuertheater" eines André Heller. Nehmen wir an, der "Tod und das Mädchen", *das Gedicht,* würde auf der Bühne inszeniert. Eine Schauspielerin und ein Schauspieler wären vor die Aufgabe gestellt, 'den richtigen Ausdruck' für das Gedicht zu finden. Auch bei den Proben würde *komponiert* (zusammengesetzt). Wie der Liedkomponist, so könnten auch die Darsteller aus einer Vielzahl von Möglichkeiten *wählen,* ihre Repliken im Tonfall oder durch mimische und gestische Äquivalente zu 'interpretieren'. Wie bei der Liedkomposition würden auch hier Zeichen, die *nichtbegrifflichen* Systemen angehören, in enge, deutende Beziehung zum lyrischen Text treten und seine Wirkung beeinflussen. Auch hier könnte, was sich im Zusammenwirken ergibt, neue, übergeordnete Inhalte erschließen. Die Schauspielerin könnte den Text des Mädchens als stilles, resigniertes Gebet gestalten oder als lauthals herausgeschrieenen Protest. Der "Tod" könnte zynisch, tröstlich, verführerisch oder kalt berechnend auftreten – um nur einige Möglichkeiten zu nennen.

Auch im Bereich der "darstellenden Künste" haben wir es mit einem filigranen Miteinanderumgehen potentiell selbständiger Ausdrucksdimensionen zu tun, auch hier sind die oben angedeuteten selektiven Gesetze am Werk. Wo im Lied Gedicht und Musik aufeinander reagieren, haben wir es bei der Theateraufführung mit einem breiten Spektrum an vermittelbaren Formen zu tun, ein noch komplexerer Zusammenhang, aber dennoch vergleichbar und eng verwandt.

Wichtige Hinweise für die Fundierung einer "polyphonen" (Roland Barthes) Semantik lassen sich im russischen Strukturalismus ausmachen, in Roman Jakobsons und Jurij Lotmanns Ansätzen zu einer Theorie der "ästhetischen Äquivalenz". Jakobson stieß bei seinen Arbeiten zum Thema "Linguistik und Poetik" auf ein Prinzip, das er "paradigmatische Projektion" nannte.[4] Er ging davon aus, daß sich die in-

---

4   Ich beziehe mich auf den Aufsatz *Linguistik und Poetik.* In: Roman Jakobson (Sammlung dt.): *Poetik.* Ausgewählte Aufsätze aus den Jahren 1921–1971,

haltlichen Beziehungen, die sich im Gedicht etwa über Endreime, metrische Zusammenhänge, Alliterationen und Versmaße ergeben, beschreiben lassen als besondere Äquivalenzusammenhänge und damit als paradigmatische Wirkungen.

Paradigmatisch-selektive Ordungsfaktoren wählen aus einer Klasse funktional gleichwertiger Einheiten das dem jeweiligen Kommunikationszweck entsprechende Element aus. Beispiel: Der *Mann* geht. Die *Frau* geht. Die *Ente* geht. Das *Kind* geht. Hier gehören *Mann, Frau Ente, Kind* zu einer Klasse äquivalenter Ausdrücke, die – was die grammatische Funktion betrifft – gleichberechtigt an einer Stelle im Satz, der syntagmatischen Kette, eingesetzt werden dürfen. Das paradigmatische Prinzip wirkt – bildlich übertragen – in der vertikalen Richtung, das syntagmatische in der horizontalen. Die Pointe der Überlegungen Jakobsons zur "paradigmatischen Projektion" läßt sich in einem Satz zusammenfassen: In künstlerischen, "sekundärsprachlichen" Zusammenhängen wird die Geometrie der Normalsprache aufgehoben. Genauer: Das *vertikale* Ähnlichkeitsprinzip wird in der Struktur der Lyrik auf die horizontale, die syntagmatische Achse projiziert. Es stellt hier Ähnlichkeitsbeziehungen her, "Parallelen" jenseits der Syntagmatik der Normalsprache und organisiert diese horizontalen Äquivalenzklassen in eigenen "Subsystemen", also etwa ähnlichlautenden Endsilben im "Reimschema":

Lautliche Äquivalenz, die als konstitutives Prinzip auf die Sequenz projiziert wird, zieht unweigerlich semantische Äquivalenz nach sich, und auf jeder sprachlichen Ebene ruft jede Konstituente einer solchen Sequenz nach einer der beiden korrelativen Erfahrungen, die Hopkins treffend als "Vergleich um der Gleichheit willen" und "Vergleich um der Ungleichheit willen" definierte.[5]

Jurij Lotman beschreibt die semantische Um-, Neu- und Überdeutung einer "primären" durch eine "sekundäre" Sprache als Umkodierungsvorgänge: Der "Äquivalenz semantischer Einheiten im künstlerischen Text" wird "die Zuordnung von lexikalischen ... Einheiten" zugrundegelegt, "die auf der Ebene der primären (linguistischen) Struktur erklärtermaßen nicht äquivalent sein können":[6]

herausgegeben von Elmar Holenstein und Tarcisius Schelbert, Frankfurt/M. 1979, S. 83–122
5   ebd., S. 108
6   Jurij Lotman: *Die Struktur literarischer Texte*. München 1972, S. 76

Ja mehr noch, häufig ist dem Schriftsteller daran gelegen, seinen künstlerischen Parallelen ... Bedeutungen zugrunde zu legen, die sich ganz deutlich auf Denotate verschiedener Typen beziehen. Danach wird eine sekundäre ... Struktur aufgebaut, in der diese Einheiten sich als einander parallel erweisen, was zum Signal dafür wird, daß sie in *diesem* System als äquivalent zu betrachten sind. Es geht etwas vor sich, was dem Phänomen der Äquivalenz in der natürlichen Sprache diametral entgegengesetzt, jedoch nur aufgrund einer gesicherten Erfahrung in sprachlicher Kommunikation möglich ist.[7]

Was haben diese Denkansätze, entwickelt am lyrischen Beispiel, für die Semantik multimedialer Formen zu bieten? Es gibt einen Satz in Lotmans "Struktur literarischer Texte" bei dem die Schnittstelle ins Auge fällt:

> In sekundären modellbildenden Systemen werden wir *multiple externe* Umkodierungen antreffen – die Herstellung von Kontakten nicht nur von zwei, sondern von vielen selbständigen Strukturen, wobei das Zeichen nicht mehr ein äquivalentes Paar darstellt, sondern ein Bündel einander wechselseitig äquivalenter Elemente verschiedener Systeme.[8]

Lotman beschreibt hier eine grundlegende Eigenschaft multimedialer Strukturen, ohne daß ihn das als Literaturwissenschaftler allerdings weiter interessieren würde. Denn die "Herstellung von Kontakten" zwischen "vielen selbständigen Strukturen" ist der Normalfall des Theaters, des Films, des Liedes, des Comic strips ... Man kann diese Überlegungen präzisieren. Wo in lyrischen Texten das paradigmatische Prinzip der Äquivalenz auf die "horizontale Achse", das Nacheinander, die Folgebeziehung projiziert wird, so gilt für multimediale Formen: Die "paradigmatische Projektion" wirkt zusätzlich in die Tiefe, die Transversale. Das Beziehungsnetz, das im Gedicht durch die horizontale Um- und Überdeutung von sprachlichen Elementen geflochten wird, erobert sich eine neue Dimension. In multimedialen Texten werden die Relationen *zwischen* den synchronisierten Ausdrucksebenen für die

---

7   ebd.
8   ebd., S. 63

38

Bedeutungsbildung entscheidend wichtig; es geht hier um eine *intersy-stematische* Paradigmatik.

In jedem Augenblick einer Theateraufführung werden Ausdrucks-elemente, die verschiedenen (potentiell selbständigen) Zusammenhän-gen angehören, von den Zuschauern gleichzeitig wahrgenommen und zu einem Gesamteindruck verarbeitet, zur Korrespondenzbedeutung. Was wir als Zuschauer realisieren, ist indes nicht die Bedeutung der Einzelzeichen, sondern die des Zusammenklangs. *Ist die Normalspra-che aus Lauten, die der Musik aus Tönen, die der Pantomime aus Gesten aufgebaut, so bestehen multimediale Sprachen formal aus Tiefenäquivalenzen, inhaltlich aus Korrespondenzen. Multimediale Sprachen ordnen den komplexen Äquivalenzbeziehungen zwischen Elementen der beteiligten Subsysteme Korrespondenzen auf der Wahr-nehmungsebene zu.*

Tiefenäquivalenzen und Korrespondenzen stellen nicht nur einen wichtigen Ansatzpunkt für die synthetische Arbeit der Theaterautoren, der Regisseure und Schauspieler dar, sondern gerade auch für die Ana-lyse der einzelnen Aufführungen und ihrer geschichtlichen Zusammen-hänge. Das selektive Prinzip der Tiefenäquivalenz äußert sich darin, daß ein Lied-Komponist in jedem produktiven Augenblick zu wählen hat: Welche musikalische Geste paßt zu welchem Wort. Und daß Re-gisseure und Schauspieler während der Probenarbeit die Ausdrucksmit-tel synchronisieren müssen, die während der Aufführung szenisch kor-respondieren sollen: mimischer Ausdruck zum sprachlichen, sprachli-cher zum räumlichen, räumlicher zum bildlichen, bildlicher zum proxe-mischen ... Und unter dem Aspekt des Nachvollzugs der je realisierten Selektionsentscheidungen erschließen sich der Analyse Bedeutungsim-pulse und -intentionen. Korrespondenzbedeutung kommt als Synthese von Tiefenäquivalenzen im Bewußtsein der Zuschauer zustande, (eine) Aufgabe der wissenschaftlichen Rezeption ist es, diesen Prozeß gleich-sam umzudrehen: *in der Kombination der Elemente Strategien ihrer Anordnung abtasten.*

Ganz grundsätzlich wendet Korrespondenztheorie eine auf Saussure zurückgehende Zeichendefinition auf Phänomene multimedialer Bedeu-tung an, eine Definition, nach der Zeichen in der Vermittlung von be-deutenden und bedeuteten Elementen zustande kommen, als Vermitt-lung von Ausdrucks- und Inhaltselementen. Mit der Bestimmung des tiefenparadigmatischen Zusammenhangs von Formäquivalenzen und ih-rer inhaltlichen Realisierung als Korrespondenzen ist der kleinste ge-meinsame strukturale Nenner unterschiedlicher multimedialer Genres umrissen. Diese Bestimmung hat einen entscheidenden Vorteil: Indem Korrespondenztheorie von einem kodifizierten und nicht 'natürlichen', von vornherein gegebenen Sinnzusammenhang ausgeht, kann sie der großen Bedeutungsflexibilität polyphoner Sprachen gerecht werden. "Natürlich" erscheint im Theater, im Film, in der Oper, was sich dank starker (weitgehend verbindlicher) Codifizierungen automatisch, ohne rezeptive Sinnanstrengungen erschließt. "Verfremdet", artifiziell, abstrakt, unwahrscheinlich wirkt eine Inszenierung, wenn sie sich nicht mühelos lesen läßt, wenn sie sich gegen erprobte Korrespondenzkonventionen (zunächst) sperrt. *Das Zustandekommen von Illusion ist nicht an eine wie auch immer naturähnliche oder -ferne Bühnendarstellung geknüpft.* Nicht die Bühnendarstellung entscheidet darüber, wie sie verstanden wird. Korrespondenzbedeutungen und die an sie geknüpften Illusionswirkungen realisieren sich auf Bewußtseinsebene. Nur dadurch läßt sich erklären, daß die opernkompetenten Zuschauer den singenden Liebhaber, Frisör, Kriegsherrn, Germanengott oder Wüstling problemlos akzeptieren. Ein Phänomen, das jedem Ansatz, der den Grad der Illusionierung an den Grad der Naturwahrscheinlichkeit der Darstellung knüpft, eine Verlegenheit sein muß.

Was als 'natürlich' korrespondiert, hängt von der rezeptiven Kompetenz der einzelnen Zuschauer ab. Das kann dazu führen, daß verschiedene Zuschauer die gleiche Veranstaltung entweder als skandalöse Frechheit oder als höchstes Kunstglück erleben. Und auch (im Brechtschen Sinne) "naturalistische" Theatervorstellungen arbeiten mit internen Kodierungen (auch die vielbeschriebene "vierte Wand" des naturalistischen Theaters ist nur scheinbar selbstverständlich; sie bildet eine abstrakte und zu erlernende Verstehens-Voraussetzung einer historischen Theatersprache).

Neubestimmungen von Theatersprachen finden immer dann statt, wenn eine etablierte Konvention aufbricht, wenn, was als unvereinbar galt, neu vereinbart wird. Die Folge ist eine Korrespondenzkrise, ein Illusionsbruch aufgrund fehlender Zuordnungsregeln. Am deutlichsten äußert sich das in den üblichen Skandalen, die theatralische und musiktheatralische Innovationen begleiten, und die – siehe "Carmen", siehe "Tannhäuser", siehe "Pelléas" – den Nachgeborenen zumeist völlig unverständlich sind. Das Publikum kann lernen: Was heute skandalös, ist morgen selbstverständlich. Brechts "episch"-offengelegter Bühnenscheinwerfer reißt als ein heute völlig 'natürliches' Element einer veränderten Theatersprache keinen Zuschauer mehr aus seinen Illusionen. Eine radikal nicht-harmonische Musik in der Oper, die in den zwanziger Jahren zu starken Irritationen geführt hat, wird heute von Abonnenten jeder Provinzbühne angenommen. Schönberg und Berg sind auch als Opernkomponisten zu Klassikern geworden – dank der geschichtlichen Flexibilität der Musiktheatersprache, die es erlaubt, zunächst fremdartige, "unnatürliche" Zusammenhänge zu selbstverständlichen Elementen der theatralischen Grammatik zu machen.

Schon auf der Ebene der Vermittlung einzelner Aufführungen stabilisieren sich die polyphonen Codes, *indem sie sich zum Teil neu bilden*. Die korrespondentielle Wertigkeit der tiefenäquivalenten Zusammenhänge wird über den Kontext ihres Erscheinens entscheidend mitbestimmt. Der "Tod und das Mädchen" zeigt, daß eine fast identische Fügung (der Trauermarsch) schon im Verlauf einer einzigen 'Aufführung' seine Bedeutung verändern, bzw. erst erhalten kann. Auch die Theaterzuschauer verarbeiten das auf sie einströmende Zeichenangebot nicht nur simultan, sondern auch sukzessiv. Im Bewußtsein der Mitwirkenden auf der Bühne und im Zuschauerraum werden theatralische Zeichen "mobil". In diesem immateriellen Bereich gründen die vielbeschriebenen Möglichkeiten des Theaters, den Elementen der realen Welt, mit denen es spielt, eine völlig neue Bedeutung zu geben ("Mobilität"): Ein Tisch auf der Bühne kann nur deshalb zum Zeichen für einen Berg, ein Haus oder ein Auto werden, weil Zuschauer auf entsprechende Verabredungen eingehen, die neue Zuordnung (im Laufe der Aufführung) erlernend.

Das Zustandekommen von Korrespondenzen höheren Grades, wie es etwa in der von Lebenswahrscheinlichkeiten stark abweichenden Gattung Oper stattfindet, wurzelt in der Bedeutungsdynamik der einzelnen Aufführung.[9] Der Weg von einem abstrakten, verfremdeten Zeichenzusammenhang zu einer ihm auf nichtmimetischem Niveau zugeordneten neuen Korrespondenz kann, je nach der rezeptiven Kreativität eines Zuschauers, sehr kurz sein. Diese Umkodierungsdynamik ermöglicht jeder Aufführung, ihr Zeichenmaterial neu zu bedeuten; in wenigen Augenblicken können neue Vereinbarungen zwischen Bühne und Zuschauerraum getroffen werden. Ein Teilbestand solcher Innovationen kann sich über die einzelnen Aufführungen hinaus – in einem größeren gattungsgeschichtlichen Horizont – zu breit internalisierten Elementen einer gewandelten multimedialen Sprache fügen.

---

9   Ich werde diese Verstehensdialektik am Beispiel der "Tasso"-Aufführung Peter Steins, die ich im letzten Teil dieser Arbeit analysiere, noch genauer verdeutlichen.

Die Codifizierungen, die es uns erlauben, disparate Zeichen, die auf uns einströmen, korrespondentiell zu realisieren, bauen nicht auf einem Regelsystem, das, wie etwa eine Computersprache, nur zwei Möglichkeiten des kommunikativen Erfolgs kennt: richtig oder falsch – man versteht sich oder: "syntax error". Die Theatercodes können sich in den unmittelbaren Kommunikationsprozessen neu- und umbilden: *ein letztlich nicht taxierbares, unbegrenztes Spiel semantischer Transformationen*. Wobei es selbstverständlich enorme historische und genrespezifische Unterschiede gibt. Man kann davon ausgehen, daß es das Publikum der Oper im Venedig des 18. Jahrhunderts leichter hatte als der heutige Besucher, der in der gleichen Stadt der Uraufführung von Nonos "Prometeo" beiwohnt. Man kann davon ausgehen, daß ein Besucher des Hamburger Ohnsorg-Theaters kaum theatersprachliche Neuschöpfungen nachvollziehen muß, im Gegensatz zum Besucher eines Wilson-Spektakels, für den der Theaterabend harte Bedeutungsarbeit (oder ganz etwas anderes) bringen kann. Es gibt nicht den einen und einzigen Zugang zu einem multimedialen Ereignis; jeder Zuschauer erzeugt wahrnehmend, erinnernd, reflektierend und fühlend sein eigenes Bild der Aufführung. Schon was wir so objektiv zu sehen glauben, die "reale Bühnengestalt", präsentiert sich als Synthese aus Eigenem (Erfahrungshorizont) und Fremdem (Zeichenangebot).

Das Begriffspaar Tiefenäquivalenz/Korrespondenz erlaubt, den Stellenwert der rezeptiven Bedeutungsproduktion genauer zu bestimmen. Die strukturalistische Äquivalenztheorie ging davon aus, daß man die Bedeutung eines "künstlerischen Textes" über die Analyse der besonderen Äquivalenzbildungen idealtypisch festmachen könne. Roman Jakobson hat das auch mehrfach versucht, am bekanntesten wurde seine (in Zusammenarbeit mit Lévi-Strauss realisierte) Analyse der "*Chats*" von Baudelaire.[10] Er konnte in der scheinbar objektiven Auflistung von Klassen äquivalenter Elemente gar nicht finden, was er suchte, nämlich *die* absolute Bedeutung des Textes. Auch Jakobson schuf in seiner Interpretation etwas Eigenes. Roland Posner analysiert den entscheidenden Denkfehler:

> Es ist unmöglich, allein aus der Korrelation der Äquivalenzklassen ... die Gesamtstruktur eines Werkes zu bestimmen. Der ästhetische Kode bleibt weitgehend außerhalb der Reichweite eines Ver-

---

10   Roman Jakobson und Claude Lévi-Strauss: *Les chats de Baudelaire*. In: L' Homme 28, 1962, S. 5–21

fahrens, das sich auf distanzierte Deskription des Textes und die Summierung der Textmerkmale beschränkt.[11]

Korrespondenzen sind *inhaltliche* Phänomene; die Bedeutungssynthese wird durch unsere ästhetische Kompetenz und den sozialen und geschichtlichen Kontext unserer Wahrnehmung entscheidend beeinflußt. Auch hier gilt, was Wolfgang Iser für den Bereich der Literaturrezeption beschrieben hat:

> Jede Lektüre wird ... zu einer individuellen Aktualisierung des Textes, indem der Spielraum schwach determinierter Beziehungsmöglichkeiten differenzierte Sinngestalten herzustellen erlaubt. Denn die Sinngestalt hat für jeden Leser einen hohen Bestimmtheitsgrad, und dieser entspricht den vielen Selektionsentscheidungen, die in der Lektüre über die Art der Beziehungen fallen, durch die wir aufeinander hinweisende Satzkorrelate miteinander verbinden.[12]

Ich habe im Anfangskapitel davon gesprochen, daß es mir um eine Verbindung von Elementen strukturalistischer und hermeneutischer Verfahren geht. Am Bild des Simulacrums habe ich diesen Zusammenhang illustriert. Aus dem Konzept der "ästhetischen Äquivalenz", die über eine besondere, "sekundärsprachliche" Durchdringung syntagmatischer und paradigmatischer Faktoren im russischen Strukturalismus definiert wurde, läßt sich ein Instrument für die Analyse formaler Aspekte entwickeln. Was allerdings in den einzelnen Wahrnehmungsakten entsprechend historischer, sozialer, psychischer Horizonte der Zuschauer aus dem Äquivalenzangebot herausgegriffen und korrespondentiell erfahren wird, läßt sich allein aus der Beschreibung der Form nicht ermitteln.

Die hermeneutische Nutzbarmachung und Kontrolle strukturtheoretischer Beschreibungsinstrumente vermeidet die Reduktion der "Texte" auf Eindeutigkeiten. Wenn (Tiefen-) Äquivalenzanalyse als Instrument der Suche nach absoluter Struktur, eindeutigem Gehalt oder essentieller Bedeutung eingesetzt wird, geht sie, alchimistisch, in die Irre: Suche

---

11 Roland Posner: *Strukturalismus in der Gedichtinterpretation*. In: Heinz Blumensath (Hrsg.) Strukturalismus in der Literaturwissenschaft. Köln 1970, S. 211

12 Wolfgang Iser: *Der Lesevorgang*. Eine phänomenologische Perspektive In: Rainer Warning (Hrsg.): *Rezeptionsästhetik. Theorie und Praxis*. München 1979, S. 259

nach dem interpretatorischen Stein des Weisen. Äquivalenzanalyse läßt sich, ein verändertes Erkenntniskonzept vorausgesetzt, sinnvoll einsetzen: Nicht der Chimäre einer Sinnessenz folgen, sondern selbstkritisch textuelle Wirkungsmöglichkeiten abtasten. Eine Form wie ein Baudelaire-Gedicht, eine bimediale wie ein Schubertlied, eine von komplexen (Tiefen-) Äquivalenzen geprägte Textur wie die "Tasso"-Aufführung von Peter Stein stellen sich dem Analysierenden vor Augen als unerschöpfliche Bedeutungs*angebote*. Nicht als berufener Jäger des versteckten Sinn-Schatzes versteht sich der Korrespondenz-Analytiker, sondern als kritischer Vermesser eines Möglichkeitsraumes, *den er selbst mitbaut*, und über dessen geschichtliche Wandelbarkeit er sich im klaren ist. *Interpretation arbeitet, als Deutung von Inhalten, auf der Ebene der Korrespondenzsynthese.* Sie nutzt die (Tiefen-) Äquivalenzanalyse als formal-deskriptiven Vorbau und Bezug. Sie will damit nicht, im positivistischen Sinne, ihre Aussagen "verifizieren", wohl aber: ihre eigene Bedeutungsfindung für andere nachvollziehbar machen. Wohl wissend, daß sich im vermeintlich Genauen und Deutlichen nicht einfach die Gegenstände, sondern auch die (Zeitumstände der) *Analysierenden selbst vermitteln.*

Komposition

Auch auf der Bühne wirkt, in einer neuen Dimension, der Transversalen, das paradigmatische Prinzip. Die unterschiedlichen Ausdruckselemente suchen sich aus, mit welchen Nachbarelementen sie parallelisiert werden wollen. Ansonsten "autonome" Zeichenzusammenhänge, die in einer multimedialen Textur als Teilbestandteile aufgehen, können dabei ihrerseits schon äußerst vielschichtig strukturiert sein, wie etwa lyrische, dramatische, bildliche oder musikalische Formen. Die in fragwürdiger Film- oder Theaterkritik, ja sogar in bestimmten Ansätzen wissenschaftlicher Beschäftigung mit multimedialen Genres immer wieder zu hörenden Homologieformeln wie "Bilder sagen das gleiche wie Worte" oder "Musik wiederholt, was das Gedicht sagt, mit ihren

Mitteln"[13] verkennen das *selektive* Bedeutungsspiel der Tiefenäquivalenzen.

Patrice Pavis hat das Zusammenspiel von sprachlichen und visuellen Elementen am Beispiel eines Comic-Bildchens (aus "Asterix und der goldene Kessel") illustriert. Und obwohl er es in einem völlig anderen Argumentationszusammenhang zitiert[14], stellt dieser Abschnitt (aus den *Problèmes de la sémiologie théâtrale*) eine der wenigen brauchbaren Tiefenäquivalenz-Untersuchungen dar, die ich gefunden habe. Ein Beispiel, an dem sich gerade der Aspekt der *gezielten* Äquivalenzsetzung zwischen Worten und Bildern sehr deutlich zeigen läßt. Ich stelle Auszüge aus den entsprechenden Abschnitten auf den folgenden Seiten in eigener Übersetzung vor:

Man kann den Comic strip als ein vom Regisseur notiertes Theaterstück auffassen. Jeder Dialogteil wird illustriert durch Umgebung und Figuren ... Dabei darf man nicht übersehen, daß die Inszenierung des Comic strips stilisierter und ärmer ist als die theatralische ... Wir werden also versuchen, einige Folgerungen aus der Beziehung sprachlicher und bildlicher Elemente im Comic strip zu ziehen, und sie auf das Theater übertragen.

Betrachten wir also ein Bild aus einem Asterix-Comic, außerhalb seines ursprünglichen Zusammenhangs. Das sprachliche System ist in der Sprechblase abgehoben, den Rest des Bildes organisiert das visuelle System.

Wir nehmen zunächst die sprachliche Botschaft auseinander und suchen die bildlichen Entsprechungen zu den bestimmten Einheiten ... Jedes Textelement ist zugleich mit bildlichen Mitteln ausgedrückt, es gibt eine Redundanz bezeichnender Elemente. Halten wir fest, daß diese Einteilungsoperation besonders leicht fällt vom Sprachlichen zum Bildlichen: Es genügt, den Satz in diverse linguistische Einheiten zu zergliedern und dann deren Bildentsprechungen zu suchen.

---

13 Ein solches Homologiemodell, vorgeschlagen von Erik Fischer (*Zur Problematik der Opernstruktur. Das künstlerische System und seine Krise im 20. Jahrhundert*. Wiesbaden 1982) habe ich an anderer Stelle ausführlich kritisiert. Vgl.: Guido Hiß: *Korrespondenzen*. Tübingen 1988, S. 58–63

14 Pavis versucht, an diesem Beispiel eine der vielleicht fragwürdigen Thesen seines Buches zu belegen, nach der Körper, Gegenstände und Bilder auf der Bühne dem dramatischen Text seine "Referenz" einmontieren sollen.

Man stößt auf folgende Entsprechungen:

Sprachliches System	Bildliches System
	/ / = Bild von
Ich	/Hand/
ihn	Ø
vertraue an	/Hand/
	/Schwert des Asterix/
	/Hab-acht-Haltung/
von meinem	/ausgestreckte Hand/
Krieger	/Schwert/ /Helm/
zuverlässigsten	/Füße und Haltung/
ASTERIX	/ASTERIX/

Man findet also im Bildentwurf Entsprechungen zu einigen Rede-teilen. So ist die Gegenwart des "ich" und des "mein" (Majestix) spürbar in der Hand, die links im Bild auftaucht. Auch das "An-vertrauen" findet sein Äquivalent in dieser ausgestreckten und of-fenen Hand, die den Blick auf Asterix lenkt und das Vertrauen des Chefs auszudrücken scheint.

46

Der "Krieger" wird in der militärischen Ausstaffierung anschaulich: durch das Schwert, den Helm und die Haltung des Asterix ... Die Mehrzahl der linguistischen Zeichen wurde also ins visuelle System übersetzt: Sie sind redundant.

Trotzdem sind einige Details nicht klar auf Bildebene ausgewiesen: Dem "ihn" (Majestix spricht, im vorhergehenden Bild, von einem Kessel) entspricht kein Gegenstand im Bild; der Kessel ist im Bild nicht dargestellt. Das hat einen einfachen Grund: Diese Redundanz ... bietet sich nicht an, weil das Personalpronomen "ihn" den Gegenstand ersetzt, ohne deshalb eine Wiederholung erforderlich zu machen. Der Zusammenhang, hier also die Schaltstelle des Personalpronomens "ihn", vermeidet die bildliche Redundanz, die Zeichnung eines Kessels.

Man sieht, daß die Redundanzen, so häufig sie auch in den beiden Systemen vorkommen, nicht absolut erforderlich sind. Sie entsprechen jedoch einer gewissen Notwendigkeit. Man kann ihre Funktionen kurz zusammenfassen:

a) Die Redundanz macht die Botschaft weniger doppeldeutig: Die Wiederholung vermindert die Möglichkeiten einer Fehlinterpretation ...

b) Diese phatische Funktion der Redundanz wird noch notwendiger im theatralischen System, das die Wirkungen übertreiben, die gleiche Information mehrfach übermitteln muß, wenn es von einem großen Publikum verstanden werden will ...

c) Sie erlauben eine Reise vom Sprachlichen ins Bildliche; sie spielen die Rolle von Brücken zwischen den beiden Bereichen, von "shifters", die zwei unterschiedliche Ausdrucksebenen miteinander kommunizieren lassen. So klärt und präzisiert jedes redundante Element die Systeme, an denen es Teil hat ...

Wir müssen nun den vorhergehenden Schritt umdrehen. Das heißt wir müssen bestimmen: a) welche Bildelemente sind sprachlich eingekleidet und also redundant; b) welche Elemente sind ausschließlich bildlich und korrespondieren nicht mit dem Text ...

Es gibt allerdings eine Schwierigkeit bei der Bestimmung visueller Elemente: Wir verfügen noch nicht über eine Methode, Einheiten zu bestimmen, wie wir sie für die Sprache zur Verfügung haben. Man kann annehmen, daß unsere Segmentierung des Bildes vom Rekurs auf den Text beeinflußt wird. Wir können indes fair sein: den Text zudecken und seine Bestandteile nur aus dem ikonischen System rekonstruieren. Dabei zeigt sich, daß es sehr schwierig ist, aus einer Comic-Zeichnung oder einer theatralischen Situation die Worte der Figuren zu erschließen.

Außer den Bildelementen, die im Text verdoppelt sind, könnten wir ... solche herauslösen, die nicht im Wort ausgedrückt sind ... Welche Elemente bezeichnen also nur im Bild und nicht im Text?

Der Schein, der Asterix umgibt, impliziert Ruhm, Kraft, Stolz, was im Text nicht zwingend enthalten ist.

Das gleiche gilt für das mächtige Hinterteil von Obelix, seine gekreuzten Hände ... versinnbildlichen, daß die Sicherheit Asterix' immer gewährleistet sein wird ... Wahrscheinlich ist dies nicht das einzige Element des visuellen Codes, das nicht durch den Text ausgedrückt wird. Aber es reicht im Augenblick aus, um festzuhalten, daß das Visuelle nicht ganz in die Sprache übersetzbar ist, und daß der Text sich nicht immer im Bild vergegenständlicht findet.[15]

Ein Liedkomponist verfügt über eine Vielzahl von Möglichkeiten, ein Gedicht musikalisch zu 'inszenieren', es mit unterschiedlichen Rhythmen, Metren, Harmonien zu unterlegen. Und auch ein Zeichner kann wählen, was er bildlich mit einer Figurenreplik in Beziehung setzen will. Schubert 'steuert' im "Tod und das Mädchen" die Bedeutung der Verse durch musikalische Mittel. Und Uderzo, der Zeichner der Asterix-Comics, 'unterstreicht' hier visuell, was ihm von den Text-Aussagen am wichtigsten ist, setzt hier gezielt den "*zuverlässigsten* Krieger" ins Bild. Wir sehen nicht, Pavis hat darauf hingewiesen, den "Kessel", von dem die Rede ist; wir sehen nicht das "ich", den Eigentümer der Sprechblase, den Redenden. Wir sehen den kleinen gallischen Krieger in strahlender Pose. Man schaut sich das Bildlein an, alles scheint völlig klar, selbstverständlich. Und doch repräsentiert es ein *kalkuliertes* tiefenäquivalentes Arrangement. Ich entwerfe das Gegenbild: Angenommen, die zeigende Hand, die Sprechblase samt Inhalt, der Obelix-Umriß im Hintergrund blieben gleich. Aber statt eines auftrumpfenden Kriegers sähen wir ein Häuflein Elend im Vordergrund, vielleicht den

15   Patrice Pavis: *Problèmes de la sémiologie théâtrale.* Les presses de l'université du Quebec, Montréal 1976. S. 35–38

geprügelten Barden Troubadix. Wiederum könnte uns dies völlig selbstverständlich vorkommen, allein der Sinn des Bildes wäre ein völlig anderer, ja diametral entgegengesetzter. "Mein zuverlässigster Krieger" – die Sprechblase erginge sich im Spott.

Diese Steuerung der korrespondentiellen Wirkung durch gezielte In-Beziehung-Setzung parallel gesetzter Ausdruckselemente passiert auch in theatralischer Vermittlung. Ich werde in den nächsten Abschnitten noch genauer darauf eingehen; und der letzte Teil dieses Buches, die Analyse und Interpretation der "Tasso"-Aufführung von Peter Stein wird dafür einen breiten Fundus an Beispielen zur Verfügung stellen, ich nehme eines vorweg:

In der Rezeptionsgeschichte ist die Goethe-Figur Tasso äußerst umstritten. Die eine, idealistische Interpretationslinie sieht in Tasso den ewigen Dichter. Tassos Leiden und Konflikte gelten hier als Beleg für eine fundamentale und überzeitliche dichterische Seins-Disposition: eine Genialität und Produktivität, für die der Künstler im Alltag, als "Mensch", einen hohen Preis zahlen muß: Vereinsamung, Unverständnis der Gesellschaft, Krankheit, ja Wahnsinn. Die andere, kritische Lesart versucht diesen Befund zu historisieren, interpretiert den "Tasso" gleichsam als Abrechnung Goethes mit den künstlerischen Produktionsbedingungen seiner Zeit. Der Poet als Opfer, zerbrechend an den Normen und Anforderungen einer unmenschlichen gesellschaftlichen Ordnung, der Aristokratie, des Mäzenats. Dieser Streit macht sich exemplarisch fest an einer der wichtigsten Szenen des Stückes: der Bekränzung, in der der Dichter dem Hof sein vollendetes Manuskript präsentiert (das "Befreite Jerusalem") und dafür mit dem Lorbeerkranz des *poeta laureatus* belohnt wird. Tassos Äußerungen klingen hier hochgradig pathetisch; ein knapper Ausschnitt:

> Hast du mir nicht, oh kluger, tapfrer Fürst,
> Das alles eingeflößt, als wärest du
> Mein Genius, der eine Freude fände,
> Sein hohes, unerreichbar hohes Wesen
> Durch einen Sterblichen zu offenbaren?

Die einen nehmen Tassos hohe Worte bei der Dichterkrönung als glaubwürdigen Ausdruck eines hohen, begeisterten und idealen Dichtertums. Die anderen interpretieren die gleichen Worte als eitle Selbstdarstellung, ja Dichterhybris, wittern hier schon den sozialen Defekt: die Dedikation als verkappter Dressurakt, hohe Worte nicht als spontane Herzensergüsse, sondern als Ausdruck eines problematischen Rollenverhaltens. Hier offenbart sich ein enormer Spielraum für die szenische Realisierung. Eine der konventionellen Deutung verpflichtete Regie könnte einen hehren Musensohn auf die Bühne stellen, könnte lichtumglänzt, mit musikalischem und gestischem Pathos untermalt, ein überfließendes Dichterherz szenisch glaubhaft machen. In der "Tasso"- Inszenierung von Peter Stein definiert die Bühne die Goethe-Repliken völlig anders: Wir sehen eine herumhüpfende, wild gestikulierende, närrische Figur. Der Schauspieler Bruno Ganz führt den Dichter als "Emotionalclown" (Peter Stein) vor, die Dedikation, im Sinne der kritischen Lesart, als klägliches Spiel im Spiel. Und auch hier, wie schon im Lied, wie schon im Comic strip, kommt ein drittes, hier die szenische Korrespondenzbedeutung, zustande als Resultat von Auswahlvorgängen. Auch hier wird ein gezielter Äquivalenzzusammenhang zwischen (im weitesten Sinne) bildlichen und sprachlichen Ausdrucksmomenten geknüpft, um eine bestimmte Sinnintention zu übermitteln. Und auch hier gibt es keine beliebige "Homologie" oder simple "Redundanz" zwischen den Ausdrucksebenen.

Medientheoretiker, die über Tiefen-Beziehungen nachgedacht haben, argumentieren häufig entlang einer einfachen Formel, derzufolge es zwei elementare Beziehungsmöglichkeiten zwischen parallelisierten Zeichen geben soll: homologe und antinomische, gleich- oder gegenbedeutende:

> Die Bedeutungen sind analog bzw. parallel oder sind es nicht. Die analogen Bedeutungen unterstützen und verstärken sich gegenseitig. Die nicht-analogen Bedeutungen sind entweder erkennbar oder nicht-erkennbar aufeinander bezogen ...[16]

"Homolog" oder "tautologisch" verhalten sich die parallelisierten Ausdruckselemente nur scheinbar: Indem das visuelle Zeichensystem sich zu bestimmten Aspekten des Partnersystems parallel setzt, "wiederholt" es das dort ausgedrückte nicht pauschal, sagt nicht einfach mit bildlichen Mitteln "das gleiche" wie das sprachliche, sondern akzentuiert eine Möglichkeit seines Bedeutungsfeldes. Es geht also im subtilen Bedeutungsspiel der Tiefenäquivalenz nicht um einfache Gleichsetzun-

---

16 Erika Fischer-Lichte: *Semiotik des Theaters*. Bd. 1: Das System der theatralischen Zeichen. München 1982, S. 188

gen, sondern allenfalls um gegenseitige Gewichtungen: Interpretationen.

Diese These läßt sich auch unter vertauschtem Blickwinkel, also vom Bild zum Text, vertreten. Angenommen, ich ändere nichts am Asterix-*Bild*, fülle aber einen anderen Text in die Sprechblase, etwa: "seht euch mal diesen kleinen Angeber an". Wiederum komme ich mit dem Begriff der Homologie nicht allzu weit. Denn wiederum sagt der Text nicht einfach das, was das Bild schon ausdrückt, sondern setzt sich "gleicher" als eine der unzähligen übrigen Möglichkeiten, das Bildlein assoziativ konkret zu machen.

Das Zusammenfügen, die *Komposition* der multimedialen Form vollzieht sich nicht als simple Gleichsetzung unterschiedlicher Ausdruckselemente, sondern im Sinne gezielter Äquivalenzsetzungen (wobei es vollständig gleichgültig ist, ob der oder die Verfasser des polyphonen Textes den Zusammenklang der Elemente bewußt kalkulierend oder "intuitiv" arrangieren.) Wir haben es nicht mit einfachen Doppelzeichnungen zu tun, sondern mit *gezielten* Äquivalenzsetzungen, tiefenparadigmatischen Fügungen. Der multimediale Code konstituiert einen Bedeutungsraum, in dem die beteiligten Teilsysteme so aufeinander reagieren, daß sie sich interpretieren. Die Folgerung für die Korrespondenzanalyse liegt auf der Hand: *nicht untersuchen, was "gleich" gesetzt ist, sondern "gleicher".* Wo sich die künstlerische Kreativität in der gezielten In-Beziehung-Setzung disparater Elemente ausbildet, arbeitet die wissenschaftliche (u.a.) in umgekehrter Richtung: Das Objekt als Produkt von Auswahlvorgängen beschreiben, im scheinbar Selbstverständlichen das Kunstgemachte aufdecken.

Ein zweites und nicht weniger wichtiges Argument gegen das einfache Homologie-Antinomie-Konzept läßt sich im Hinblick auf die Wahrnehmungsseite anführen; ich habe es im vorigen Abschnitt schon angedeutet: Korrespondenzen sind *inhaltliche* Phänomene; und die Bedeutungssynthese tiefenäquivalenter Zusammenhänge im Bewußtsein wird durch verschiedene Kontextfaktoren beeinflußt, durch die ästhetische Kompetenz des Rezipienten, durch soziale, psychische und geschichtliche Horizonte. Das heißt: Korrespondenzen sind wandelbar. *Was als homolog oder antinomisch korrespondiert, ist nicht auf Formebene festgelegt.* Ein einfaches Beispiel: In einer romantischen Liedkomposition wäre eine Gegeneinanderführung von Sprache und Musik, etwa indem man dem Wort 'Liebe" eine harte Dissonanz unterlegt hätte, äußerst ungewöhnlich, ja kaum denkbar gewesen. Man hätte sie als radikale Gegenwirkung empfunden. In einer atonalen Komposition, etwa einem Lied von Arnold Schönberg, wirkt eine derartige Fügung keinesfalls antinomisch. Zwei Zuschauer mit unterschiedlicher ästhetischer Kompetenz können die gleiche tiefenäquivalente Fügung auf der Bühne als radikale Gegenwirkung oder als selbstverständliches Element einer multimedialen Grammatik erleben. Strukturelle "Homologien" oder "Gegenwirkungen" sind heikle Größen; schon auf der Ebene der Komposition der multimedialen Form greifen sie zu kurz, da sie nicht in der Lage sind, die bedeutungsrelevanten selektiven Gesetzmäßigkeiten der Tiefenparadigmatik zu erfassen. Auf der Ebene der Wahrnehmung, der Korrespondenzsynthese, laufen sie schließlich völlig ins Leere.

Das Vage und das Bestimmte

Ich habe auf den letzten Seiten einige allgemeine Implikationen der Korrespondenztheorie zusammengefaßt und die Tiefenparadigmatik als wichtige Instanz multimedialer Bedeutungskatalyse genauer gefaßt. Dabei bleibt eine Reihe von Fragen offen, gerade im Hinblick auf analytische Konsequenzen. Die erste und zunächst wichtigste: Wenn wir die Theateraufführung als einen tiefenäquivalenten Zusammenhang analysieren wollen, heißt das dann nicht, daß wir zunächst sämtliche 13 bis 23 (je nach Modell!) Teilsysteme in ihrer semantischen Eigenart kennen müssen, um die Korrespondenzbedeutung zu verstehen? Erika Fischer-Lichte zieht diese Schlußfolgerung:

[Wir müssen] über die allgemeine Auflistung hinausgehen und jedes Zeichensystem en detail daraufhin überprüfen, welche Leistung es für das Theater zu vollbringen imstande ist ... Denn nur wenn hinreichend geklärt ist, auf welche Weise sich die primären Zeichen beschreiben, analysieren und deuten lassen, wird es möglich werden, die Leistung derjenigen Zeichen zu bestimmen, die sie als ikonische Zeichen auf dem Theater denotieren. Eine Semiotik des Theaters muß also durch eine Semiotik der Geste, eine Semiotik des Kostüms, eine Semiotik der Musik u.a. – kurz durch eine Semiotik der kulturellen Systeme fundiert werden.[17]

---

17 Erika Fischer-Lichte: *Semiotik des Theaters*. Bd. 1: Das System der theatralischen Zeichen. A.a.O., S. 28 f.

Im ersten Band ihrer Theatersemiotik widmet die Autorin jeden der von ihr ausgewählten vierzehn kulturellen Systeme ein eigenes Kapitel, versucht gleichsam die Konstitutions-Überlegungen der für die einzelnen Bereiche zuständigen Fachdisziplinen zusammenzufassen. Müssen wir also zunächst sämtliche theatralischen Teilsysteme in ihrer Eigenart kennen, um uns an die Gesamtbedeutungen, die Korrespondenzen, wagen zu dürfen? Da, wie schon die tschechischen Strukturalisten postuliert haben, im Theater potentiell "alles, was in der Realität vorkommt" eingearbeitet werden kann, liegt dieser Schluß scheinbar auf der Hand; Theaterwissenschaft als neue Universalwissenschaft?

Im Lied und im Comic strip treffen mit Sprache und Musik, bzw. Sprache und Bild, Ausdrucksebenen aufeinander, die nicht nur unterschiedlichen Zeichen*systemen,* sondern auch unterschiedlichen Zeichen*klassen* angehören: symbolischen und ikonischen. Es läßt sich daran etwas zeigen, was allen multimedialen Sprachen strukturell gemeinsam ist: eben nicht einfach nur die Parallelisierung unterschiedlicher "Zeichensysteme", sondern die Synthese anders organisierter semantischer Welten. Die Frage, die den letzten Abschnitten überschrieben war, hieß: Wie gehen unterschiedliche Zeichensysteme miteinander um? Die Frage, der ich hier nachgehen will, steht unter leicht modifizierten Vorzeichen: Wie wirken unterschiedliche semantische Klassen zusammen? Nur in diesem Bereich läßt sich eine *praktikable Lösung* für das oben skizzierte Vielschichtigkeitsproblem ausmachen.

Ich möchte dazu zunächst noch einmal auf das Liedbeispiel zurückkommen, gerade weil in diesem Bereich Korrespondenztheorie historische Vorläufer findet. Die Auseinandersetzung mit dem Wirkungszusammenhang zwischen Musik und Sprache hat eine lange Tradition. Im 19. Jahrhundert haben Autoren wie Schopenhauer, Nietzsche und Wagner darüber geschrieben. Und schon damals entdeckte man Prozesse der gegenseitigen Besonderung und Konkretisierung als Haupteigenschaft der Medienkatalyse, vorwiegend unter dem Aspekt einer Präzisierung und Besonderung eines musikalisch-vagen Ausdrucks durch parallelisierte Sprache. Richard Wagner:

Der charakteristische Unterschied zwischen Wort- und Tondichter besteht darin, daß der Wortdichter unendlich zerstreute, nur dem Verstande wahrnehmbare Handlungs-, Empfindungs- und Ausdrucksmomente auf einem, dem Gefühl möglichst erkennbaren Punkt zusammendrängte; wogegen nun der Tondichter den zusammengedrängten dichten Punkt nach seinem vollen Gefühlsinhalt zur höchsten Fülle auszudehnen hat.[18]

Was Wagner hier ins Auge faßt, wurde im zwanzigsten Jahrhundert zu einem der Haupt-Betätigungsfelder semiotischer Forschung: die Klassifizierung unterschiedlicher Zeichentypen und die Zuordnung bestimmter Bedeutungseigenschaften. Wobei man sich prinzipiell nicht wesentlich über Wagner hinausbewegt hat. Die Zuordnung eines "Zusammengedrängten" zu sprachlich-symbolischem Ausdruck, eines "Ausgedehnten" zu musikalischer Bedeutung klingt durchaus modern. Ich will die Kernpunkte dieser klassifikatorischen Semantik zunächst etwas genauer fassen. Die linguistische Normalsprache bedeutet hauptsächlich auf symbolischer Ebene. Die Verknüpfungspunkte zwischen bedeutenden Elementen (etwa der Buchstabenfolge A-P-F-E-L) und dem, auf was sie verweisen, dem Bedeuteten, dem Begriff, sind "arbiträr", nicht-motiviert. Elemente der Ausdrucksform, der Laute, der Linien auf dem Papier, werden inhaltlichen Größen, den Begriffen, zugeordnet. Geregelt wird die Zuordung von bezeichnenden und bezeichneten Elementen auf der Ebene des Bewußtseins vom Sprachsystem, nach Saussure ein "Schatz, den die Praxis des Sprechens in den Personen, die der gleichen Sprachgemeinschaft angehören, niedergelegt hat."[19] Die Normalsprache als das verbreitetste menschliche Kommunikationssystem ermöglicht einen relativ hohen, wenn auch keinen absoluten Grad gegenseitigen Verstehens. Im Gegensatz zu der in Fachsprachen angestrebten denotativen Eindeutigkeit (das Zeichen "–" denotiert innerhalb der mathematischen Metasprache unzweideutig einen Subtraktionsvorgang) zeigt sich die Bedeutung normalsprachlicher Zeichen abhängig von mehreren Kontextfaktoren. Wie ich ein Wort verstehe, wird von meiner Sprachkompetenz und vom Situationszusammenhang der Äußerung mitbestimmt: "Hund" verweist im Biologiebuch auf einen Vierbeiner, fällt das Wort im Rahmen eines Streits, kann das Denotat durchaus auf zwei Beinen stehen.

---

18   Richard Wagner: *Oper und Drama*. Dichtung und Tonkunst im Drama der Zukunft. In: R. W.: Sämtliche Schriften und Dichtungen in zehn Bänden; Bd. 4, Leipzig 1911, S. 138

19   Ferdinand de Saussure: *Grundfragen der allgemeinen Sprachwissenschaft* (Cours de linguistique générale). Hrsg.: Charles Bally und Richard Sechehaye. Berlin 1967, S. 16

(Absolute) Musik bedeutet vage und assoziativ, nur in seltenen Fällen lassen sich musikalische Elemente bestimmen, die – der Normalsprache vergleichbar – begrifflich zeichnen. Daß (jedenfalls die europäische konzertante) Musik ein komplexes syntaktisches System darstellt, wird von niemandem bezweifelt. Es fehlt indessen – das Wörterbuch. Dennoch ist Musik mehr als "tönend bewegte Form" (Hanslick). Experimente haben gezeigt, daß sich, was Musik emotional und assoziativ auslöst, nicht zufällig ergibt: Man wird zwar beim Hören der "Träumerei" nicht Schumans Träume realisieren können, niemand wird das Stück jedoch als Schlachtengemälde interpretieren. Carl Dahlhaus bringt das Problem auf den Punkt:

Versuche, den Sprachcharakter ... der Musik nicht syntaktisch, sondern semantisch zu begründen, sind insofern prekär, als zwar einerseits semantische Momente unleugbar gegeben sind, andererseits aber in der Musik – im Unterschied zur Wortsprache – Semantisches nicht in jedem einzelnen Element – Intervall oder Motiv – enthalten ist ...[20]

Ich habe an anderer Stelle[21] versucht, das Vage (wenn auch nicht Beliebige) rein-musikalischer Wirkung an einer besonderen, abstrakten Ikonizität festzumachen. Nach der klassischen Definition arbeiten ikonische Zeichen mit einem "motivierten" Zusammenhang von Bezeichnendem und Bezeichnetem. Bedeutung ergibt sich nicht aufgrund einer arbiträren Zuordnung von Form- und Inhaltselementen, sondern – das Bezeichnete hat mit dem Bezeichneten etwas gemeinsam: Blau ist das Meer in Wirklichkeit und auf dem Photo. Umberto Eco hat dieser traditionellen Ikonbegriff, demzufolge dann ikonisch bezeichnet wird, wenn das Zeichen eine "Strukturähnlichkeit" mit dem denotierten Objekt aufweist, entscheidend überarbeitet. Ikonische Zeichen sind demnach nicht der materiellen Beschaffenheit eines Objektes ähnlich, sie:

... geben einige Bedingungen der Wahrnehmung des Gegenstandes wieder, aber erst wenn diese auf Grund von Erkennungskodes selektioniert und auf Grund von Konventionen erläutert wurden.
Das ikonische Zeichen konstruiert ... ein Modell von Beziehungen ..., das dem Modell der Wahrnehmungsbeziehungen homolog ist.

20 Carl Dahlhaus, Musikästhetik. Köln 1967, S. 165
21 Vgl. Guido Hiß: Korrespondenzen. A. a. O., Kap. 3: Exkurs zur Musiksemantik

das wir beim Erkennen und Erinnern des Gegenstandes konstruieren.[22]

Diese Wahrnehmungsmodelle, "Perzepte", sind in der Lage, musikalisches Bedeuten verstehbar zu machen, als eine Form *abstrakter* Ikonographie, vergleichbar etwa bestimmten Spielarten moderner bildender Kunst (von Kandinsky bis Beuys). Weder in "reiner" Musik noch in einem Gemälde, das sich aus abstrakten geometrischen Formen zusammensetzt, finden sich einfache mimetische Referenzen, wohl aber syntaktisch-formale Zusammenhänge, die wir auf grundlegende Wahrnehmungsmodelle beziehen können. Ein solches abstrakt-musikalisches Ikon entwirft z. B. der klassische Sonatenhauptsatz, wo wir ein vielfältiges Mit- und Gegeneinander unterschiedlich geprägter Themen wahrnehmen und imaginativ weiterverfolgen können. Wir können den thematischen Antagonismus als elementares Konfliktmuster ("Widerstreit") auffassen und unsere Assoziationen daran knüpfen. Diese abstrakte Ikonik ist dadurch charakterisiert, daß sie – schwach codiert – als Bezeichnendes erst erkannt werden muß, um daran inhaltliche Notate zu knüpfen. Musik und ihre abstrakten bildlichen Verwandten zeichnen also nur dann ikonisch, *wenn der Hörer diese semantische Option wahrnimmt.* Im Gegensatz zur Begrifflichkeit der normalen Sprache, in der Ausdrucks- und Inhaltsseiten untrennbar miteinander verknüpft sind, konstituiert sich musikalische Semantik als Möglichkeit.

Aus der Opposition eines (zumindest tendenziell) sprachlich Bestimmten, Denotativen, "Zusammengedrängten" und eines musikalisch Vagen, Konnotativen, "Ausgedehnten", einer "polysemischen" Symbolik und einer "pansemischen" Ikonik, läßt sich nun ein Einfachmodell musikalisch-sprachlicher, also multimedialer Bedeutungssynthese ableiten; zuerst formuliert wurde es von Schopenhauer: Man kann

... ein Gedicht als Gesang oder eine anschauliche Darstellung als Pantomime oder beides als Oper der Musik unterlegen ... Solche einzelnen Bilder des Menschenlebens, der allgemeinen Sprache der Musik unterlegt, sind nie mit der durchgängigen Notwendigkeit ihr verbunden oder entsprechend; sondern sie stehen zu ihr im Verhältnis eines beliebigen Beispiels zu einem allgemeinen Be-

---

22 Umberto Eco: *Einführung in die Semiotik.* (La struttura assente), München 1972, S. 213

56

griff: Sie stellen in der Bestimmtheit der Wirklichkeit dasjenige dar, was die Musik in der Allgemeinheit bloßer Formen aussagt.[23]

Was musikalisch-ikonische Zeichen ("bloße Formen") offenlassen, allenfalls andeuten, findet demnach im parallelisierten Wort, dem Symbol, seine Zuordnung. Man kann solche Symbolisierungsvorgänge am Beispiel des Liedes, das ich oben vorgestellt habe, vielfältig belegen, etwa wenn der Einleitungs-Trauermarch in der Figur des Todes seine Zuordnung findet. Oder wenn ein motorisch-dynamisch erregter Gestus mit den Angstäußerungen des Mädchens belegt wird. Korrespondentielle Besonderungsvorgänge nach der Formel "symbolische Bestimmung eines ikonisch Allgemeinen" lassen sich vielfältig belegen, nicht nur im Lied, sondern auch in komplexeren multimedialen Formen wie der Oper oder dem Ballett, und – natürlich – auch im Theater; ich werde noch genauer darauf eingehen.

Dennoch greift dieser Ansatz zu kurz. Grundsätzlich erlaubt die Globaleinteilung in ikonische und symbolische Zeichen noch keinen Aufschluß über die entscheidenden Bedeutungsprozesse. Man kann nicht, in der Konsequenz der Schopenhauer-These, einer dieser semantischen Klassen das Attribut des Vagen oder Präzisen, des Allgemeinen oder Bestimmten reservieren. Zwei Argumente sprechen dagegen. Zum einen stellt die sprachliche Komponente, die der lyrische Text ins Lied einbringt, schon einen ästhetischen Zusammenhang dar, der – gemäß einer breiten Übereinkunft innerhalb der neueren Geisteswissenschaft – durch seine "Bedeutungsoffenheit" charakterisiert ist. Unterschiedliche Deutungsmöglichkeiten markieren keine kommunikativen Störungen oder Unschärfen, sondern belegen elementare Struktureigenschaften. Gedichte arbeiten zwar mit den Symbolen der Normalsprache, verwenden sie indes nur als Ausgangsmaterial. Indem sie sprachliche Zeichen in ein Netzwerk von metrischen-lautlichen-reimspezifischen Äquivalenzen einbetten, können sie selbst "ikonische" Züge annehmen. Einfaches Beispiel: Es ist von Wasser, Fluß, Bootsfahrt o. ä. die Rede – und die Verse plätschern in Jamben. Der auf sprachlichen Symbolen aufbauende lyrische Anteil am Lied kann durchaus selbst schon bildhaft zeichnen. Der lyrische Text liefert der Musik also keineswegs einsinnige Referenzen. Daraus folgt: Wir haben es bei der Wort-Ton-Korrespondenz im Lied nicht zu tun mit der sprachlichen Verdichtung eines

---

23 Arthur Schopenhauer: *Die Welt als Wille und Vorstellung.* Bd. 1; Sämtliche Werke Bd. 2, Leipzig 1916, S. 310

Musikalisch-Vieldeutigen, sondern mit einem subtilen Miteinanderumgehen allenfalls tendenziell unterschiedlich gewichteter Bedeutungs-
spektren.

Ein zweites Argument spricht gegen das Einfachmodell der sprachlichen Konkretisierung eines Ikonisch-Allgemeinen: Wo der lyrische
Text die Musik nicht einfach inhaltlich auf den Punkt bringt, braucht
Musik, umgekehrt, nicht im Vagen zu bleiben. Denn ihre Wirkung
erschöpft sich nicht in "abstrakter Ikonographie". Musik kann höchst
konkret werden, etwa wenn sie unsere Körper motorisch-dynamisch
zum Mitschwingen bringt. Musik ist durchaus fähig, ihrerseits ein Ly-
risch-Vieldeutiges konkret zu machen, ein Lyrisch-Vages durch die As-
soziierung ihrer Motorik zu besondern. Wenn man "Der Tod und das
Mädchen" von der Musik auf die Sprache blickend untersucht (also mit
Schopenhauers Fokus), läßt sich die Korrespondenzbedeutung tatsächlich als sprachliche Konkretisierung eines musikalisch Vagen deuten.
Ein motorisch-dynamisch-harmonisch gespannter Musik-Gestus findet
seinen Bezug in den flehenden Sätzen des "Mädchens". Eine einfache,
reduzierte Harmonik, eine monotone Melodielinie, ein stereotyper
Rhythmus stehen nun für den "Tod". Schaut man indessen von der
Sprache auf die Musik, dreht sich die Argumentation um. Wo der Text
für sich genommen noch relativ offen von Todesängsten und -verlock-
ungen erzählt, wird er, mit raffinierten musikalischen Gesten parallelisiert, förmlich ausgedeutet, ungefähre Konsequenz: *der Tod hat recht*.
Man kann daran folgende These knüpfen: *Nicht die semantische Klasse, der ein Zeichen angehört, entscheidet über seine 'denotative' Stringenz im Rahmen der korrespondentiellen Bedeutungskatalyse. Die
Opposition des Vagen und des Bestimmten deckt sich nicht mit der
Opposition des Symbolischen und Ikonischen.*

Ausgangspunkt der vorgestellten Überlegungen war die Suche nach
einem (offenen) methodischen Prinzip, das es erlauben soll, Wirkungszusammenhänge zwischen Zeichensystemen zu analysieren, ohne sich
im Dschungel der Einzelbestandteile zu verlieren. Wenn man nun das
Wort-Ton-Verhältnis, genauer: die Synthese symbolischer und ikoni-
scher Zeichen, als Paradigma multimedialer Semantik akzeptieren will,
bietet sich folgende Lösung an: eine Schneise legen durch den Wald
disparater Formzusammenhänge entlang eines grundlegenden klassifikatorischen Konzepts: statt zwölf bis zwanzig Teilsystemen nachzuforschen – *den Zusammenklang von symbolischen und ikonischen Zeichen untersuchen*. Wobei – im Sprechtheater – der symbolische Anteil

(zumindest auf den ersten Blick) im Bereich dramatischer Sprache zu suchen wäre, der ikonische im 'Rest', in den visuell vermittelten Ausdrucksdimensionen: Körpersprache, Requisiten, Bühnenbild ...

Dieser Weg wurde schon verschiedentlich begangen, etwa in der (vor allem in Frankreich und Italien erfolgreichen) Globaleinteilung des theatralischen Zeichenangebots in einen "plan textuel" und einen 'plan scénique", wie es Jansen vorgeschlagen hat, oder dem verwandten Konzept von Pagnini, der zwischen "complesso scritturale" und "complesso operativo" unterscheidet.[24] In Deutschland argumentierte Manfred Pfister nach diesem Muster:

> Es wirken also im *Superzeichen dramatischer Text* [in Pfisters Terminologie: die Theateraufführung; G.H.] Codes unterschiedlicher Normiertheit zusammen: während es sich beim linguistischen Code um ein stark normiertes Regelsystem handelt, das eine relativ hohe Eindeutigkeit der Decodierung gewährleistet, sind die außerlinguistischen ... Ikone weniger stark normierte Zeichen und daher häufig offen für divergierende Interpretationen ...[25]

Diese Einteilungsstrategie liefert nicht das Ei des Columbus, immerhin aber einen Anhaltspunkt für eine denkbare Fokussierung des analytischen Blickwinkels, gerade für das Drama-Theater. Sie ist indessen nur mit äußerster Vorsicht zu gebrauchen, gerade weil sie die Gefahr einer systematischen Normierung birgt, in der sich der traditionelle Logozentrismus dramenorientierter Theaterwissenschaft im neuen Gewand einschleicht – Jansen, Pagnini und Pfister sind von Hause aus Literatur- bzw. Dramenwissenschaftler.

Interessanterweise spiegelt sich hier in der theatertheoretischen Diskussion ab, was ich oben skizziert habe: Auch hier wird, wie das Pfisterzitat zeigt, die semantische Stringenz an die Zeichen*klasse* geknüpft. Pfister kehrt allerdings den Schopenhauerschen Fokus um, indem er die "offenen" bildlichen Komponenten der "relativ hohen Eindeutigkeit" der sprachlichen Zeichen gegenüberstellt. Die (implizite) Konsequenz des Literaturwissenschaftlers: Drama konkretisiert die Bühne. Die Theaterwissenschaftlerin Erika Fischer-Lichte, die an einer Aufwertung der dramatischen Elemente (zumindest in ihrer *Semiotik*

---

24 Vgl. Steen Jansen: *Esquisse d'une théorie de la forme dramatique.* In: Langage 12, 1968, S. 71–93. Und: Marcello Pagnini: *Per una semiologia del teatro classico.* In: *Strumenti critici* 12, 1970, S.121–140

25 Manfred Pfister: *Das Drama.* München 1982, S. 25

des Theaters) kein Interesse hat, vertritt die exakt gegensätzliche These (wiederum die Schopenhauersche):

> Sprachliche Zeichen sind Symbole ... Ihnen eignet, auch wenn sie auf konkrete Gegenstände verweisen, ein hohes Maß an Abstraktheit und Unbestimmtheit ... Vergleichen wir z.b. den Namen, der im Drama auf die dramatis personae verweist, mit der Körperlichkeit des Schauspielers, der in der Aufführung als ihr Interpretant fungiert. Namen wie Ödipus, Hamlet, Faust sind wohl imstande, eine Vielzahl von Bedeutungen assoziativ zu evozieren, aber sie enthalten keinerlei Hinweise, die besondere Physis ihrer Träger betreffend, ihre Gestalt, ihr Gesicht, ihre Stimme. Der Schauspieler dagegen tritt immer mit einer je spezifischen Physis auf. Er konkretisiert die Vagheit des Namens, der sich auf unendlich viele verschiedene Körper beziehen mag, durch seine eigene unverwechsliche Körperlichkeit ... Diese *grundsätzliche Opposition, die von der relativen Unbestimmtheit der (symbolischen) sprachlichen Zeichen und der ausdrücklichen Konkretheit der (ikonischen) theatralischen Zeichen verursacht wird, gilt für alle Objekte und Vorgänge, von denen im Haupt- oder Nebentext ... gesprochen wird.*[26] [Hervorhebung G. H.]

Sowohl Manfred Pfister als auch Erika Fischer-Lichte entwerfen das klassifikatorische Raster, das sie auf das szenische Zeichenensemble legen, entlang der Opposition zwischen symbolischen und ikonischen Ausdrucksebenen. Die Schlußfolgerungen, den Wirkungszusammenhang der unterschiedlichen Zeichenklassen betreffend, stehen jedoch in diametralem Widerspruch. Die eine Position verweist auf die denotative Genauigkeit der dramatisch-sprachlichen Ebene, die ihrerseits das Allgemeine bildlichen Ausdrucks besondert. Die andere Position geht davon aus, daß nicht die Sprache die korrespondierenden Bilder auf den Punkt bringt, sondern umgekehrt: Die Bilder, die Requisiten, die Bühnenaufbauten, die Körper der Schauspieler machen ihrerseits ein sprachlich Vages szenisch konkret. Beide Thesen sind zu einseitig.

Angenommen, eine Schauspielerin tritt auf, die in der Hand einen Lorbeerkranz trägt und sich auf diesen Gegenstand sprachlich bezieht.

---

26 Erika Fischer-Lichte: *Was ist eine werkgetreue Inszenierung?* Überlegungen zum Pozeß der Transformation eines Dramas in eine Aufführung. In: E. F.-L. (Hrsg.): *Das Drama und seine Inszenierung.* Tübingen 1985, S. 45

Vier Möglichkeiten tiefenäquivalenter Sprache-Requisit-Beziehungen sind denkbar:

	Sprache	Requisit
1.	"Dieser Lorbeerkranz"	Ein echter Lorbeerkranz
2.	"Dies Zeichen"	Ein echter Lorbeerkranz
3.	"Dieser Lorbeerkranz"	Ein Metallring
4.	"Dies Zeichen"	Ein Metallring

Nur der zweite Fall beschreibt die von Erika Fischer-Lichte beschriebene Bedeutungsmöglichkeit: Das (unbestimmte, symbolische) sprachliche "Zeichen" wird durch das Requisit genauer bestimmt: *Ikonisierung*. Das dritte Beispiel präsentiert die entgegengesetzte (Pfistersche) Perspektive: Ein Metallring wird durch die synchronisierte sprachliche Aussage mit der Bedeutung "Lorbeerkranz" ausgestattet und dadurch "vereindeutigt": *Symbolisierung*. Der erste Fall verdeutlicht die tautologische Relation, Sprache und Requisit sagen das gleiche: *Redundanz*. (Dieser Fall würde von der überwiegenden Mehrzahl der Theaterkritiker als langweilig apostrophiert.) Das vierte Beispiel nähert sich dem dritten an, bleibt insgesamt jedoch fast völlig im Vagen: *"polyphones Rauschen"*. (Wir haben es möglicherweise mit experimentellem Theater zu tun.)

Ich will die Wirkungsdialektik des Vagen und Bestimmten am Beispiel eines kleinen Gedankenexperimentes noch genauer verdeutlichen. Nehmen wir an, der Vorhang ist noch zu, und auf der Vorderbühne kriecht eine ausgezehrte Gestalt über den Boden. Wir lesen die Zeichen des Körpers, wir verstehen die Signale der Kleidung, das zerschlissenstaubige Kostüm. Und trotzdem ist alles offen.

Der Vorhang geht auf und zeigt eine Sandwüste mit Riesenkaktus und Kamel. Das Bühnenbild interpretiert die Figur. Wir wissen jetzt – es kriecht ein Verdurstender durch die Wüste. Ein Transparent senkt sich herab und stößt unsere Interpretation erneut um: "Meier hat üble Träume, da ihm sechs Liter Bier schwer im Magen liegen."

Die sprachlichen Zeichen organisieren, was wir sehen, völlig neu, drehen, was wir visuell verstanden haben, völlig um. Durst hat der Kerl, weil sein "Eingeweide brennt", vom Bier, da kann man schon mal von der Wüste träumen ... Die wechselseitige Ergänzung bildlicher und sprachlicher Zeichen hat nichts mit klassifikatorischen Zuordnungen oder gar besonderen Struktureigenschaften der einzelnen Anteile zu tun. Für das Verständnis multimedialer Semantik ist nicht die Unterscheidung zwischen visuellen und nichtvisuellen oder zwischen ikonischen und nicht-ikonischen Zeichen relevant. Die entscheidende Opposition offenbart sich im Zusammenspiel des Vagen und des Bestimmten. Man kann sich dies am Wüstentraum klarmachen. In dem beschriebenen Beispiel entwickelt sich unser Verstehen gleichsam vom Ikonischen zum Symbolischen, zugleich vom Allgemeinen zum Bestimmten. Man kann die Szene jedoch auch andersherum aufbauen: Wir sehen zunächst nur den geschlossenen Vorhang (ohne die verhungerte Gestalt). Das Transparent senkt sich herab: "Meier hat üble Träume, da ihm sechs Liter Bier schwer im Magen liegen." Wir verstehen die Bedeutung des Satzes, aber Sinn hat er noch nicht: Was träumt Meier, wie sieht er aus, etc.? Der Vorhang geht auf, und wir sehen die abgerissene Gestalt in der Bühnenwüste herumkriechen. Jetzt funktioniert die Besonderung anders herum: Die ikonischen, visuellen Komponenten "bebildern" die Worte, die Symbole: Aha! Meier träumt von der Wüste.

Nicht die Opposition eines ikonisch Offenen und eines sprachlich Konkreten, nicht die Opposition eines symbolisch Vagen und eines ikonisch Bestimmten begrenzen den semantischen Spielraum der Korrespondenzbedeutung. Wir haben es mit Prozessen der gegenseitigen Präzisierungen und Verschleierungen zu tun, welche die ungeheure Dynamik polyphoner Fügungen gerade möglich machen, das In-Fluß-Kommen von Alltags-Bedeutungen, das Spiel der Transformationen. Wichtig sind diese Überlegungen zunächst einfach deshalb, weil sie es erlauben, korrespondentielle Prozesse genauer zu bestimmen: als Verschränkung unterschiedlicher Medien in gegenseitigen Leerstellen. Damit läßt sich eine wichtige aufführungsanalytische Konsequenz formulieren: Korrespondenzbedeutung bleibt im dunkeln, wenn wir uns, zwangsläufig dilettantisch, zum Experten für jedes Einzelsystem machen wollen. Korrespondenzbedeutung fassen wir auch dann nicht, wenn wir uns an klassifikatorischen Scheidungen des Begrifflichen/Unbegrifflichen, Ikonischen/Symbolischen oder des Textlichen/Bildlichen entlangtasten. Entscheidend für deren Verständnis wird ein anderes Gegensatzpaar: *das Vage und das Bestimmte*. Diese Wirkungsdialektik verläuft quer zu den konventionellen Klassifikationsschemata. Denn keinesfalls lassen Ikons oder Symbole sich einem der beiden Bedeutungsweisen definitiv zuordnen: In der Durchdringung eines Symbolisch-Vieldeutigen und eines körperlich, räumlich, musikalisch 'Exakten' bzw. eines Symbolisch-Eindeutigen und eines Bildlich-Offenen schwingen sich die Korrespondenzen ein. Der tschechische Strukturalismus hat als deren Haupteigenschaft "Mobilität", eine ungeheuere Dynamik der Bedeutungsumgruppierung und Neubildung erkannt. In der Dialektik des Vagen und des Bestimmten offenbart Mobilität ihr strukturales Prinzip, gewinnt zugleich Aufführungsanalyse ein flexibles Instrument, das weder Gefahr läuft, theatralische Komplexität im Partikularen zu verzetteln noch das Offene in einem geschlossenen deduktiven Normengebäude einzuschließen, bei dem womöglich auch noch Dramatheater zum einzig Wesentlichen ernannt wird: Die Wirkungsdialektik des Vagen und des Bestimmten prägt auch solche Theaterformen, die auf sprachlich-dramatische Elemente verzichten: das Ballett und experimentelle Formen des Bilder- und Körpertheaters.

Die Horizontale

Seit vielen Jahren zeigt das deutsche Fernsehen alljährlich am Silvesterabend die Aufzeichnung einer etwa zwanzigminütigen Theateraufführung, bei der es viel zu lachen gibt: "Dinner for One" oder "Der neunzigste Geburtstag"[27]. An ihrem Ehrentag lädt die uralte Miss Sophie ihre vier besten Freunde zu einem festlichen Mahl: "same procedure as every year". Da diese vier Herren allerdings schon lange nicht mehr leben, schlüpft der greise Butler James in ihre Rollen. Trinksprüche hat er, stellvertretend, zu äußern, wobei James – "just to please" Miss Sophie – das Glas des jeweiligen 'Gastes' leeren muß, bis zur Neige. Und da man zu jedem der vier Gänge der Mahlzeit, die der Butler, seinen eigentlichen Pflichten nachkommend, serviert, eine neues Getränk (Sherry, Wein, Sekt, Portwein) genießt, bleibt er nicht lange nüchtern.

Aus der virtuosen Darstellung des zunehmend besoffenen James, der sich schon im nüchternen Zustand kaum auf den Beinen halten kann, bezieht die Aufführung einen Teil ihres enormen Lacherfolgs. Man

---

27 Regie: Heinz Dunkhase
    Bühnenbild: Herbert Lerche
    Miss Sophie May Warden
    James: Freddie Frinton

kann ihn am Fernsehschirm miterleben; wir haben es mit einer Live-Aufzeichnung zu tun. Der subtilere Witz des Stückleins erwächst indes nicht aus der Clownerie, sondern aus der Konfrontation des charmanten Nichts an Handlung mit der ungeheuer strengen Form der Inszenierung, einer choreographisch durchkomponierten Folge von Abläufen, die raffiniert das Diktum von der "same procedure" aufzunehmen scheint: Wiederholung als wichtigstes Gestaltungsprinzip.

Diese strenge Choreographie bildet nicht nur das Rückgrat der beschriebenen 'Haupthandlung', sondern erlaubt der Aufführung, eine zweite kleine Geschichte zu erzählen. Ein Spiel (fast) ohne Worte, zu dessen Held ein Teppich aufsteigt, genauer: ein Tigerfell mit Kopf. In der Funktionalisierung dieses Versatzstückes spiegelt sich nicht nur das Formprinzip dieser Inszenierung, man kann an ihm, grundsätzlicher, die Funktionsweisen theatralischer Syntagmatik, oder – hermeneutisch ausgedrückt – der Realisierung des Teil-Ganzen-Bezugs aufzeigen: Wie also wird der Teppichtiger zum Mitspieler?

Man muß sich dazu das Bühnenbild ins Gedächtnis rufen. Es setzt sich aus nur vier relevanten Elementen zusammen: einem Tresen an der linken Wand des altmodisch-vornehmen Bühnen-"Zimmers", auf dem die zu servierenden Speisen und Getränke deponiert sind, einem rechteckigen Tisch mit fünf Gedecken etwa in der Mitte des Raumes (an seiner rechten Querseite diniert die alte Lady), einer Freitreppe, die im rechten Bühnenhintergrund nach oben führt, und, last not least, dem großen Tigerfell mit dem enormen, hochaufragenden Tigerkopf. Dieses Requisit liegt etwas im Vordergrund, zwischen Tresen und Tisch – und lädt zum Stolpern ein.

Die strenge Choreographie ergibt sich nun in einer raffinierten Korrespondenz der "Gänge" des Butlers mit den "Gängen" der Mahlzeit, gleichsam als Variation eines einzigen (proxemischen) Themas: das Umkreisen der Tafel zum Servieren, Abräumen und Zuprosten. Um es noch ein bißchen genauer zu beschreiben: Jedem der vier Gänge der Mahlzeit sind zugeordnet: drei große (Servier-) Schleifen (vom Tresen aus – um den Tisch herum – zum Tresen zurück) und zwei kleine (Trink-) Schleifen (nur um den Tisch herum), wobei einzig der Ambitus der Bewegungen des Butlers entsprechend zunehmender Besoffenheit anwächst.

Zu Beginn der Aufführung fügt sich der Teppich-Tiger nahtlos ins Ensemble der innenarchitektonischen Komposition des Bühnenbildes, als Teil des altertümlichen, leicht aristokratisch-verschrobenen Ameublements. Leichtes Gekicher meldet sich, als der tattrige James, noch mit Vorbereitungen beschäftigt, zum ersten Mal darüber stolpert. Wenn das Spiel nun in Gang kommt, verändert sich die Funktion des Requisits, es wird ununterbrochen bespielt. Bei jedem der drei großen (Servier-) Schleifen, die James pro Gang der Mahlzeit zwischen Tisch und Tresen durchquert, hat er Gelegenheit über den Tigerkopf zu stolpern Und nachdem ihn dies Mißgeschick zum dritten Mal ereilt hat, verändern sich die Reaktionen der Zuschauer: nicht mehr tröpfelndes Gekicher über den tapsigen Clown, sondern – Tränenlachen. Man hat das Prinzip begriffen. Die Struktur ist etabliert, der Tiger geht nicht mehr im Zusammenhang der Präsentation eines Ambientes auf als ein Zeichen unter einer Reihe gleichwertiger, er wird zu etwas Besonderem, zum Stolperstein.

Das immergleiche Stolpern würde sehr schnell langweilig; die Inszenierung macht es richtig: Sie beginnt, mit der eben etablierten Regel zu spielen, z.B. indem sie sie ironisch durchbricht. Folgende Varianten werden geboten:

James stolpert, dreht sich kurz um und schaut den Tiger bitterböse an.

James kurvt erfolgreich am Tiger vorbei (das Publikum jauchzt), fällt aber beim Rückweg darüber – was er ansonsten nie tut (das Publikum ist der Raserei nahe).

James umschifft ausgerechnet in der Phase höchster Betrunkenheit den Tigerkopf mit vollendeter Eleganz.

James stolpert und wirft sein Serviertablett durch die Luft.

James erinnert sich an den Tiger, stoppt kurz ab und hüpft mit beiden Beinen darüber.

Man kann die zweite Phase der Umkodierung des Teppichs so zusammenfassen: Der Stolperstein belebt sich im zunehmend alkoholumnebelten Kopf des Butlers, wird zum Feind, der, wenn man ihn vergißt, ohne Erbarmen zuschlägt. Und die letzte Konsequenz dieser Jagdszenen: Auf der tiefsten Stufe der Trunkenheit wird der Tiger so stark, daß er gleichsam seinen gewohnten Platz verläßt. Zu völliger Unzeit, nämlich während der allerletzten Zutrink-Zeremonie, fällt James aus der Rolle, wendet sich von Miss Sophie ab, geht ein paar Schritte in Richtung Tiger, versucht, ihn mit weitausholenden Armbewegungen zu verscheuchen: "I'll kill this cat". Um sich gleich anschließend wieder dem Trinkritual zuzuwenden. Das Publikum hat keine Luft mehr.

Man kann die Tigerepisode in drei Teile gliedern:

A: Der Teppich wird zum Stolperstein umcodiert.

B: Sobald die Struktur etabliert ist, wird mit ihr gespielt – der Teppich wird vom Stolperstein zum Gegenspieler.

C: Die Jagdszene. Die bislang rein pantomimisch exponierte Nebenhandlung dringt in die Haupthandlung ein, dabei erlaubt die unerwartete Interferenz zwischen zwei etablierten Strukturen (Stolpern und Trinkzeremonie) Einblicke in James umnebeltes Denken. Die Katze lebt. Was die Zuschauer schon verstanden hatten, wird schließlich vom Protagonisten sprachlich beglaubigt. Die Inszenierung kommentiert sich in dieser Figurenreplik selbst.

Solche Umkodierungsvorgänge ergeben sich nicht aufgrund produktiv und rezeptiv verbindlicher Theaterkonventionen. In keinem theatralischen Lexikon steht geschrieben, daß ein Teppichtiger ein gefährliches Raubtier sei. Man kann an diesem Beispiel eine wichtige strukturelle Überlegung festmachen: *Offensichtlich sind die Theatersprachen dadurch geprägt, daß sie sich in den einzelnen Aufführungen (zumindest teilweise) neu bilden können: in der Wechselbeziehung eines wahrnehmenden Bewußtseins zum Wahrgenommenen.*

Die Korrespondenzbedeutung stabilisiert sich im Hinblick auf den horizontalen Kontext, in einer "Dialektik von Protention und Retention" (Wolfgang Iser). In jedem Wahrnehmungsaugenblick rechnen wir das schon Gesehene auf seine Weiterentwicklung hoch, beziehen realisierte Teile auf das zu erwartende Ganze. Ich habe im letzten Abschnitt versucht zu zeigen, wie die gezielte Parallelisierung unterschiedlicher Zeichen zu einer gegenseitigen Konkretisierung führen kann. Diese Besonderungsvorgänge arbeiten nicht nur in der Transversalen, sondern auch in der Horizontalen: Die einzelnen Zeichen (oder tiefenparadigmatischen Zusammenhänge), die – aus dem Kontext herausgenommen – nur äußerst vage bedeuten, werden zumeist nur dann verständlich, wenn man sie auf vorangehende und nachfolgende Ausdruckselemente beziehen kann. Eine tiefenäquivalente Fügung kann in unterschiedlichem sequentiellem Kontext völlig unterschiedliche Bedeutung erlangen. Man kann sich das leicht ausmalen. Angenommen, wir koppeln aus "Dinner for one" jenen Szenensplitter aus, in dem James, "I'll kill this cat" rufend, den Teppichtiger vertreiben will. Wir zeigen den Ausschnitt jemandem, der die Aufzeichnung nicht kennt, und bitten ihn um Interpretation. Mit allergrößter Wahrscheinlichkeit wird er annehmen, daß ein betrunkener alter Mann eine Katze vertreiben will.

Ein Regenschirm kann in der Aufführung zum Zeichen für Regen werden, ein Stuhl zur Burg, ein Bewaffneter zur Armee, der "Schauspieler Meier" zunächst zu einem gewissen Alberich und hernach zu einer Kröte, die ein gewisser Wotan einsammelt. Diese Bedeutungsdynamik des Theaters wird überhaupt erst im Hinblick auf die Folgebeziehung, die "syntagmatische Achse", verständlich. *Die Sprachen des Theaters sind dadurch gekennzeichnet, daß sie sich, entsprechend besonderer Rückfrageprozesse zwischen Zuschauer und Aufführungstext, stabilisieren, indem sie sich teilweise neu bilden.*

Auch an den anderen Beispielen, die ich bislang genannt habe, um korrespondentielle Wirkungen zu beschreiben, läßt sich die Steuerung der Bedeutung der Teile durch die Logik ihrer Anordnung zeigen. Im "Tod und das Mädchen" erhalten die rhythmisch, metrisch, harmonisch intensivierten Takte ('Vorüber! Ach vorüber!") besonderes Gewicht, weil sie auf diametral entgegengesetzte motorisch-dynamische Gesten bezogen sind: auf den monotonen Trauermarsch der Anfangstakte und auf die Replik des Todes, die diesen Gestus wieder aufnimmt. Und wir können die finale Durwendung dieses Todesgestus' nur als einen Bedeutungsimpuls, als einen musikalischen Kommentar verstehen (etwa: 'Einheit von Tod und Schlaf'), weil wir ihn – "in der Dialektik von Protention und Retention" – automatisch auf die vorhergehenden (Mol-) Gesten beziehen. Bei der Schlußwiederholung steht die nahezu identische Sequenz in einem anderen Zusammenhang: Der horizontale Kontext des Erscheinens beeinflußt die Bedeutung der einzelnen Fügung.

Auch beim Asterix-Bildchen läßt sich der Einfluß der Horizontalen zeigen. Grundsätzlich ist die Interpretation des Tiefenzusammenhangs zwischen sprachlichen und visuellen Elementen anhand eines einzigen aus dem Zusammenhang gerissenen Bildleins wenig sinnvoll. Pavis hat dies an einem kleinen Detail gezeigt: dem Personalpronomen "ihn", das sich auf den handlungsentscheidenden Gegenstand bezieht, nämlich auf den goldenen Kessel, der in vorangehenden Bildsequenzen exponiert wurde. Hätten wir nur dieses eine Bild zur Verfügung, so bliebe uns die Referenz dieses Personalpronomens völlig schleierhaft und damit der

67

Sinn des ganzen Arrangements unklar. Das Beispiel des Wüsten-Träumers, an dem ich die Dialektik des Vagen und des Konkreten illustriert habe, ist an sich schon syntagmatisch strukturiert. In diesem Fall erfolgt die Deutung der Situation in drei aufeinanderfolgenden Schritten: Man sieht zunächst die abgerissene Gestalt (visuelle und körpersprachliche Zeichen, Bewegung im Raum, Kostüm). Der Vorhang geht auf, und das Bühnenbild assoziiert die Wüste. Das Transparent senkt sich herab und die Worte definieren das Bild um – zum Traumbild.

Daß wir den Sinn eines Teils nur im (syntagmatischen) Kontext verstehen können, gilt nicht nur für theatralische Kommunikation, sondern prägt grundsätzlich jede Form sprachlichen Sinnverstehens, gilt für normalsprachliche Zusammenhänge genauso wie für Fachsprachen, gilt für literarische genauso wie für filmische Verständigung. Die für sich genommen vage Bedeutung des einzelnen Wortes konkretisiert sich im Zusammenhang des Satzes, die Bedeutung des Satzes stabilisiert sich im Hinblick auf seine Einbettung in einen Text. Auch multimediale Formen sind durch die Beziehung des Teiles zum Ganzen geprägt, unterscheiden sich jedoch von "homophonen" Zeichensystemen in einem wichtigen Detail: In multimedialen Zusammenhängen erobert die Dialektik des Vagen und des Bestimmten zusätzlich den Tiefenraum zwischen den Zeichensystemen.

Dieses doppelte (horizontale und transversale) Beziehungsfeld der theatralischen Zeichen belegt, was der tschechische Strukturalismus als "Kompliziertheit des Theaters" bezeichnet hat: den im Verhältnis zu Formen, die auf einem homogenen Zeichenarsenal bauen, ungeheuer erweiterten Möglichkeitsraum für Äquivalenzfügungen. Aus dieser "Kompliziertheit" ergeben sich eine Reihe von strukturtheoretischen und methodischen Folgerungen. Ich habe in den letzten Abschnitten in der gezielten gegenseitigen Besonderung der beteiligten Zeichen eine wesentliche Eigenschaft multimedialer Bedeutung ausgemacht. Auch bei Patrice Pavis fand sich ein ähnliches Argument: "Die Redundanz macht die Botschaft weniger doppeldeutig: die Wiederholung vermindert die Möglichkeiten einer Fehlinterpretation."

Die Argumentation läuft hier Gefahr, sich zu verwirren. Wieso soll ein so komplizierter Zeichenzusammenhang wie der theatralische etwa die Normalsprache an kommunikativer Erfolgschance übertreffen? Haben wir die These von der doppelten Syntagmatik der Theatersprache, von der wechselseitigen Konkretion der Zeichen, so zu verstehen, daß Theater dadurch eine höhere Eindeutigkeit erlangt, präziser, verbindlicher bedeutet als etwa ein dramatischer Text? Und wie verhält sich die korrespondentielle Bestimmtheit zu einer Einsicht, auf die ich mich schon mehrfach berufen habe, und die ich für nicht revidierbar halte: Ästhetische Texte sind grundsätzlich "bedeutungsoffen", wesentlich vieldeutig. Wenn sich aber die multimedialen Zeichen doppelt präzisieren und interpretieren können, horizontal und transversal, woran liegt es dann, daß wir in einer Robert-Wilson-Aufführung womöglich überhaupt nichts mehr verstehen?

Der Widerspruch läßt sich ohne große Probleme auflösen: Das Überangebot an horizontalen und transversalen Beziehungsmöglichkeiten führt gerade nicht zu höherer Eindeutigkeit und Verbindlichkeit, sondern dazu, daß multimediale Sprachen damit zu kämpfen haben, nicht in der Über-Besonderung unterzugehen: Redundanzfülle kann in Beliebigkeit umschlagen. Wenn die Einzelzeichen nicht nur in der Tiefe, sondern darüber hinaus auch in der vielschichtigen Horizontalen in Äquivalenzzusammenhänge eingebaut werden, so impliziert dies einen im Verhältnis zu homophonen Künsten ungeheuer erweiterten Spielraum an Korresponenz*optionen*, an Zuordnungsmöglichkeiten. Das anschaulichste Beispiel liefert das "postmoderne Theater". In einer Robert-Wilson-Aufführung kann (und soll!) ein Überfluß an bildlichen, sprachlichen, musikalischen Beziehungsangeboten die rezeptiven Automatismen entscheidend behindern. Tausendfältige Beziehungsangebote führen, was die Realisierung des Gesamtzusammenhangs betrifft, zu starken Irritationen, wenn nicht zum Versagen gewohnter Wahrnehmungsmuster. Diese Darstellungstechnik ('Entsemantisierung durch Übersemantisierung') kann die Zuschauer ins Beliebige, ja in die Überforderung führen. Sie kann auch – und ich denke, daß "postmodernes Theater" darauf abzielt – als Angebot an eine neu- und mitschaffende Zuschau-Aktivität verstanden und erfahren werden, als womöglich heilsame Erschütterung des Gewohnten und Eingefahrenen.

Konventionen

Sogenanntes "postmodernes Bildertheater" radikalisiert (und thematisiert!) das Verhältnis theatralischer Produktion und Rezeption. Vor seinem Hintergrund stellt sich die Frage nach der kommunikativen Potenz szenischen Ausdrucks anders: Wie überhaupt sichern multimediale Formen ihre Verständlichkeit? Bedenkt man die ungeheuere Zahl denkbarer horizontaler und transversaler Beziehungsmöglichkeiten szenischer Zeichen (nicht nur im postmodernen Theater!), wird der hohe Konventionalitätsgrad deutlich, der für eine auch nur einigermaßen gesicherte Übermittlung polyphoner Inhalte gewährleistet sein muß. Es liegt auf der Hand, daß in multimedialen Zusammenhängen unterschiedliche Zeichen sich gegenseitig ergänzen, kommentieren, interpretieren. Die Vielzahl möglicher Korrespondenzen kann jedoch dazu führen, daß wir uns im virtuellen Raum horizontaler und transversaler Beziehungsmöglichkeiten womöglich verlaufen. Und bei theatralischer Wahrnehmung kommt noch erschwerend dazu: Die Transitorik der Bühnenvorgänge macht es unmöglich (wie etwa bei der Romanlektüre) zurückzublättern. Wie also sichern Theatersprachen ihre Verständlichkeit?

Diese Frage wird von Theatertheoretikern unter zwei Gesichtspunkten diskutiert. Ich will die beiden bekannten Argumentationsmuster kurz zusammenfassen; zuerst: *die Opposition des Natürlichen und des Artifiziellen.* Tiefenäquivalente Fügungen der Theatersprache können sich orientieren an den gestischen, sprachlichen, mimischen, architektonischen, modischen, kurz *externen* Konventionen der Alltagswelt. Was von der Bühne auf uns einströmt, versteht sich hier gleichsam von selbst. Der Schritt von der alltäglichen zur ästhetischen Erfahrung bleibt klein, rezeptive Kompetenz und Kreativität werden kaum gefordert. Die Ästhetik des Ohnsorg-Theaters muß sich niemand mühsam erarbeiten. Sogenannte "mimetische" oder "naturalistische" Theater- oder Filmsprachen sichern ihre konventionelle Verständlichkeit im alltäglich Vertrauten.

Den Gegenpol bilden Theaterformen, die ihren Ausdruck nach der Vorgabe radikal *interner* Gesetzmäßigkeiten organisieren. Hier findet man sich – jedenfalls wenn man den Theoretikern folgen will – als Zuschauer nur zurecht, wenn man die inneren Regelsysteme kennt. Als Musterbeispiele für abstrakte Theatersprachen werden üblicherweise genannt: das japanische *Nô*-Theater, die *Opera seria* und Wagners Musikdrama. Entscheidendes ist mit der Opposition des mimetisch-externen und des abstrakt-internen Bezuges indes nicht gewonnen. Zum einen fallen aus diesem Raster Spielformen des Theatralischen heraus, die mit der Übermittlung von Inhalten, mit "Botschaften", ja mit Kommunikation nichts zu tun haben (wollen). Man braucht dabei nicht auf das "postmoderne Theater" der Gegenwart zu schauen. Entsprechendes haben futuristische, dadaistische und surrealistische Spektakel der zwanziger Jahre vorgemacht, das findet sich in den Aktionen von John

Cage und Josef Beuys, in Happening und Fluxus ... Und für die Aufführungsanalyse bringt diese Scheidung nichts, da der Verweis auf den mimetischen Grad der Darstellung (naturalistisch: ja/nein) noch keinen Aufschluß über die Zuschaubedeutung erlaubt.

Das einzige, was sich aus der formalen Opposition des Natürlichen und des Artifiziellen folgern ließe: Theaterformen, die einem zeitgenössischen Publikum abstrakt, unkonventionell und schwer nachvollziehbar erscheinen, erfordern einen aktiveren Zuschauer, der bereit ist, Korrespondenzen, die nicht nach dem Muster des Alltäglichen gebaut sind, zu erlernen. Und ein Zuschauer, der sich 'kompetent' gemacht hat, der die Sprache des "epischen Theaters" versteht, die der Barockoper, die des klassischen Balletts, wird womöglich, was dem nicht Trainierten als falsch, unschlüssig, "verfremdet" erscheint, imaginativ aufheben in Korrespondenzen (zweiten Grades). Was allerdings durchaus zu neuen Illusionswirkungen führen kann!

Seit dreihundert Jahren feiert eine Theaterform Erfolge, die, nach den Maximen naturalistischer Darstellungsästhetik, ein extremes Zerrbild des Normalen auf die Bühne stellt: Menschen, die, aus vollem Halse singend, intrigieren, kämpfen, lieben und sterben. Trotzdem wird dieses Genre allabendlich von Zehntausenden beklatscht. Verfremdungsmittel, die den Zuschauer im epischen Theater zu distanzierter Betrachtung erziehen sollten, wirken im Kontext des heutigen Staatstheaterbetriebs selbstverständlich. Das innerszenisch Fremdartige, die "radikale Trennung der Elemente", die Brecht aufbot, um die am "aristotelischen Theater" orientierten Einfühlungsmuster zu durchbrechen, führen nicht mehr zur beabsichtigten rezeptiven Distanz. Kaum ein Zuschauer wird sich noch von handlungskommentierenden Transparenten, von "aus der Rolle tretenden" Akteuren oder von "offengelegten Beleuchtungskörpern" irritieren lassen.

Man kann aus solchen Beobachtungen einen theatergeschichtlichen Schluß ziehen: Was wir für "natürlich" halten, ist nicht nur durch die Darstellung selbst vorgegeben, sondern auch durch die rezeptive Kompetenz. Das Natürliche ist immer das Konventionelle, das, was sich 'von selbst versteht'. Konventionsbrüche im Rahmen ästhetischer Innovationen führen vielfach nur vorübergehend zu Irritationen, dank der rezeptiven Kreativität des Publikums, seiner Lernfähigkeit. Theatergeschichte ist von solchen Lernprozessen zutiefst gekennzeichnet. Die üblichen Theaterskandale, von denen Innovationsschübe häufig begleitet werden, lassen sich (u. a.) deuten: als Korrespondenzkrisen. Wobei das auslösende Moment, die Durchbrechung bewährter Korrespondenzkonventionen, innerhalb überschaubarer Zeiträume wieder eingemeindet werden kann. Zunächst Unkonventionelles geht auf in neuen Konventionen, Unnatürliches in neuer (ästhetischer) Natürlichkeit.

Den zweiten wichtigen Ansatzpunkt zur Klärung der Verständlichkeitsfrage liefert die "Einheitendebatte". Wer ein Lied oder Bilder mit Sprechblasen untersucht, hat es leichter als der Aufführungsanalytiker, weil er sich auf die Korrespondenz zwischen jeweils zwei Zeichensystemen beschränken kann, und weil er es mit nicht-transitorischen Genres zu tun hat. Die Frage nach Segmentierungen, Einheiten, Bedeutungsatomen stellt sich hier weniger. In komplexeren Theater- und Filmsprachen wird sie virulent, gerade im Hinblick auf das Kommunizierbarkeits-Problem. Lassen sich also in der vielschichtigen Textur tiefenäquivalenter Beziehungen so etwas wie "kleinste bedeutungstragende Einheiten", Worte der Theatersprache, herausfiltern, die der Aufführungsanalyse Richtwerte liefern könnten?[28] Ich will mich wiederum auf einige Anmerkungen beschränken.

Die Zergliederung eines Objekts in konstitutive Einheiten ist eine der wichtigsten strukturanalytischen Operationen; semiotische Theatertheorie hat sie vom Strukturalismus geerbt. Die paradigmatische Wünschelrute stößt im Theaterbereich unweigerlich auf eine Schwierigkeit: *konstante* Segmente, die etwa den "Worten" der Normalsprache vergleichbar wären, geschweige denn noch höher differenzierbaren Einheiten, weigern sich standhaft, ans Licht zu treten. Das liegt zum einen daran, daß jedes der beteiligten Zeichensysteme seine ureigensten Segmentierungsstrategien in die multimediale Form einbringt. Wobei bei einigen – z. B. den körpersprachlichen Bestandteilen – noch überhaupt nicht geklärt ist, ob sie sich überhaupt in konstitutive Einheiten gliedern lassen. Ein Faktor schließt die einsinnige Synchronisation der unterschiedlichen Medien zu feststehenden tiefenäquivalenten Einheiten von vornherein aus: Zeit. Einheiten der dramatischen Sprache lassen sich mit Einheiten des Bühnenbildes überhaupt nicht vergleichen.

Daß sich keine "kleinsten bedeutenden Einheiten" der polyphonen Codes bestimmen lassen, liegt vielleicht auch daran, daß schon die Frage falsch gestellt ist, gerade unter strukturalistischen Gesichtspunkten. Denn die von der strukturalen Ästhetik analysierte *Durchdringung* horizontal-syntagmatischer und vertikal-paradigmatischer Elemente auf

---

28 Die beste Zusammenfassung der Einheiten-Debatte liefert Erika Fischer-
    Lichte: *Semiotik des Theaters.* Bd. 1: Das System der theatralischen Zeichen.
    München 1982, S. 185–187. Vgl. auch: Guido Hiß: *Korrespondenzen.*
    A.a.O., Abschnitt 2.5.3

der Ebene der "ästhetischen Sekundärstruktur" schließt die einsinnige (eben auch methodische) Parallele zwischen komplexen künstlerischen und normalsprachlichen Formen im Prinzip aus.

In multimedialen Formen erhält diese *Durchdringung* paradigmatischer und syntagmatischer Ordnungsprinzipien, die Roman Jakobson in der lyrischen Form nachgewiesen hat ("paradigmatische Projektion"), eine neue Dimension: Sie erobert die Transversale. Nicht nur in der horizontalen Anordnung können neue, übergeordnete semantische Beziehungen aufgemacht werden (wie Endreimpaare in der Lyrik, wie die gezielten Wiederholungen von Gängen in "Dinner for One"). Jedes theatralische Zeichen steht grundsätzlich in einem doppelten Beziehungsgefüge. Auswahlvorgänge beziehen sich nicht mehr nur auf das Nacheinander, die Reihe, sondern – wie ich im letzten Abschnitt gezeigt habe – auch auf das Nebeneinander, die Parallele. Angesichts dieses komplizierten Ineinandergreifens syntagmatischer und paradigmatischer Wirkungen erscheint die am linguistischen Vorbild orientierte Suche nach einheitlichen Segmenten in multimedialen Sprachen fragwürdig. Es ist wenig sinnvoll, einerseits die formale Besonderheit ästhetisch-"sekundärsprachlicher" Texte in der dialektischen Durchdringung normalsprachlicher Ordnungsfaktoren festzumachen, und sie danach wieder mit einem auf primärsprachliche Ebenen zielenden Instrumentarium zu untersuchen. Strukturalistische Theatertheorie fällt in diesem Bereich hinter den strukturalistischen Standard zurück.

Dennoch muß es auch in polyphonen Strukturen Wegweiser für den rezeptiven Nachvollzug der Abläufe geben. Wie also findet sich unsere Wahrnehmung – und nicht zuletzt die wissenschaftliche – in der theatralischen Horizontalen zurecht? Eine der diskutierten Möglichkeiten liegt in der hierarchischen Organisation der Teilsysteme. Der multimediale Code kann eine der beteiligten Ausdrucksebenen als dominant für die Organisation der horizontalen Abläufe setzen, etwa die dramatischen Anteile im Sprechtheater, etwa die Musik in der Oper. So kann das Zeichenensemble der Aufführung Segmentierungen folgen, die durch Akte, Szenen, Auftritte des Dramas vorgegeben sind. Es gibt allerdings keine Norm, die dies erzwingen könnte. Die Aufführung kann umgruppieren, Figuren streichen oder Akteinteilungen überspielen. Das ändert grundsätzlich nichts an der Möglichkeit, das Drama als Ordner zu engagieren. Auch Bühnenmusik kann Einheiten definieren. In der *Opera seria* grenzt schwach organisiertes musikalisches Material bestimmte Textteile (rezitativisch) als Handlungsepisoden ab; thematisch geschlossene Kompositionen (Arien) schalten Momente der Innenschau. Auch das Bühnenbild kann polyphone Abläufe strukturieren. "Death, Destruction and Detroit 2" arbeitet mit vier Bühnen. Wobei im jeweiligen Bespielen eines Raumes ein Aspekt des multimedialen Rätselspiels entfaltet wird. Die Delegierung der horizontalen Ordnungsfunktion an ein Teilsystem ist im gegenwärtigen Theater nicht mehr die Regel. Das hängt einerseits damit zusammen, daß die dramatischen oder musikalischen Formen ihrerseits konventionelle Segmentierungs- und Beziehungsmuster abgelegt haben. Peter Szondi hat solche Innovationen in seiner Dramentheorie formgeschichtlich präzise herausgearbeitet: Die Ablösung der alten auf "Geschlossenheit" zielenden Akt-Formen durch "offene" Architekturen, in denen Zusammenhang geschaffen wird etwa durch Leitmotive, Stationendramaturgie, Anlehnung der Abläufe an eine dominante Figur oder durch epische, spielexterne Verweise.[29] Das gleiche gilt für die Musik, die mit dem funktionalen Harmoniebezug zugleich dessen horizontale Kompetenz abgeschafft hat.

Daß konstante Hierarchiebildungen im zeitgenössischen Theater nicht mehr den Normalfall darstellen, läßt sich auch im Hinblick auf die Emanzipation der Teilsysteme deuten, als deren letzte Konsequenz wiederum das Multimedia-Spektakel Wilsonscher Prägung steht. Diese Emanzipation kündigt sich schon in Gesamtkunstwerks-Vorstellungen des 19. Jahrhundert an (etwa in Wagners Forderung nach Gleichberechtigung der Künste im Musikdrama), prägt sich in den wichtigsten Reformmodellen der zwanziger Jahre aus, in der Dramenfeindlichkeit der Artaudschen Theaterkonzepte, im Bauhaus-Theater und auch im epischen Theater Brechts. "Verfremdung" arbeitet maßgeblich auf der Basis einer erhöhten Eigendynamik der beteiligten Ausdrucksebenen. Bekannt ist Brechts Forderung nach "Trennung der Elemente": "solange also 'Künste' verschmelzt werden sollen, müssen die einzelnen Elemente alle gleichermaßen degradiert werden, indem jedes nur Stichwortbringer für das andere sein kann."[30]

Die Auflösung der hierarchischen Orientierung prägt heute auch Klassikerinszenierungen. Die Umgruppierung von Szenen, die Überspielung von Aktgrenzen und die Simultanführung ursprünglich nachgeordneter dramatischer Sequenzen sind zu wichtigen Stilmitteln der zeitgenössischen Theatersprache geworden. Das radikal montierte

---

29 Peter Szondi: *Theorie des modernen Dramas.* In: Schriften 1, Frankfurt/M. 1978
30 Bertholt Brecht: *Anmerkungen zur Oper "Aufstieg und Fall der Stadt Mahagonny".* In: B. B.: Gesammelte Schriften, Frankfurt 1967, S. 1010

74

"Vorspiel" der Steinschen "Tasso"-Inszenierung liefert hier ein deutliches Beispiel; ich werde im letzten Teil dieses Buches ausführlich darauf eingehen. An die Stelle einer starren hierarchischen Organisation der Folgebeziehungen setzen moderne Theatersprachen die Technik wechselnder Dominantenbildungen. Segmente, die sich so herausbilden, sind nicht starr abgegrenzt, im Sinne konstanter "homogener Einheiten", sondern gliedern die Aufführung auf äußerst flexible Weise, entsprechend jeweiliger Sinnstrategien. Darin äußert sich auch eine Aufwertung der Zuschauerrolle, ein höherer Anspruch an die rezeptive Kompetenz: Wenn die Theatersprache ihre horizontale Kommunizierbarkeit nicht strukturell normiert, muß diese fehlende Verbindlichkeit verstärkt in den einzelnen Rezeptionsakten konstituiert werden. Daran läßt sich eine Forderung für die Analyse des Gegenwartsheaters knüpfen: Nicht nach starren Einheiten suchen, sondern einer flexiblen Bedeutungs-Horizontalen nachgehen, auf die (geringe!) Gefahr hin, daß man sie erst schafft – *indem man sie benennt.*[31]

Sinnklammern

Aufführungsanalyse kann scheitern, wenn es ihr nicht gelingt, signifikante Einheiten in einem oft unüberschaubaren Gefüge an Zusammenhängen auszumachen, entweder indem sie sich an formal vorgegebene Segmentierungen herantastet, oder wenn dies nicht oder nur begrenzt möglich ist, indem sie ihr eigenes selektives Raster auf den polyphonen Text projiziert, im positiven Fall kritisch, im negativen unreflektiert. Diese Forderung klingt abstrakt und akademisch. Auf den ersten Blick wird ihren Sinn nur einsehen, wer sich analytisch an abstrakten, unkonventionellen Theater- oder Musiktheaterformen selbst versucht hat. Aus einem einfachen Grund: Wer eine Wilson-Veranstaltung, eine "Anti-Oper" oder ein Fluxus-Spektakel untersucht, wird feststellen, daß die wichtigste der konventionellen Segmentierungsstrategien nicht mehr greift: die Figur als Fixpunkt der disparaten Zeichen. Im Prinzip

---

31 Ich werde im folgenden Kapitel, in dem ich eine Reihe von Aufführungsanalysen auswerte, diese flexible Dominantenbildung noch ausführlich belegen. Es sind vor allem die Magisterarbeiten von Gudrun Buchholz und Wilfried Schulz, die hierfür Beispiele liefern: die "Hermannsschlacht" von Claus Peymann und das "L'âge d'or" des Théâtre du Soleil.

ermöglicht es uns erst das postfigurale Theater, den Stellenwert dieser uralten von der Dramen- auf die Aufführungsanalyse übertragenen Kategorie zu erkennen und sie zu relativieren: als eine – und eben nicht die einzig denkbare – rezeptive Sinnklammer.

Ästhetisch avancierte Formen legen somit die Relativität traditioneller Selektionskriterien offen: Figurales Erkennen ist keine 'Selbstverständlichkeit', sondern ein elementares Strukturprinzip, auf dessen Basis die überwiegende Mehrzahl der historischen Theatersprachen arbeiten. Man kann ihren Stellenwert vergleichen mit dem funktionalen Harmoniebezug, der musikalisches Verstehen über Jahrhunderte sicherte. Hätte man einem Menschen des angehenden 19. Jahrhunderts versucht zu erklären, daß harmonische Bindungen nur *eine* Möglichkeit darstellen, musikalisches Material zu organisieren, wäre man auf pures Mißverständnis gestoßen, etwa: Harmonie *ist* doch Musik. Die Stärke eines Codes offenbart sich in der Verbindlichkeit der von ihm geprägten Beziehungen, ihrer scheinbaren Selbstverständlichkeit. Es gibt Codifizierungen, die so stark sind, daß sie als natürlich, von vornherein gegeben, interpretiert werden. In vielen Fällen wird die Codifiziertheit, also Relativität eines Stilmittels erst durch seine Überwindung im Rahmen geschichtlicher Innovationen überhaupt einsichtig. Daß Harmoniebezug nicht Musik *ist*, sondern eine musikalische Möglichkeit, wissen wir erst seit Schönberg. In "Madame Bovary" führt Flaubert vor, daß ein Erzähler dem Roman nicht wesentlich ist, sondern allenfalls eine (historisch realisierte) Möglichkeit der Organisation narrativer Perspektiven. Daß figurale Sinnklammern, Selektionen, nicht der theatralischen Darstellung wesentlich sind, sondern nur eine, wenn auch die (bis heute) wichtigste Basis theatralischer Verständigung darstellen, zeigt uns die historische Avantgarde dieses Jahrhunderts, führt derzeit dem internationalen Publikum vielleicht am deutlichsten vor: Robert Wilson.

Erika Fischer-Lichte hat im dritten Band ihrer "Semiotik des Theaters", übertitelt "Die Aufführung als Text", einen ambitionierten Entwurf zur Methodik der Aufführungsanalyse vorgelegt. In diesem Zusammenhang halte ich einen Gedanken für richtungsweisend, den sie in ihren Überlegungen zu einer theatralischen Hermeneutik niedergelegt hat. Erika Fischer-Lichte bestimmt zunächst, im Rekurs auf Greimas, vier Segmentierungsebenen der Theatersprache. Die unterste, "lexematische", umfaßt nicht genauer zu beschreibende Bedeutungsatome[32]:

---

32   Wie diese Elementarzeichen aussehen sollen, bleibt offen. Ich vermute, daß die Autorin an die winzigsten Bedeutungseinheiten der jeweils beteiligten

Die elementare Ebene stellt ... diejenige Ebene dar, auf der den Zeichen ausschließlich aufgrund des jeweiligen Bedeutungssystems des Rezipienten eine Bedeutung beigelegt werden kann ...[33]

Auf der zweiten Ebene fügen sich "lexematische" Partikel zu "Klassemen". Solche Ensembles aus Elementarzeichen können transversal oder in der vertikalen Abfolge organisiert sein. Im klassematischen Fall gilt bereits – um es in der hier entwickelten Terminologie zu sagen – das Gesetz der gegenseitigen Besonderung der Zeichen: Horizontale oder transversale Klasseme bedeuten, indem sie sich gegenseitig interpretieren, bzw. indem sie rezeptiv als äquivalent erkannt oder gesetzt werden. "Klasseme" überschreiten als Kombinationen von Lexemen "bereits die elementare Ebene der Einzelzeichen, bleiben aber noch unterhalb der Ebene der Isotopien" (der nächsthöheren Stufe des Zusammenhangs).

Daraus folgt, daß eine einfache Kombination von wenigen Zeichen den Klassemen ebenso zuzurechnen ist wie komplexe Kombinationen aus unterschiedlichen Verhaltenssequenzen, Kostümen und Dekorationsteilen ... Die Wahl der Kombinationen, die man auf der klassematischen Ebene untersuchen will, ist daher nicht von vornherein eingeschränkt, sondern wird sowohl von den spezifischen jeweils als Isotopie bestimmten Zeichenkombinationen als auch vom besonderen Ziel der Untersuchung abhängen.[34]

Tiefenäquivalenzen sind nicht als absolute Verbindlichkeit vom Text festgelegt. Das gewaltige multimediale Beziehungsangebot impliziert Möglichkeiten der rezeptiven Äquivalenzsetzungen, Akte der Zuschauerselektion. Und das heißt: Ein Zuschauer kann sich prinzipiell einen anderen Zusammenhang der Zeichen herauslesen, als den vom Produzenten intendierten. Wenn sich die Zuschaubedeutung von der inten-

---

Zeichensysteme denkt, die – was ja vielfach beschrieben wurde – selbst in der Normalsprache kaum, im körpersprachlichen Bereich überhaupt nicht abzugrenzen sind. Da diese lexematische Ebene für die Frage nach den analytisch relevanten Segmentierungen völlig irrelevant ist, bzw. sich nur innerhalb dieses viergliedrigen Modells überhaupt stellt, kann man die Konsequenz der Autorin vertreten: Lexeme sind unwichtig.

33 Fischer-Lichte, Erika: *Semiotik des Theaters*. Bd. 3: Die Aufführung als Text. Tübingen 1983, S. 79
34 ebd.

dierten unterscheidet, heißt das nicht, daß sie "sinnlos" oder "falsch" ist. Dies wird auf der nächsthöheren Ebene, der *isotopischen* noch deutlicher, der Ebene auf der normalerweise über Theater gesprochen und geschrieben wird. Wobei diese Ebene "für den Prozeß der Bedeutungs- und Sinnzuschreibung nun insofern von besonderer Relevanz" ist, "als eine Analyse kaum je von der elementaren Ebene der einzelnen theatralischen Zeichen noch auch von klassematischen ihren Ausgang nehmen, sondern die beiden Ebenen niedrigerer semantischer Kohärenz immer schon in bezug auf die Ebene der Isotopien mitberücksichtigen wird."[35]

Und genauso, wie wir "Klasseme" entsprechend eigener, rezeptiver Selektionsstrategien dem Text einbilden können, gibt es unterschiedliche Möglichkeiten, "Isotopien zu erstellen". Dies passiert in jedem analytischen Akt, wobei vielschichtige Formen wie Theater, Film und Oper durch ihr ungeheueres formales Beziehungsangebot prinzipiell verschiedene Wege durch den Zeichen-Wald zulassen. Erika Fischer-Lichte stellt uns drei vor. Die erste, man könnte sie als (singuläre) "Ebenenisotopie" bezeichnen, ist die "schwächste". Die isotopische Sinnklammer wird in diesem Fall entwickelt als Fokussierung des analytischen Zugriffs auf *eine* der beteiligten Ausdrucksebenen. Das ist weniger abstrakt, als es klingt. Zur Anwendung kommt die Ebenenisotopie in Spielarten musikwissenschaftlicher Opernanalyse, die aus dem polyphonen Ereignis das musikalische Teilsystem herauslöst und (vom Wirkungszusammenhang getrennt) untersucht. Konservative Theaterkritik fragt in der Aufführung nach dem Schicksal des als einzig wesentlich begriffenen dramatischen (Sub-)Textes, z.B unter dem Aspekt der "Verschandelung unserer Klassiker".

Das zweite, "syntagmenbildende Verfahren" präsentiert einen Normalfall der Aufführungsanalyse: Die Untersuchung der multimedialen Textur in Anlehnung an die von einem dominanten Teilsystem etablierten Einteilungen, etwa Arie, Rezitativ, Chor in der Opera Seria, etwa Akt, Szene, Situation im Sprechtheater. Das syntagmenbildende Verfahren kann entweder an horizontalen Segmentierungsmustern eines Theatergenres entlangforschen; solche Segmente können auch durch die Analyse selbst abgesteckt werden, gerade wenn die zu untersuchende Aufführung mit der im letzten Abschnitt skizzierten *flexiblen Dominantenbildung* arbeitet. In meiner kleinen "Dinner for One"-Untersuchung habe ich das praktiziert, indem ich mich an Abschnitten

---

35 ebd., S. 80

78

orientierte, die ich den diversen "Gängen" (des Butlers und der Mahl-zeit) zuordnete.

Das dritte und wichtigste isotopische Verfahren fokussiert auf die Rollenfigur:

> Soll sie als Isotopie gelten und fungieren, müssen folglich alle ein-zelnen Zeichen und Klasseme, welche zu ihrer Konstitution bei-tragen, daraufhin untersucht werden, welche Bedeutungen ihnen in bezug auf die fragliche Figur beigelegt werden kann bzw. umge-kehrt, welche Bedeutung sie sub specie dramatis personae X er-halten.[36]

Figurenisotopie bildet – ich werde es im nächsten Kapitel belegen – den aufführungsanalytischen Normalfall. Dabei gibt es nicht nur den einen und einzigen figuralen Bezug schlechthin. Zwei will ich nennen. Der erste prägt bürgerliches Theater, der andere ist der Schlüssel zum epischen Theater. Die erste Sinnklammer fokussiert auf die Figur mit psychologischem Interesse, die zweite mit gesellschaftlichem. Die erste hat ihre Wurzeln im ausgehenden 19. Jahrhundert. Die zweite wurde von Brecht als "gestische" definiert. Auch die Sinnklammer des Gestus ordnet die szenischen Zeichen im Hinblick auf die Figur, hat aber ein anderes Interesse, fragt z. B. nicht nach individuellem Scheitern, son-dern nach seinen gesellschaftlichen Gründen:

> Den Standpunkt, den er [der Schauspieler im epischen Theater, G. H.] einnimmt, ist ein *gesellschaftskritischer*. Bei seiner Anlage der Vorgänge und Charakterisierung der Person arbeitet er jene Züge heraus, die in den Machtbereich der Gesellschaft fallen . . Es ist der Zweck des V-Effekts, den allen Vorgängen unterliegenden sozialen Gestus zu verfremden. Mit sozialem Gestus ist der mi-mische und gestische Ausdruck der gesellschaftlichen Beziehun-gen gemeint, in denen die Menschen einer bestimmten Epoche zu-einander stehen.[37]

Daraus folgt: Für die Analyse historisch unterschiedlicher Theater-sprachen sind unterschiedliche isotopische Strategien sinnvoll. Die Ab-kehr von bürgerlich-psychologistischen Theaterformen, formal vollzo-

---

36 ebd., S. 82
37 Bertolt Brecht: *Neue Technik der Schauspielkunst*. In: Gesammelte Werke, Bd. 15; Frankfurt/M. 1967, S. 346

gen etwa in den Verfremdungseffekten des epischen Theaters, erfordert eine neue Technik auch für die Erstellung des rezeptiven Simulacrums. Rollendramaturgie geht auf in einer Isotopie des gesellschaftlichen Verweises. Auch hierin zeigt sich wieder der schon öfter hervorgehobene Zusammenhang von Entwicklungsstand der künstlerischen Produktionsmittel und den analytischen Kategorien. *Es gibt nicht die isotopische Strategie, die ein für allemal einer Aufführungsanalyse als besonders sinnversprechend vorgeschrieben werden kann und darf.*

Der Begriff der "Isotopie" ist als Werkzeug zur hermeneutischen Reflexion multimedialen Verstehens praktikabel, zur Benennung höhergeordneter selektiver Strategien bei der Erstellung des rezeptiven Simulacrums. Denn die Abkehr von Vorstellungen der idealen Interpretierbarkeit eines künstlerischen Textes, die Einsicht in die geschichtliche Relativität auch der wissenschaftlichen Analyse macht zumindest eines erforderlich: die genaue Einschätzung und Reflexion der eigenen analytischen Mittel. Das heißt selbstverständlich nicht, daß eine Aufführungsanalyse nur entlang einer solchen "Klammer" argumentieren sollte. Oft wird es sinnvoll sein, mehrere isotopische Ebenen miteinander zu verbinden. Ich werde dies im nächsten Kapitel am Beispiel angewandter Aufführungsanalysen zeigen.

Die vierte Ebene semantischer Kohärenz bleibt nachzutragen; sie manifestiert sich schließlich im Hinblick auf das, was Erika Fischer-Lichte, vielleicht mißverständlich, "Totalität des Sinnes" nennt. Es geht, technisch ausgedrückt, um den Schritt von der Analyse zur Interpretation, um die Zusammenfassung und Vermittlung der auf den 'tieferen' Bedeutungsebenen analysierten Inhalte, um das Fazit.

Was Erika Fischer-Lichte hier entwirft, gerade in der Adaption des Isotopie-Begriffs, ist praktikabel und wichtig für die Reflexion theatralischer Wahrnehmung, für die Überdenkung der selektiven Strategien bei der Erstellung des theatralischen Simulacrums: Es gibt viele Wege durch den Wald. Die ungeheure Vielschichtigkeit des multimedialen Zeichenangebots liefert seinem erklärenden Nachvollzug eine Vielzahl von (sinnvollen) Möglichkeiten, analytisch anzusetzen.

Man kann daraus eine der wichtigsten Forderungen für die analytische Praxis ableiten: Die Erstellung des wissenschaftlichen Simulacrums erfordert an erster Stelle die Beschreibung und Analyse der eigenen selektiven Kriterien. Wir können aufgrund der offenen Struktur unseres Gegenstands nicht auf objektive Inhalte spekulieren. Wir können indes unseren *Zugriff objektivieren*, Kriterien unserer Auswahl benennen, Sinnpfade entwickeln und offenlegen. Hierin liegt die einzige

Möglichkeit, mit dem "Vorurteil" (auch) der wissenschaftlichen Wahrnehmung umzugehen, jenseits von positivistischen und idealistischen Heilsversprechungen. Welche Sinnpfade in real existierenden Aufführungsanalysen entwickelt und begangen wurden, beschreibe ich im folgenden Kapitel.

Anwendungsmöglichkeiten

Wo Germanisten, Kunst- und Musikwissenschaftler auf der Suche nach publizierten Werkinterpretationen überfüllte Bücherregale vorfinden, treffen Theaterwissenschaftler auf wenig mehr als eine Leerstelle. Im Bereich der sogenannten "grauen", akademischen Literatur sieht es etwas besser aus. An verschiedenen Instituten sind im Laufe der letzten zwanzig Jahre Magisterhausarbeiten entstanden, die, oft auf beachtlichem Niveau, Aufführungsanalyse praktisch durchspielen. Allein am Institut für Theaterwissenschaft der Freien Universität Berlin ruhen, in einem großen Stahlschrank, zwanzig Magister-Analysen. Ich habe aus diesem Material fünf Arbeiten ausgewählt, die ich aus unterschiedlichen Gründen für beispielhaft halte. Jede dieser Studien entwickelt einen plausiblen und nachvollziehbaren Weg für die praktische Analyse. Ich will die Lösungsvorschläge für die grundlegenden aufführungsanalytischen Probleme, die sich diesen Anwendungen eingeschrieben haben, herausfiltern und kommentieren: Wie begrenzen die Autoren ihren Fragenhorizont, welche Sinnpfade legen sie durchs polyphone Sinnangebot, wie gliedern sie ihre Simulacra horizontal, wie gehen sie mit dem Transitorik-, bzw. dem Dokumentationsproblem um? Ich werde die gewählten Arbeiten gezielt nach formalen Kriterien auswerten: fünf Antworten auf die Frage nach der angewandten Aufführungsanalyse.[1] Was ich dabei nicht (oder nur am Rande) leisten kann – die Würdigung inhaltlicher Qualitäten. Dies wäre Aufgabe einer eigenen Arbeit, die sich den großen grauen Schrank mit einem anderen Schlüssel aufschließen müßte: als Fundus für die neuere Theatergeschichte.

---

1 Eine weitere kommentiere ich im Kapitel "Zwei Methodenentwürfe": Jürgen Kleindieks Interpretation einer Beckett-Inszenierung; und die siebente Antwort gebe ich in den letzten Kapiteln dieses Buches am Beispiel von Peter Steins "Tasso"-Inszenierung.

Franz Wille: Vergleiche

Das theaterwissenschaftliche Erzdogma formuliert die Aufführung als den eigentlichen und zentralen Gegenstand des Faches. Dramatische Texte gelten manchem als verdächtig, da eigentlich "fachfremd". Man verweist auf die literaturwissenschaftliche Dramenforschung. Die Fragwürdigkeit dieser Reviermarkierung dürfte indessen jedem klar werden, der sich mit Theaterformen beschäftigt, die mit einem dramatischem Text arbeiten. Das betrifft sowohl Klassikerinzenierungen als auch Aufführung von Texten zeitgenössischer Theaterschriftsteller. Genausowenig wie die Produzenten am Drama vorbeikommen (Staatstheater unterhalten dazu eigene Abteilungen), können sich die Analytiker bedenkenlos über die sprachlichen Anteile an der polyphonen Textur hinwegsetzen. Ob es den Dogmatikern gefällt oder nicht: Ein dramatischer Text, aufbauend auf dem wichtigsten und verbindlichsten Kommunikationssystem der Menschheit, der Normalsprache, bleibt auch im theatralischen Zeichenensemble schlichtweg unüberhörbar.

Dem sprachlich-dramatischen Anteil nachzugehen, entweder dramaturgisch (im Hinblick auf sein Inszenierungspotential) oder aufführungsanalytisch (als theatralisches Teilsystem), heißt definitiv nicht: Theater auf Drama reduzieren. Man kann, ganz im Gegenteil, vom dramatischen Text aus in Blick nehmen, um was es eigentlich geht: die Korrespondenzbedeutung. Falsch wäre es anzunehmen, daß theatralischer Sinn im Drama vorformuliert sei; genauso falsch wäre es, das Drama als wichtigen Bedeutungs*faktor* zu ignorieren. Man kann sich tiefenäquivalenten Zusammenhängen im Prinzip von jedem der beteiligten Zeichensysteme aus nähern; dies vom Drama aus zu versuchen, ist eine legitime und sinnvolle Möglichkeit – die Arbeit von Franz Wille führt es vor. Im Mittelpunkt der darin erprobten analytischen Spielart steht der Nachvollzug von Bedeutungstransformationen. Es geht, genauer, um zweierlei Transformationen, um die Bedeutungsverschiebung zwischen einem dramatischen Text, Thomas Bernhards "Über allen Gipfeln ist Ruh", und seiner szenischen Umsetzung. Und, zweitens, um die Bedeutungsunterschiede zwischen zwei Aufführungen dieses Dramas, um den Vergleich der Inszenierungen von Kurt Hübner (Freie

Volksbühne Berlin, 1983) und von Alfred Kirchner (Schauspielhaus Bochum, 1982).

Die Originalität dieser Untersuchung liegt darin, daß sie weitgehend identische Raster sowohl auf das Drama als auch auf die Aufführungen legt, ohne zugleich die Sache des Theaters dramenwissenschaftlich zu verkürzen. Auf beiden Ebenen durchläuft die Analyse gleichartige Operationen. Der jeweils erste Schritt beleuchtet die Chronologie der Text- bzw. Bühnenentwicklungen: "Verlaufsuntersuchung". Im zweiten fokussiert Wille auf bestimmte Teilaspekte, die er aus dem Verlauf herausblendet und (synchronisch) in Beziehung setzt. Dabei stehen sowohl auf dramaturgischer als auch auf aufführungsanalytischer Ebene figurale Bezüge im Vordergrund: Figurendramaturgie oder "Analyse der Bühnenfiguren".

Der dramenanalytische Vorbau orientiert sich an "strukturalistischen" Vorgaben Manfred Pfisters.[2] Wichtigste Fragestellung: Wie und mit welcher Wirkungsintention dosiert und arrangiert das Drama seine dialogischen "Informationen". Der erste Untersuchungsschritt, also die chronologische Analyse, gliedert sich dabei in zwei Teile: Einer konventionellen Beschreibung ("Inhaltsangabe") der einzelnen Szenen folgt im Überblick die Reflexion auf die dramaturgische Gesamtstruktur, die, ich kann im Detail nicht darauf eingehen, als zentrales Bauprinzip des Bernhard-Stückes die Konzentration auf die dominierende (Dichter-) Figur Moritz Meister ausmacht. Dabei wird, dies die inhaltliche Konsequenz, der renommierte Großdichter als dilettantischer Spießer enttarnt; Thomas Bernhard bei seinem Thema: beißende Kritik an einer als heillos eitel und inkompetent empfundenen kulturellen Elite.

Der zweite Schritt, die (synchronische) Figurenanalyse, rollt die Technik dieser Entlarvungsdramaturgie im Detail auf, nach drei Gesichtspunkten:

* Wie stellen sich die Figuren selbst dar?
* Wie wird eine Figur durch andere charakterisiert?
* Welche Charakteristika lassen sich aus dem Verhaltenskontext erschließen?[3]

---

2 Manfred Pfister: *Das Drama*, München 1977
3 Diese Fragestellung impliziert schon eine Aussage über die Machart des Stückes. Wille: "Andere denkbare Techniken der Figurencharakterisierung, etwa explizit auktoriale Äußerungen im Nebentext, treten in "Über allen Gipfeln ist Ruh" nicht auf. Franz Wille: *Vergleichende Analyse zweier Inszenie-*

Bevor Wille nun die beiden methodischen Schritte, also Verlaufs- und Figurenuntersuchung, auf die Analyse der Aufführung(en) überträgt, versucht er, dem theatralischen Gegenstand durch zwei zusätzliche Operationen zu entsprechen. Das ist zum einen: *Untersuchung der "Textfassung"*. Wo und wie haben Dramaturgen bei der Erstellung des Aufführungstextes das Original-Drama retuschiert? Führen Streichungen und Umgruppierungen auch zu inhaltlichen Konsequenzen? Wird das Stück schon in der Dramaturgie neu- oder umgedeutet? (Willes Ergebnis: Bei den von ihm untersuchten Aufführungen ist das nicht der Fall.)

Einen eigenen Abschnitt widmet die Arbeit der Beschreibung der visuellen Komponenten der Aufführung. Wille orientiert sich hier (inexplizit) an einer im Bereich der Theatersemiotik verbreiteten strukturalen Bestimmung. Übereinstimmend haben Autoren wie Thadeusz Kowzan, Erika Fischer-Lichte oder Manfred Pfister bei ihren Versuchen, Schichten und Teilsysteme der theatralischen Darstellung zu differenzieren, auf das Kriterium der zeitlichen Präsenz der Bühnenzeichen verwiesen. Wobei Bühnenbild, Maske, Dekoration und Requisiten als relativ "stabile", längerpräsente Zeichen in Opposition gesetzt wurden zu mehr transitorischen Elementen wie Sprache, Körpersprache, Bewegung im Raum oder Musik. Die analytische Konsequenz, die Wille hier vorführt, läßt sich auf folgenden Nenner bringen: konstantere Bühnenelemente ("Bühne und Kostüme") getrennt beschreiben, um die Darstellung der szenischen *Abläufe* zu entlasten.

Die Aufführungsanalyse startet mit einer umfangreichen, die elf Szenen der Inszenierung aufarbeitenden "Verlaufsbeschreibung". Wille setzt ganz auf sprachliche Deskription[4], konzentriert sich dabei (wiederum inexplizit) vor allem auf drei Ausdrucksebenen: auf Sprache, Körperausdruck und das Spiel mit Requisiten. Ein typischer Beschreibungsausschnitt:

Frau Meister, immer in Bewegung, geht – "die Winde werden hier unterschätzt" – nach rechts, holt einen Schal und legt ihn Frl. Weidenfels um die Schultern."[5]

---

rungen von Thomas Bernhards "Über allen Wipfeln ist Ruh". Berlin 1983, S. 11.
4   Auf der Grundlage von Video-Mitschnitten.
5   Wille, a. a. O., S. 32

Die synchronischen Untersuchungsschritte einleitend, erläutert Wille die Kriterien, nach denen er signifikante Elemente "aus der Länge der Szenenbeschreibungen" auswählen will. Berücksichtigt werden demnach gezielt "Bühnenvorgänge, die nicht im Text angegeben sind" und "Regieeinfälle, d. h. inszenierte Momente, die nicht notwendig aus einer genauen szenischen Umsetzung von Haupt- und Nebentext hervorgehen".[6] Wiederum spiegelbildlich zum dramenanalytischen Teil organisiert der Verfasser auch hier die Auswertung seiner Beschreibung gemäß dreier isotopischer Setzungen. Ein Abschnitt untersucht "szenenübergreifende Situationen", leitmotivliche Querverweise, Äquivalenzbeziehungen jenseits der Chronologie der primären Abläufe; ein Beispiel aus der Hübner-Inszenierung:

> In den Szenen drei, fünf, sechs und sieben wird eine von der Inszenierung vorgegebene Grundsituation in den aufeinanderfolgenden Gesprächssituationen konsequent weiterentwickelt. In der dritten Szene überrascht Frau Meister ihren Mann mit einer im Text nicht vorgesehenen Flasche Champagner ... In der fünften Szene ist die Tischgesellschaft in deutlich animierter Stimmung und während Frau Herta nachschenkt, wird die Gesprächsatmosphäre immer ausgelassener. In der sechsten Szene wird, wie im Text auch nicht vorgesehen, Schnaps getrunken ... Die betrunkene Stimmung wird in der siebenten Szene konsequent weiterentwickelt ...[7]

Der zweite Schritt der synchronischen Recherche steht unter der Überschrift "Analyse der Bühnenfiguren". Wille geht hier der Differenz Aufführung-Drama hinsichtlich der Rollen-Isotopie nach, versucht den psychologischen Nenner der jeweiligen Figurendarstellung aus ihrem szenischen Äußerungskontext herauszufiltern. Beispiel:

> Schröders Darstellung des Moritz Meister ist keine genau differenzierte Charakterstudie, sondern jeweils überdeutliches und dabei nie ironisches Vorzeigen einzelner Eigenschaften, das in der Summe die Figur eines monströsen Egomanen ergibt.[8]

---

6   ebd., S.52
7   ebd.
8   ebd., S.55

Und die dritte übergreifende Fragestellung gilt den wichtigsten "Merkmalen der Inszenierungen". Gleichsam vom Besonderen zum Allgemeinen fortschreitend, faßt Wille seine Ergebnisse im Hinblick auf ein Gesamt-Resümee zusammen. Insgesamt halte ich Willes Arbeit in folgenden Punkten für beachtenswert[9], gerade für die Analyse von dramenintegrierenden Theaterformen:

* Bestimmung des theatralischen Bedeutungsprofils in Differenz zum dramatischen: *Transformationsuntersuchung*.
* Klar strukturierte, sprachlich nachzeichnende Dokumentation.
* Separate Beschreibung (relativ) konstanter szenischer Bestandteile (Bühnenbild und Kostüm) mit dem Effekt einer Entlastung der Verlaufsbeschreibung.
* Untersuchung von Teilaspekten entsprechend einer klar formulierten Fragestellung, in diesem Fall: *Wo und wie weicht die Aufführung vom dramatischen Text ab, wo produziert sie eigenständig Bedeutung*.

Gudrun Buchholz: Formationen

Franz Willes Hauptinteresse liegt im Vergleich, Vergleich zwischen Drama und Aufführung, Vergleich zwischen zwei Aufführungen des gleichen Dramas. Einen völlig anderen, nicht minder legitimen Weg begeht Gudrun Buchholz, die – wie Wille auf einer Videodokumentation aufbauend – Peymanns "Hermannsschlacht" analysiert, die Aufführung und nichts als die Aufführung. Dem (Kleist-) Drama kommt hier Bedeutung nur zu als wichtiger Stimme in der Polyphonie des szenischen Zeichenensembles.

Auch diese Arbeit verzichtet auf großangelegte methodische Reflexion. Gerade zwei Seiten umfaßt sie und exponiert dennoch hermeneu-

---

9 Was die formale Anlage der Untersuchung betrifft, hat Willes Arbeit schon Einfluß gezeigt. Die Magisterarbeit von Susanne Schmidt folgt einem völlig identischen Konzept. *Textorganisation und Aufführungsorganisation: Methodische Untersuchung zur ästhetischen Differenz von textuellen und theatralischen Bauprinzipien am Beispiel von Tschechows "Kirschgarten"*, Berlin 1985.

tische Überlegungen auf beachtlichem Niveau: "Der Analysierende kann sich selbst nicht getrennt vom Gegenstand seiner Analyse sehen". Und: "Im Akt der Beschreibung wird die Struktur der Rezeption deutlich".[10] Die Autorin zieht daraus eine entscheidende analytisch-technische Konsequenz: "Wegen der engen Bezogenheit von mehr beschreibenden und mehr analytischen Komponenten erwies es sich als vorteilhaft, diese nicht in jedem Fall räumlich zu trennen".[11] Daß hier jemand mutig und ohne Respekt vor akademischem Kästchendenken ernst macht mit der Einsicht in die dialektische Einheit von Beschreibung, Analyse und Interpretation[12], führt zunächst dazu, daß es dem Leser leichter gemacht wird, leichter als bei solchen Arbeiten, die versuchen, die vorgeblich unterschiedlichen Operationen (Beschreibung, Analyse und Interpretation) zu trennen.

Die formale Inspiration der Studie wird auf den ersten Blick deutlich: Gudrun Buchholz arbeitet mit zwei Spalten, stellt konsequent der Strichfassung des dramatischen Textes (linke, unnumerierte Seite) ihren analytischen Kommentar gegenüber (rechte, numerierte Seite). Wo die linke Spalte mit der Textvorlage auch die dramaturgische Arbeit der Inszenierung erfaßt – sämtliche Striche und Dialogumgruppierungen sind markiert –, zeichnet die rechte die parallelisierten szenischen Zeichen sprachlich nach. Inexplizit stoßen wir hier wiederum auf eine grundlegende Gegenstandsbestimmung der Theatersemiotik: auf die konstitutive Opposition sprachlicher und bildlicher Elemente.[13]

Auch horizontal organisiert Gudrun Buchholz ihre Analyse plausibel und nachvollziehbar. Die Grobgliederung der chronologisch sich fortspinnenden Untersuchungen folgt zunächst einem hierarchischen Prinzip: Anlehnung an die Segmentierung eines dominant gesetzten Teilsystems, in diesem Fall an die Akt-Einteilung des Kleist-Dramas. Interessanterweise kündigt die Arbeit die dramatische Orientierung auf der nächstkleineren Segmentierungsebene, den Auftritten. Die Autorin arrangiert hier ihre Analyse in Schritten, in denen sie unter selbsterfundenen Stichwort-Überschriften oft mehrere dramatische Auftritte zusammenfaßt: ein Versuch, Einteilungsstrategien der Peymann-Inszenierung

---

10   Gudrun Buchholz: *Die Hermannsschlacht in der Inszenierung des Schauspielhauses Bochum. Szenenbeschreibungen und -analysen*. Berlin, 1985, S. 2
11   ebd.
12   Man fühlt sich an die Konsequenz der Pavisschen Dokumentationsüberlegungen erinnert: "To describe means to interprete". Vgl. S. 121 f.
13   vgl. Kap. "Das Vage und das Bestimmte", S. 59 f.

analytisch abzuspiegeln. Als Beispiel zitiere ich die Gliederung der Untersuchung des vierten Aktes:

15 –	4.1	Marbod
	4.2	
16 –	4.3	Hermann und Eginhardt. Verflucht sei diese Zucht mir der Kohorten.
17 –	4.4	
	4.5	Hally
	4.6	
18 –	4.7	Hermann und Eginhardt
	4.8	
19 –	4.9	Hermann und Thuschen. Die Guten mit den Schlechten, rücksichtslos.

Wie Theatersprachen die horizontale Abfolge und Verknüpfung ihrer Teileelemente regeln, ist eine schwierige und in der Theatertheorie noch vergleichsweise wenig behandelte Frage. Ich habe im Abschnitt "Konventionen" (S. 73 f.) einige Möglichkeiten genannt, etwa die Anlehrung der horizontalen Organisation der polyphonen Zusammenhänge an die Gliederung dominant gesetzter (dramatischer, musikalischer o. a.) Ausdrucksebenen. Das vielleicht deutlichste Beispiel dafür liefert die Arie-Rezitativ-Struktur der Opera seria. Moderne Theatersprachen arbeiten dagegen mit wechselnden Dominantenbildungen, bei der, jeweiligen Ausdrucksintentionen gemäß, entweder ein bestimmter körpersprachlicher Duktus, eine besondere Beleuchtungseinrichtung, ein räumliches Arrangement, ja sogar ein Requisit der Gesamttextur "Teile" abstecken können. Teile, die mit Segmenten (z. B.) einer dramatischen Vorlage nichts zu tun haben müssen. An der Buchholz-Untersuchung, bzw. ihrem Gegenstand, läßt sich diese variable Dominantenbildung exemplarisch verdeutlichen. Als Beispiel wähle ich die "Hally" übertitelte Sequenz, in der drei Auftritte des Kleist-Dramas aufgegangen sind.

In Szene 4.4: "Ein Auflauf" (Kleist) wird die von römischen Soldaten geschändete Germanentochter Hally dem Volk (und dem Publikum) vorgestellt; 4.5 schildert die Ermordung Hallys durch ihren Vater Teuthold und ihre Brüder (Grund: verletzte Ehre), in der sechsten Szene zieht der hinzutretende Hermann den propagandistischen Nutzen aus der Greuelszene: Man zerlegt den toten Körper in 15 Teile, jedem der fünfzehn Germanenstämme wird einer zugeschickt: "Der wird in Deutschland dir zur Rache/ bis auf die toten Elemente werben".

Durch die folgenden szenischen Gestaltungsmittel verklammert die Peymann-Aufführung die drei Auftritte:

* Bis auf Hermann und Eginhardt tragen alle in den drei Episoden auftretenden Schauspieler Masken, "die an Puppengesichter erinnern".[14]

* Den Maskenträgern zugeordnet ist ein einheitlicher Körpergestus: "sie gehen gebeugt und langsam", und: "Der Vater Teuthold erscheint mit seinen Söhnen, von den anderen Männern durch seine noch gebücktere Haltung zu unterscheiden."[15]

* Vor dunklem Hintergrund sind die Bühnenaktionen in blaues (Anfangsauftritt) und rotes Licht (Mord und Zerstückelung) getaucht.

* Die durch den Einsatz von Masken eröffnete symbolische Ausdrucksebene wird konsequent weitergestaltet: "Auf die Aufforderung Teutholds hin, Hally ins Haus zu tragen und zu zerlegen, bilden die Gestalten um Hally einen Kreis und ziehen aus ihrem Körper rote Fäden, die, indem die Personen auseinandergehen, die ganze Bühne vernetzen. Es entsteht so ein Bild des Zusammenschlusses der Germanenstämme, die durch die Mythologisierung von Hallys Tod herbeigeführt wird."[16]

Zum geschlossenen szenischen Abschnitt fügen sich die drei beteiligten Auftritte indes nicht einfach durch diese formalen Besonderheiten:

> Die Szene bricht mit dem, was wir bis dahin als Darstellungsmittel der Inszenierung kennengelernt haben. Die Darstellung von Gesichtern durch Masken, die unnatürliche Körperhaltung der Menschen, das farbige Licht scheinen uns aufzufordern, sie nicht ohne weiteres in den Rahmen der Inszenierung einzuordnen.[17]

Die Hally-Sequenz wird aus dem Umfeld herausgehoben und besondert durch die evidente Andersartigkeit der arrangierten tiefenäquivalenten Fügungen: Ein "Vergleich um der Ungleichheit willen" (Roman Jakobson), Verklammerung auf der Grundlage formaler Oppositionssetzun-

---

14 Buchholz, a. a. O., S. 70
15 ebd.
16 ebd., S. 71
17 ebd.

gen. Gudrun Buchholz bleibt indes nicht bei Struktur-Beobachtungen stehen, sondern benennt die (alles andere als eindeutigen) inhaltlichen Konsequenzen dieser Bedeutungsspiele:

> Die durch die Bühnenmittel erzeugte Distanz zum Geschehen – zu der Vergewaltigung einer Frau und ihrer ... Ermordung – ist so groß, daß wir nicht das Gefühl bekommen, was wir gerade erleben, sei wirklich geschehen. Spielt es sich nur in Hermanns Gedanken ab, die sichtbar gemacht werden? Ist es ein Bild für die schmutzige Propaganda, die schließlich zur Solidarität der Germanen führt?[18]

Der Schlußteil startet unter dem Stichwort "Visualisierungsstrategien" mit einem Resümee der bildsprachlichen Mittel dieser Inszenierung und analysiert, im Überblick, besondere raumsemantische Arrangements und Wort-Bild-Korrespondenzen, etwa: "Im Stück dialogisch dargestellte Vorgänge werden zu bewegten Bildern verdichtet."[19] (Die Hally-Sequenz liefert dafür nur ein Beispiel!)

Dem stilistischen Fazit folgt, in zwei kurzen Aufsätzen, das inhaltliche. Ein Kapitel, "Die bildliche Verneinung von Wirklichkeit ..." übertitelt, setzt die heikle Aufführungsgeschichte des Stückes (Stichwort: nationalsozialistisches Theater) in Beziehung mit der kunstvollen historischen "Exterritorialisierung", die Buchholz der Peymann-Inszenierung bescheinigt: "Die Bühnenzeichen widersetzen sich dem Bestreben, die Handlung in der Geschichte zu verwurzeln".[20] Und die gezielte Ausblendung vor allem der dreißiger und vierziger Jahre schafft, wie das letzte Kapitel heißt: "Raum für Partisanenträume". In die historische Leerstelle dringen Leitbilder der Studentenrevolte: Arminius als Che Guevara. Im Widerspruch zwischen faszinierenden szenischen Bildern und der Grausamkeit der (revolutionär konnotierten) Ereignisse siedelt Gudrun Buchholz schließlich die Problematik der Inszenierung an. Nicht die eine, einzige und tiefste Bedeutung erörtert sie am Schluß, sondern spielt als Möglichkeiten, sich rezeptiv im Sinnangebot dieser "Hermannsschlacht" zurechtzufinden, verschiedene 'Lesarten' durch. Ein weiterer Beleg für exegetische Inspiriertheit dieser Arbeit.

---

18   ebd., S. 72
19   ebd., S. 107
· 20   ebd., S. 109

Heidrun Justen: Spaltensatz

Wie Franz Wille und Gudrun Buchholz, so orientiert auch Heidrun Justen ihre Analyse an der Chronologie der Bühnenereignisse, ohne daß sie ihre Ergebnisse allerdings gesondert zusammenfassen würde. Die Arbeit bleibt fragmentarisch, nicht zuletzt, weil sie sich auf die erste Hälfte der Inszenierung beschränkt. Eher reduziert zeigt sich hier die methodische Reflexion. Sie meldet sich nur in einem einzigen Satz zu Wort: "Wenn ich ... vom 'Betrachter' spreche, ist der 'informierte Betrachter', d. h. die Verfasserin dieser Arbeit gemeint."[21] Und Informiertheit zeigt sich in Justens Deutungsversuchen vor allem darin, daß sie als Fixpunkt des rätselhaften Spektakels Rudolf Hess ausmacht, "den letzten und einzigen Inhaftierten im Spandauer Kriegsverbrechergefängnis". Eine "Anspielung", wie sie selbstbewußt notiert, die "kein Kritiker ... erkannte".[22]

In einem kurzen Vorspann führt Justen in den ästhetischen Hintergrund des Bilder- und Assoziationstheaters Wilsonscher Prägung ein, beschreibt als entscheidende Konsequenz dieser "offenen Form" die Verweigerung (handlungs-) konventioneller Sinnangebote zugunsten von "Aktionen im Kopf". Der Zuschauer soll sich selbst, mitschaffend, seinen Weg durch den Dschungel der Zeichen bahnen. "Nur über die Selbsterfahrung eröffnet sich dem Betrachter die Erfahrbarkeit des Wilsonschen Theaters."[23] Subjektivität der Wahrnehmung droht nicht als Störfaktor und Verlegenheit der Auslegung, sondern bildet einen entscheidenden produktiven Faktor.[24]

Was die Segmentierungsfrage betrifft, so hat es die Autorin – trotz der ungeheuren Formenvielfalt des Spektakels – leicht, da Wilson sein Werk in einen sinfonisch strengen Rahmen eingießt: in 16 Szenen, die durch Verdunkelungen zwischen den Verwandlungen, "die teils abrupt,

---

21 Heidrun Justen: *Robert Wilsons "Death, Destruction and Detroit" an der Schaubühne am Halleschen Ufer, Berlin (1978/79)* – Darstellung und Interpretation des ersten Aktes. Berlin 1981, S. 3
22 ebd., S. 11
23 ebd., S. 10
24 Wobei Justens Wort vom "informierten Betrachter" die pluralistischen Bedeutungs-Intentionen dieser Theaterspielart womöglich ein bißchen hintergeht.

teils sehr langsam erfolgen", deutlich abgegrenzt werden. Jede dieser Szenen weist eine Binnengliederung auf, als "Abschnitte" markiert schon das Programmheft die Auftritte diverser Figuren, entsprechend ihres fragmentarischen Textmaterials. Justen folgt konsequent dieser Vorgabe, teilt dabei die Szenenanalyse auf in einen dokumentarischen Teil, "Beschreibung", und in Abschnitte, welche die "interpretatorische" Konsequenz daraus ziehen.

Ich habe diese Arbeit nicht wegen ihrer exegetischen Qualitäten in die Liste der Anwendungsbeispiele aufgenommen, beachtlich ist indes ihr dokumentarischer Ansatz. Heidrun Justen entscheidet sich für eine Art Breitwandformat, indem sie die (magisterüblichen) Din-A4-Seiten an der Schmalseite zusammenheftet und jeweils beide gegenüberliegenden Seiten nutzt. Das schafft Raum für einen (flexibel eingesetzten) Spaltensatz, bei dem Textfragmente, Skizzen, analytischer Kommentar und Photos nebeneinander und übereinander montiert werden, den jeweiligen Bühnenereignissen angepaßt: eine aufwendige multimediale Partitur. Diese Dokumentation macht die Wilson-Veranstaltung durchaus nachvollziehbar, wobei interessanterweise die (typische) Spielweise selbst die Übersichtlichkeit des Dokuments erleichtert: die zeitlupenartige Langsamkeit der Schauspieleraktionen, die "zerdehnte Optik" der Gesten und Bewegungen.

Die interpretatorischen Teile der Arbeit erreichen nicht ganz das Niveau der dokumentarischen. Das liegt vielleicht daran, daß Heidrun Justen zusammenfassende Beschreibung, Strukturreflexion und persönliche Assoziationen etwas konzeptionslos durcheinanderwirbelt, bzw. ihre Fragestellungen und Erkenntnisinteressen nicht offenlegt und begründet. Es wäre allerdings falsch, diese interpretatorische Problematik der Verfasserin eigentlich anzulasten. Denn einerseits kann sie, in interpretatorisches Neuland vordringend, auf bewährte analytische Setzungen, etwa die figurale Sinnklammer, nicht mehr bauen. Und man kann sich andererseits fragen, ob dieses "postmoderne Bildertheater" exegetischer Sinnsuche überhaupt zugänglich ist oder sein will.

Musikwissenschaftler kennen das Problem. In diesem Bereich hat das klägliche Scheitern einer als "musikalische Hermeneutik" bezeichneten inhaltsanalytischen Schule die Suche nach Bedeutungen, die über den (syntaktischen) Selbstbezug der Form hinausweisen, äußerst fragwürdig gemacht. Daß es Beziehungen zwischen Robert Wilsons Spektakeln und absolut-musikalischer Form gibt, liegt auf der Hand: In beiden Fällen stoßen wir auf das Phänomen, daß überaus komplexe Formen inhaltlich ins Vage weisen. Das hat im musikalischen Bereich mit dem weitgehenden Fehlen einer semantischen Dimension zu tun, im "postmodernen" Theater mit forcierter Redundanz, gewollter Überdeterminiertheit, polyphonem Rauschen.

Heidrun Justens Arbeit hat ihre Stärken, wo sie sich auf die Nachzeichnung des Formalen und Selbstreferentiellen konzentriert. Und nicht zufällig ähnelt die Analyse hier der zeitgenössischen musikwissenschaftlichen Partituruntersuchung, die sich inhaltliche Spekulationen aus gutem Grund verbietet. Ob und wie weit dieses Theater semantische Analyse überhaupt zuläßt, bzw. wie weit dies angesichts seiner entsemantisierenden Wirkintentionen überhaupt sinnvoll ist, läßt sich nicht eindeutig entscheiden. Ich halte verschiedene Möglichkeiten für denkbar und legitim: das Spektrum reicht von der radikalen Beschränkung auf formale Immanenz bis hin zu experimenteller, gleichsam metakünstlerischer Neuproduktion, die den Phänomenen der Bedeutungsverweigerung und Sinnirritation gezielt eigenproduktiv begegnen könnte. Durch eine 'subjektive' Neuschöpfung, die Splitter und Fragmente des ästhetisch Erfahrenen zu einem eigenständigen Text arrangieren würde: Interpretation, ganz wörtlich, als "Zuschaukunst".

Siegfried Häusser: Stilistische Aspekte

Als "Interpretation der Spielvorlage und Analyse einer Inszenierung am Kammerspiel Frankfurt" kündigt Häusser seine Arbeit im Untertitel an. Man fühlt sich an den doppelten Fokus von Franz Wille erinnert. Häusser versucht indes etwas völlig anderes, den bislang vorgestellten inhaltsanalytischen Unternehmungen kaum vergleichbar: Sein Interesse gilt primär Produktionsaspekten. So fragt die Dramenanalyse, in (fragwürdiger) Germanistentradition, nach Schaffens- und "Emanzipationsgeschichte" des Schriftstellers Peter Weiss; und die Aufführung selbst wird (fast) ausschließlich unter formal-stilistischen Aspekten analysiert. Dabei steht eine sowohl von den Produzenten als auch vom Analysierenden emphatisch vertretende Darstellungsweise im Mittelpunkt: "Körperspiel". Und was sich unter der Überschrift "Schlußbemerkung" ankündigt, präsentiert zwar noch einige interpretatorische Gedanken, allerdings – nur auf das Drama bezogen.

Ich will nicht ausführlich auf die Dramenanalyse eingehen; sie beschränkt sich, kompositorische Fragestellungen radikal ausblendend, auf die Aufarbeitung lebens- und werkgeschichtlicher Hintergründe. Ergänzend exponiert Häusser grundlegende ästhetisch-politische Programmpunkte ("kritisches Volkstheater") und geht diversen Außen-Inspirationen nach, vom Brechtschen Lehrstück über Artauds "Theater der Grausamkeit" bis hin zu Kafkas "Prozeß". Ein Ausschnitt soll, *pars pro toto*, den Tenor dieser "Stückinterpretation" vermitteln.

3. Bild "Zuhause" und 4. Bild "Beim Arbeitgeber"

In diesen beiden Bildern zitiert und ironisiert Peter Weiss in der alten Welt Mockinpotts die normierte Welt seines Elternhauses. Die subtil-psychologischen Auseinandersetzungen, die in 'Abschied von den Eltern" im Vordergrund stehen, verkürzt er dadurch, daß Mockinpott schon zu Beginn als Außenseiter in seine 'heile Welt' zurückkehrt. Diese 'heile Welt' trägt unverkennbare Züge der Weiss'schen [!] Elternwelt, gerade in der feststehenden Rollenverteilung zwischen Mann und Frau. Die Arbeit war Mockinpott früher nicht nur eine Möglichkeit zum Geldverdienen, sie war ihm, wie dem Vater von Peter Weiss, der eigentliche Bereich von Selbstverwirklichung, der Inhalt seines Lebens.[25]

Im Gegensatz zu seiner "Drameninterpretation" zeichnet sich Häussers aufführungsanalytischer Versuch durch deskriptive Genauigkeit aus. Zum ersten Mal treffen wir hier auf eine Untersuchung, die nicht der Chronologie, dem "Verlauf", der szenischen Ereignisse folgt, sondern versucht, in Ausschnitten das (stilistisch) Typische zu bestimmen, Elemente der "Sprache" dieser Frankfurter Spielart von "Körpertheater'. In sieben Kapitel, entsprechend sieben Inszenierungs-Aspekten, gliedert Häusser die Untersuchung:

1. "*Der Bühnenaufbau*". Wie Wille, so beschreibt auch Häusser das bühnenräumliche Arrangement in einem gesonderten Abschnitt, durch eine Skizze ergänzt und veranschaulicht. Darin äußert sich wiederum der Versuch, die weiteren Analyseschritte von der Beschreibung relativ

---

25 Siegfried Häusser: "*Wie dem Herrn Mockinpott das Leiden ausgetrieben wird*" *von Peter Weiss*. Berlin 1982, S. 45

konstanter szenischer Elemente zu entlasten. Häuser löst dies äußerst pragmatisch, indem er die skizzierten Bühnenteile mit Nummern versieht, auf die er sich in den folgenden Kapitel beziehen kann: eine durchaus leserfreundliche bilddokumentarische 'Gebrauchsanweisung'.

2. *"Vorbemerkungen zur Inszenierung"*. Das Kapitel exponiert zunächst den Produktionshintergrund: Im Rahmen einer "Forschungsarbeit" zu neuen, unkonventionellen, "befreiten" Möglichkeiten des körperlichen Ausdrucks stößt eine Gruppe engagierter Frankfurter Schauspieler (Ursula und Nikolaus Wolcz, Albert Kitzl) auf ein breites Spektrum historischer Vorläufer: von der "Biomechanik" Meyerholds, über das Kabuki-Theater und die Commedia dell'arte bis hin zum mittelalterlichen Mysterienspiel. "Und bei der Suche nach einem Stück, bei dessen Inszenierung sie ihre schauspielerische Arbeit einbringen und weiterentwickeln können, finden sie den "Mockinpott" von Peter Weiss. Dieses Stück bietet sich von seinem Charakter als Spielvorlage und Interpretationsgrundlage an."[26]

3. *"Analyse des Vorspiels"*. Wo die Inszenierung in einem pantomimischen Vorspiel den Zuschauer "für die Aufführung ... sensibilisieren" will[27], versucht die Arbeit, ihre Leser durch die Beschreibung dieses Vorspiels einzustimmen. Den Verlauf der kurzen Szene nachvollziehend, pointiert Häusser für die ganze Aufführung typische bild- und körpersprachliche Kunstmittel. Das sind beispielsweise kalkulierte (Korrespondenz-) Brüche wie etwa die Konfrontation von Videomaterial mit Elementen des Mysterienspiels (schwarzer und weißer Engel) oder das Spiel mit signifikanten Posen: "Mockinpott ... hängt da wie der gekreuzigte Christus, nur umgekehrt."[28] Häusser bleibt indes nicht bei der Exposition stilistischer Besonderheiten stehen. Er kümmert sich auch um Zuschauerwirkungen und -reaktionen, blendet Zuschauerstatements aus einer Aufführungsdiskussion in seine Beschreibungen ein.

4. Im *"Körpertheater"* betitelten Kapitel geht Häusser den Merkmalen des Körperspiels nach, am Beispiel der ersten Szene: "Interaktion zwischen Wärter und Mockinpott". Seine Ergebnisse:

---

26 ebd., S. 76
27 ebd., S. 80
28 ebd., S. 82

* "Diese Art von Körpertheater ... besitzt einen ungeahnten Schatz von Ausdrucksmöglichkeiten."[29]
* "Das Körperspiel illustriert den Weiss-Text nicht, sondern ergänzt ihn um wichtige Aspekte."[30]
* "Der Stücktext zielt mehr auf den Verstand, auf den intellektuellen Bereich, das ... Körperspiel mehr auf das Erleben, den emotionalen Bereich des Zuschauers."[31]

5. Ein Kapitel, "*Spielcharakter des Requisits*", schildert, wie diese Aufführung Bühnengegenstände zum Sprechen bringt ("Mobilität"). Ein Beispiel – die Umdeutung eines einfachen Stuhles:

Der Advokat tritt mit einem Stuhl auf und plaziert ihn auf dem Podest ... Der Stuhl ist somit sinnliches Bild für den Rechtsbeistand, den er Mockinpott anbietet. Weil dieser aber auf die finanziellen Forderungen des Advokaten nicht eingeht, zieht ihm der Rechtsbeistand kurzerhand den Stuhl unter dem Hintern weg und Mockinpott fällt in den Dreck ...
In einiger Entfernung stellt der Rechtsverdreher den Stuhl wieder auf, während Mockinpott sich an die Zuschauer wendet und über sein Unglück lamentiert. Derweil setzt sich der Advokat selbst auf den Stuhl, erhebt den rechten Arm, greift nach einer imaginären Schlinge und beginnt, mit dem ganzen Körper ungleichmäßig zu schwingen. Mit dieser Straßenbahnpantomime verdeutlicht Welcz [der Darsteller des Anwalts] dem Zuschauer, daß der Advokat nicht viel Zeit hat und gegebenenfalls samt Stuhl wieder verschwindet, falls Mockinpott auf seine finanziellen Forderungen nicht eingeht. Er ist mit seiner Geduld am Ende:

"Schnell mit der Entscheidung auf die Waage,
Sie haben, mein Herr, nichts zu fordern in ihrer Lage."

Schnell hängt er den Stuhl in die Schlinge, in die zuvor der Wärter Mockinpotts Kopf eingehängt hatte, und versetzt Stuhl samt Schlinge in eine Kreisbewegung. Der Stuhl symbolisiert jetzt die Waage, auf die Mockinpott seine Entscheidung zu legen hat ...[32]

---

29 ebd., S. 89
30 ebd.
31 ebd.
32 ebd., S. 90

6./7. "*Pantomime und Tanz*" werden vorgestellt als Kommentare ohne Worte, Elemente, "die im Stück von Peter Weiss keine Entsprechungen finden." Der siebente Abschnitt, "Die technische Einrichtung", interpretiert das Bühnenbild und untersucht, im Überblick, Verwendung und Bedeutung von "Licht", "Video" und "Ton".

Häusser bestimmt die wesentlichen Elemente dieser körperintensiven Theatersprache. Dabei interessiert er sich allerdings kaum für das, was in und mit dieser Sprache erzählt wird, verweist in seiner inhaltlichen Schlußbemerkung wieder auf das Drama, eine, auf den ersten Blick, eher fragwürdige Konsequenz (für theaterwissenschaftliche Arbeit). Dennoch: In der Konzentration auf rein stilistische Aspekte prägt sich dem analytischen Simulacrum eine Haupttendenz seines Gegenstands ein, *sagt der Fokus der Interpretation etwas aus über die Beschaffenheit der Aufführung*. Die Frankfurter Schauspieler interessierten sich für das Drama offenbar nur unter einem Aspekt: als Inspiration, Klammer und Folie für ihr Körperspiel. Szenische "Interpretation" (eines zeitgenössischen Dramas) war nicht primär angestrebt. Das heißt: eine Transformationsuntersuchung (der inhaltliche Vergleich Drama-Aufführung) wäre ins Leere gelaufen. Im methodischen Zugriff selbst spiegelt sich die Aufführung als formal reich und inhaltlich arm. In der Beschränkung des Blickwinkels auf die Bühne offenbart sich hier, zwischen den Zeilen, Kritik (oder zumindest Unbehagen): *Körperspiel als Selbstzweck*. Schade, daß Häusser dies nicht offengelegt hat.

Wilfried Schulz: Historische Aspekte

Transformativ ist Schulz' Arbeit in einem anderen und erweiterten Sinn als die von Franz Wille. Transformativ orientiert sie sich, indem sie – in mehrfacher Hinsicht – geschichtlich fragt. Das betrifft schon die außergewöhnlich präzise Reflexion der analytischen Tätigkeit:

Methodisches Ziel ist es, in der dialektischen Aufeinanderbeziehung von künstlerischer Konkretheit (Kunstwerk) und theoretischer Abstraktheit (Kategorien der Volkstümlichkeit, des Epischen etc.) eine Veränderung beider Momente zu erreichen, einerseits die Kunstwerke in ihrer geschichtlichen Bedeutung festzumachen, andererseits die Kriterien zu ihrer Einschätzung durch ihre konkrete Besonderheit selbst zu modifizieren.[33]

Und in einen historischen Zusammenhang stellt die Arbeit die *L'age d'or*-Inszenierung des Théâtre du Soleil: "Sollen die zu entwickelnden Kategorien nicht formal bleiben, gilt es, die Geschichte der Ästhetik heranzuziehen, andererseits auch zu fragen nach dem gesellschaftlichen Kontext von Theater ..."[34] Die eigentliche Aufführungsinterpretation macht – folgerichtig – nur einen Teil der Arbeit aus. Schulz startet mit einer Erkundung des stil- und sozialgeschichtlichen Hintergrundes der Produktion, widmet mehrere Kapitel allein den Traditionen des volkstümlichen Theaters in Frankreich (von "vor der bürgerlichen Revolution" bis zu "linken Konzeptionen eines volkstümlichen Theaters nach dem 2. Weltkrieg"). Und er rundet diesen historischen Vorbau ab mit einer detaillierten Beschreibung der Entwicklung und Programmatik des *Théâtre du Soleil*; seine wichtigsten Produktionsprinzipien werden erläutert, Stichwort: "Kollektivität und Improvisation".

Den "staunenden Gestus des Zuschauers verwissenschaftlichend", interessiert sich die Analyse "zentral für die 'Spieltechnik'".[35] Und wo man bei den meisten Arbeiten dokumentarisch-analytische Strategien, Sinnklammern und Selektionskriterien erst mühsam herausfiltern muß – bei Schulz kann man es knapp und präzise zusammengefaßt lesen:

In der szenischen Analyse ... treffen wir eine Auswahl wesentlicher Faktoren, die in unsere Analyse eingehen. Im Spiel des TDS steht *das Gestische* im Vordergrund. Dies erfordert eine analytische Technik, die das Gestische zu strukturieren weiß, z. B das Foto, die Videoaufzeichnung ..., die analytische Zeichnung Erleichtert wird die Analyse durch die Phasenhaftigkeit des Spiels und den Silhouettencharakter der Personnagen; das Optische ist ... klarer gegliedert, als dies in herkömmlichen Aufführungen der Fall ist. Bewußt vernachlässigt wird die Sprache, wenn betrachtet, dann in Relation zum Körperspiel, um zu ermitteln, wo Identität

---

33 Wilfried Schulz: *Die Entwicklung theatraler Techniken (Darstellungs-formen) im gegenwärtigen volkstümlichen Theater am Beispiel von "L'Age d'or" des Théâtre du Soleil, Paris.* Berlin 1976, S. 5
34 ebd., S. 7
35 ebd., S. 71

von Text- und Darstellungsebene vorliegt, wo das jeweils Hinzugefügte die Erkenntnisträchtigkeit des Gegenstandes vergrößert.[36]

Der erste Untersuchungsschritt vermittelt "Annäherung an die Aufführung mittels einer *szenischen Beschreibung*", in die "erstens die Gesamtheit der Fabel eingeht" und (entsprechend der Akzentuierung ge-
stisch-spieltechnischer Fragen) "zweitens einzelne Elemente darstelleri-
scher Qualität geschildert werden".[37] Ein Beispiel aus der Beschreibung der Eingangssequenz: Ein Arlequin springt auf die Bühne und
wendet sich direkt an die Zuschauer:

> Den Dialog mit dem Publikum führt Arlequin in den typischen
> Posen der traditionellen Commedia dell'arte: Wechsel von Stand-
> und Spielbein bei Gedankensprüngen, wild gestikulierende Arme,
> artistische Körperverrenkungen ..., dazu ein meckerndes Lachen.
> Das (Vor-) Spiel beginnt: "Also hört gut zu, weil ich euch jetzt die
> Geschichte erzählen will, die 1720 passiert, und er da oben
> (Arlequin weist auf die Galerie) wird den Prinzen von Neapel
> spielen, weil meine Geschichte in Neapel spielt, und in Neapel
> herrscht die Pest! Also 1720 – die Pest! Musik!" Damit gibt
> Arlequin den Einsatz für die aufbrausende Musik, Scheinwerfer
> richten sich auf einen Märchenprinzen ..., der zu den Klängen von
> der Galerie auf das Podest herabsteigt.[38]

Eher bescheiden wertet Schulz seine sprachlich gelungene Beschreibung als "erste Annäherung an die Aufführung" und "grobe Übersicht"
und hängt, um es noch besser, noch übersichtlicher zu machen, in
schematischer Zusammenfassung an, was er "Handlungsstruktur"
nennt: Ein Drei-Spalten-Diagramm. Die linke Spalte präsentiert, bezogen auf die Verlaufsbeschreibung, die zentralen Handlungselemente,
abgekürzt zu knappen Kommentaren, gestischen Nennern. Für den
oben zitierten Abschnitt liest man etwa: "Arlequin erzählt den Zuschauern, was sie erwartet".[39] Die Mittelspalte markiert "Personen auf der
Bühne", ihre Auftritte und Abgänge; das letzte Drittel des Diagramms
exponiert die den jeweiligen Handlungsmomenten oder Figurenauftrit-
ten zugeordneten Darstellungsweisen: "Improvisation/ Erzählen (expli-

---

36 ebd., S. 7
37 ebd., S. 83
38 ebd., S. 84
39 ebd., S. 105

zite Hinwendung zu den Zuschauern)" heißt der Nenner der Eröff-
nungssequenz.[40] Dieses Diagramm entschlüsselt wichtige Gestaltungsmerkmale der
Aufführung und macht die ungeheuere Varianzbreite der szenischen
Mittel des *Théâtre du Soleil* erkennbar (epische, erzählende Passagen,
"stummes Spiel", konventionelles "dramatisches Spiel", "Improvisation", "Standbild", "Lied", Zirkusattraktion"). Und wie schon Gudrun
Buchholz, so belegt auch Schulz, die raffinierten Segmentierungen der
Aufführung nachzeichnend, die *variable* Dominantenbildung als eine
wichtige Bedeutungsmöglichkeit moderner Theatersprachen. Man kann
dem Diagramm u. a. entnehmen, daß nicht wie im konventionellen
Sprechtheater dramatische "Auftritte" theatralische Einheiten abstek-
ken, sondern, äußerst flexibel, der Wechsel der Spielweisen selbst
signifikante Ereignissequenzen markiert.

Schulz hält sich (leider) mit der Auswertung dieses Verlaufsdia-
gramms, das er gleichsam als ergänzenden Service, Stichwort "Übersichtlichkeit', seinem Leser anbietet, nicht weiter auf, sondern geht direkt im Anschluß den Schritt zur synchronischen Analyse, "L'Age d'or
in Einzelaspekten".[41] In zwölf Abschnitten erörtert er am Beispiel
signifikanter Spiel-Sequenzen die wichtigsten Gestaltungsmerkmale
dieses "emanzipatorischen Volkstheaters". Wobei er sich dokumentarischer Hilfsmittel wie Fotos, Fotoserien und Skizzen (etwa für
Körpersilhouetten) bedient. Vorgestellt und in ihrer semantischen Funktion erläutert werden Techniken der "Montage", der "Historisierung",
der "Filmisierung", das "Spiel mit Silhouetten", "sozialer Gestus",
"Mimik und Maske", "Bühnentechnik", "Improvisation", "Poesie und
Komik" und anderes mehr. Ich zitiere einen typischen Abschnitt aus
dem Kapitel "Mimik und Maske: Vergrößern".

> In der Aufführung können wir grundsätzlich zwei Arten von
> Masken unterscheiden: die Ledermaske ('masque') und die
> Schminkmaske ('maquillage') ... Oftmals ist [!] ... Schminkmaske
> und Ledermaske kombiniert. Die obere Partie des Gesichts ist mit
> der Ledermaske bedeckt, Mund, Kinn und Wangen sind ge-
> schminkt. Beide Maskenformen führen zu grundsätzlich gleicher
> Spielweise: Die Gefühle und Reaktionen werden von dem Körper
> ausgedrückt. Jede Psychologisierung, die auf individuelles Mie-

---

40 ebd.
41 ebd., S. 80

101

nenspiel – auf den 'natürlichen' Menschen – angewiesen ist, wird ausgeschlossen. Das Mienenspiel finden wir ... vergrößert im Körperspiel wieder. Die Maske an sich ist neutral (im Gegensatz zur antiken Maske), weder lacht sie, noch weint sie ... Wenn die Maske auch keine Emotionen ausdrückt, so setzt sie doch von Anbeginn an eine deutliche Physiognomie. Der pausbäckige Max mit seinen dicken, vorstehenden Augenbrauen und seiner fleischigen Nase läßt ebenso auf Brutalität schließen, wie die tiefen Falten und hängenden Augen im Gesicht Aimé Lheureux' auf eine gewisse Traurigkeit und Langsamkeit in seinem Ausdruck ... Die Maske gibt uns Hinweise auf die charakterliche Disposition der Personnagen, die, zwar noch unentfaltet, ergänzt und zum Leben erweckt werden muß durch das (Körper-) Handeln des Darstellers ...[42]

Die Analyse (re-) konstruiert die Sprache des *L'age d'or*, die tragenden Elemente des multimedialen Codes. Was sie leider nicht, zumindest nicht dem exponierten "Primat der Verständlichkeit" verpflichtet, leistet, ist die (Re-)Konstruktion dessen, was in der erforschten Sprache, in diesem besonderen und faszinierenden Theaterereignis eigentlich gesagt werden soll. Mit der gleichen Nonchalance, wie sie ihre beispielhafte Strukturanalyse unkommentiert als dokumentarische Dienstleistung ins Leere laufen läßt, verzichtet sie auf eine zusammenfassende Auswertung ihrer inhaltlichen Einzel-Beobachtungen. Schulz' Resümee beschränkt sich auf eine Zusammenfassung der beschriebenen Theatermittel. Das ist nicht falsch. Schulz formuliert sein auf stilistische Aspekte gerichtetes Erkenntnisinteresse klar und deutlich und hält diesen Fokus durch die ganze Arbeit hindurch bei. Wobei er, gleichsam als Zugabe, eine Vielzahl von dokumentarischen Möglichkeiten und isotopischen Strategien ausprobiert und kombiniert. Ich sage auch nicht, daß Schulz sich grundsätzlich der Deutung verweigern würde; in der Arbeit wimmelt es geradezu von Interpretationen, alle beschriebenen Form- und Gestaltungsmerkmale interessieren auch hinsichtlich ihrer inhaltlichen Konsequenz. Es geht alles korrekt zu, man weiß immer woran man ist. Und doch fühlt man sich ein bißchen enttäuscht: Wir wissen jetzt wie gesprochen wird, aber wir ahnen höchstens – was.

---

42   ebd., S. 160 f.

Resümee: Für eine semantische Spektralanalyse

Es existiert nicht, kann gar nicht existieren, die einzige und für alle Theaterspielarten gültige Methode, der goldene Schlüssel, von dem die Szientisten träumen. Jede analytische Unternehmung hat auf die Besonderheiten des gewählten Gegenstandes flexibel und kreativ zu reagieren. Die fünf kommentierten Arbeiten führen dies vor[43], und selbst wenn es hier und da kracht im analytischen Gebälk – man kann ihre Leistung kaum unterschätzen: Theaterwissenschaftler müssen Neuland begehen, nicht nur bei der Erfassung und Deutung des gewählten Gegenstandes, sondern auch im Hinblick auf die analytische Strategie selbst: Vorbilder – verwandte Disziplinen sitzen hier auf enormen Bücherbergen – gibt es kaum.

Die aufführungsanalytischen Grundlagen zu erweitern, Disparates zusammenzufassen, Möglichkeiten aufzuzeigen, ist Ziel dieses Buches. Was die Anwendungsfrage betrifft, so kann man in den besprochenen Analysen durchaus Anregungen, Orientierungspunkte, Vorbildhaftes finden. Etwa die Bestimmung des Erkenntnisinteresses im Sinne der semantischen Transformationsuntersuchung Willes oder im Sinne der stilgeschichtlichen Fragestellungen von Wilfried Schulz und Siegfried Häusser. Orientieren kann man sich an originellen deskriptiv-analytischen Vorgaben, am Buchholzschen Spaltensatz, an Heidrun Justens bildintegrierender Dokumentations-Partitur, an Möglichkeiten, die sprachlich nachzeichnende Verlaufsbeschreibung durch die getrennte Behandlung 'stabiler' szenischer Elemente zu entlasten (Wille, Häusser, Schulz). Orientieren kann man sich an dem von den meisten Autoren begangenen Weg, chronologische Untersuchungsschritte mit ausschnitthaften Betrachtungen zu kombinieren, die nach Vorgabe bestimmter methodischer Fokussierungen dem Ganzen signifikante Teile abgewinnen.

Jede dieser Analysen entwickelt methodische Strategien, die nur für ihren besonderen Gegenstand sinnvoll sind und *damit selbst schon*

---

43   Das gilt auch für die Beckett-Analyse von Jürgen Kleindiek; ich stelle sie im Kapitel "Zwei Methodenentwürfe" vor, im Zusammenhang mit seiner Methodenexposition.

etwas über ihn aussagen. Das rezeptive Simulacrum reagiert auf das produktive, wenn sich etwa markante Einteilungsmerkmale der Aufführung der Analyse einprägen – die Buchholzarbeit zeigt dies vielleicht am deutlichsten. Offenbar wird der synthetisch-analytische Zusammenhang gerade auch bei den inhaltsanalytischen Problemen Heidrun Justens: Die im konventionellen Dramatheater bewährten und passenden Schlüssel (allen voran die figurale Isotopie) greifen beim Wilsonschen Bilderspektakel nicht mehr. Deutlich wird das auch in der Arbeit Häussers, bei welcher der Selbstzweck der Inszenierung, Spiel um des Spielens willen, auf die Analyse durchschlägt: Nach Inhalten wird gar nicht erst gefragt.

So ärgerlich wie verständlich ist die Praxis der allermeisten Magisterkandidaten, methodische Probleme zu bewältigen, indem man – aufs scheinbar Selbstverständliche zielend – sich darüber ausschweigt. Ich habe es mehrfach betont: Wo wir, entsprechend der offenen Struktur unseres Gegenstandes, nicht auf positiv faßbare Ergebnisse, auf ideale Gehalte, spekulieren können – eines kann man von Arbeiten, die sich als wissenschaftliche verstehen, fordern: die Offenlegung der analytischen Selektion, die Benennung von Lösungswegen, kurz die Selbstreflexion der analytischen Tätigkeit. Das heißt nicht, daß jede Aufführungsanalyse den methodischen Apparat einer Dissertation mit sich herumschleppen muß: Gudrun Buchholz und Wilfried Schulz führen vor, wie sich mit wenigen, präzisen Einstellungen die Analyse ausrichten kann, nicht den Leser methodisch totredend, sondern ihm die Arbeit entscheidend erleichternd.

Auch bei der Aufführungsanalyse bilden sich die wichtigsten exegetischen Spielarten heraus, die von der Literaturinterpretation bekannt sind. Produktionsästhetisch arbeiten zumeist solche Autoren, die als Hospitanten oder Regieassistenten an der jeweiligen Aufführung beteiligt waren, hermeneutische Inhaltsanalyse bildet fast schon den Normalfall (zumeist in Kombination mit kurzen Exposés, die sich mit dem produktiven Hintergrund der gewählten Inszenierungen auseinandersetzen). Rezeptionsanalyse bleibt im Hintergrund.

Diese Zurückhaltung, wenn es um die Aufarbeitung und Einbeziehung von Zuschauer- und Kritikerstatements geht, versteht sich nicht von selbst. Ich finde sie überraschend, weil der Theoriehorizont des Berliner Instituts, dem diese Arbeiten entstammen, maßgeblich geprägt ist von interaktionstheoretischen Konzepten, von der dort formulierten starken Aufwertung der Zuschauerrolle. Nur sporadisch taucht der rezeptive Blickwinkel auf, seltsamerweise gerade beim scheinbar so "produktionsästhetischen" Häusser.

Vermißt habe ich auch Analysen, die, rekonstruktiv im kritischen Sinne, versuchen, sich einer historischen Aufführung zu nähern: anhand der überlieferten Rezeptionszeugnisse (und womöglich deren Interferenzen mit übriggebliebenen Produktionselementen wie z.B Bühnenbildskizzen oder -modellen, Textbearbeitungen, Regiebüchern, Fotos u.a.). Auch hier ist die Zurückhaltung verständlich: Interpretation will sich an einem anschaulichen Objekt messen. Reine Rezeptionsanalyse, die das Profil des vergangenen Theaterabends in den überlieferten Kritiken bestimmen will, ist ein vergleichsweise asketisches Unternehmen. Und allzuleicht schleichen sich, Gefahr jeder historischen Untersuchung, die auf einem zu knappen Datenmaterial aufbaut, die alten intuitiv-spekulativen Methoden ein.

Das heißt nicht, daß die Vermittlung interaktionstheoretischer und hermeneutischer Ansätze völlig gescheitert wäre. Die Autoren ziehen immerhin eine Konsequenz. Man könnte die gemeinsame Position zusammenfassen als (mehr oder weniger explizite) methodische Kontrolle eines bewußt subjektiven analytischen Zugriffs; von positivistischer Borniertheit zumindest spürt man nichts. Der Einfluß der anderen aufführungsanalytisch befaßten Schule, der Theatersemiotik, ist schwer meßbar. Unausgesprochen scheinen einige Autoren sich an bekannten strukturalen Rasterungen zu orientieren, etwa der Opposition zwischen *plan textuel* und *plan scenique* (Wille, Häusser, Schulz) oder der "Mobilitäts-" Diskussion (Buchholz, Häusser, Schulz). Wieweit es sich hierbei um deduktive Vorgänge handelt (Verweise auf theatersemiotische Literatur habe ich sehr wenige entdeckt) oder um Eigenentdeckungen, bzw. Einsichten in einfache konstitutive Evidenzen, kann ich nicht beurteilen. Seltsam ausgespart bleibt im übrigen das Problemfeld der Aufführungsdokumentation. Alle Autoren (bis auf Schulz) arbeiten mit Videobändern, auch hier bleibt alles im scheinbar Selbstverständlichen. Das heikle Verhältnis Original/Dokument ist anscheinend keiner Frage wert, die semantisch relevante Eigengesetzlichkeit der Videoaufzeichnung wird völlig übergangen. Ich habe keinen einzigen Hinweis auf den Einfluß von Kameraführung, Bildausschnitt oder Montage gefunden: ein gravierendes Defizit. Auch hier bin ich mir unsicher. Hängt dies mit einer mangelhaften Vermittlung entsprechender Fragestellungen im Rahmen der akademischen Ausbildung zusammen? Oder vertrauen die Magisterkandidaten wiederum auf eine verbreitete Unsitte wissenschaftlichen Schreibens: Schwierige Klippen meistern, indem man sie, Wachs in den Ohren, umsegelt?

Insgesamt zeichnet sich für eine primär semantisch orientierte Aufführungsanalyse ein Verfahren ab, das man auf folgenden Nenner bringen kann: *die Sprache der Aufführung in Teilen (re-) konstruieren, um das szenisch Gesagte verstehen zu können.* Würde man diesen Schritt mit einem zweiten ergänzen, wäre theaterwissenschaftlicher Interpretation ein Standard sicher, den sie noch vermissen läßt: Historisierung und Relativierung der eigenen Untersuchungsergebnisse durch Einbeziehung fremder Rezeptionszeugnisse. Ich komme am Beispiel meiner "Tasso"-Analysen auf dieses Konzept einer *semantischen Spektralanalyse* zurück.

Die Dokumentations-Diskussion

"Theater ist" – wie Peter Brook es formuliert hat – "stets eine sich selbst zerstörende Kunst und immer in den Wind geschrieben." Daraus folgt eine der größten Schwierigkeiten für die Aufführungsanalyse: Wie sollen wir etwas untersuchen, das sich weigert, uns zumindest eine "Invariante" zur Verfügung zu stellen, einen fixierten "Text", wie ihn die Literaturwissenschaft im Buch, die Kunstwissenschaft im Gemälde, die Musikwissenschaft in der Partitur innehaben? Wie soll man Analysen überprüfbar gestalten, wenn die Referenz, die Bühnendarstellung, sich verflüchtigt? Die meisten Theoretiker sind sich darüber einig, daß Aufführungsanalyse sinnvoll nur betrieben werden kann, wenn als Voraussetzung erfüllt ist: die Fixierung des "in den Wind Geschriebenen", das – wie Dietrich Steinbeck es kriminalistisch pointiert hat – "Dingfestmachen" des analytischen Objekts. Keine Einigkeit besteht hinsichtlich der Lösung dieser Aufgabe. Manche fordern die Entwicklung symbolischer Notationssysteme zur Fixierung der Aufführungen in Theater-"Partituren", der Einsatz von audiovisuellen Medien wird diskutiert, andere vertrauen auf die (eventuell mit Fotos und Skizzen erweiterte) sprachliche Nachbildung der "realen Bühnengestalt". Wobei keiner dieser Lösungsvorschläge an einem grundsätzlichen Problem vorbeikommt: Ob Videoaufzeichnung, Notationsprotokoll, Nachdichtung – in jedem Fall hat es die Analyse nicht mehr mit dem 'originalen' Aufführungstext zu tun, sondern mit seiner *Übersetzung* in ein anderes Medium. Etwas Fixiertes kann nicht Theater sein, denn es ist, siehe Peter Brook, "in den Wind geschrieben", nicht auf Papier, Magnetband oder Film. Und in jede denkbare Form der Dokumentation schreiben sich sowohl Perspektiven der Verfasser als auch Gesetzmäßigkeiten des Dokumentationsmediums selbst ein. Eine mit der Vorlage deckungsgleiche Abbildung ist deshalb unmöglich. Ich werde auf den folgenden Seiten die wichtigsten Positionen vorstellen und hinsichtlich eines zumeist stillschweigend übergangenen Punktes, ihrer Praktikabilität, resümieren.

Dietrich Steinbeck: Analytische Dokumentation

Dietrich Steinbeck diskutiert in seinem Beitrag *Probleme der Dokumentation von Theaterkunstwerken*[1] zunächst drei "Hilfsmittel": Schallaufzeichnung, Fotodokumentation und Film- bzw. Videoaufzeichnung. Die Beschränktheit der beiden erstgenannten Verfahren liegt auf der Hand. Sowohl die Ton- als auch die Standbilddokumentation übermitteln die Aufführung nur in Rudimenten, reduzieren sie entweder auf die akustischen Anteile (Sprache, Geräusch, Musik) oder auf statische Einzelbilder. Beide Techniken wurden realisiert, wobei "bei Rundfunkübertragungen von Theateraufführungen ... das akustische Profil sich verselbständigt und dem Hörer szenische Vorstellungen suggeriert, die mit den wirklichen Gegebenheiten auf der Bühne nicht mehr übereinstimmen."[2] Aufwendige Standbilddokumentationen, "Modellbücher", entwickelte Brecht für einige Aufführungen im Berliner Ensemble:

> Zunächst werden die Bilder der Auftritte und Abgänge und der Stellungswechsel zusammengestellt. Dann kommt die Feinarbeit, das Auswählen von Bewegungen und Gesten charakteristischer Art. Danach prüfen wir, ob die Handlung in Bildern erzählt ist: die Fabel muß sichtbar sein. Die Drehpunkte werden zusammengestellt. Zuletzt werden noch die fehlenden Punkte aufgenommen ...[3]

Die Modellbuch-Dokumentation verfolgt nicht die Absicht, einer Analyse ein möglichst adäquates Objekt zu liefern. Sie geht, didaktisch interessiert, streng selektiv vor. Brecht hat sich in diesem Sinne geäußert: "Es ist klar, daß diese Arbeit sich nur lohnt, wenn eine Aufführung nachahmenswert ist ... Jede Vorstellung zeigt etwas Lehrreiches, auch von den schlechten kann man lernen".[4]

---

1   Dietrich Steinbeck: *Probleme der Dokumentation von Theaterkunstwerken*. In: H. Klier (Hrsg.): *Theaterwissenschaft im deutschsprachigen Raum*. Darmtadt 1981, S. 179–191
2   ebd., S. 182
3   Zit. Brecht, Steinbeck, a. a. O., S. 183
4   ebd. S. 184

Weniger begrenzt zeigt sich das dritte Verfahren: Film- oder Videoaufzeichnung. "Kamera und Mikrophon erlauben eine synchronisierte Reproduktion sämtlicher optischer und akustischer Informationen."[5] Doch:

Die Ton-Bild-Aufzeichnung unterstellt dem Theater einen anderen Charakter und auch eine andere Verfassung, als ihm in Wahrheit eigen ist. Denn daß das Theater sich nicht – wie andere Kunstwerke – zeit- und raumbeständig fixieren läßt, das ist kein Problem der Technik, sondern wesenseigene Qualität.[6]

Daß sich Theater "identisch nicht dokumentieren und überliefern" lasse, ist die richtige, wenngleich diskret tautologische Folgerung (ein mit der Vorlage identisches Dokument wäre – ein Original!). Was Steinbeck für die zwangsläufig nicht-identische Dokumentation vorschlägt, für die "Sicherung" (nicht näher beschriebener) "theatralischer Schichten und Gestaltzüge"[7], erweist sich als schlichte Summierung. Die sogenannte "analytische Dokumentation" soll umfassen: "Ton- und Bildaufzeichnungen" aus "präzis fixierten Positionen" sowie deren "Ergänzung durch eine Standbilddokumentation". Drittens "könnten detailliert geführte Regiebücher und Szenarien sowie Protokolle sämtlicher Aufführungen einer Inszenierung gesammelt werden."[8] Steinbeck folgert: "die Dokumentation ... einer Inszenierung [bietet] keine Probleme, zumindest keine technischen Probleme mehr".[9]

Da das theatralische Werk sich nicht auf die Bühnendarstellung reduzieren läßt, sondern sich in "speziellen sozio-kulturellen Interaktionen, einer "konstitutiven Korrespondenz zwischen Bühne und Publikum"[10] ausprägt, fordert Steinbeck zu Recht, der Dokumentation des Bühnengeschehens eine Dokumentation "der Verstehensleistungen des Publikums" an die Seite zu stellen. Wie die Erfassung der Zuschaubedeutung indes aussehen soll, entwirft der Aufsatz leider nur kursorisch. "Noch so vollständige Kritikensammlung" bliebe zur Erfassung der "Verstehensleistung" der Zuschauer unzureichend:

---

5   ebd., S. 184
6   ebd.
7   ebd., S. 189
8   ebd., S. 185
9   ebd., S. 190
10   ebd., S. 184

109

Deshalb sollte eine moderne Theaterwissenschaft sich angelegen sein lassen, neue Methoden der direkten Befragung des Publikums in Kooperation mit den dafür fachlich zuständigen Disziplinen zu entwickeln. Vielleicht lassen sich sogar Protokolle über Publikumsreaktionen anfertigen, die die Befragungsergebnisse ergänzen. Außerdem könnte man an detaillierte Aufführungsbeschreibungen ... speziell instruierter Test-Zuschauer denken ...[11]

Jürgen Kleindiek: Transkription

Die Dissertation "Zur Methodik der Aufführungsanalyse" von Jürgen Kleindiek[12] ist für die Dokumentationsfrage schon deshalb wichtig, weil sie – eher unüblich – nicht nur über Mittel, Flüchtiges festzuhalten, nachdenkt, sondern sie auch ausprobiert – in der aufwendigen Dokumentation einer Beckett-Inszenierung.[13] Kleindiek erörtert zunächst, wie schon Steinbeck, Möglichkeiten der audiovisuellen Aufzeichnung von Bühnenvorgängen. Zu Recht stellt er den dokumentarischen Objektivitätsanspruch des Mediums in Frage.[14] Video kann "nicht *die* Ansicht von den szenischen Vorgängen wiedergeben, sondern lediglich eine von mehreren möglichen."[15] Immerhin könne "das so gewonnene Quellenmaterial" eine einigermaßen adäquate Vorstellung des szenischen "Ereignisablaufes" liefern. Dennoch entscheidet sich Kleindiek zuletzt dagegen, mit einem Argument, das inzwischen von der Technikentwicklung (die Arbeit stammt von 1972) widerlegt wurde: mit der Video-Dokumentation sei "ein erheblicher materieller und finanzieller Aufwand verbunden".[16]

Was Kleindiek als "praktikableres" Verfahren dagegenhält, bringt eine neue Variante in die Dokumentationsdiskussion: die "Transkrip-

---

11   ebd., S. 186
12   Jürgen Kleindiek: *Zur Methodik der Aufführungsanalyse.* München 1973
13   "Endspiel", Regie Urs Jenny, Residenztheater München, Spielzeit 1970/71
14   "Somit steht filmische Dokumentation von Theater immer vor der Grundalternative, entweder den Gesamtverlauf des Bühnengeschehens aus unveränderlicher Perspektive und in starrer Einstellung (z. B. in der Totale) zu verfolgen, oder aber durch Wechsel von Perspektive und Einstellung das Geschehen zu selektieren. Beide Verfahren erreichen jedoch nur annähernd das Gesamtbild der optischen Eindrücke ..."; Kleindiek, a. a. O., S. 23
15   ebd., S. 23
16   ebd., S. 24

tion", also die Fixierung des flüchtigen Gegenstandes in symbolischen Noten – Theater aufschreiben. Historische Vorbilder liefern diverse Verfahren der Tanznotation. Auf das "umfassendste und präziseste Notationssystem", die von Rudolf von Laban in den zwanziger Jahren (im Umfeld avantgardistischer Tanzbewegungen) entwickelte "Labanotation", geht Kleindiek genauer ein. Diese "Kinetographie" orientiert sich an musikalischen Notationstechniken: Jedem Tänzer wird eine "Stimme" in der Partitur zugeteilt. Wobei innerhalb des je dreizeiligen Systems die Orientierung des Körpers im Raum, seine Höhenlage, die Bewegungsdauer und der aktive Körperteil markiert werden. Theoretisch wäre dieses Verfahren geeignet, auch Schauspielerbewegungen aufzuzeichnen; daß es für die Theaterdokumentation praktikabel sei, widerlegt Kleindiek mit einem plausiblen Argument: "In erster Linie für die Herstellung von choreographischen Partituren gedacht, erfordert die Transkription von wahrgenommenen, noch dazu relativ spontan und nicht schematisch ablaufenden Bewegungen ein Maß an Detailbeobachtung, Erinnerungsvermögen und zeitlichem Aufwand, das wohl ... nur in den seltensten Fällen und nur von geschulten Beobachtern zu erbringen ist."[17] Wobei – was Kleindiek übergeht – selbst im Fall einer gemeisterten Bewegungsstenographie nur ein kleiner Teil des szenischen Zeichenensembles notiert wäre, eben die auf den Schauspielerkörper bezogenen (gestischen und proxemischen) Elemente, selbst mimischer Ausdruck bliebe unberücksichtigt.

Helmar Franks auf "informationsästhetischen Grunderkenntnissen" aufbauendes Notationsverfahren soll, nach Aussagen ihres Erfinders, "keine über das Schreibmaschinenrepertoire hinausgehenden Zeichen"[18] benutzen. Festgehalten werden Richtung, Dauer und Qualität der Körperbewegungen, ausgehend von in Arm- und Beingelenken fixierten Bewegungszentren. "Wobei den Bewegungszentren große, den einzelnen Qualitäten und Quantitäten der Bewegung kleine Buchstaben zugeordnet sind."[19] Auch dieser Ansatz bleibt ungeeignet für die Notation von Aufführungen, erfaßt wie schon die Labanotation nur einen kleinen Teil der szenischen Polyphonie (durch ein noch gröberes Raster) und ist der alten Tanzschrift an Praktikabilität kaum überlegen.

Der "herkömmlichsten und gebräuchlichsten aller Transkriptionsweisen", der Deskription, attestiert Kleindiek den "Makel des Subjekti-

---

17 ebd., S. 27
18 Helmar Frank: *Grundlagenprobleme der Informationsästhetik und erste Anwendung auf die Mime pure.* Stuttgart 1959, S. 69
19 Kleindiek, a. a. O., S. 27

ven". Grund: die zwangsläufig begrenzte Rezeptionsdisposition (auch) des wissenschaftlichen Zuschauers. Daß diese subjektive "Fehlerquelle" indes reduzierbar sein soll, durch "Teilnahme an mehreren Aufführungen der gleichen Produktion"[20], klingt nicht sehr überzeugend. "Leidenschaftslose Betrachtung" soll so gelingen, bei der szenische Vorgänge "keinen Informationswert mehr" für den Analysierenden besitzen. Selbst wenn man die (erhebliche) Fragwürdigkeit dieser These übergeht, bleibt Kleindieks Einschätzung falsch. Denn mehrmalige Lektüre oder Anschauung führt nicht zu gesteigerter Objektivität, sondern zu höheren Stufen subjektiver Bedeutung. Die Theorie des "hermeneutischen Zirkels" beschreibt dies als "Sinnbewegung des Verstehens und Auslegens" (Gadamer), bei der "Vorbegriffe" im Prozeß des Wiederlesens (bzw. -schauens) durch angemessenere Begriffe ersetzt werden:

> Es entspricht unserer Erfahrung, daß der wiedergelesene Text nicht vollkommen mit dem Eindruck zusammenfällt, der sich in der Erstlektüre gebildet hat ... Lesen [vermag] im Wiederlesen des gleichen Textes Innovationen zu erzeugen ...[21]

Wie schon Steinbeck, so schlägt auch Kleindiek zur Lösung des Dokumentationsproblems eine Kombination verschiedener Verfahren vor: die Vermittlung von sprachlicher Nachzeichnung des Bühnengeschehens, "punktuell eingesetzten Symbolschriften", graphischer Darstellung und "ähnlichen Hilfsmitteln", und zwar auf der Basis eines wiederholten Aufführungsbesuchs. Kleindiek hat, wie gesagt, seine Ideen angewandt, wobei seine umfangreiche "Endspiel"-Dokumentation[22] die Schwäche der Transkription exemplarisch aufzeigt: Sie bleibt, so intelligent sie sprachliche, graphische und symbolische Elemente verknüpft, schlichtweg unkonsumierbar. Wo eine Videoaufzeichnung problemlos erkennbar machen kann, daß ein Schauspieler, während er an einem toten Drachen vorbeiwandelt, ein "bezaubernd schönes Bildnis" ansingt, erfordert der Nachvollzug des gleichen Bühnenvorgangs anhand einer Transkription eine Einarbeitungszeit von Stunden und Tagen, um die Vielzahl der optischen und akustischen Notationssymbole (möglicherweise) richtig zu dekodieren. Und noch die aufwendigste Transkription

---

20 ebd., S. 30
21 Wolfgang Iser: *Der Lesevorgang. Eine phänomenologische Perspektive.* In Rainer Warning (Hrsg.): Rezeptionsästhetik. München 1975, S. 259 f.
22 Kleindiek, a. a. O., "Abschnitt II", S. 127–290

bleibt der Informationsdichte einer Videoaufzeichnung erheblich unterlegen. Anschaulich wird die "Endspiel"-Inszenierung nicht etwa in Kleindieks Transkription, wohl aber im Zusammenhang seiner Verlaufs- und Strukturanalysen, in der gelungenen Verschränkung von sprachlicher Beschreibung und Deutung.[23]
Ein Theaterwissenschaftler, der die Aufführung, die er untersuchen will, zunächst notiert, wäre einem Musikwissenschaftler vergleichbar, der die Partitur einer Beethoven-Symphonie erst noch erstellen muß. Und für Musik-Partituren gibt es – im Gegensatz zur Theatertranskription – einen verbindlichen Kanon an Notationssymbolen. (Doch auch hier hat es der Leser nicht leicht: Partiturlesen erlernen Musikstudenten in mehrsemestrigen Übungen.)
Kleindieks Beitrag bleibt nicht beim Problem der reinen Produkt-Erfassung stehen. Beeinflußt von Dietrich Steinbecks Theater-Phänomenologie und Arno Pauls Interaktionstheorie, die ja beide "Theater" über die Begrenzungen der Bühne hinaus definieren, erwägt er Möglichkeiten der Dokumentation der "vermeinten Bühnengestalt", der Zuschau-Bedeutung, im Sinne eines ganzheitlichen Dokumentationskonzepts – eine schier unlösbare Aufgabe:

Rezeptionsanalyse hat es mit Publikum zu tun, d. h. mit einer mehr oder minder großen Anzahl von Individuen, deren Rezeptionsverhalten nicht identisch, sondern allenfalls ähnlich ist, was wiederum darauf beruht, daß jeder Zuschauer unterschiedliche Rezeptionsvoraussetzungen mitbringt ... Es existieren prinzipiell so viele Bedeutungen, wie es Zuschauer gibt.[24]

Wir können nicht auf die unmittelbare Theaterwahrnehmung der Zuschauer zugreifen: "Gedanken und Erlebnisse der Zuschauer sind höchstens nachträglich (also in der Rückschau) und dann auch nur mehr oder minder global, zudem in verbalisierter Form zu erfassen ..."[25] Selbst wenn die materiellen und organisatorischen Voraussetzungen für Publikumsbefragungen gegeben wären, selbst wenn man sich einen möglichst 'objektiven' Fragenkatalog zurechtgelegt hätte – dem "ersten Eindruck" käme man damit nicht auf die Schliche. Die erste Stufe des rezeptiven Simulacrums entzieht sich der Dokumentation. Auch Stein-

23 Ich gehe in meiner Kritik an Kleindieks Methodenentwurf noch genauer darauf ein. Vgl. S. 145 f.
24 Kleindiek, a. a. O., S. 110
25 ebd., S. 36

113

beck argumentiert in diesem Sinne: Aussagen über theatralisch Erfahrenes können nicht "das Vermeinen selbst belegen, sondern [stellen] Ergebnisse einer Reflexion auf das Vermeinen und das Vermeinte [dar]."[26] Noch knapper sagt es Patrice Pavis: "Le théâtre a déja eu lieu quand on commence à en parler."[27]

Seine Dokumentations-Überlegungen resümierend, entwirft auch Kleindiek den (fast schon obligatorischen) Katalog[28] mit Maximalforderungen, hier ein Ausschnitt:

Es sind vorwiegend soziale und psychische Sachverhalte, die hier zu untersuchen wären: beispielsweise ... jene sozialen, ideologischen, psychischen und physischen Faktoren, die bestimmte Erwartungshaltungen konstituieren und damit bestimmte Voraussetzungen für die Rezeption schaffen; weiterhin ... solche Phänomene wie den "Einschwingvorgang" oder die "Initialspannung", die Abhängigkeit der Wahrnehmung von der Plazierung im Raum oder von der jeweiligen ... Anteilnahme der Mit-Zuschauer, ferner die Abhängigkeit der Rezeptionsweise von der jeweiligen "Wahrnehmungsebene", sowie die Bedingungen und Modalitäten der Selektion aus dem Informationsangebot der Bühne, schließlich die Wirkung auf den Zuschauer, sein Urteil über die vermeinte Intention der Urheber und die Gründe für Zustimmung oder Ablehnung.[29]

Insgesamt gilt für Kleindieks Ausführungen zur Dokumentation des "Vermeinten" das gleiche wie für seine Ausführungen zur Transkription: Auch hier scheint mir sinnvoller, was er in seiner Rezeptionsanalyse (des "Endspiels") praktisch durchführt. Und auch hier zeigt sich die Anwendung dem methodischen Konzept überlegen. Kleindiek wertet Beobachtungen des Zuschauerverhaltens während der Aufführung aus (Applaus, Türenschlagen etc.) und faßt wesentliche Standpunkte aus Kritiken und Zuschauerbriefen[30] zusammen. Er berücksichtigt also

---

26 Steinbeck, Zit. Kleindiek, a. a. O., S. 36
27 Patrice Pavis: *Dictionnaire du Théâtre.* Paris 1987, Abschnitt "Description", S. 114
28 Selbstverständlich fehlt auch nicht, womit Theaterwissenschaftler ihre Kataloge zumeist ergänzen: der Verweis auf 'verwandte Wissensgebiete': "So bleibt auch hier vorerst nichts anderes übrig, als nochmals die Notwendigkeit für die Theaterwissenschaft zu betonen, sich die Erkenntnisse und analytischen Verfahren der mit ähnlichen Sachverhalten befaßten Disziplinen zunutze zu machen ..." Kleindiek, a. a. O., S. 113
29 ebd., S. 111
30 ebd., S. 113 f.

die ohne große Apparate verfügbaren Indizien für die ohnehin nur in Annäherungswerten zu leistende Erfassung der Zuschaubedeutung.

Heribert Schälzky: Quantifizierung

Wo es den Interaktionstheoretikern um den Zusammenhang zwischen Produktion und Rezeption geht, zielt Heribert Schälzky ganz und ausschließlich auf den Zuschauer. "Empirische Theatrologie"[31] heißt der Ansatz; und seine Hauptintention läßt sich in einem Satz zusammenfassen: Quantifizierung "ästhetischer Wirklichkeit" zum Zwecke ihrer "entsubjektivierten Beschreibung". Zur Einlösung dieses Positivitätsversprechens macht Schälzky sozusagen Ernst mit der (ansonsten nur verbalen) Beschwörung der "Hilfswissenschaften", zitiert einen nicht kleinen Apparat an psychologisch-soziologisch-medizinischen Analyseverfahren. Neben der "Frequenzanalyse" von Theaterkritiken – sie verfolgt den Zweck, "alle relevanten ... Adjektive ... zu ermitteln", steht der "Product-Analyzer", wichtigstes Hilfsmittel der Werbe-Industrie bei der Entwicklung erfolgversprechender Präsentationsstrategien: "Der Rezipient kann seine Positiv- bzw. Negativurteile ... mit Hilfe eines sogenannten Feed-Back-Geräts eingeben – und zwar in jedem Moment der Darbietung".[32] Dokumentation des Zuschauerverhaltens in der Theateraufführung sieht dann etwa so aus: Eine "Rezipientengruppe" urteilt während der Aufführung in die Maschinen. Diese Daten werden zentral gespeichert und einer synchron ablaufenden Videoaufzeichnung zeitlich zugeordnet. Man kann es sich ohne viel Phantasie ausmalen: Der Geist von Hamlets Vater erscheint; zehn Testzuschauer bewerten den Bühnenvorgang: 'Haben in einem bestimmten Moment des szenischen Prozesses fünf Personen 'Gefällt' und eine Person 'Gefällt nicht' gedrückt, dann lautet das Gesamturteil der Rezipientengruppe: Positiv 50% – Negativ: 10% – Indifferent: 40%."[33] Der Geist hat also mehrheitlich gefallen. Oder waren es die Schauspieler oder der Trockeneisnebel im burgigen Bühnenbild oder die donnernd-unheimliche Lautsprecherstimme oder die Nachbarin zur Linken?

31 Heribert Schälzky: *Empirisch-quantitative Methoden in der Theaterwissenschaft*. München 1980
32 ebd., S. 61
33 ebd., S. 64

Nicht das wahrnehmende Bewußtsein, den Körper des Zuschauers selbst befragt die dritte Spielart dieser Rezeptions-Arithmetik: "Elektrophysiologie". Gehirntätigkeit (EEG), Herztätigkeit (EKG), Blutdruck, Atemfrequenz sollen dabei gemessen werden, ja sogar Muskelaktivität, Hautwiderstand, Energieumsatz und anderes mehr. Die Intention des Verfahrens liegt auf der Hand: in den körperlichen Reaktionen den seelischen nachspüren. Denn "Emotionen, Affekte ... sind Erlebnisgeschehen und Körpergeschehen zugleich – psychophysisches Simultangeschehen."[34] Leider erklärt Schälzky die "derzeit in Diskussion befindlichen neurologischen Theorien", die sich mit den Chancen und Grenzen der Auswertung so gewonnener Daten auseinander setzen, "als für uns von nur sekundärem Interesse." Das primäre Interesse liegt beim Datensammeln und das einzige Ergebnis, das Schälzky nach entsprechenden Experimenten mit elektrodenbespickten Zuschauern formulieren kann, lautet: "Trotz interindividueller Unterschiede im Reaktionsverlauf erfolgen die Maximalaktivierungen bei allen Zuschauern gleichzeitig". Wenn Desdemona erdrosselt wird, steigt allenthalben der Blutdruck. In einem Satz, dem nichts hinzuzufügen ist, befindet Jan Berg über diesen Ansatz:

> All diese Meßdaten sind so exakt wie interpretationsbedürftig, ...
> womit die Unschärfe jeglicher hermeneutischer Unternehmung
> sich wieder einstellt, das also, was diese Wissenschaftstechnik vor
> allem vermeiden wollte.[35]

Erika Fischer-Lichte: Notationssysteme

Auch Erika Fischer-Lichte wendet sich in ihrem Beitrag zur Dokumentationsproblematik[36] gegen die Videoaufzeichnung, mit einem Argument, das schon Kleindiek anführte: Es geht um die Beschränktheit des Kcamerablicks, der in der Totalen das Detail, in der Nahaufnahme den Überblick vernachlässige. Neu ist dagegen folgende Überlegung: Vi-

---

34 ebd., S. 71
35 Jan Berg: *Theorie des spektatorischen Ereignisses. Typoskript der Habilitationsschrift.* Berlin 1986, S. 28
36 Erika Fischer-Lichte: *Semiotik des Theaters.* A. a. O., Bd. 3: "Die Aufführung als Text". Kapitel 2.4: "Notationsprobleme"

deoaufzeichnungen seien nicht als "ad hoc überprüfbare Belege" heranziehbar. "Dadurch aber wird die Konvertibilität der Analyse und daraus folgend ihre Überprüfbarkeit erheblich beeinträchtigt"[37] – eber im Gegensatz zu einer Transkription, die, erblätterbar, zwischen zwei Buchdeckeln Platz habe. Ich halte dieses Argument nicht für stichhaltig. Denn es dürfte für denjenigen, der eine Aufführungsanalyse überprüfen will, erheblich unkomplizierter sein, mit einem Videorekorder zu operieren, als zunächst Tage und Wochen auf die Erlernung eines komplexen Notationsverfahrens zu verwenden, das ja zwangsläufig, je genauer es zeichnet, um so schwieriger nachvollziehbar sein muß.

Wie schon Kleindiek, so referiert auch Erika Fischer-Lichte eine Reihe von Verfahren für die symbolische Notierung von Körperbewegungen. Neben der "Labanotation" ist das zunächst ein Ansatz von Birdwhistell[38], der versucht, "kleinste bedeutende Einheiten" eines umfassenden Bewegungscodes zu analysieren:

Das Bewegungsverhalten würde sich als ... eine Folge von Kombinationen aus einem eng begrenzten Repertoire von Kinemer beschreiben lassen ... Für jedes Kinem müßte sich ein graphisches Zeichen finden lassen, das es symbolisch repräsentieren soll ...[39]

Selbst wenn man von den fragwürdigen Grundannahmen dieses Ansatzes absieht[40], bleibt das Problem der Sperrigkeit der Notation, ihre "hohe Komplexität und Zeitaufwendigkeit". Auch die beiden anderen Notationsverfahren, die Erika Fischer-Lichte skizziert, erweisen sich als unausgereift und unpraktikabel. Freys Ansatz[41], eine Art von Umsetzung der Differentialrechnung auf menschliche Motorik, versucht Bewegungsabläufe in (relativen) "Ruhepositionen" zu erfassen:

---

37 ebd., S. 113
38 Erika Fischer-Lichte bezieht sich auf Birdwhistells 1952 in Louisville erschienene "Introduction to Kinesics"
39 Erika Fischer-Lichte: Die Aufführung als Text. A. a. O., S. 115
40 "Andererseits ist ... bis heute nicht nachgewiesen, daß eine Segmentierung des Bewegungsverhaltens in ... Kineme tatsächlich möglich ist. Dies setzt voraus, daß in der Tat ein Repertoire immer wiederkehrender kleinster diskreter Einheiten identifiziert werden kann. Eine solche Annahme wird sich jedoch nur sehr schwer belegen lassen." Ebd., S. 115
41 Erika Fischer-Lichte nennt (Fußnote 175) mehrere Publikationen des Autors, die vielleicht wichtigste: S. Frey/J.Pool: *A new approach to the analysis of visible behaviour.* Forschungsberichte aus dem psychologischen Institut. Bern 1976

Je stärker der Zeitabstand zwischen zwei derartigen Ruheperioden reduziert wird, desto größer wird die Meßgenauigkeit ... Ob allerdings mit Serien derartiger Positionscodes auch Bewegungen ... angemessen notiert und ... reproduziert werden können, bleibt noch nachzuweisen.[42]

Noch am vielversprechendsten zeigt sich ein Entwurf von K. R. Scherer[43], der sich nicht auf Körpersprache beschränkt, sondern "nicht-verbale" mit "verbalen" "Kommunikationsfunktionen" in Beziehung setzen will. Scherer reduziert dabei Körpersprache auf fünf "Verhaltensfunktionen"[44], die bestimmten Hand-, Kopf- und Rumpfbewegungen zugeordnet werden. Wobei er eine "gleichzeitige Beschreibung des vokalen Verhaltens nach den Kriterien a) Pause oder Sprache, b) Intensität der Stimme und c) Intonationskonturen sowie seine entsprechende Notation vorsieht"[45]. Für die Aufführungsdokumentation kommt Scherers Technik nicht in Frage, da sie nur auf "einen kleinen Ausschnitt von Bewegungsverhalten" anwendbar ist, "der in einer Aufführung keineswegs immer besonders wichtig" sein muß, auf die Erfassung von "Hand-, Kopf- und Rumpfbewegungen".[46] Daß Erika Fischer-Lichte dennoch auf ein "voll entwickeltes Notationssystem" hofft, das "für alle möglichen Arten signifikanten Bewegungsverhaltens anwendbar wird"[47], bleibt schwer nachvollziehbar. Vor allem deshalb, weil sie mit einem plausiblen Argument den gegenüber der Videoaufzeichnung angeblich höheren Objektivitätsgrad der Transkription widerlegt:

Die Segmentierung des Bewegungsablaufs in Einheiten, die als solche zu notieren wären, setzt ... immer schon eine Interpretation

---

42 Erika Fischer-Lichte, a. a. O., S. 116
43 K. R. Scherer, G. G. Wallbott, U. Scherer: *Methoden zur Klassifikation von Bewegungsverhalten: Ein funktionaler Ansatz.* Zeitschrift für Semiotik 1, 1979, S.177–192
44 "1. Illustratoren: sie ergänzen, verdeutlichen, pointieren das Gesagte; 2. Adaptoren: sie stellen selbstmanipulative oder autoerotische sowie nicht-funktionale Objektmanipulation dar, die unter anderem der Erregungsabfuhr oder Bedürfnisbefriedigung dienen können; 3. Embleme: sie verfügen über eine eindeutig festgelegte Bedeutung, die auch mit einem Wort oder Satz ausgedrückt werden kann; 4. Regulatoren: sie regeln den Kommunikationsablauf, den Wechsel der Sprecher-Hörer-Rolle u. ä.; 5. Affekt-Darbietungen: sie drücken eine Stimmung bzw. einen Affekt aus." Erika Fischer-Lichte, a. a. O., S. 116 f.
45 ebd., S. 117
46 ebd.
47 ebd., S. 118

voraus: nur weil einem Beobachter ein bestimmtes Segment des Bewegungsablaufs als signifikant erscheint, kann er es als eine abgrenzbare Einheit wahrnehmen ... Eine voraussetzungslose "objektive" Beschreibung von Bewegungsabläufen ist nicht möglich".[48]

Peter Van Stapele: Die Notationspartitur

Im Gegensatz zu Erika Fischer-Lichte, die sich hauptsächlich mit der Notation von Bewegungen auseinandersetzt, zielt Peter van Stapele aufs Ganze.[49] Sein Ansatz versteht sich als ersten Schritt auf dem Weg zu einer Notationspartitur, in der möglichst jedes theatralische Ausdrucksdetail aufgelistet werden soll, mit dem Ziel, "to analyze .. the performance as objectively as possible". Van Stapele versucht, was er theoretisch entwirft, auch anzuwenden, wobei er als eigentlicher Gegenstand der Transkription ein Videoband (!) wählt, genauer: die Aufzeichnung einer kleinen Clownsposse, "*The Bicycle* by Joe Jackson ... recorded ... at the *Cirkus Stockholm* in November 1977".

Van Stapele versucht zunächst, eine Reihe von unterschiedlichen Zeichensystemen ("costume, decor, lights, music ...") nach identischen Kriterien, ihrem jeweiligen Präsenz- und Aktivitätsgrad, zu notieren: "The difference between the presence of manifesta and the use of them is a rather objective method to differentiate parts of a performance."[50] Ob und wie Kostüme, Beleuchtung, Musik usw. "aktiv" sind, wird nach Vorgaben eines binären Rasters (anwesend, abwesend; "+"/"-") in vier Stufen fixiert ("present", "used", used → activities, specially used → action"). Für die Erfassung des Körperausdrucks ("posture, gesture, movement etc.") knüpft van Stapele an Birdwhistell an: "It is possible to shape movement, for example, within three primary zones: horizontal, vertical and sagittal".[51] Der Autor entwirft also eine Reihe von einfachen Symbolen, welche die Grundpositionen von Armen und Beinen,

---

48   ebd., S. 114.
49   Ich beziehe mich auf den Aufsatz "Starting the Cycle: Possibilities for the Analysis of Performance"; in Erika Fischer-Lichte (Hrsg.): "Das Drama und seine Inszenierung", Tübingen 1985, S. 219–232
50   ebd., S. 222
51   ebd., S. 226

Kopf und Körper im Raum fixieren sollen. Ich verzichte darauf, diese extrem reduzierte und nicht immer plausible Notationstechnik im Detail zu kritisieren. Und die erkenntnistheoretischen Grundlagen dieser Gliederungsoperationen, hat – siehe oben – Erika Fischer-Lichte zu Recht in Frage gestellt. Wichtig ist zunächst nur das Gesamtergebnis: eben die tastende Annäherung an das transkriptive Ideal, die Notationspartitur. In diesem Fall umfaßt sie gerade eine Druckseite, dokumentiert (schätzungsweise) eine Minute ihrer Vorlage, der Clownsposse[52]:

52   ebd., S. 228

Die Geometrie des Diagramms ist relativ einfach: Die vertikale (Y-) Achse markiert ausgewählte Zeichensysteme oder Subsysteme. Taktstrichen vergleichbar, segmentieren Einteilungen auf der X-Achse das vertikal Geschichtete, entsprechend vom Zählwerk des Videorekorders vorgegebenen Zeiteinheiten. Und in den Kästchen, die sich um die horizontalen und vertikalen Schnittstellen herausbilden, sitzen gewissermaßen die Noten: Symbole, die bei der einen Hälfte der aufgelisteten Theaterbestandteile den jeweiligen Aktivierungsgrad (in vier Stufen) angeben, bei den körpersprachlichen Elementen vorwiegend Raumlage und Bewegungsrichtung. Zum Glück gibt van Stapele zunächst eine sprachliche Beschreibung des szenischen Ablaufs, damit wir verstehen, was durch die Notation einsehbar werden soll:

In the performance there is an episode where we expect that the clown is juggling with his hat again in a more elaborate way than he did just before ... [He] spreads his legs ... The left arm is horizontal and the right arm makes a rising-descending movement (juggling the hat), the pressure of which is static, somewhat increasing in the rising of the arm, and decreasing in the descending. This happens twice. Then, in the middle of a descending gesture, both arms move back to vertical, the clown looks upwards twice while the arms move back to the former position. In the middle of this the clown stands still for a moment, takes his former position, and then rises his head vertically until his face is directed upwards; the clown stands still a second time. Then his head moves downwards (vertically) and he seems to take his former position (this is a very small gesture with both arms); then the clown takes the position he had before looking upwards for the first time.[53]

Man könnte Dissertationen füllen mit Verbesserungs- und Erweiterungsvorschlägen. Ich habe Van Stapeles Partiturskizze nicht vorgestellt, weil ich sie verbessern will. Denn indem sie zumindest die Ahnung einer Totaltranskription vermittelt, exponiert sie zugleich ihre Unsinnigkeit. Sie ermöglicht gerade nicht den erhofften hohen Objektivitätsgrad, denn sie kommt grundsätzlich nicht ohne die Vorstufe der Videodokumentation aus. Zwischen 10 und 20 synchronisierte Ausdrucksebenen in Echtzeit, während einer oder auch mehrerer Vorstellungen, mitzuzeichnen, ist unmöglich. Paul Bouissac:

---

53   ebd., S. 227

Simultaneous encoding is impossible because of the neuro-physio-
logical constraints involved in the double task of focusing on new
information while transforming that just received into the neuro-
motor schemes required for drawing and writing. Shorthand notations are not practical in this case because of the multilinearity that
would be required.[54]

Wenn aber eine derartige Transkription die audiovisuelle Referenz
braucht, dann wird die vielbeklagte Beschränktheit des Kamerablicks
noch potenziert: durch einen zweiten selektiven Schritt, in dem der
Transkripteur seinerseits – *das Dokument dokumentiert!*

Patrice Pavis: Formalisierung

Patrice Pavis, der wichtigste Vertreter der französischen Theatersemiotik, paßt seine (in englisch publizierten) Überlegungen zur Theaterdokumentation[55] in einen dialektischen Argumentationsrahmen ein. Zwei
Thesen stehen im Vordergrund, die erste stimmt (scheinbar) in die
Klage um die dokumentarische Begrenztheit ein: "... no description can
do other than radically modify the object it describes. To "notate" the
performance inevitably means to interpret".[56] Das zweite Argument
relativiert das erste: "there exists *no* ... interpretation without some pre-
existing form of *notation*".[57]
Daß jede Dokumentation schon Interpretation sei, daß, umgekehrt,
Interpretation ohne vorausgehende Notierung nicht existiere, ist nur vor
dem Hintergrund einer grundlegenden Erkenntnis-Problematik verständlich; ich habe sie im Einleitungskapitel skizziert: Wir "haben" die
Dinge nicht, wir können uns Welt nur vermittelt aneignen. Auch die
Bühnendarbietung, die uns so "real", so objektiv, so "unmittelbar" erscheint, ist uns zugänglich nur als "ästhetisches Objekt", als Abdruck

---

54 Paul Bouissac: *System versus Processus in the Understanding of Performances.* In Hess-Lüttich (Hrsg.): Multimedial Communication. Vol. 2: Theatre
   Semiotics. Tübingen 1982, S. 64
55 Patrice Pavis: *Reflections on the Notation of Theatrical Performance.* In
   Hess-Lüttich (Hrsg.): *Multimedial Communication.* Vol.2: Theatre Semiotics. Tübingen 1982, S. 232–253
56 ebd., S. 232
57 ebd., S. 233

der Bühnenvorgänge in unserem Bewußtsein. Niemand hat je, was Dietrich Steinbeck als "reale Bühnengestalt" bezeichnet hat, umfassend wahrgenommen; das ästhetische Objekt ist mit dem realen nicht identisch. Dafür spricht schon eine einfache wahrnehmungs*technische* Tatsache. Selektiv verhält sich das immaterielle zum materiellen Bühnenobjekt allein schon durch die 'Kameraposition' unserer Augen. Jeder Zuschauer hat eine eigene Perspektive auf das Bühnengeschehen. Das heißt auch: Niemand kann jedes Detail der Aufführung überblicken. Wichtiger noch ist das hermeneutische Argument: Selektiv konkretisiert sich die Aufführung im Kopf entsprechend unserer Wahrnehmungsfähigkeit, die durch psychologische, gesellschaftliche, historische Erfahrungskontexte mitbestimmt ist. Man sieht (zunächst) nur, was man sehen kann. *Schon in der unmittelbaren Wahrnehmung des Theaterzuschauers manifestiert sich die Aufführung nicht "authentisch", als ein "reales Objekt", sondern als ihr (erstes) Simulacrum, als "ästhetische Bühnengestalt".* "Theatralischer Ersteindruck", Dokumentation und Interpretation stellen keine absoluten erkenntnistheoretischen Größen dar, sondern lassen sich allenfalls fassen als in der analytischen Praxis gesonderte Bezirke einer umfassenden Tätigkeit des Bedeutens. Und die gemeinsame Struktur dieser scheinbar so unterschiedlichen Aneignungsweisen läßt sich in einem Satz pointieren: *Wahrnehmen heißt auswählen.* Hier wird die Pavissche Konstruktion verständlich. Daß wir nicht "notieren" können, ohne zu interpretieren braucht keine weitere Erklärung. Und wo der Ort der ersten ("pre-existing") Notation liegt, ohne die wir nicht beschreiben und interpretieren können, liegt auf der Hand – in unserem Bewußtsein, in das sich die Aufführung kontextgesteuert einspielt.

Die Einsicht in die dialektische Einheit von Dokumentation und Interpretation prägt Pavis' Aufsatz zutiefst, zunächst in der Forderung nach einer flexiblen, undogmatischen dokumentarischen Tätigkeit:

> In particular, one should make sure to adapt to each type of theatrical performance a specific mode of description, and to observe thus a constant "to and for" between method and object, in order to discover hidden aspects of the work thanks to the use of the particular method of description, and to make sure that the analysis of the work has a retroactive effect on the constitiution of the theory.[58]

---

58   ebd., S. 235

Und daß keines der diskutierten Verfahren, weder "symbolische" noch "ikonische" Notation, also weder "Transkription" noch audiovisuelle Aufzeichnung, in der Lage ist, "to gather every element of the performance", macht Pavis in Exkursen zu diversen Dokumentationstechniken deutlich. Der Bogen reicht vom einfachen Regiebuch, über Brechts Modellbücher, über verschiedene Ansätze der Bewegungsnotation bis hin zur Videodokumentation. Ich will, da sich nichts wesentlich Neues ergeben würde, nicht weiter darauf eingehen. Interessant, wo Pavis den speziellen Beitrag der Theatersemiotik zum Problem der Notation (leider nur andeutungsweise) ansiedelt: nicht in der Entwicklung einer "magical new method", sondern in der "Formalisierung" theatralischer Zusammenhänge "as a pre-condition to any description/notation".[59] Das heißt: semiotische Strukturüberlegungen als Wegweiser für eine gezielte, dem jeweiligen Erkenntnisziel dienende Auswahl. Wobei Pavis, typisch für den semiotischen Ansatz, vor allem auf Segmentierungsstragien (Ebenen, Einheiten ...) des polyphonen Formkörpers abhebt: "We think immediately at the existing codes" (vgl. Peter van Stapele!).

In order to describe the codes of performance one has first to decide on a level of formalization and on its units: for example a clear decision must be made whether to place oneself on the level of the narrative system, or that of gestural oppositions, on the levels of the system of colors or that of the representation of stage materials.[60]

An dieser Stelle wird wiederum klar, daß Pavis, entsprechend seiner dialektischen Grundposition, die (vermeintlichen) Grenzen zwischen Dokumentation und Analyse aufhebt. Er überträgt die vielleicht wichtigste Aufgabe der analytischen Tätigkeit (im dezidiert wissenschaftlichen Sinn) auf die dokumentarische: die genaue, selbstkritische Reflexion der eigenen Erkenntnisinteressen und selektiven Strategien. Da wir nicht "alles" interpretieren/notieren können, müssen wir zumindest begründen, was wir notieren/interpretieren. Der Schluß, den Pavis zieht, thematisiert eine radikale Abwendung von positivistischen Vorstellungen der Totaldokumentation, zugunsten einer dem jeweiligen Vorhaben angepaßten Notationsweise:

---

59   ebd., S. 248
60   ebd., S. 248

Paradoxically, the notation of the performance-text will only be fully satisfying if it relativizes itself and denies its very existence. For it seems more usefull, instead of tending towards *one* neutral and universal notation, to present several different notations, depending not only on the desired aim of the critical discourse, but also on the spectator who watches the performance. By the same token, this relativistic view destroys any hope of a "scientific" notation, at least in the slightly positivistic sense of the word.[61]

Resümee: Flexibilisierung

Die vorgestellten Überlegungen treffen sich in einem Punkt: Nicht in Zweifel gestellt wird die Notwendigkeit, das flüchtige Theaterereignis festzuhalten, um es der Analyse zu erschließen. Dabei zeigen sich die unterschiedlichen Lösungsvorschläge beeinflußt von den zwei derzeit verbreitetsten Spielarten der systematischen Theaterwissenschaft: der Theatersemiotik und der Interaktionstheorie. Wobei die Semiotiker ihre dokumentarischen Überlegungen auf die Fixierung der Bühnendarstellung beschränken. Interaktionstheoretiker suchen darüber hinaus nach Möglichkeiten, die als gleichberechtigt verstandene Sphäre der rezeptiven Bedeutungskonstitution einzubeziehen.

Ich sehe hier ein gewisses Defizit der Theatersemiotik. Im positiveren Fall, bei Erika Fischer-Lichte, wird der rezeptive Faktor nicht ausgeblendet. Die Diskussion seines dokumentarischen Stellenwerts beschränkt sich indes auf hermeneutische Überlegungen zum Status des (wissenschaftlich) erkennenden Subjekts. Daß das breite Spektrum der Zuschaubedeutung dokumentierens- oder analysierenswert sein könnte, bleibt genauso unberücksichtigt, wie im Kontext dezidiert szientistischer Spielarten der Theatersemiotik (etwa bei van Stapele). In naivem Positivismus bleibt allerdings auch der Versuch stecken, "empirisch" das "Vermeinen" der Zuschauer auszumessen. Heribert Schälkzy bezieht sich dabei auf die von Steinbeck und Paul geprägte Interaktionstheorie, auf deren nachhaltige Aufwertung der Zuschauerrolle, blendet jedoch die intendierte Dialektik von Schauen und Spielen aus, in seiner Freude am Datensammeln und Mathematisieren.

---

61   ebd., S. 249

125

Das Problem der Dokumentation der Bühnenvorgänge steht auch bei den meisten interaktional ausgerichteten Analytikern im Zentrum. Diskutiert werden in diesem Zusammenhang die verschiedenartigsten Techniken von sprachlich-deskriptiver Nachdichtung des Bühnengeschehens, über Mischformen von sprachlicher und bildlicher Dokumentation, über audiovisuelle Hilfsmittel bis hin zur Transkription. Es wäre sinnlos, hinsichtlich der Dokumentationstechnik in einen engstirnigen Dogmatismus zu verfallen, der die totale Erfassung der szenischen Abläufe fordert und damit letztendlich nur eines erreicht: sich das Problem der Theaterdokumentation maximalistisch vom Halse zu schaffen. Wobei die positivistische Utopie, die Transkriptionspartitur, nicht nur von fragwürdigen erkenntnistheoretischen Voraussetzungen ausgeht. Sie potenziert das von allen Theoretikern übereinstimmend beklagte Problem der dokumentarischen Selektion erheblich: Symbolische Transkription kommt ohne die Vorstufe der Videoaufzeichnung nicht aus.

Prinzipiell ist jede dokumentarische Technik zulässig, sofern sie sich kritisch reflektiert, anstatt unsinnige Alleinvertretungsansprüche dogmatisch auszuweisen. Von den hier diskutierten Verfahren halte ich allerdings die Videoaufzeichnung für die sinnvollste. Sie besitzt die höchste Informationsdichte, ist entsprechend ihres technischen Entwicklungsstandes äußerst praktikabel und inzwischen überall, wo sie wissenschaftlich relevant sein könnte, verfügbar. Die Videotechnik ist als einziges der diskutierten Verfahren in der Lage, den Wissenschaftler von der irrwitzigen Anstrengung, seinen Gegenstand erst transkriptiv zu erschaffen, zu entbinden; ein Aufwand, der nicht zuletzt daran Schuld trägt, daß Aufführungsanalysen bislang selten versucht wurden und dabei häufig in dokumentarischer Mühsal versandeten. In der Praxis ist der Streit zwischen Anhängern der Audiovision und der Transkription längst entschieden. Die überwiegende Mehrzahl der real existierenden Aufführungsanalysen baut auf Videodokumenten. Und auch Erika Fischer-Lichte, die ja auf die Transkriptionspartitur hofft, arbeitet nicht ihrem Ideal zu, sondern – in der analytischen Anwendung, die den dritten Band ihrer Theatersemiotik abrundet – mit Videomaterial.

Mit dem Verweis auf die AV-Technik ist das Problem einer sinnvollen Aufführungsdokumentation dennoch nicht beantwortet. Eine Videoaufzeichnung kann nicht Theater sein, da sie reproduzierbar ist, nicht flüchtig. Sie kommt zustande als Resultat einer medialen Übertragung, vergleichbar der Komposition eines Gedichtes, der "Veroperung" eines Dramas, der Fotografie eines Gebäudes, der Verfilmung einer Novelle. Auch ein Videoband kann nur einen sehr begrenzten Ausschnitt des

126

Bühnengeschehens vermitteln; auch hier heißt auswählen deuten. Im Schneideraum werden die gewählten Bestandteile zu etwas Neuem zusammengesetzt, das völlig anderen Gesetzmäßigkeiten gehorcht als die szenische Darstellung: *filmsprachlichen*. Im Neuarrangement entsteht eine Form, die ihrerseits interpretationsbedürftig ist. Und obwohl sich in einer Videoaufzeichnung mehr von der szenischen Darstellung erhält als in jedem anderen Dokument (etwa der Transkription), liefert die audiovisuelle Technik nicht die einfache Antwort auf das alte Transitorik-Problem der Theaterwissenschaft. Das Quellen-Problem wird damit nicht aus der Welt geschafft, sondern stellt sich, mit anderen Akzenten, neu. Wir können auch in der audiovisuellen Aufzeichnung die Gestalt einer Aufführung nur in Annäherungen bestimmen.[62]

Interaktionstheoretisch orientierte Wissenschaftler, die über Theaterdokumentation nachgedacht haben, fordern, einer sogenannten "Produktdokumentation" die Erfassung der Verstehensleistungen des Publikums an die Seite zu stellen. Daß mit der Videoaufzeichnung die Arbeit des Dokumentaristen nicht abgeschlossen ist, steht außer Frage. Und doch steckt in dieser Konstruktion ein Denkfehler. Zwar geht man davon aus, daß sich Theater "identisch nicht dokumentieren" lasse, unausgesprochen steht jedoch folgende These im Raum: Wenn wir schon die Aufführung nicht deckungsgleich dokumentieren können, dann sollten wir wenigstens die Kommunikationssituation des Theaters dokumentarisch abspiegeln. Und diese Parallele versucht man dadurch zu gewährleisten, daß man an die Stelle der Aufführung das Videoband (oder die Transkription) setzt und an die Stelle des Zuschauers Kritikensammlungen und Publikumsbefragungen. Diese Konstruktion ist deshalb fragwürdig, da auch *das Videoband selbst schon ein Rezeptionszeugnis darstellt*, weil es die Aufführung interpretiert und damit der Theaterkritik enger verwandt ist als der Bühnendarstellung selbst. Denn auch Rezensionen basieren auf Übertragungsvorgängen, in diesem Fall einer Übertragung in Sprache. Wir können die Situation des Theaters nicht dokumentarisch verdoppeln, indem wir die audiovisuelle Dokumentation der Bühne, die Kritik dem Zuschauerraum zuordnen. In beiden Fällen haben wir es mit Rezeptionszeugnissen zu tun. Wir können nicht die Aufführung als Ganzes dokumentieren, sondern nur ihre Wirkung.

---

62 Den derzeit interessantesten Beitrag zu diesem Thema liefern Rainer Lindemann und Christiane Wandke in ihrer Magisterarbeit: *Audiovisuelle Dokumentation in der Theaterwissenschaft*, Berlin 1986

Bei genauerem Hinsehen offenbart sich hinter dem vielbeklagten selektiven Verhältnis Dokument-Original ein grundlegender Mechanismus des Erkennens, der Dokumentation letztlich ausweist als Spielart der einheitlichen Struktur wissenschaftlicher Sinnproduktion.[63] Dies korrespondiert mit einer Beobachtung, die jeder, der sich mit Analyse praktisch auseinandergesezt hat, bestätigen kann: Die traditionellen exegetischen Stufen, Deskription, Analyse, Interpretation lassen sich nur idealtypisch fassen; in der Praxis läßt sich keine dieser Größen exakt von der anderen trennen. Die Forderungen, die man an eine wissenschaftlich sinnvolle Dokumentation richten muß, sind also die gleichen wie die an die Analyse selbst:

1. Dokumentarische Strategien sollten in ihrem Bezug zum jeweiligen Theaterbegriff erkennbar sein.
2. Der Dokumentierende muß sich darüber im klaren sein, daß er nicht "alles" fixieren kann. Er muß das selektive Raster, nach dem er auswählt, benennen: *Weshalb dokumentiere ich was.*
3. Für unabdingbar (und realisierbar!) halte ich die Erfassung der öffentlichen Aufführungsdiskussion sowie, wenn möglich, die Beschreibung des Publikumsverhaltens während der Aufführung.

Auch die aufwendigsten technischen Dokumentationsverfahren erlösen uns zuletzt nicht von sprachlicher Beschreibung. Arno Paul:

Man kann ... hypostasieren, daß ab einer bestimmten Abstraktionsstufe der Interpretation poetische Mittel und Fähigkeiten verlangt werden, weil sich die multidimensionalen szenischen Prozesse nur als sprachliche Metaphern sinngebend objektivieren und komprimieren lassen.[64]

Sprache bleibt bei aller denkbaren dokumentarischen Technik unverzichtbar. Die komplizierte Polyphonie theatralischen Ausdrucks im homophonen Medium Sprache wiederzugeben, stellt uns vor gravierende Probleme der Darstellung. Daß sie zu lösen sind, beweisen die Magisterarbeiten, die ich im letzten Kapitel vorgestellt habe.

---

63 Das wird deutlich in der Dokumentationsdiskussion selbst, denn jeder Autor, der sich mit Dokumentationsproblemen auseinandersetzt, denkt zugleich über die Analyse nach.
64 Arno Paul: *"Theater"*. In Werner Faulstich (Hrsg.): *Kritische Stichwörter zur Medienwissenschaft.* S. 350

Zwei Methodenentwürfe

Erika Fischer-Lichte: "Die Aufführung als Text"

Erika Fischer-Lichte hat im dritten Band ihrer "Semiotik des Theaters" den bislang anspruchsvollsten und weitreichendsten Versuch unternommen, Aufführungsanalyse methodisch zu fundieren. Dieser Band macht es seinem Leser nicht ganz leicht. Das liegt am eher technischen Sprachgestus, das äußert sich bisweilen in Schleifen und Umwegen der Argumentation. Untersucht man den Band näher, so stellt sich heraus, daß er mit einem überschaubaren Set von Thesen arbeitet. Und daß viele der vorgestellten Überlegungen (vor allem die zu einer theatralischen Hermeneutik) die analytische Praxis anregen und befördern können.

Erika Fischer-Lichtes Arbeit ist ein Gewinn für die Theaterwissenschaft. Das heißt nicht, daß man jede ihrer Positionen und Denkansätze vorbehaltlos übernehmen müßte. Meine Kritik betrifft zunächst das übergeordnete systemtheoretische Konzept der dreibändigen "Semiotik des Theaters"[1]. Man muß es kennen, um den Stellenwert, den die Autorin der Aufführungsanalyse zuweist, einordnen zu können. Erika Fischer-Lichte analysiert die Sprache des Theaters auf drei Ebenen. In Anlehnung an den spanischen Linguisten Coseriu unterteilt sie, gleichsam vom Allgemeinen zum Besonderen fortschreitend, den Theatercode in "System", "Norm" und "Rede"; jedem dieser Aspekte ist ein Band des Werkes gewidmet. Auf der Ebene des Systems enthält der Theatercode "alle allgemeinen Möglichkeiten und Bedingungen für die Erzeugung von Bedeutung auf dem Theater".[2] Ich habe die wichtigsten Positionen an anderer Stelle[3] referiert und kommentiert: das "Zeichen von Zeichen"-Konzept ("Ikonizität"), die Bestimmung von 14 konstitutiven Zeichensystemen, "Mobilität" und Vieldeutigkeit als grundegende Eigenschaften der Theatersprache und die basale Interaktionsformel: "Theater ... bedarf also einer Person A, welche X verkörpert,

---

1   Erika Fischer-Lichte: *Semiotik des Theaters*. Bd. 1: Das System der theatralischen Zeichen; Bd 2: Vom "künstlichen" zum "natürlichen" Zeichen; Bd. 3: Die Aufführung als Text. Tübingen 1983
2   Erika Fischer-Lichte: *Die Aufführung als Text*. A. a. O., S. 7
3   Vgl. Guido Hiß: *Korrespondenzen*. A. a. O., S. 45–49

während S zuschaut".[4] Als "Norm" enthält der Theatercode "alle für eine bestimmte Epoche oder Gattung typischen und charakteristischen Möglichkeiten und Bedingungen"[5]; es geht hier um historische Konventionen und Epochenstile, um das, was sich eine bestimmte Phase der Theatergeschichte aus dem Spielraum des übergeordneten und überzeitlichen "Systems" herausgreift. Und die höchste Stufe dieser Besonderung erreicht Theatersprache schließlich auf dem Niveau der "Rede", der einzelnen Theateraufführung, dem "aktuellen Prozeß einer einmaligen Bedeutungserzeugung".[6] Die dreigliedrige Konstruktion weist zugleich den theaterwissenschaftlichen Teildisziplinen ihren Ort zu: Theatertheorie arbeitet demnach auf der Ebene des Systems, Theatergeschichte untersucht die Norm, Aufführungsanalyse die Rede.

Ich halte dieses Modell für fragwürdig. Das betrifft den darin spürbaren "taxonomischen Strukturalismus": In diesem Systemkonzept offenbart sich eine Denkweise, die Manfred Frank zurecht als strukturale Metaphysik kritisiert hat, hier in Gestalt einer idealtypischen Theaterstruktur jenseits von Raum und Zeit.[7]

Kritische Hermeneutik hat es herausgearbeitet: Jeder Wissenschaftler ist dem "Vorurteil" seiner Zeit verhaftet. Es ist nicht möglich, Strukturmodelle jenseits der eigenen Medienerfahrung zu entwickeln, jenseits des künstlerischen und analytischen Standards der eigenen Epoche. Ein Modell theatralischen "Sprechens" können wir nur bauen auf der Grundlage unserer Theatererfahrung; und umgekehrt wird theatralisches Verstehen (das alltägliche wie das wissenschaftliche) von unseren Medienmodellen und -stereotypen wesentlich beeinflußt. Sprechen verändert die Sprache – das Theater verändert die Theatertheorie. Um nur ein Beispiel zu nennen: Die Einführung der Drehbühne, die (Wieder-) Entdeckung der leeren Bühne in unserem Jahrhundert, die Avantgarden der zwanziger und sechziger Jahre rücken die vielbeschriebene "Mobilität" der Theaterzeichen erst in den Mittelpunkt wissenschaftlicher Theatralitätskonzepte, machen sie erst zum Thema. Niemand kann seinen historischen Kontext aus seinen systematischen Bestimmungen heraushalten. Im scheinbar Überzeitlichen entlarvt sich oft

---

4   Erika Fischer-Lichte: *Das System der theatralischen Zeichen.* A. a. O., S. 16
5   Erika Fischer-Lichte: *Die Aufführung als Text.* A. a. O., S.7
6   ebd.
7   Die "Semiotik des Theaters" wurde 1983 veröffentlicht. Ich vermute, daß Erika Fischer-Lichte ihre theatertheoretischen Überlegungen heute nicht mehr in ein vergleichbar strenges und vereinheitlichendes Systemkonzept einfassen würde. Im Rahmen ihres bislang unveröffentlichten Eröffnungsvortrags zur Tagung der theaterwissenschaftlichen Gesellschaft in Leipzig (November 93) plädierte sie – mit Verweis auf Lyotard – für eine Pluralität der Theaterbegriffe.

schon nach wenigen Jahren das Zeitliche – Wissenschaftsgeschichte liefert hier ein reiches Anschauungsmaterial. Die Aufteilung des Theatercodes in System, Norm und Rede grenzt womöglich Bereiche voreinander ab, die letztlich zusammengehören: theoretische Modellbildung und aktuelle Medienerfahrung. Man braucht mit Erika Fischer-Lichtes Basiskonzept nicht übereinzustimmen und kann die Arbeit dennoch mit Gewinn lesen. Und als Gewinn des dritten Bandes der "Semiotik des Theaters" stehen wichtige Impulse zur Begründung nicht eigentlich (wie der Titel erwarten läßt) einer theatralischen Texttheorie, sondern zur Fundierung einer theatralischen Hermeneutik. Ich will das in einem Überblick über die wichtigsten Argumentationswege verdeutlichen. Das erste Kapitel, ("Die Aufführung als Text",) exponiert die beiden Leitthemen des Buches. Das sind einerseits textsemiotische Überlegungen, andererseits – gewissermaßen als rezeptives Pendant – hermeneutische Skizzen. Das texttheoretische Thema wird in drei Abschnitten variiert; im ersten (1.1) versucht Erika Fischer-Lichte, ein am literarischen Beispiel entwickeltes textsemiotisches Konzept von Jurij Lotman für die Theatertheorie zu erschließen.[8] Drei Merkmale kennzeichnen demnach einen "künstlerischen Text":

1. "Explizität". Der ästhetische Text ist als gezielte Zusammenstellung von Zeichen sinnvoll kommunizierbar. Daraus folgt für die Analyse des theatralischen Textes (der Aufführung): Es muß untersucht werden:

... a) welche der generell zur Verfügung stehenden Zeichensysteme in ihm tatsächlich Verwendung finden, b) welche Art von Zeichen innerhalb eines Systems und c) welche spezifischen konkreten Zeichen realisiert werden.[9]

2. "Begrenztheit". Der ästhetische Text ist – in Umkehrung zum Explizitäts-Argument – über diejenigen Zeichen definiert, die ihm nicht angehören. Die Analyse hat also zu beachten:

a) die Abgrenzung von Elementen, die im Text nicht enthalten sind" [etwa bewußt gesetzte Auslassungen oder bedeutungsschaffende Leerstellen, G.H.]; "b) die zeitliche und räumliche Abgrenzung. Sie realisiert sich im theatralischen Text einerseits als ein bestimmter Zeitabschnitt ..., der von Anfang und Ende der Aufführung markiert wird, andererseits als je bestimmte Ausgren-

---

8   Jurij Lotman: *Die Struktur literarischer Texte*. München 1972
9   Erika Fischer-Lichte, a. a. O., S.12

zung eines Raumes, der für die Schauspieler, sowie eines Raumes, der für die Zuschauer vorgesehen ist."[10]

3. "Strukturiertheit". Es geht hier um die Kombinationsmöglichkeiten von Zeichen, um die syntagmatische Dimension des "ästhetischen Textes". Verbindungen können Theaterzeichen in zwei Richtungen knüpfen, in der Gleichzeitigkeit, der Synchronität und in der sukzessiven Aneinanderreihung, also im Neben- und Nacheinander. "Strukturiertheit" äußert sich darüber hinaus in Dominantenbildungen zwischen unterschiedlichen Zeichen und Zeichenzusammenhängen. "Aufgrund der besonderen Kombinationen, welche die Zeichen eines theatralischen Textes untereinander eingehen, bildet der Text ein System von Äquivalenzen und Oppositionen, das in seiner Gesamtheit und jeweiligen Eigenart die spezifische Strukturiertheit des Textes bedingt und ausmacht."[11]
Der zweite Teil dieses Abschnittes weist über die Einordnung theatralischer Konstitutionsmerkmale in ein allgemeines Textmodell hinaus, wobei wiederum ein Lieblingsthema semiotischer Theatertheorie auf die Lotmanschen Termini bezogen wird: das Problem der konventionellen Verständlichkeit der Theatersprache. Erika Fischer-Lichte erweitert dabei das reine Textmodell um eine kommunikative Komponente, entlang der Begriffe der "internen" und "externen Umkodierung". Interne Umkodierungen – um dies nur kurz anzudeuten – sind systemimmanent; in einer Gleichung (Beispiel: a = b + c) werden die Einzelelemente nur untereinander in Beziehung gesetzt. Komplexere Systeme arbeiten mit mehrschichtigen In-Beziehung-Setzungen, der linguistische Code etwa mit Verknüpfungen von Form- und Inhaltselementen, von Lauten und Begriffen. *Externe Umkodierungen* beziehen also Elemente aufeinander, die unterschiedlichen Zusammenhängen entstammen. Solche Mechanismen ortet Erika Fischer-Lichte in drei Arten theatralischer Bedeutungserzeugung:

1. *Starker und schwacher Normbezug.* Als Beispiel für den starken Normbezug führt die Autorin streng codifizierte Formen des asiatischen Theaters an ("Kabuki", Pekingoper etc.); schwächere Konventionsbindungen entdeckt sie im europäischen Theater unserer Tage:

Zu diesen Konventionen können wir einerseits jahrhundertealte Konventionen wie beispielsweise das Beiseitesprechen ... rech-

---

10   ebd.
11   ebd., S. 14

nen, andererseits relativ junge, die erst im Laufe der letzten ...
Jahre entstanden sind ... Zu diesen neueren Konventionen gehört
beispielsweise eine spezifische Verwendung von Kostüm, Requisit und Dekoration, die auf alle Epochen und Kulturen verweisen
können, ohne jedoch die Zugehörigkeit der Person oder des Raumes zur betreffenden Epoche oder Kultur zu bedeuten.[12]

2. "Rekurs auf primäre kulturelle Systeme". Der theatralische Text si-
chert seine Verständlichkeit im Hinblick auf den Zeichenkontext der
Alltagswelt seiner Rezipienten. Es geht, klar, um "naturalistisches
Theater".

3. "Rekurs auf sekundäre kulturelle Systeme". Der theatralische Text
sichert seine Verständlichkeit in bezug auf Ausdrucksformen, die ihrerseits den alltäglichen Zeichengebrauch überschreiten. "Als sekundäre
kulturelle Systeme seien Dichtung, Malerei, Musik, Theater, Film, Mythos, Religion und andere soziale Institutionen genannt."

Bei Erika Fischer-Lichtes Ausführungen zum "internen" Bezug treffen
wir wiederum auf alte Bekannte, auf "Mobilität" und "Ersetzbarkeit":
"So liegt es nahe, im theatralischen Text dadurch Bedeutung zu erzeu-
gen, daß ein Element durch eines/mehrere Elemente eines anderen oder
mehrerer anderer Zeichensysteme bestimmt wird".[13] Letzter Schritt der
Argumentation: "Externe" Umkodierungen werden (wieder in Anlehnung an Lotman) als paradigmatische, interne als syntagmatische definiert; in jedem theatralischen Text wirken beide Faktoren zusammen:

Fast jedes Element läßt sich daher als Schnittpunkt verschiedener
syntagmatischer und paradigmatischer Achsen beschreiben.[14]

Ich stimme mit Erika Fischer-Lichte darin überein, daß sich in den
Denkansätzen der russischen Strukturalisten wichtige Impulse für die
Entwicklung einer multimedialen Semantik finden lassen, speziell in
der von Jakobson und Lotman entwickelten Theorie der "ästhetischen
Äquivalenz". Die Übertragung der Begriffe der "externen" und "internen" Umkodierung auf die Konventionsfrage (starker und schwacher
Normbezug, Rekurs auf primäre und sekundäre Systeme) verschenkt
womöglich einen Gewinn, den wir daraus ziehen könnten. Die Definition der externen Umkodierung als "Herstellung von Kontakten nicht

---

12   ebd., S. 15 f.
13   ebd., S. 18
14   ebd., S. 19

133

nur von zwei, sondern von vielen selbständigen Strukturen"[15] liefert einen Schlüssel für das Verständnis multimedialer Bedeutungsbildung, für das Problem des Wirkungszusammenhangs unterschiedlicher Zeichensysteme. Verkürzt gesagt: In Theatersprachen rutscht die Äquivalenzbeziehung unterschiedlicher Strukturketten, die normalsprachlich in der Parallelisierung von Form- und Inhaltselementen (Lauten und Begriffen) passiert, gewissermaßen nach Innen, kennzeichnet also schon die "internen" Umkodierungsvorgänge. Die "Herstellung von Kontakten" zwischen Elementen der Körpersprache, der Sprache, des Bühnenbildes, der Musik u. a. bildet den multimedialen Normalfall. Erika Fischer-Lichte geht – bei ihrer theaterästhetischen Übertragung des Lotman-Konzepts – vielleicht den zweiten Schritt vor dem ersten. Wenn man die Dialektik externer (paradigmatischer) und interner (syntagmatischer) Mechanismen gleichsam *auf Textebene* erfaßt, läßt sich das Lotman-Modell fruchtbar machen für das Verständnis der *besonderen* theatralischen Umkodierungsvorgänge – ein Aspekt den Erika Fischer-Lichte zwar anspricht (siehe obiges Zitat, Anmerkung 14) aber nicht weiter berücksichtigt.[16]

Warum überhaupt die Theateraufführung als "Text" aufzufassen und zu analysieren sei, versucht dieser Abschnitt also einerseits über die Adaptation eines streng formalen Modells der Textsemiotik auszuweisen, zum anderen über den Aspekt ihrer kommunikativen Verständlichkeit. Während der erste Teil der Argumentation den "Text" als autonome Größe behandelt, öffnet sich der zweite Abschnitt hermeneutisch-rezeptiven Sichtweisen: Indem Erika Fischer-Lichte die Begriffe der "externen" und "internen" Umkodierung auf die Frage des Verstehens überträgt (wie sichert das Theater seine Verständlichkeit?), fokussiert sie schon auf Wahrnehmungsaspekte, fragt im Prinzip schon über den Text, die pure Form, hinaus. Das wahrnehmende Subjekt, der Zuschauer, wird hier noch nicht benannt, wohl aber implizit vorausgesetzt.

Der zweite Abschnitt des ersten Kapitels, "Zur Konstitution des theatralischen Textes", kommt über einen großen Exkurs zur Subjektivitätstheorie Julia Kristevas (auf dessen Nachvollzug ich verzichten möchte) zu präzisen produktionsästhetischen Grundbestimmungen. Es geht hier um die Tatsache der "kollektiven" Produktionsweise im Theater; an der Herstellung der Aufführung sind "meist der Regisseur, mehrere Schauspieler, der Bühnenbildner, der Kostüm- sowie der

---

15 Jurij Lotman: *Die Struktur literarischer Texte*. München 1972, S. 63
16 Wie sich die Äquivalenz-Theorie der russischen Strukturalisten für die Aufführungsanalyse anwenden läßt, habe ich im Kapitel "Korrespondenzen" beschrieben.

Maskenbildner in kreativer Funktion beteiligt".[17] Die Aufführung entsteht nicht als Werk nur eines "Schöpfers"; wir müssen "unsere Überlegungen daher vordringlich der Frage widmen, auf welche Weise die Praxis der individuellen Sinngebung von den unterschiedlichen am Prozeß der Konstitution des theatralischen Textes beteiligten Subjekten vollzogen wird."[18] Erika Fischer-Lichte konzentriert sich dabei ganz auf die Schauspieler (im Drama-Theater), erläutert ihren produktiven Beitrag unter drei Gesichtspunkten: Es geht ihr einmal um den Schauspieler als Interpreten einer dramatischen Rolle, der eine bestimmte Lesart der dramatischen Figur auf die Bühne bringt, zum anderen um den Schauspieler als Zuträger einer "individuellen Physis" und zuletzt als Vermittler "der zur Zeit herrschenden Konventionen der Schauspielkunst". Und da jeder beteiligte Schauspieler eigene Lesarten in die Rollengestaltung einbringt, sie mit seiner eigenen Körperlichkeit ausstattet und womöglich auch noch persönliche oder von einer bestimmten "Schule" inspirierte spielerische Techniken und Manierismen mitbringt, läßt sich zu Recht folgern: Der "theatralische Text" präsentiert sich nicht einheitlich, sondern setzt sich, intertextuell, aus mehreren "Körpertexten" zusammen. Erika Fischer-Lichte zieht einen musikalischen Vergleich:

> Denn so, wie in einem Chorsatz die unterschiedlichen Stimmen ...
> sich nach ihrer jeweiligen Klangfarbe, Stimmführung, Melodie etc.
> ... heraushören lassen, sind auch am theatralischen Text der Aufführung die einzelnen an seiner Produktion kreativ mitwirkenden
> Subjekte ... als je eigene Subjekte zu erkennen und zu unterscheiden.[19]

Auch ein Regisseur kann die "Vielheit der Körpertexte" nicht völlig vereinheitlichen. Der theatralische Text ist demnach nicht erst auf der Ebene der Rezeption vieldeutig: "Wohl kann man davon ausgehen, daß der Regisseur Sorge tragen wird, diese verschiedenen Körpertexte in ein ... Verhältnis zueinander zu bringen", das "einen einheitlichen Sinn als Sinn des theatralischen Textes ergeben würde".

Aber da diese Texte nicht ... wie objekthafte Versatzstücke für den Regisseur beliebig disponibel sind, sondern hinter jedem ein Subjekt steht, ... muß die Möglichkeit durchaus in Betracht gezogen werden, daß die verschiedenen Körpertexte sich gegen eine

---

17   Erika Fischer-Lichte, a. a. O., S. 22
18   ebd., S. 26
19   ebd., S. 33

derartige Vereinheitlichung sperren und statt der Einheit des Sinnes ... eine Vielheit von Sinn entsteht ... Die Vielheit von Sinn ist daher als ein charakteristisches und grundlegendes Merkmal des theatralischen Textes vorauszusetzen ...[20]

Wenn es nicht *den* theatralischen Text schlechthin gibt, wenn jeder Schauspieler sein Eigenes hinzutut, dann kann es folgerichtig auch keine Sinnidentität zwischen Dramentext und Inszenierung geben. Diesem Gedanken ist der dritte produktionsästhetische Abschnitt gewidmet (I.3). Er umfaßt einen einleitenden Abschnitt zum Problem der Übersetzung; im zweiten Teil versucht die Autorin, unterschiedliche Arten der Transformation eines Dramas in eine Aufführung zu systematisieren. Fazit: Die Bedeutung der Aufführung kann mit der ihres dramatischen Textsubstrats nicht übereinstimmen; der Werktreue- (bzw.) Texttreuebegriff erweist sich als "wenig brauchbar". Wiederum steht eine hermeneutische Überlegung am Schluß: Ob die Aufführung das Drama, mit dem sie arbeitet, "äquivalent" repräsentiere, "wird ... als Werturteil immer subjektiven Bedingungen unterworfen sein und daher kaum allgemeine Anerkennung erwarten oder gar verlangen dürfen."[21]
In jedem der vorgestellten Abschnitte, die aus text- und produktionsästhetischen Überlegungen Vorgaben für die Analyse der Aufführung abzuleiten suchen, offenbart sich – charakteristisch für die Argumentation des ganzen Buches – die *hermeneutische Revision des formalistischen Arguments*. Und der vierte Abschnitt des Einleitungskapitels behandelt schließlich, worauf die drei vorigen schon klar hinzielten: "Hermeneutik des theatralischen Textes". Das Kapitel orientiert sich an dem von Gadamer geprägten begrifflichen Standard. Und der erste Wahrnehmungsaspekt, den Erika Fischer-Lichte unter theatralischen Gesichtspunkten untersucht, steht unter dem Stichwort *"Vorurteil"*. Es geht um die Abhängigkeit des subjektiven Verstehens vom geschichtlich bedingten Vorverständnis, "mit dem der Rezipient an einen Text herantritt".

Aus der Prämisse der geschichtlichen Bedingtheit des Verstehens ergibt sich für Gadamer nun nicht nur die Notwendigkeit, die eigenen Vorurteile zu reflektieren, sondern auch diejenige einer Reflexion auf den historischen Abstand zwischen der Epoche des Rezipienten und der Entstehungszeit des Textes, der verstanden werden will.[22]

---

20   ebd., S. 33 f.
21   ebd., S. 54
22   ebd., S. 60

An diesem Punkt unterscheiden sich die theatralischen Rezeptionsbe-
dingungen fundamental von den literarischen. Die Reflexion auf den historischen Abstand muß, entsprechend der absoluten Gleichzeitigkeit
von Produktion und Rezeption im Theater, gleichsam umgedreht werden: "in die Reflexion auf die absolute Gegenwärtigkeit." Theaterrezeption erlaubt in geringerem Maße als die Lektüre eines literarischen
Werkes die Vergewisserung im textuell Invarianten (Zurückblättern),
schon das zweimalige "Lesen" einer Aufführung ist unmöglich – es gibt
keine identisch reproduzierbaren "Texte".

Die Theorie des hermeneutischen Zirkels beschreibt den Prozeß literarischer Bedeutungserzeugung als prinzipiell unabschließbar. 'Jede
vollzogene Sinnzuordnung ist nicht als Ende des Rezeptionsprozesses,
sondern immer nur als vorläufiges Ende zu begreifen, von dem der
Prozeß der Sinnkonstitution jederzeit wieder aufgenommen werden
kann"[23] – durch erneutes Lesen oder durch Zurückblättern im Text. Im
Gegensatz zum literarischen Verstehen, wo Sinn sich durch mehrmali-
ges Neu- und Wiederlesen einem unabschließbaren Interpretationspro-
zeß jeweils nur vorläufig einschreibt, macht das Fallen des Vorhangs
im Theater den "vorläufigen Sinn" zum letzten. Die "absolute Gegenwärtigkeit der Aufführung gilt dergestalt auch für ihre Rezeption ..."[24]

Der hermeneutische Zirkel impliziert eine Teil-Ganzes-Relation: 'die
Bedeutungen der einzelnen Elemente und Teilstrukturen des Textes
können nur von seinem Sinn her konstruiert werden, wie umgekehrt
sich der Sinn nur auf der Grundlage der Bedeutung der Elemente und
Teilstrukturen konstituieren läßt."[25] Die "Reflexion dieser Teil-Ganzes-
Beziehung" trifft im Bereich komplexer multimedialer Zusammenhänge
auf Neuland. Erika Fischer-Lichte löst dieses Problem, indem sie
(zunächst) ein streng formales Modell semantischer Kohärenz (aus der
"Strukturalen Semantik") von A. J. Greimas zitiert. Dieses Modell unterscheidet "vier einander potenzierende" Ebenen:

1. Die "lexematische" Ebene. Sie beschreibt "die Seme in der Synthesis
eines Lexems/Semems", also "kleinste bedeutende Einheiten": "einzelne Gesten, Bewegungen, Requisiten, Einzelteile der Dekoration ..."

2. Die klassematische Ebene. Sie faßt lexikalische Elemente 'im
Sinnzusammenhang einer Phrasis". Die Autorin analysiert theatralische
Klasseme in bestimmten "einfachen Zeichenkombinationen", etwa "Ko-
stümen" oder "Raumabschnitten".

---

23   ebd., S. 63
24   ebd., S. 64
25   ebd.

3. Die Ebene der Isotopien. "Sie wird von den unterschiedlichen Körper- und Raumtexten realisiert." Die Isotopien gehen ihrerseits in der obersten Instanz auf, in der:

4. "Totalität des gesamten theatralischen Textes."[26]

Weshalb Erika Fischer-Lichte mit diesem formal-abstrakten Konzept ihre hermeneutischen Überlegungen beschließt, bleibt zunächst offen. Erst das zweite Hauptkapitel des Buches macht den Stellenwert dieses Kohärenzmodells deutlich, macht nachvollziehbar, worauf die Argumentation eigentlich zielt:

> Denn wenn einem Textelement eine Bedeutung immer erst durch seine Einbindung in die nächsthöhere Ebene semantischer Kohärenz beigelegt werden kann, während umgekehrt sich die Bedeutung auf dieser Ebene erst durch Rekurs auf die nächstniedere Ebene konstituieren läßt, folgt daraus, daß der Text in Ebenen semantischer Kohärenz gegliedert werden muß, wenn ihm überhaupt Sinn zugesprochen werden soll. Aus der Teil-Ganzes-Relation läßt sich also zunächst einmal die allgemeine methodische Forderung nach Segmentierung des Textes in unterschiedliche Ebenen semantischer Kohärenz ableiten, die für den Vorgang der Bedeutungsattribution Relevanz besitzen sollen ...
> Eine solche Segmentierung stellt die Voraussetzung für jede noch so minimale hermeneutische Operation dar. Wenn nämlich beim Prozeß der Interpretation zunächst die eigenen Bedeutungen probeweise eingesetzt werden sollen, impliziert auch ein solches Vorgehen, daß Klarheit darüber besteht, auf welchen Ebenen semantischer Kohärenz die konstitutiven Elemente als Zeichen begriffen werden.[27]

Nicht allein der Text entscheidet also über die Kohärenz-Ebene, der ein Zeichen angehört; solche Beziehungsrahmen und Erkenntnisklammern werden, wichtigste Instanz der Teil-Ganzes-Beziehung, maßgeblich erst im Akt der Rezeption erzeugt:

> Der theatralische Text eröffnet also in seiner Eigenschaft als ein ästhetischer Text unterschiedliche Möglichkeiten für Prozesse der Bedeutungsattribution und Sinnzuschreibung. Da aus seinen Zeichen und ihrer Ordnung weder ihre Bedeutungen noch sein Sinn

---

26   ebd., S. 65
27   ebd., S. 70

eindeutig und für alle potentiellen Rezipienten in gleicher Weise zu deduzieren und festzulegen ist, muß das rezipierende Subjekt sie interpretieren, d. h. ihnen aufgrund seiner individuellen Erfahrung unter Berücksichtigung der spezifischen Textstruktur eine Bedeutung beilegen und so den Sinn des Textes für sich konstituieren.[28]

Der Realisation des (theatralischen) Teil-Ganzes-Bezugs widmet Erika Fischer-Lichte, unter der Überschrift "Segmentierung", einen umfangreichen Abschnitt. Zuvor allerdings geht die Argumentation einen charakteristischen Umweg. Die Autorin erklärt theatralische Hermeneutik zunächst einmal (zu Recht) für methodisch unausgereift: "Aus dem Begriff des Verstehens ist also eine Methode des Verstehens als ein Set präzise abgefaßter Regeln und Handlungsanweisungen nicht abzuleiten."[29] Die Lösung des Problems heißt – womit wieder das erste Thema der Exposition aufgegriffen wird – Textsemiotik: "Der Begriff des theatralischen Textes ... enthält dagegen eine Reihe von Bestimmungen, die in derartige Regeln umformuliert werden könnten."[30] Und das heißt in letzter Konsequenz wiederum nichts anderes als: *hermeneutische Nutzbarmachung und Relativierung der Textsemiotik.*

Der Ableitung von "Verstehensregeln" aus der "Theorie des theatralischen Textes" sind nun die folgenden Abschnitte im zweiten Hauptkapitel des Buches gewidmet (Überschrift: "Verfahren der Bedeutungs- und Sinnkonstitution als Methoden der Analyse theatralischer Texte"). Am Anfang stehen vier methodische Forderungen:

1. Der theatralische Text muß auf das zugrundeliegende semiotische System bezogen werden.

2. Er ist in unterschiedliche Ebenen semantischer Kohärenz zu gliedern.

3. Er muß auf die in ihm vorgenommene je spezifische Selektion und Kombination der theatralischen Zeichen hin untersucht werden.

---

28 ebd., S. 67
29 ebd., S. 71
30 ebd.

4. Es sind jeweils die unterschiedlichen Arten der Bedeutungserzeugung zu ermitteln und in ihrer jeweiligen Funktion zu bestimmen.[31]

Der erste Punkt: *Systembezug* (2.1.1). Gemäß Erika Fischer-Lichtes grundlegendem Ansatz stellt der "theatralische Text als Rede" eine Auswahl aus den auf System und Normebene bereitgestellten Bedeutungsmöglichkeiten dar. Daraus folgt:

> ... Jede Aufführung muß daraufhin untersucht werden, a) auf welche Norm bzw. welche Normen sie sich bezieht, b) ob sie diese Normen erfüllt, durchbricht oder aufhebt, c) ob sie eventuell eine neue Norm einführt, d) ob und wie weit dies im Rahmen der vom System generell angebotenen Möglichkeiten geschieht, e) ob und wiefern sie damit das Repertoire des Systems erweitert.[32]

Der zweite Punkt: *Segmentierung* (2.2.2). In diesem Abschnitt kehrt die Argumentation wieder zu dem Greimas-Modell (und seiner hermeneutischen Nutzbarmachung) zurück; hier eine kurze Zusammenfassung:
Die unterste, lexematische Ebene des Modells umfaßt, wie gesagt, Bezeichnungsatome, "kleinste bedeutungstragende Einheiten". In Theatersprachen greift diese Kategorie nicht so richtig, denn, wie Erika Fischer-Lichte im ersten Band der "Semiotik des Theaters" schreibt: "Homogene Einheiten lassen sich für das Theater per definitionem in keinem Falle abgrenzen."[33] Hier liegt das erste Problem der Greimas-Adaption. Wie Erika Fischer-Lichte damit umgeht, ist indes schon typisch für die weitere Argumentation, verkürzt formuliert: Da sich auf Textebene theatralische Seme nicht orten lassen, müssen sie in den Köpfen sitzen. "Die elementare Ebene stellt ... diejenige Ebene dar, auf der den Zeichen ausschließlich aufgrund des jeweiligen Bedeutungssystems des Rezipienten eine Bedeutung beigelegt werden kann oder ... gar nicht".[34]
Die zweite, klassematische Ebene liegt zwischen der elementaren "lexematischen" und der höherorganisierten "isotopischen". Auf der Ebene der Normalsprache prägen sich Lexeme als Sätze aus, im Aufführungstext umfassen sie einfache Kombinationen aus Elementarzeichen, entweder in der Simultaneität, der Parallelführung, oder im Nach-

---

31 ebd., S. 74
32 ebd., S. 76
33 Erika Fischer-Lichte: *Das System der theatralischen Zeichen.* A. a. O., S. 187
34 ebd., S. 79

einander, der Reihung. Durch klassematische Kombinationen "können die ... Bedeutungen der einzelnen Zeichen gegebenenfalls als legitim bestätigt werden und sich gegenseitig zu einer übergeordneten Bedeutung ergänzen – wie die einzelnen Bestandteile eines Kostüms beispielsweise in ihrer Gesamtheit die Bedeutung: Kleidung eines Adligen am Hofe Ludwig XIV. konstituieren mögen ..."[35] Auch hier wird das formale Argument hermeneutisch präzisiert: "Die Wahl der Kombinationen ... ist ... nicht von vornherein eingeschränkt, sondern wird sowohl von den spezifischen jeweils als Isotopie bestimmten Zeichenkombinationen [also von Kombinationen auf höherem Kohärenzniveau] als auch vom besonderen Ziel der Untersuchungen abhängen."[36] Auch Klasseme sind demnach keine absoluten, im Text fixierten Größen, sondern in der Wahrnehmung, in der Analyse setzbare Beziehungsklammern. Und genau das gleiche gilt auf der nächsthöheren, "isotopischen" Ebene, auf der über die Aufführungen normalerweise gesprochen und geschrieben wird. Wobei diese Ebene für den Prozeß der Bedeutungs- und Sinnzuschreibung nun insofern von besonderer Relevanz" ist, "als eine Analyse kaum je von der elementaren Ebene der einzelnen theatralischen Zeichen noch auch von der klassematischen ihren Ausgang nehmen, sondern die beiden Ebenen niedrigerer semantischer Kohärenz immer schon in bezug auf die Ebene der Isotopien mitberücksichtigen wird."[37] Und wiederum bringt die Autorin, gleichsam en passant, eine hermeneutische Denkweise ins Spiel; es gibt unterschiedliche Möglichkeiten, "Isotopien zu erstellen". Oder anders ausgedrückt – es gibt viele Pfade durch die komplexe Form.

Erika Fischer-Lichte stellt uns drei vor. Die erste isotopische Möglichkeit fokussiert im vielschichtigen Zusammenhang auf ein dominierendes Zeichensystem und untersucht den Gesamtzusammenhang in Beziehung dazu, also etwa eine Klassikeraufführung entlang der sprachlich-dramatischen Anteile. Das zweite, "syntagmenbildende" Verfahren ist fast schon der Normalfall der (real existierenden) Aufführungsanalyse: Untersuchung des multimedialen Textes in Anlehnung an die von einem dominanten Subsystem etablierten Einteilungen, etwa Arie – Rezitativ – Chor in der *Opera seria*, oder Akt – Szene – Situation im Drama-Theater. Und das dritte und wichtigste der beschriebenen Verfahren setzt die Rollenfigur in den Mittelpunkt:

Soll sie als Isotopie gelten und fungieren, müssen folglich alle einzelnen Zeichen und Klasseme, welche zu ihrer Konstitution bei-

---

35   ebd., S. 79
36   ebd.
37   ebd., S. 80

tragen, daraufhin untersucht werden, welche Bedeutung ihnen in bezug auf die fragliche Figur beigelegt werden kann bzw. umgekehrt, welche Bedeutung sie sub specie dramatis personae X erhalten.[38]

Die vierte Kohärenzebene "stellt endlich diejenige der 'Totalität des Sinnes', des ganzen theatralischen Textes dar." Es geht – einfacher ausgedrückt – um den Schritt von der Analyse zur Interpretation, um das Fazit.

Die Übertragung des viergliedrigen Kohärenzmodells auf theatralische Verhältnisse ist nicht ganz unproblematisch. Denn mit Blick auf den multimedialen Text läßt sich nicht bestimmen, wo etwa ein "Lexem" aufhört und eine "Isotopie" anfängt. Um die Felder zu stabilisieren, verweist Erika Fischer-Lichte (innerhalb jeder Kohärenzebene) auf den anderen Pol theatralischer Kommunikation: Der eigentliche Ort der Segmentierung liege im Bewußtsein der Wahrnehmenden. Darin drückt sich, genaugenommen, die hermeneutische Widerlegung der Greimasschen Taxonomie aus und zugleich – der eigentliche Gewinn dieser Überlegungen: die *Reflexion auf den selektiven Charakter der Wahrnehmung*. Genau dies – und nicht unbedingt das Modell selbst – läßt sich aufführungsanalytisch fruchtbar machen. Ich habe es im Abschnitt "Sinnklammern" bereits ausgeführt; und einige der isotopischen Strategien, die in angewandter Aufführungsanalyse realisiert wurden, beschreibt das Kapitel "Anwendungsmöglichkeiten".

Der dritte Punkt: *Selektion und Kombination* (2.2.3). Die Untersuchung der "Selektion als bedeutungstragendes Element" soll auf drei Ebenen stattfinden. Zum einen als "Auswahl der zu verwendenden Zeichensysteme". Welches der "vierzehn allgemein möglichen Zeichensysteme" wird tatsächlich eingesetzt? Es geht hier also um die Bestimmung der Zugehörigkeit einer Aufführung zu einem bestimmten Theatergenre. (Eine Oper setzt sich völlig anders zusammen als eine pantomimische Vorstellung.)

Die Selektion ist zweitens als Auswahl des zu realisierenden Zeichentypus innerhalb der einzelnen Zeichensysteme zu untersuchen.[39]

Das heißt: Analyse soll danach fragen, ob die Aufführung ihre Zeichenzusammenhänge extern ("natürlich") oder intern ("künstlich") organisiert. Wie etwa sind die Kostüme entworfen – historisch getreu oder

---

38   ebd., S. 82
39   ebd., S. 86

abstrakt; sind Dekorationen "plastisch gestaltet oder gemalt"? "Jedes Zeichensystem ist in dieser Hinsicht gesondert zu untersuchen ..."[40] Die dritte geforderte selektive Operation steuert (mehr noch als die zweite) in nicht realisierbare Bereiche; sie sieht vor, "die Selektion ... als Auswahl aller de facto in der Aufführung realisierten Zeichen zu untersuchen. In dieser Prozedur muß also – zumindest theoretisch – bei jedem einzelnen Zeichen sowohl seine jeweilige Eigenart als auch die Bedeutung seiner Wahl ermittelt werden ..."[41] Daß diese Forderung angesichts der ungeheueren Zeichenfülle einer Theateraufführung nicht eingelöst werden kann, ist Erika Fischer-Lichte bewußt. Die Frage lautet: Wenn wir nicht alles untersuchen können, wie sollen wir unseren Zugriff bestimmen? Und die Antwort lieferte im Prinzip schon der vorige Abschnitt: Beschränkung auf "kleinere Bereiche", Segmentierung. Um nicht im Nachvollzug der 'auktorialen' Selektionen unterzugehen, müssen wir unsere Wahrnehmung selbst selektieren: "Es wären dann ... nur alle diejenigen Zeichen zu untersuchen, die für das Segment а auf der klassematischen Ebene – wie beispielsweise für das Kostüm der Rollenfigur X – oder für das Segment A auf der Ebene der Isotopien – wie z. B. für die Rollenfigur X – Relevanz besitzen."[42] Wiederum tritt hier die grundlegende Argumentation des Bandes zu Tage, die hermeneutische Revision des positivistischen Anspruchs. Auch die anschließenden Abschnitte über Zeichen*kombinationen*, über Beziehungen der Äquivalenz und der Opposition theatralischer Zeichen, folgen exakt diesem Muster. Wiederum entwirft die Autorin eine komplizierte (auf Binäroppositionen aufbauende) Klassifikationskette; hier werden, an der Grenze des Nachvollziehbaren, fünf Ebenen[43] von Äquivalenz- und Oppositionsbeziehungen (die ihrerseits weiter unterteilt werden[44]) unterschieden und auf die vier theatralischen "Kohärenzebenen" bezogen. Man liest sich Seite für Seite durch Variablenketten, um am Schluß zu erfahren:

Aus dem bloßen Faktum einer Relation läßt sich deren Bedeutung nicht sozusagen mit Hilfe einer mathematischen Gleichung ableiten: wenn die Elemente A und B in bezug auf das Merkmal X äquivalent (oder oppositiv) sind, so folgt daraus in keiner Weise, welche Bedeutung dieser Äquivalenz (Opposition) beigelegt wer-

---

40   ebd.
41   ebd., S. 87
42   ebd.
43   Ähnlichkeit, Umfang, Position, Distribution, Frequenz. Vgl. ebd., S. 91
44   Oppositionsbeziehungen werden ihrerseits weiter unterteilt, in "privative, "graduelle" und "äquipollente". Vgl. ebd., S. 90

den kann oder gar soll. Denn die Bedeutung entsteht nicht automatisch als Folge des Funktionierens eines generativen Systems; zu ihrer Konstitution bedarf es vielmehr stets eines interpretativen Aktes des rezipierenden Subjekts.[45]

Der vierte Punkt: _Externe und interne Umkodierung_ (2.2.4). Dieser Abschnitt variiert und belegt im Prinzip nur, was eingangs gesagt wurde zum Problem der externen (paradigmatischen) und internen (syntagmatischen) Umkodierung. Ich verzichte deshalb auf den Kommentar.

Erika Fischer-Lichtes Versuch, hermeneutische und textsemiotische Verfahren zu vermitteln, führt zu einer Argumentationsstruktur, in der ein aufwendiger, zumeist auf binaristischen Oppositionsbildungen bauender Begriffsapparat exponiert und anschließend hermeneutisch relativiert, wenn nicht widerrufen wird.[46] Wirklich fruchtbar wird die Verbindung der beiden Positionen in einem Punkt: in der Adaptation, bzw. der hermeneutischen Umdeutung des Greimasschen Kohärenz-Modells, hier vor allem im Isotopie-Begriff. Was Erika Fischer-Lichte hier entwirft, ist praktikabel und wichtig für die Reflexion theatralischen Verstehens, gerade für die Überdenkung der selektiven Strategie bei der Erstellung des theatralischen Simulacrums: Wege durch den Zeichenwald abstecken. In diesem Zusammenhang steht ein aufführungsanalytischer Grundsatz, den die Autorin an den Schluß ihrer theoretischen Überlegungen stellt (und dem nichts hinzuzufügen ist):

Da bei einem so umfänglichen Text, wie eine Aufführung ihn darstellt, das Postulat der Vollständigkeit der Analyse von vornherein nicht aufrechterhalten werden kann, ist stets davon auszugehen, daß sie lediglich in einer jeweils bestimmten Partialität zu realisieren sein wird. Es erscheint daher zweckmäßig, zunächst die Ziele und Aspekte zu formulieren, unter denen die Untersuchung durchgeführt werden soll, und dann mit der Analyse an denjenigen Textelementen einzusetzen, die im Hinblick auf diese Ziele in besonderer Weise Relevanz besitzen.[47]

---

45   ebd., S. 111 f.
46   Daran knüpft sich folgende Frage: Warum legt eine hermeneutisch hochbewußte Wissenschaftlerin ihrer großangelegten theatersemiotischen Unternehmung ein Konzept zugrunde, das, jenseits der Einsicht in die historische Relativität auch der wissenschaftlichen Modellbildung, versucht, Theaterstruktur (eben auf der Ebene des "Systems") zu fassen – abgehoben von Raum und Zeit? Tritt die hermeneutische Konsequenz des dritten Bandes zum systematischen Entwurf des ersten in Widerspruch?
47   ebd., S. 109

Jürgen Kleindiek: "Zur Methodik der Aufführungsanalyse"

Kleindieks Dissertation von 1972 markiert einen Anfang in der Theaterwissenschaft; sie stellt den ersten Versuch dar, ein methodisches
Konzept systematisch aus einem Theatermodell zu deduzieren. Was
eine "Aufführung" sei, wird nicht als Selbstverständlichkeit vorausgesetzt, sondern ausführlich problematisiert, im Hinblick auf ein phäno-
menologisch orientiertes Konstitutionsmodell von Dietrich Steinbeck.[48]
In "drei Bühnengestalten" realisiert sich demnach Theater. "Intendierte
Bühnengestalt" steht für das Inszenierungskonzept, die "Intentionen der
Urheber des Werkes", den "Plan des gesamten Ablaufs".[49] Das "Intendierte" wird in der Theateraufführung als "reale Bühnengestalt" konkret. Sie stellt "aufgrund verschiedener Imponderabilien ... eine andere
Qualität als die intendierte Bühnengestalt dar".[50] Die Aufführung ist
dem auktorialen Entwurf nicht gleich, so wenig wie das, was der
Zuschauer endlich zu sehen glaubt, die "vermeinte Bühnengestalt", die
von der "psychophysischen Verfassung jedes Einzelnen" abhängt, von
"Vorbildung, Erwartungshaltung, Grad der Anteilnahme ..."[51] Pointe
der Überlegung:

> Das eigentliche Werk darf also weder mit einer der drei theore-
> tisch ... zu trennenden Bühnengestalten noch mit deren Summe
> gleichgesetzt werden, intendierte und vermeinte Bühnengestalt
> bilden vielmehr jeweils nur das intentionale Korrelat oder Pendant
> zu ihm.[52]

Den drei "Bühnengestalten" entsprechend, konstruiert Kleindiek drei
analytische "Gegenstände", wobei er versucht, die Klippen des Modells, so gut es gehen mag, zu umschiffen: Er packt "intentionale" und
"vermeinte" Bühnengestalt, mit denen er aus verständlichen Gründen
nicht zurechtkommt, in schwarze Schachteln, "Black Boxes" ("Black-
Box ist der Ausdruck für ein System, das im Dunkeln liegt"). Und im

---

48 Kleindiek bezieht sich auf Steinbecks: *Einleitung in die Theorie und Syste-
    matik der Theaterwissenschaft*. Berlin 1970
49 Jürgen Kleindiek: *Zur Methodik der Aufführungsanalyse*. München 1973,
    S. 16
50 ebd.
51 ebd., S. 17
52 ebd., S. 17

dunkeln liegen Intention und Vermeinung, "weil sie sich als gedankliche Vorgänge und Vorstellungen, als Gefühls- und Erlebnisakte der unmittelbaren Wahrnehmung und damit der empirischen Erforschung" entziehen.[53] Im dunkeln bleiben die beiden "Gestalten", weil es sie, jedenfalls so wie Steinbeck es beschreibt, schlichtweg nicht gibt. Wohl existieren bei vielen (nicht allen) Theaterformen Inszenierungspläne, Konzepte, Ideen von den verschiedenen Mitwirkenden (nicht nur vom Regisseur!). Diesen Komplex auf den idealen Nenner einer "intentionalen Bühnengestalt" zu bringen, wird der produktionsseitigen Pluralität des Theaters nicht gerecht, der Tatsache, daß "die einzelnen an seiner Produktion kreativ mitwirkenden Subjekte ... als je eigene Subjekte zu erkennen und zu unterscheiden" sind.[54] Und wohl sieht jeder Zuschauer die Aufführung anders, doch auch ein einheitliches Profil, eine Art *volonté de tous* der Zuschaubedeutung in Form einer "vermeinten" Bühnengestalt, existiert ausschließlich als phänomenologisches Konstrukt.

Kleindiek klammert das Unzugänglichkeitsproblem zunächst aus und konzentriert sich auf die Untersuchung des (scheinbar) Einsichtigen, der "realen Bühnengestalt":

> Denn die Untersuchung des Urheber- wie des Zuschauerbereichs setzt die Analyse der realen Bühnengestalt als der Ausgangs- bzw. als einer der Eingangsgrößen voraus. ... Aufführungsanalyse ... orientiert sich nicht an der Perspektive der Produzenten, sondern nähert sich der der Rezipienten, indem sie ebenso wie diese bei den realen Gegebenheiten der Bühne ansetzt.[55]

Kleindiek formuliert hier sehr vorsichtig, Aufführungsanalyse *nähere* "sich der Perspektive der Rezipienten". Dahinter steht wiederum das Problem der Steinbeckschen Idealtypen. Ich will nun nicht eigentlich bestreiten, daß es etwas wie eine "reale Bühnengestalt" geben mag. Allerdings hat kein Mensch sie je gesehen, weder als beteiligter Schauspieler noch als Zuschauer. Denn der Schauspieler kann als Teil der Aufführung diese nicht als Ganzes überblicken (selbst wenn er andauernd auf der Bühne steht, sieht er einen nicht: sich selbst). Und kein Zuschauer hat die umfassende Perspektive, weil – im einfachen Sinn des Wortes – seine Position im Raum dies nicht zuläßt, weil zum anderen – im übertragenen Sinn – seine Wahrnehmungsfähigkeit dem Gesetz des Vorurteils unterliegt, von verschiedenen externen Faktoren be-

---

53 ebd., S. 33
54 Erika Fischer-Lichte: *Die Aufführung als Text.* A. a. O., S. 33
55 Kleindiek, a. a. O., S. 39f.

einflußt wird. Was wir untersuchen können, ist also nie die vermeintliche 'reale Bühnengestalt", sondern ihr wahrnehmungsspezifisches Pendant, das (erste) Simulacrum der Aufführung in unserem Bewußtsein. Dabei "nähert" sich die Position des Analysierenden nicht etwa der des Rezipienten an, sondern – ist ihr, schlichtweg, gleich.

Um die "reale Bühnengestalt" näher zu bestimmen, geht Kleindiek den Weg von der Steinbeckschen Phänomenologie zur Kommunikationstheorie, bzw. zu einer Frühform der Theatersemiotik: "Analyse der realen Bühnengestalt meint daher nichts anderes als: Betrachtung des Zeichencharakters der Bühnenphänomene, genauer: Untersuchung der Beschaffenheit, Verknüpfung und Bedeutung der Zeichen sowie ihres Bezugssystems."[56] Ich will nicht auf die eher kursorische Orientierungssuche Kleindieks im Bereich positivistischer, strukturalistischer und rezeptionsästhetischer Ansätze eingehen. Die Konsequenz seiner Überlegungen läßt sich in einem Satz zusammenfassen. Es geht ihm um die methodische Kontrolle der analytischen Subjektivität durch möglichst genaue "deskriptiv-quantifizierende" Strukturuntersuchung. Dieses Ziel soll durch die Kombination zweier Analyseoperationen erreicht werden, wobei die erste, Kleindiek nennt sie "Verlaufsanalyse", "sich mit den theatralen Zeichen in ihrer Gleichzeitigkeit und Abfolge" beschäftigt und sie auf ihre "Beschaffenheit, ihre syntaktische und semantische Funktion hin" befragt.[57] Der zweite Schritt, "Strukturanalyse", soll "in der Über- bzw. Rückschau strukturelle Beziehungen auf verschiedenen Ebenen" feststellen, als methodische Kontrolle der (subjektiven) Verlaufsanalyse. Beide Operationen zusammen sollen gewährleisten, "daß die Zeichen sowohl in ihrer Simultaneität und Sukzessivität als auch in ihrer Strukturierung innerhalb des Zeichenganzen betrachtet werden."[58] Die beiden Schritte im einzelnen:

"Verlaufsanalyse"

Vorstellungen analytischer Objektivität setzt Kleindiek ein semiotisches und ein hermeneutisches Argument entgegen. Einsinniger "Denotation" ist das Theaterzeichen demnach wegen seiner "Polyvalenz und

---

56   ebd., S. 40
57   ebd., S. 51
58   ebd.

Polyfunktionalität" nicht zugänglich; es kann gleichzeitig mehrere (indexikalische, ikonische, symbolische) Funktionen erfüllen. Verstehen können wir die Zeichen nur dank ihrer Einbettung in einen "Situationskontext". Zeichen stehen nicht "isoliert": die "Konstellation der Zeichen zueinander engt ihre mögliche Bedeutungsskala ein."[59] Es geht also um syntagmatische Relationen, hermeneutisch ausgedrückt, um ein Verstehen, das den Teil auf das Ganze bezieht. Was die Zeichen außerdem ("mehr oder weniger") verstehbar macht: "das 'Lexikon und die Grammatik' der konventionellen Verhaltensweisen" und "erlernte Wahrnehmungs- und Erkenntniskodes". Kleindiek arbeitet mit Werkzeugen aus dem Standardrepertoire der Theatersemiotik, in offensichtlicher Anlehnung an die entsprechenden Abschnitte in Arno Pauls "Theorie theatralen Handelns". Die Einbeziehung semiotischer Positionen bleibt allerdings allzu knapp. Der entsprechende Abschnitt nimmt in Kleindieks Arbeit kaum mehr Platz ein als, hier, seine Referierung. Weder wird das für die Syntagmatik der Theaterzeichen zentrale Problem der Abgrenzung paradigmatischer Einheiten zum Thema, noch etwa die Vielschichtigkeit und "Kompliziertheit" der Code-Problematik. Der semiotische Verweis gerät dadurch eher zum begrifflichen Zierat.

"Verlaufsanalyse" oder "Analyse der Zeichenfolge" kann – dies das hermeneutische Argument – der "Bühnengestalt" keine "richtigen" Bedeutungen abringen, da sie auf die zwangsläufig begrenzte "Erkenntnisfähigkeit" des analysierenden Subjekts angewiesen ist.

> Analyse der Zeichenfolge der realen Bühnengestalt kann daher letztendlich nicht mehr sein als Diskussion der möglichen Deutungen und Explikation der Gründe, die für die Entscheidung zugunsten einer bestimmten Bedeutung ausschlaggebend sind. Damit ist ... selbst bei exakter und stringenter Durchführung der Analyse nie das Forschungsideal der Objektivität, Präzision und Überprüfbarkeit erreichbar ...[60]

"Strukturuntersuchung"

Laut Kleindieks methodischer Exposition soll "Strukturanalyse" der (subjektiven) chronologischen Analyse als "Kontrollinstanz und Korrektiv" dienen. Sie soll Kriterien liefern, "mit deren Hilfe sich die Er-

---

59   ebd., S. 52
60   ebd., S. 53

148

gebnisse der rezeptiven Analyse verifizieren oder falsifizieren lassen".[61] Kleindiek bezieht sich zunächst auf den von Roman Jakobson entwickelten Ansatz einer strukturalen Poetik, wobei er die nicht ganz einfache Konzeption dieser Methode (die zudem auf einen völlig anderen, den lyrischen Gegenstand zielt) wiederum arg kursorisch umreißt, in einem Abschnitt:

> Grundlegende Kategorien der Strukturanalyse sind ... Äquivalenz und Opposition, d.h. Gleichwertigkeit (bzw. Ähnlichkeit) und Verschiedenwertigkeit hinsichtlich eines gewissen Gesichtspunktes, des Äquivalenz- und Oppositionskriteriums. Mit Hilfe dieser Kriterien und Kategorien lassen sich auf allen Ebenen über dem jeweiligen Objekt (= horizontal) wie auch zwischen den Ebenen (= vertikal) strukturale Beziehungen herausarbeiten; in gleicher Weise können festgestellte Äquivalenzrelationen zu Äquivalenzklassen korreliert werden, so daß sich nach und nach eine Art 'Superstruktur' herausbildet, die ... einer Modellvorstellung vom Organisationsprinzip der Zeichen gleicht.[62]

Das Objektivitätsversprechen dieses Ansatzes liegt zunächst auf der Hand, denn Äquivalenzbeziehungen – etwa Endreime, metrische und lautliche Parallelbildungen im Gedicht – lassen sich klar beschreiben und in ihrer semantischen Funktion bestimmen. Und doch entrinnt, wie Kleindiek zu Recht schreibt, auch dies scheinbar so objektive Verfahren nicht dem Gesetz des Vorurteils:

> Welche Elemente und Relationen allerdings als äquivalent ... erkannt werden, hängt weitgehend von der Perspektive des Rezipienten ab. Denn die Zahl der möglichen Untersuchungsgesichtspunkte ist nahezu unbegrenzt, jedes beliebige Merkmal kann als Äquivalenzkriterium eingesetzt werden.[63]

Wenn Analyse sich nicht im Dschungel der Zeichen und "Äquivalenzkriterien" verlieren will, muß sie ihren eigenen Zugriff beschränken. In der Art, wie Kleindiek das Problem der analytischen Selektion löst, liegt die Pointe seines Ansatzes: Pure Strukturuntersuchung läuft Gefahr, sich in der Fülle der Äquivalenzbeziehungen zu verlieren. Sie braucht demnach "Äquivalenzkriterien". Und genau diese Kriterien soll liefern – die vorgeschaltete "Verlaufsanalyse"!

---

61 ebd., S. 85
62 ebd., S. 86
63 ebd.

Kleindieks Methodenexposition bleibt unausgereift. Das zeigt sich vor allem in einem Punkt: "Strukturanalyse" soll zunächst eingeführt werden, um der subjektiven Verlaufsanalyse ein positives Korrektiv, eine Objektivierungsinstanz nachzuschalten. Diese Intention wird sogleich widerrufen, der Objektivitätsaufbruch führt in den hermeneutischen Hafen zurück: "Auch Strukturanalyse kann ... weitgehend nur mit Kriterien und Kategorien operieren, die hermeneutisch gewonnen sind."[64] Worin unterscheiden sich dann also die beiden Verfahren? An die Stelle einer Antwort setzt Kleindiek die Umkehrung des ursprünglichen Arguments. Es interessiert nun nicht mehr, was "Strukturanalyse" der "Verlaufsanalyse" liefern kann, eben das methodische Korrektiv, sondern was die "Verlaufsanalyse" ihrerseits der "Strukturanalyse" vorgeben soll, eben die Äquivalenzkriterien. Worin eigentlich der Unterschied zwischen beiden Verfahren liegen mag, findet auf der Ebene der Methodenreflexion schon deshalb keine Antwort, weil Kleindiek nur in bezug auf die Strukturanalyse methodische Operationen knapp erläutert, eben die Äquivalenzanalyse. In seinen Ausführungen zur "Verlaufsanalyse" finden sich nur vage Hinweise auf den "hermeneutischen Zirkel". Worin sich die beiden Verfahren letztlich unterscheiden, läßt sich also nur im Hinblick auf Kleindieks Anwendungsbeispiel klären, die Untersuchung einer Aufführung von Becketts "Endspiel".[65]

Kleindieks "Verlaufsanalyse" der Endspiel-Inszenierung liefert eine genaue sprachliche Nachzeichnung des Bühnengeschehens, in der die gewählten Raumverhältnisse, Gesten, Bewegungen, Dialoge und Monologe bezogen werden: auf die Rollen-Isotopie, auf die Nachzeichnung psychologisch-figuraler Dispositionen. Eine zweite Sinnklammer legt Kleindiek auf die "Bühnengestalt", indem er den szenischen "Verlauf" in (genau bezeichnete) Zeitsegmente gliedert. Die zeitliche Segmentierung orientiert sich dabei an der figuralen, grenzt entweder bestimmte Dialog- oder Monologphasen ab (etwa "68:00 –73.45 Der Dialog über Hamms Geschichte") oder bemißt markante pantomimische Abläufe ("Clovs erster Auftritt"). Die sogenannte "Verlaufsanalyse" präsentiert sich als Kombination aus Beschreibung[66] und Interpretation; (fast) jede Bedeutung, die Kleindiek der Bühne ablauscht, wird genau auf die konstituierenden Einzelzeichen bezogen; Beispiel:

---

64 ebd., S. 85
65 Regie: Urs Jenny, Münchner Residenztheater 1971
66 Sie baut ihrerseits auf einen exorbitanten (transkriptiven) Apparat, der dem Buch im Anhang beigefügt ist. Ich gehe auf Kleindieks Dokumentationsüberlegungen im Kapitel "Die Dokumentationsdokumentation" gesondert ein.

Hamm zuckt zusammen, gähnt unter dem Tuch: = Hamm erwacht. Er zieht sich das Tuch vom Gesicht (= ein weiterer Vorhang fällt), langsam heller werdendes Licht richtet sich auf ihn: = Die zweite Phase des Erwachens wird eingeleitet. Er trägt eine grüne Brille: = Er ist blind; sein Unterkörper ist in eine Decke gehüllt, sein Stuhl hat Rollen: = Er ist gelähmt. Die Hausjacke, die randlose Toque auf dem Kopf, die um den Hals hängende Trillerpfeife zeigen schließlich an, daß er der Hausherr ist, auf dessen Pfiff Clov in seiner Küche wartet, und daß zwischen beiden ein Herr-Diener-Verhältnis besteht.[67]

Das Prinzip ist klar. Vor dem Gleichheitszeichen steht jeweils die Beschreibung (körpersprachlicher, beleuchtungsspezifischer, requisiten- und kostümbezogener) Zeichen, nach dem Gleichheitszeichen deren Bedeutung. In diesem Beispiel fokussiert die Analyse auf das Nacheinander von Einzelzeichen. Das nächste (der direkt folgende Abschnitt der Analyse) demonstriert dagegen den Nachvollzug von Synchronbeziehungen (Korrespondenzen) zwischen unterschiedlichen Zeichen, sprachlichen und körpersprachlichen:

Die beiden ersten Sätze Hamms begründen noch ein weiteres Verhältnis zwischen ihnen und fügen damit gleichzeitig dem gesamten bisherigen Geschehen eine neue Bedeutungsvariante hinzu. Denn sein fragendes "Ich bin dran"? (06:30), das folgende Brillenputzen (warum putzt ein Blinder seine Brille?) und Gesichtwischen (in der Reihenfolge des 'Betupfens' dem Bekreuzigen analog), der anschließende Satz "Jetzt spiele ich!" (06:45) besagen, daß auch Clovs Auftritt ein 'Spiel', mehr noch: Bestandteil eines Spielplanes war, in dem nun Hamm an die Reihe kommt, und seine Handlungen sind Vorbereitungen für diesen Auftritt ...[68]

Interessanterweise hat Kleindiek dieses Verfahren methodisch umrissen, allerdings nicht für die "Verlaufs"- sondern für die "Strukturanalyse". Er analysiert hier nach genau den Vorgaben, die er als strukturale Äquivalenzuntersuchung beschreibt: Bestimmung von Bedeutungsäquivalenten "(horizontal) wie auch zwischen den Ebenen über dem jeweiligen Objekt (= vertikal)". Kleindiek arbeitet "strukturale Beziehungen" heraus, die er "zu Äquivalenzklassen korreliert", so daß sich nach und nach eine Art 'Superstruktur' herausbildet", hier die "Spiel-im-Spiel-Struktur"; als Beleg die Fortsetzung des letzten Zitats:

67   Kleindiek, a. a. O., S. 58
68   ebd.

Was der (deutsche) Titel "Endspiel" bereits nahelegt ..., wird hier von neuem aufgenommen: in diesem unwirtlichen Gehäuse findet offenbar ein Spiel statt, ein Spiel im Spiel, dessen Regeln zwar nicht bekannt sind, das aber mit Clovs ersten Aktionen schon begonnen hat und sich im zweiten 'Spielzug' befindet.[69]

"Verlaufsanalyse" ist also letztendlich nichts anderes als eine auf genaue Deskription und In-Beziehung-Setzung von Aufführungselementen bauende Strukturuntersuchung, die sich *chronologisch* am Gegenstand entlangtastet. Und entsprechend präsentiert, was Kleindiek dann als eigentliche "Strukturuntersuchung" ausgibt, nur eine andere Spielart des eben Vorgestellten, eine Untersuchung, welche die wichtigsten Ergebnisse der chronologischen Analyse auf die Ebene des "Gesamtsinns" hochrechnet. Es geht hier vor allem um "zwei Bedeutungseinheiten ..., die sich im Rahmen der Verlaufsanalyse als besonders signifikant erwiesen haben und bereits im (deutschen) Titel angesprochen werden: 'Spiel' und 'Ende'."[70] Kleindiek baut also auf der Grundlage des ersten diachronischen Simulacrums der Aufführung ein zweites synchronisches. Präzise beschreibend und plausibel argumentierend, entdeckt die Analyse in der "Endspiel"-Inszenierung eine mehrschichtige Spielstruktur, die das

... Theater gleich zweifach reflektiert: das Verhältnis von 'eigentlicher 'Spiel'-Struktur und 'Spiel-im-Spiel-Struktur' betont das Handwerkliche, die praktischen Mittel des 'als-ob'-Handelns'; das Verhältnis von 'Hier-wird-Theater-gemacht-' Struktur und 'eigentlicher' Struktur weist auf den Zeichencharakter des Bühnengeschehens zurück.[71]

Die Stärke der Arbeit liegt in der angewandten Analyse. Ihre Methodenexposition bleibt dagegen so kursorisch wie fragwürdig. "Verlaufsanalyse" und "Strukturanalyse" erweisen sich letztlich als zwei Spielarten des gleichen methodischen Konzepts, wobei der zweite Schritt dem ersten keineswegs ein objektivierendes Korrektiv liefert, sondern das im ersten Schritt Selektierte weiter selektiert. Die Zweiteilung der Untersuchung stellt also nichts anderes dar, als ein durchaus praktikables – wenn auch nicht das einzig denkbare – Arrangement der angewandten Aufführungsanalyse.

---

69   ebd., S. 59
70   ebd., S. 88
71   ebd., S. 92

152

II. Die "Tasso"-Analysen

Transformationen

Die folgenden Kapitel sind einer vergleichenden Untersuchung des "Tasso"-Dramas von Goethe und der "Tasso"-Inszenierung von Peter Stein vorbehalten. Was ich in den zurückliegenden Kapiteln entwickelt habe, liefert dafür den methodischen Rahmen und Bezug. Das betrifft zunächst die drei grundsätzlichen Forderungen an die Analyse, die ich mehrfach formuliert und erläutert habe, die Forderungen nach *Historizität, Flexibilität und Explizität*: Analyse sollte sowohl ihren Gegenstand als auch ihre eigenes Vorgehen geschichtlich vermitteln. Sie sollte – da sie nicht von einem statischen Gegenstandsbild ausgehen kann – auf das Eigene und Besondere ihrer Objekte flexibel reagieren. Und um sich nicht im Beliebigen und formal Uferlosen zu verlieren, muß sie ihr Vorgehen, ihre Auswahlstrategien, ihre Interessen begründen und nachvollziehbar machen.

Das Hauptinteresse dieser Untersuchung gilt einer Klassikerinszenierung. Und ihr methodische Rahmenkonzept steht unter der Überschrift: *Transformationsanalyse.* Das liefert nicht *die* analytische Konsequenz schlechthin. Transformationsuntersuchung weist indes, indem sie theatralische Bedeutung in Differenz zur dramatischen Vorlage bestimmt, Vorteile auf für die Analyse des Sprechtheaters und gerade für solche Aufführungen, die mit historischen Dramen arbeiten. Der folgende Abschnitt faßt wichtige Gegenstandsbestimmungen und methodische Überlegungen zusammen: Wie analysiere ich was: die transformative Option.

Was zwischen zwei Buchdeckeln steht, der dramatische Text, bildet allenfalls ein Realisationspotential. Zum Drama wird, was auf Papier gedruckt ist, erst beim Lesen. Der dramatische Text bildet ein Programm, das unser Bewußtsein nach eigenen Gesetzen abspielt. In den abgedruckten Mono- und Dialogen, im Regienebentext vermitteln sich Instruktionsanweisungen für die Leserimagination, Marken für die Generierung der fiktiven Felder: Raum, Zeit, Handlung. Das Potential der gefrorenen Zeichen des Textes trifft im Leseakt auf einen polyphonen Erfahrungshintergrund. Die Dimensionen, die der dramatische Text selbst ausspart, werden dabei, zwangsläufige Voraussetzungen dramatischen Verstehens, erst aufgebaut. Triadische Zeichenzusammenhänge gerinnen zu Handlungen, chronologische Verweise zu Zeitabläufen, Ortsmarken zu Räumen, Sätze werden zu Äußerungen, Äußerungen verdichten sich zu Charakteren, die Homophonie der dramatischen Partitur geht auf in der Polyphonie eines inneren Spielfelds. Text wird Bild, und was der Dramentext offenläßt dem Leser zum Produktionsanreiz. Das *Drama ist das erste Simulacrum des dramatischen Textes*; es realisiert sich, Synthese aus Fremdem und Eigenem, grundsätzlich als Interpretation. Der Dramentext bleibt invariant, Drama existiert dagegen als unveränderliche Größe nicht.

Auf eine vergleichbare Relation von Zeichenangebot und Bewußtseinsrealisierung treffen wir im Theater. Mit einem großen Unterschied: Hier präsentiert sich, was auf uns einströmt, schon polyphon strukturiert. Die vielschichtige Textur der Bühnenpräsentation ist, verfolgt man im Rahmen einer Sprechtheaterproduktion den Weg des Dramentextes zur Aufführung, (mit) eine Konsequenz des ersten Simulacrums, gegenständlicher Ausdruck von Lesarten des Produzententeams: *Die imaginierte Polyphonie des Dramas materialisiert auf der Bühne.* In beiden Fällen ereignet sich Interpretation als Ergänzung. Im Fall des Dramas produziert die Leserimagination, was dem Dramentext fehlt, im Prozeß theatralischer Produktion wird das immaterielle Drama gleichsam stofflich ausgefällt. Die Bühne interpretiert das Drama, indem sie es bebildert, sie versieht die imaginierten Charaktere mit Körpern, verdichtet (oder verschleiert!) den Sinn der Worte durch gestische, farbige, musikalische, räumliche Äquivalenzen. Dieses zweite Simulacrum kann vom ersten beeinflußt werden, ist ihm jedoch nicht identisch. Die szenische Textur zeigt sich in ihrer materiellen Gegebenheit zugleich beschränkter und bestimmter als die imaginierte des Lesers. Und die szenische Realisation verdankt sich auch bei extremen Spielformen des Regietheaters niemals nur der Imagination eines Dirigenten, der in der Lage wäre, seine Lesart bruchlos auf die Bretter zu transformieren. Der Autor im Theater ist niemals (nur) ein einzelner, und dem Zugriff der Regie bleiben eine Reihe von theatralischen Bedeutungsfaktoren entzogen: die räumlichen Voraussetzungen der Bühne, die Körper und Stimmen der Schauspieler lassen sich nicht gänzlich modellieren. Das zweite Simulacrum (des dramatischen Textes), die szenische Textur, ergibt sich als Synthese mehrerer Lesarten und wird begrenzt und befördert durch die materiellen Voraussetzungen der Produktion.

Drama nannte ich die imaginäre Gestalt, die wir im Akt des Lesens auf den Angeboten des dramatischen Textes bauen, *als Aufführung* bezeichne ich das ästhetische Objekt der szenischen Textur. Für dieses (dritte) Simulacrum, für die Bühne im Kopf, gelten prinzipiell dieselben Voraussetzungen wie für das erste (das Drama), auch hier haben wir es mit einer imaginierten Polyphonie zu tun, wobei räumliche, zeitliche, handlungsspezifische Eberen allerdings nicht mehr imaginativ zu ergänzen sind; Korrespondenzbedeutung kommt zustande als Auswahl und Synthese der von der szenischen Textur angebotenen Äquivalenzmöglichkeiten. Auf dem Weg des Dramentextes zur Theaterrezeption treffen wir hier auf die dritte Interpretationsebene. Auch hier trifft Fremdes (Zeichenangebot) mit Eigenem ("Vorurteil") zusammen, auch hier stellt sich, was wir als objektiven Eindruck empfinden, als Ergebnis von selektiven und kombinatorischen Prozessen dar. Der Weg vom Dramentext zur Theaterrezeption präsentiert sich als Simulacrenkette; die von Verfechtern der "Werktreue" eingeforderte Identität von Drama und Aufführung ist, Ausdruck falscher Gegenstandskonzepte, unmöglich.

Der kommunikative Zusammenhang zwischen dramatischem Text und seiner imaginativen Realisierung als Drama ist über eine "unilaterale" Beziehung geregelt. Auktoriale und rezeptive Produktion erfolgen zeitlich getrennt, und da zumindest das materielle Zeichenexemplar, der schriftlich fixierte Dramentext, sich nicht verändert, wirkt Drama *scheinbar* unvergänglich. Real vergänglich präsentiert sich, was auf der Bühne abläuft. Damit wird der größte Vorteil theatralischer Kommunikation erkauft: die zeitliche Unmittelbarkeit von Spielen und Schauen und die (zumindest mögliche) Beeinflußbarkeit der szenischen Textur durch die Zuschauer.

Vor diesem Überblick lassen sich verschiedene Fragestellungen an Drama und Theater pointieren. Analyse setzt an beim ersten oder dritten Simulacrum, bei Drama oder Aufführung, im Zusammenhang mit Gegenstandsinteressen der Literatur- oder der Theaterwissenschaft. Eine Sonderform der Dramenanalyse, die dramaturgische, steht dazwischen: die gezielte Untersuchung des Dramas in Hinblick auf das formulierte Aufführungspotential, Erforschung der szenischen Vorgaben des Dramas, Vermessung denkbarer Bühnengestalten: *Im ersten Simulacrum die Möglichkeiten des zweiten abtasten.* Dies betrifft nicht nur die aufführungsvorbereitende Arbeit der Produktionsdramaturgie, sondern beschreibt den ersten Ansatzpunkt der Transformationsanalyse.

Reine Aufführungsanalyse, Beispiel wäre die Arbeit von Gudrun Buchholz, interpretiert die Aufführung und nichts als die Aufführung.

Auch der Transformationsanalyse geht es letztendlich um die Aufführung, im Unterschied zur reinen Aufführungsanalyse setzt sie einen stärkeren Akzent auf ihre dramatischen Anteile. Das heißt gerade nicht, daß Theater auf Drama reduziert wird. Transformationsanalyse respektiert allerdings dramatisch-sprachliche Elemente als überaus wichtigen Bestandteil der Aufführung und *nimmt sie als Fokus für die Korrespondenzuntersuchung.* Hierbei gilt eine These, die ich mehrfach formuliert habe: Die Korrespondenzbedeutung, das Bewußtseinsresultat der szenischen Äquivalenzbeziehungen, läßt sich theoretisch von jedem der beteiligten Ausdrucksträger aus ins Auge fassen, die Dialektik des Vagen und des Bestimmten wirkt in alle Richtungen. Prinzipiell kann man der Korrespondenzbedeutung nachforschen, vom Bild auf die Sprache oder von der Sprache auf's Bild schauend. Peter Steins "Tasso" vom Bühnenbild aus zu interpretieren (etwa: wie konkretisiert die Sprache den Raum?) ist prinzipiell möglich, aber schon aus analytisch-ökonomischen Gründen wenig sinnvoll. Ich halte es für legitim, Aufführungsanalyse gerade bei Sprechtheateraufführungen, die auf komplexen und schwierigen Dramen bauen, an der sprachlichen Komponente entlang zu organisieren. Um Mißverständnissen vorzubeugen, möchte ich es noch einmal betonen: Die dramatischen Anteile an der Inszenierung werden dabei nicht zum *Gegenstand,* sondern nur zum *Fokus* der Korrespondenzuntersuchung![1]

Transformationsuntersuchung arbeitet in zwei Schritten. Sie analysiert ein Drama dramaturgisch, im Hinblick auf denkbare und sinnvolle Interpretationen, bestimmt dann das Profil der zu untersuchenden Aufführung(en) vor diesem Hintergrund, *setzt also das erste und dritte Simulacrum über das zweite in Beziehung.* Beide Schritte gestalte ich als semantische Spektralanalysen. Die dramaturgische Analyse tastet Sinnspielräume ab, Interpretationsfelder. Sie verbindet Strukturanalyse mit rezeptionsbezogenen Fragestellungen, überprüft und relativiert eigene Untersuchungsergebnisse mit Blick auf die Rezeptionsgeschichte.[2] Auf dieser Grundlage untersucht die Transformationsanalyse im

---

1 Meinen multimedialen Ansatz und Anspruch nehme ich dadurch nicht zurück!

2 Semantische Spektralanalyse zielt keineswegs darauf ab, den eigenen Blick auf den Gegenstand zugunsten eines umfassenden Bedeutungsrelativismus' aufzugeben. Wenn ich im Rahmen meiner Analysen auf Punkte stoße, die in der früheren "Tasso"-Exegese – meiner (begründeten) Ansicht nach – falsch oder unzureichend dargestellt wurden, so werde ich dies benennen und kritisieren. Wichtig ist nur eines: auch die eigenen Interpretationsergebnisse nicht als "fertig" oder "erschöpfend" zu begreifen, sondern als weiteren

zweiten Schritt die Aufführung, einerseits als weiteren Schritt der Interpretationsgeschichte des Dramas, zugleich als eigenständige theatralische Größe.

Die dramaturgische Vorarbeit wird hier wichtig gerade im Hinblick auf die Ökonomie der Analyse. Jede Arbeit, die sich mit umfangreichen Klassikerinszenierungen auseinandersetzt, läuft Gefahr, sich im exorbitanten Bedeutungskosmos des polyphonen Textes zu verlieren. Gerade die ambitioniertesten "Verlaufsuntersuchungen" verlaufen sich, die komplexen szenischen Wirkungszusammenhänge chronologisch nachzeichnend, in inkommensurabler Geschwätzigkeit; je genauer die sprachliche Übersetzung arbeitet, desto undurchdringlicher wird sie. Die Lösung, die ich hier versuche, orientiert sich weitgehend synchronisch. Vorgewarnt durch die dramaturgische Analyse, *greift sie aus dem polyphonen Körper der Inszenierung gezielt jene Stellen heraus, die sich, historisch, als Brennpunkte der Interpretation erwiesen haben.* Die Analyse bestimmt ihren Fokus (sowohl für das Drama als auch für die Aufführung) nach figuralen Gesichtspunkten. Fragt indes weniger psychologisch, sondern untersucht im psychologischen den sozialen Gestus, wie er sich der Aufführung in korrespondentiellen Gewichtungen einprägt. Auch die Aufführungsanalyse vermittelt ihre Ergebnisse geschichtlich[3], bewertet und analysiert ihren gesellschaftlichen Hintergrund, verifiziert eigene Analyseergebnisse anhand von historischen Rezeptionszeugnissen, Kritiken und Erfahrungsberichten der Mitwirkenden.

Schritt auf dem Weg. Ein Bedeutungsspektrum zu analysieren schließt *nicht* aus, die eigene Lesart darin zu gewichten, falsch wäre es indes – sie absolut zu setzen.

3 Historische Bezüge vermittle ich in diesem Arbeitsschritt konzentriert im Kapitel "Schluß: Kontexte". Wer sich für Daten, Hintergründe und Wirkungen der Aufführung interessiert, kann die ersten Abschnitte dieses Kapitels als Einführung in die Stein-Inszenierung vorziehen.

Goethes "Tasso"-Drama

Die Struktur der Fabel

Aber der "Taßo" ist weder ein Roman, noch ein Trauerspiel, noch überhaupt ein Drama in Aristoteles Sinn. Uns scheint er nichts weiter zu seyn, als eine dramatische Schilderung eines Charakters, oder vielmehr nur einer besonderen Seite desselben unter verschiedenen Gesichtspunkten; eine Reihe von Situationen, eine Folge von Scenen, deren jede für sich einen vorzüglichen Werth hat, und deren zuweilen drey oder viere ein poetisches Ganzes ausmachen, die aber durch nichts zusammengehalten werden, als höchstens durch eine Leidenschaft, die weder Anfang, Mitte, noch Ende hat ... Nun kann aber eine Handlung, welche nicht endigt, unmöglich die Haupthandlung eines Stückes seyn. Und wie kann eine Handlung geendigt heißen, bey welcher uns noch so viel zu fragen übrig bleibt? Ist Taßo nun von seiner Liebe geheilt, oder ist er auf ewig ein unglückliches Opfer seiner Leidenschaft? ... Werden die Gesinnungen, die er in der letzten Szene äußert, unveränderlich in seinem Herzen bleiben? Wird sein Mißtrauen auf ewig erlöschen oder auf ewig entzündet seyn? ... Es erhellt schon hieraus mehr als deutlich, daß dieser Theil des gegenwärtigen Schauspiels fehlerhaft sey. Die Haupthandlung hebt sich nicht heraus, und was man dafür annehmen mag, ist nur angesponnen, nicht zu Ende gebracht. ... Alle ... Fäden werden abgeschnitten, und verlieren sich in das Unendliche; statt sich zu vereinigen.[4]

Was diese Erstrezeption herausarbeitet, hat sich – in einer beim "Tasso" seltenen Einmütigkeit – rezeptionsgeschichtlich durchgesetzt: "Tasso" sei ein handlungsarmes Drama, liege, als subtile Charakterzeich-

---

4   Anonymer Artikel, in: Friedrich Nicolai (Hrsg.): *Neue Bibliothek der schönen Wissenschaften und freien Künste*. Berlin 1790, Jahrgang 41. Hier zitiert nach Grawe, Christian (Hrsg.): *Johann Wolfgang Goethe. Torquato Tasso. Erläuterungen und Dokumente*. Stuttgart 1981, S. 109 f.

nung, an der Grenze zum Epischen; noch in einem der neuesten germanistischen Beiträge liest man:

> Die Vermeidung von Schärfen bis hin zur Verwischung und Verunklärung dramatischer Strukturelemente ist ... ein kennzeichnender Zug des ganzen Werks ... [Der] straffe Aufbau fehlt dem Werk völlig. Das macht sich schon in der gewaltigen Länge des Stücks bemerkbar und in einer Handlung, die zur Verästelung und Verzögerung neigt... Die Handlung ... ist geringfügig und oft symbolisch, mehr auf darunterliegende Bedeutungsschichten verweisend als tatsächliche Aktion ...[5]

Einerseits paßt sich "Tasso", als eines der Hauptwerke des Goetheschen Klassizismus, an die rigide Dramaturgie des französischen Vorbilds an, wahrt Einheiten von Zeit und Ort (24-Stunden-Regel), setzt sich, was die Einheit der Handlung betrifft, gewissermaßen nonchalant über die Regeldramaturgie hinweg, gerade und vor allem im Schluß, dem *open end*, Hauptirritationspunkt jeder normativen Deutung. Die "Tasso"-Rezeption hat erst sehr spät (in der Person von Wolfdietrich Rasch) die Ebene der Handlung als signifikant erkannt. Über hundertfünfzig Jahre lang galt "Tasso" als "Charakterdrama" und die Folgen der Ausblendung von Handlung äußern sich bis heute darin, daß die "Tasso"-(Schul-)Interpretation das komplexe Drama auf wenige fragwürdige Charakterformeln reduziert. So wird Tassos Krise mit einem (positiv oder negativ bewerteten) essentiell-neurotischen Dichtercharakter verrechnet (Einheit von Genie und Wahnsinn), wobei die Motivation der diversen Katastrophen durch die dramatische Entwicklung schlicht übersehen wird: die Geschichte einer handfesten sozialen Katastrophe, gespeist aus den Quellen von Mißgunst, Intrige, menschlichem Versagen, Irrtum und Vertrauensverlust, wobei nicht nur der Dichter als Verlierer übrigbleibt.

Ich bestreite nicht, daß "Tasso" einen starken Akzent auf die Charakterzeichnung setzt (und entsprechend gestalte auch ich den größeren Teil meiner dramaturgischen Analyse als Figurenanalyse). "Tasso" ist dennoch nicht arm an Handlung. Die Schwierigkeiten der Interpreten mit dieser Dimension des Stücks liegen zunächst darin, daß sich die Fabel zu verstecken scheint in den exorbitanten Mono- und Dialo-

---

5   Karlheinz Schulz: *Goethes und Goldonis "Torquato Tasso"*. Frankfurt, Bern, New York 1986, S. 159 f.

gen. Goethe selbst nannte sein Stück "theaterscheu", bezweifelte die
Bühnenwirksamkeit seines Stückes wegen der "Ausführlichkeit ..., wo-
mit das Stück behandelt ist, und wodurch seine Erscheinung auf dem
Theater theilweis beinah unmöglich ward."[6] Und:

> Alles geschieht darin nur innerlich; ich fürchtete daher immer, es
> werde äußerlich nicht klar genug werden.[7]

Die signifikanten Handlungsmomente fallen nur an wenigen Stellen ins
Auge, man braucht die dramaturgische Lupe. Zum anderen ist der
Handlungszusammenhang, in den die fünf Figuren gestellt werden,
äußerst kompliziert und durch die Raster der Regeldramaturgie kaum
nachvollziehbar ("falsch"): Handlungsstränge überlagern sich fast unmerklich, mitten im Stück bringt eine kleine Intrige alles völlig durcheinander, und die Konsequenz des Ganzen weist ins Unbestimmte.
"Tasso" bleibt ohne den Nachvollzug des subtilen Netzwerks der
Situationen und Aktionen letztendlich unverständlich, und gerade die
Figurenanalyse braucht die Handlungsanalyse als wichtiges charaktero-
logisches Indiz. Die folgende Fabelanalyse stützt sich methodisch auf
ein Analysemodell, das ich – strukturale Ansätze hermeneutisch vermittelnd – an anderer Stelle[8] vorgeschlagen habe. Da ich diese aufführ-
rungsanalytische Arbeit nicht mit einem dramentheoretischen Exkurs
belasten will, und da die folgenden Analysen prinzipiell auch ohne den
methodischen Hintergrund verständlich sind, beschränke ich mich auf
einige Stichworte.

Strukturalistische Analyse interpretiert "Handlung" und "Situation" als
Repräsentanten syntagmatischer (verbindender) und paradigmatischer
(selektiver) Kräfte im "Sekundärsystem" Drama. Der Mikrokosmos der
Handlung wird übereinstimmend als "triadischer" definiert; Axel Hübler: "Handlung ist die nach Situationsorientierung ... gewählte Überfüh-
rung einer Situation in eine andere im Sinne einer Entwicklung".[9] Sie
besteht, nach Manfred Pfister, aus "den Segmenten: Ausgangssituation,

---

6 Hans Gerhard Gräf: *Goethe über seine Dichtungen*. Versuch einer Sammlung aller Äußerungen des Dichters über seine poetischen Werke. T. 2.: Die
   dramatischen Dichtungen. Bd. 4. Frankfurt/M. 1908, S. 337
7 ebd., S. 331
8 Guido Hiß: *Korrespondenzen*. Tübingen 1988. Kap. 4: Aspekte der Dramentheorie.
9 Axel Hübler: *Drama in der Vermittlung von Handlung, Sprache und Szene*.
   Bonn 1973, S. 12

Veränderungsversuch und veränderte Situation".[10] Die offenste Definition stammt von Jurij Lotman: "Ein Ereignis im Text ist die Versetzung einer Figur über die Grenzen eines semantischen Feldes".[11] Diese triadische Bestimmung gilt gleichermaßen für reine Sprechhandlungen (Antonio verändert die Situation, indem er Tasso gezielt beleidigt) wie für "Realhandlungen" (Tasso verändert die Situation, indem er den Degen zieht).

Die Gesamthandlung des Dramas ergibt sich in der Abfolge der Handlungstriaden, wobei, nach Hübler, die elementare triadische Bestimmung prinzipiell gilt sowohl "für eine Einzelhandlung ... als auch für jede größere ... Handlungseinheit bis hin zur Gesamthandlung, wenn diese nicht als Summe, sondern als Produkt von Einzelhandlungen aufgefaßt wird."[12] Selektive Gesetze beherrschen nicht nur den Mikrokosmos der Handlungstriade (Auswahl der in Beziehung gesetzten Situationen), sondern auch die Gesamtstruktur der Fabel. Das gilt für das Fabelarrangement entlang grundlegender thematischer Oppositionen (etwa: Kunst-Leben, Phantasiemensch-Politiker, Utopie-soziale Norm) als auch hinsichtlich der Anordnung untergeordneter Einheiten, von "Handlungssträngen" und/oder Situationssequenzen. Das Ideal der normativen Regeldramaturgie, "Einheit der Handlung", läßt sich in diesem Modell darstellen als lineare Anordnung von Handlungstriaden, wobei von Schritt zu Schritt der Informationsgehalt der Situationen ansteigt, da jede Situation die Handlung, aus der sie hervorgegangen ist, in sich aufhebt.

"Exposition" als "Teil der Entwicklung"[13], dieser theoretischen Forderung der klassizistischen Poetik kommt "Tasso" exemplarisch nach: die konflikthaltigen Anfangssituationen werden im ersten Akt (und in der ersten Szene des zweiten Aktes) über Handlungen vermittelt. Der Dichter liefert sein Manuskript ab, Vollendung markiert den Anfang, und Alfons erste Handlung folgt darauf: Der Fürst gibt den Impuls zur Dichterkrönung. Für Tasso resultiert daraus Euphorie, und mit dem direkt nachgeschalteten Auftauchen Antonios, der ebenfalls erfolgreich eine Aufgabe vollendet hat, einen politischen Auftrag, wird der Gegenpol geschaltet. Der Überschwang des Künstlers kühlt ab im Augen-

---

10 Manfred Pfister: *Das Drama*. München 1977, S. 262
11 Jurij Lotman: *Die Struktur literarischer Texte*. München 1981
12 Hübler, a.a.O , S. 3
13 Schiller in einem Brief an Goethe. Zit. nach Peter Szondi: *Theorie des modernen Dramas*. In: Schriften 1. Frankfurt/M. 1978, S. 23

schein des Politikers, und das erste und größte Konfliktpotential des Dramas ist etabliert. Weniger deutlich stellt der Expositionsakt auch schon die Weiche für zwei weitere Entwicklungen, die Liebesgeschichte zwischen Tasso und der Prinzessin und die Leonoren-Intrige des vierten Aktes (ich gehe in den Figurenanalysen genauer darauf ein). Im subtil spöttischen Ton des "Schäferspiels" der ersten beiden Szenen äußert sich schon eine untergründige Rivalität der beiden Hofdamen um den Dichter, und in Leonores "platonischem" Tasso-Bild ("Sein Auge weilt auf dieser Erde kaum" [159]) kündigt sich schon eine Rechtfertigungsstrategie an, mit der sie später den Versuch, Tasso von Ferrara und von der Prinzessin wegzulocken, entschuldigen wird: Wer den Boden nicht berührt, kann ohne Skrupel verpflanzt werden.[14] In der letzten Expositionsszene, der ersten des zweiten Aktes, erfahren wir, daß Tasso und die Prinzessin sich überaus nahe stehen, ein Liebesverhältnis tritt auf den Plan, und, in der Folgeszene monologisch vermittelt, eine neuerliche Euphorisierung des Dichters: Den Kranz hat er sicher und, wie um sein Glück vollkommen zu machen, kündigt sich sogar Liebeserfüllung an. Die Szene II.1 bleibt indes nicht im Situativen; die Prinzessin gibt Tasso einen Auftrag: "Ihr müßt verbunden sein" [957]. Er soll auf Antonio zugehen, sich einen neuen "Freund" schaffen, auf daß Harmonie herrsche am Hof. Und diese intendierte Handlung motiviert maßgeblich die Streitszene, treibt Tasso erst hinein in die Hände des mißgünstigen Rivalen.

In der Szenengruppe II.3–5 ereignet sich etwas, was der Regeldramaturgie als Unding erscheinen mußte. Wo im (Freytagschen) Musterdrama das erste Steigerungsmoment sitzt, markiert Goethe schon (eine) Peripetie. Die Tasso-Antonio-Handlung, kaum eben exponiert, entlädt sich im Verbal-Duell und Tassos anschließendem Degenziehen (der Schuldfrage gehe ich in den Figurenanalysen nach). Und wiederum handelt der Fürst, bestraft Tasso (seiner Meinung nach) leicht, mit Stubenarrest; der Dichter legt Kranz und Degen demonstrativ nieder, fühlt sich schwer und zu Unrecht verbannt und verschwindet für mehr als einen ganzen Akt.

Das erste, was der Dichter, im Gegensatz zum Zuschauer, nicht erfährt, ist, daß der Fürst auch Antonio, dessen Mitschuld er erkennt, maßregelt und (milde) bestraft, mit dem Auftrag, auf Tasso "als väter-

14 Ich zitiere nach: Goethe, Johann Wolfgang: *Torquato Tasso*. In: Goethes Werke. Festausgabe. Herausgegeben von Robert Petsch. Siebenter Band: Dramen III. Leipzig 1926.

licher Freund" zuzugehen, ihn zu versöhnen. Alfons, von Tassos über-starker Reaktion auf den Stubenarrest betroffen, initiiert eine regel-rechte Befriedungsdiplomatie: Leonore Sanvitale soll, noch vor Anto-nio, den Dichter mit 'zarter Lippe zu besänft'gen suchen" [1628]. Und daß er damit die Geiß zur Gärtnerin macht, zeigt der dritte Akt. Wo ge-mäß der Norm der Höhepunkt zu stehen hätte, bricht eine (fast) völlig neue Handlungssequenz ein, fast ein Drama im Drama, der Katalysator heißt Leonore. In der Rolle der guten Ratgeberin überrumpelt sie (III.2) die Prinzessin: Tasso soll, vorgeblich zu seinem Besten, vom Hof ent-fernt werden. Schmerzlich willigt die Prinzessin ein ("allein, es sei" [1741]); sie entscheidet sich – ihr Harmonieideal gerät durch die über-große Zuneigung zum Dichter in Gefahr – gegen Tasso. Und im an-schließenden Monolog entlarvt sich die Ratgeberin (dem Zuschauer) als Intrigantin: Zu ihrem Besten und zum Besten des eigenen Florenti-ner Hofes will sie den Dichter.

Und weiter spinnt sich die Intrige im Gespräch mit Antonio, der hier Gelegenheit erhält, sein vom "bösen Genius" besessenes Verhalten in der Streitszene zu bedauern. Antonio läßt sich gerade nicht für Leono-res Pläne einspannen und plädiert für das Verbleiben Tassos am Hof. Die Intrigantin wendet sich nun, Alfons Befriedungsauftrag vordergrün-dig, ihrem Eigennutz hintergründig nachgehend, an den immer noch ar-retierten Dichter. Wir schreiben inzwischen die zweite Szene des vier-ten Aktes (die erste ist einer monologischen Klagearie Tassos vorbehal-ten).

In dieser überaus dialogintensiven Szene (vgl. die Leonoren-Ana-lyse) erfüllt sich der dramaturgische Zweck der Intrige: Sie wird mit der Tasso/Antonio-Handlung unrettbar verwoben. Und als Resultat die-ses Ineinanderlaufens zweier Handlungsstränge ergeben sich eine Reihe von fundamentalen Irrtümern. Leonore operiert mit Halbwahrheiten, antwortet auf Tassos ängstliche Fragen nach den Reaktionen der übri-gen Hofangehörigen auf seine Bestrafung gezielt allgemein. "Daß nie-mand dich im ganzen Vaterlande/ Verfolgt und haßt, und heimlich drückt und neckt!" [2459], erfährt Tasso (und glaubt es natürlich nicht). Kein Wort über Antonios Bedauern, und auch sein Plädoyer für Tassos Verbleiben unterschlägt Leonore im Interesse ihrer eigenen Pläne. Für ihren Abreiseplan gewinnt sie Tasso (scheinbar) mit einer letzten Perfi-die. Tasso fragt nach der Prinzessin, und deren komplizierte Seelenlage reduziert Leonore auf eine fast schon diabolische Pointe: "Da sie dich kennt, hat sie dich leicht entschuldigt" [2438].

Die Leonoren-Intrige hat ihre Schuldigkeit getan: Zuspitzung von Tassos Vertrauenskrise ist ihr Resultat. Und das raffinierte dramaturgische Arrangement wird in der anschließenden Monologszene (IV.3) klar: Der Zuschauer war im dritten Akt Zeuge des Geschehens, Tasso nicht. Aus diesem Informationsdefizit der Figur (und gerade nicht aus der mangelnden Weltklugheit des Phantasiemenschen!) resultieren zwei fundamentale Irrtümer: Zwar durchschaut Tasso die unlautere "Absicht" Leonores, interpretiert sie zwangsläufig falsch, hält die Fürstin für ein Werkzeug Antonios, den er für den Initiator des Vertreibungsplanes hält. Die Prinzessin (wie auch der Fürst) ließen Tasso im Leidenskämmerlein allein, und Leonores Halbwahrheiten tun das ihre: "Willkommner/ Ergriffe mich der Tod, als diese Hand,/ Die kalt und starr mich von sich läßt" [2541] – so schätzt Tasso nun den Rückzug der Prinzessin ein. Tasso handelt, und dieser Impuls trägt fast den ganzen Rest des Stücks: Er beschließt die Abreise. (Damit ist die Leonoren-Intrige gerade nicht erfolgreich, denn nach Florenz wird Tasso nicht ziehen: "Ich will hinweg, und weiter als ihr denkt" [2531].) Tasso beginnt seinerseits zu taktieren ("ich lerne mich zu verstellen"), um dieses Ziel zu erreichen. Er versöhnt sich oberflächlich mit Antonio (dem er – siehe Monolog IV.5 – nach wie vor überhaupt nicht traut), sendet ihn, um seinen Abreiseplan voranzutreiben, zum Fürsten: "Du brachtest mir die Freiheit wieder; nun/ Verschaffe mir, ich bitte, den Gebrauch" [2586]. Alfons zeigt sich im Gespräch mit Antonio unwillig (V.1), gibt jedoch nach (V.2), nicht ohne Tassos eben fertiggestelltes Manuskript einzubehalten, und rät seinem Dichter – die Motive seines Abreisewunsches (als Dichterlaune) völlig falsch interpretierend – zu einer Kur.

Tassos zweites und letztes Gespräch mit der Prinzessin endet katastrophal. Seit ihrem ersten Gespräch hat sich viel ereignet, und – wiederum im Gegensatz zum Zuschauer – wissen die Figuren letztendlich nichts voneinander. Tasso weiß nicht um der Prinzessin Leiden an ihrer Liebe, die Prinzessin weiß nichts von Tassos Vertrauenskrise. Und wie in der Parallelszene des zweiten Aktes löst eine schillernde Äußerung der Prinzessin erhebliche Seelenbewegungen bei Tasso aus. Im zweiten Akt geriet er durch ein verklausuliertes Liebeseingeständnis in Euphorie, hier genügt ein einziger Satz, um Tassos Abreiseentschluß, den er mit allen taktischen Mitteln der Hofdiplomatie verfolgt hatte, zusammenbrechen zu lassen: "Ich muß dich lassen, und verlassen kann/ Mein Herz dich nicht" [3220]. In der Parallelszene hatte der Dichter auf der Prinzessin Weisung "seine Glut" gemäßigt. Hier "beschränkt der Rand des Bechers einen Wein,/ der schäumend wallt" [3267] nicht mehr.

Tassos Leidensdruck entlädt sich im Angesicht der scheinbar wiedergewonnenen Geliebten in einer grenzüberschreitenden Geste: *Er fällt ihr in die Arme und drückt sie fest an sich.* Doch die Prinzessin stößt ihn von sich und *eilt hinweg,* was auch damit zu tun hat, daß, laut Regieanweisung, sowohl Leonore als auch der Fürst und Antonio zum Augenzeugen der Szene werden. Und wie sich diese Szene als Umkehrung der Prinzessinen-Szene des zweiten Aktes lesen läßt, so folgt ihr auch hier ein Dialog Tasso-Antonio hinterher, und auch hier entwickelt sich alles spiegelverkehrt. Eine Annäherung der Rivalen scheint sich anzudeuten, der "Schiffer" Tasso "klammert sich ... am Felsen fest, an dem er scheitern sollte" [3452]; ob dies letztendlich seine Niederlage zementiert oder aber eine versöhnliche Perspektive öffnet, dies läßt der Schluß offen und wurde und wird in den Schreibstuben der "Tasso"-Exegeten und auf den Bühnen unterschiedlich interpretiert.

Das dramaturgische Konzept dieser Fabel arbeitet mit der Synthese dreier Handlungsstränge. Der erste ist an die Figur Tassos geknüpft, man kann ihn – eingedenk der Präsenz der Titelfigur – als Haupthandlung deuten. Er bildet das Rückgrat des Stückes, präsentiert sich jedoch nicht einheitlich, sondern organisiert seine Entwicklung weitgehend durch Nebenhandlungen. Linear entwickelt sich nur sein Anfang, von der Exposition der Opposition Tasso-Antonio über die Streitszene als markantes Veränderungsmoment bis zur Verbannung des Dichters auf sein Zimmer. Der dritte Akt stellt eine dramaturgische Kühnheit dar; hier tritt eine Nebenhandlung, die Leonoren-Intrige, an die Stelle, an der im linearen Handlungsablauf Situationsveränderung durch die handelnde Figur selbst stattfindet. Tasso ist abwesend, und doch verändert sich seine Situation entscheidend. Die nächste entscheidende Situation der Figur, des Poeten Vertrauenskrise und Abreiseentschluß, ergibt sich als Synthese der Tasso-Antonio-Handlung mit der Leonoren-Intrige. Tasso ist, wenn er im vierten Akt wieder die Bühne betritt, auf dem Informationsstand des Arretierten; der Zuschauer hingegen kennt die Intentionen der Leonoren-Handlung. Und als Synthese ergibt sich die neue Situation – als Irrtum. Indem Tasso weiter gegen Antonio kämpft, bekämpft er sich selbst. Und noch einmal schaltet sich, dramaturgischer Linearität widersprechend, eine Parallelhandlung als Veränderungsmoment ein, die Liebesgeschichte. Sie wird exponiert in II.1, im Gespräch zwischen Prinzessin und Tasso leuchtet sie kurz auf. Sie spielt in die Leonoren-Intrige hinein[15], hinterläßt Spuren in Tassos Schmer-

---

15 Die Prinzessin ändert, indem sie Tassos Abreise zustimmt, die Situation.

zensmonologen (als "Verrat" der Prinzessin) und verändert, kurz vor Schluß des Dramas, den Kurs der Fabel zum letzten Mal. Tasso, vom "Hoffnungswahn" übermannt, überschreitet in der Umarmung die Grenzen, und wiederum verschmilzt das Resultat dieser Teilhandlung mit der Haupthandlung. Der Dichter, der eben noch, mannhaft mitintrigierend, seinen Abreiseplan verfolgte, liegt nun völlig am Boden. Hier könnte es aus sein, doch noch einmal schaltet Goethe ein Veränderungsmoment ein. Auf die katastrophale Situation folgt die (mögliche) Annäherung an Antonio, erst hier entwickelt sich die Haupthandlung wieder linear. Doch eine klare Endsituation formuliert das Drama nicht. Die von der Regeldramaturgie geforderte Entspannung, Nivellierung der Gegensätze am Schluß, findet nicht statt (Tasso wird weder über seine Irrtümer aufgeklärt, noch entleibt er sich – eine Konsequenz, die viele offenbar vermißt haben. Sämtliche auf Goethes Stück folgenden "Tasso"-Versuche enden tödlich!)

Ich werde diese Fabelanalyse im Zusammenhang mit meinen Figurenanalysen auswerten. Schon hier lassen sich zwei wichtige Beobachtungen festhalten. Tasso scheitert nicht, weil er als Dichter ein gestörtes Verhältnis zur Welt hätte, sondern aufgrund einer Entwicklung, die ihn in eine (unverschuldete) Vertrauenskrise stürzt. Und als gemeinsamer Nenner und Motor der Handlungsentwicklung steht nicht vorrangig, wie von der "Tasso"-Forschung bislang fast einhellig vertreten, die Opposition Kunst-Leben, Dichter-Weltmann, sondern als Ausdruck der Krise einer höfischen Lebensform: Kommunikationsverlust. Diese Krise hat zu tun mit gegenteiligen Rollen und Wertvorstellungen, akut wird sie schlicht und einfach dadurch, daß die Figuren entweder nicht miteinander reden oder, je weiter sich die Handlung entwickelt, völlig aneinander vorbeireden. Dabei sind Fehleinschätzungen nicht an Tasso geknüpft. Der Fürst, der ja durch seine Befriedungsdiplomatie zur Verwirrung entscheidend beigetragen hat, weiß nichts von den Auswirkungen der Leonoren-Intrige, kann also Tassos Abreisewunsch nur interpretieren als weitere Schrulle des Dichters. Die Prinzessin läßt den Verbannten über ihre Gedanken und Motive im Dunkeln, erfährt dabei ihrerseits nichts über Tassos Leiden und versagt am Schluß zwangsläufig: Überforderung. Der Riß geht nicht (nur) durch die Dichterseele, sondern durch die höfische Gesellschaft, der Konflikt zwischen idealem Anspruch und seiner alltäglichen Einlösung zerreibt nicht nur den Poeten.

Die Prinzessin

Karl Gude:

Die Prinzessin im Tasso, – wer hätte nicht voll Entzücken und schmerzlicher Rührung vor dieser herrlichen Frauengestalt gestanden![16]

Hugo von Hofmannsthal:

Hier ist, heraufgenährt von frühen steten geistigen Schmerzen, in einer Mädchenbrust die seltsame Ruhe, die gestillte, alles durchschauende Sympathie, die wir in der Brust alter weiser Männer ahnen. Ja, hier ist das Spiegelbild der ganzen Welt, gereinigt, gebadet wie in einem stillen See, hier ist Liebesmöglichkeit ohne Grenzen, allseitig verströmend – und kaum mehr ein leiser Wunsch ... Es scheint als hätte für solche Wesen die Welt keinen Platz – und wäre die Welt nicht unendlich ärmer, wenn es niemals ein solches Wesen gäbe?[17]

Emil Staiger:

Wir kennen Entsagung fast nur als Schmerz ... Doch eben solches schließt das Goethesche Entsagen aus. Sogar der Ausdruck "Schmerz" ist kaum mehr statthaft. Er verschwindet oder wandelt sich in Wehmut, die fast wohlig heißen darf ... [Die Prinzessin bewahrt] eine wahrhaft fromme, sich schon dem Heiligen nähernde Haltung, die der Reinheit Iphigeniens gleichkommt ..., gewisse Züge der pietistischen innigen Seelenkunst ...[18]

---

16 Karl Gude: *Erläuterungen deutscher Dichtungen*. Bearb. und hrsg von Ernst Linde. Leipzig 1922, S. 291
17 Hugo von Hofmannsthal: *Unterhaltung über den "Tasso" von Goethe*. In: Gesammelte Werke in Einzelausgaben. Hrsg. von Herbert Steiner. Prosa II. Frankfurt/M. 1951, S. 222 f.
18 Emil Staiger: *Goethe*. Zürich und Freiburg 1952, S. 406

Wolfdietrich Rasch:

In der Entsagung der Prinzessin ... erklingt der Ton eines wehen
Schmerzes von höchster Gewalt, so daß diese Szene an tragischer
Dignität der Schluß-Szene des Dramas kaum nachsteht. Der Tra-
gödie des Dichters ist die Tragödie der Prinzessin zugeordnet und
verstärkt die Intensität des tragischen Weltaspekts, der sich im
"Tasso" formt.[19]

Johannes Manthey:

Es sei ... daran erinnert, daß die Prinzessin sich nach Tassos Streit
mit Antonio der Fürsprache für ihn entzieht und ihm ihre teilneh-
mende Sorge vorenthält, letztlich um ihr empfindliches Selbstge-
fühl zu schonen und ohne danach zu fragen, wie ein solches Verhalten auf sein labiles ... Gemüt wirken muß. Aber auch, wo es um
ihre Liebe zu Tasso geht, trägt ihr Handeln eher einen Zug von
Selbstigkeit ... Davon zeugt die Art, in der sie Tasso nach seinem
Liebesbekenntnis durch ihre halbverschleierten ... Worte zu einer
Aufwallung des Gemüts erregt – statt ihn durch ein Gegenbe-
kenntnis von gleicher Verhaltenheit und Bestimmtheit die Ruhe
seines Gemüts zu bewahren – und ihn dann in seine Schranken zu-
rückweist. Diese Handlungsweise ist nicht anders zu erklären, als
daß sie Tassos Gefühl nach dem Bedürfnis ihres Herzens stimu-
lieren und drosseln möchte ...[20]

Laurence Ryan:

Während sonst bei Goethe die "Entsagung" einen Verzicht auf die
unrealisierbare Fülle der Möglichkeiten zugunsten der Bindung an
ein Begrenztes bedingt ..., geht die Prinzessin fast den entgegen-
gesetzten Weg: ihre vermeintliche "Entsagung" führt nicht ins Leben zurück, sie kommt vielmehr einer schwebenden Ungebunden-
heit, einer Verflüchtigung ihres Anteils am Leben zugunsten einer
etwas gebrechlichen "Reinheit" gleich. Das Entbehren wird zu einer sich selbst genießenden Trauer, es geht in eine innere "Harmo-

---

19   Wolfdietrich Rasch: *Goethes "Torquato Tasso". Die Tragödie des Dichters.*
     Stuttgart 1954
20   Johannes Manthey: *Der Sprachstil in Goethes "Torquato Tasso".* Berlin
     1959, S. 129 f.

nie" über, die jeder Anfechtung durch den "Wechsel" der Zeit entzogen werden soll.[21]

Diese (chronologisch geordneten) Zitate belegen eine zunehmend kritische Einschätzung der Figur, je näher man der Gegenwart kommt. Der Glanz des bürgerlich-pietistischen Entsagungsbegriffs, der allein offenbar schon hinreichte, die Exegeten ins Schwärmen zu bringen, ist dahin. Daß idealisierende Deutungen die Figur eher verflachen, steht außer Frage. Und es gibt genügend Anzeichen dafür, daß kritische Lesarten nicht einfach durch den veränderten (Moral-) Horizont der Figur aufgesetzt werden, sondern strukturell angelegt sind.

Handlungsrelevant wird die Prinzessin dadurch, daß sie nicht handelt. Sie läßt Tasso auf seinem Zimmer allein. Daß sie Antonio für den Schuldigen hält ("gewiß hat ihn Antonio gereizt"[1666]), und daß sie sich selbst mitschuldig fühlt ("o hätt' ich gleich Antonio gesprochen!"[1688]) erfährt nicht der, der es eigentlich erfahren sollte, sondern die "Freundin", Leonore Sanvitale. Das Schweigen der Prinzessin liefert der Fürstin Munition für ihre Intrige, die das Ziel hat, Tasso an den eigenen, den Florentiner Hof, zu verpflanzen. Leonores Taktik gegenüber Tasso besteht darin, seine Vertrauens- und Statuskrise (im Gefolge der Bestrafung durch den Fürsten) zu vertiefen. Als Tasso, noch eingesperrt, nach den Reaktionen der geliebten Prinzessin fragt, reduziert sie deren Anteilnahme auf eine perfide Halbwahrheit: "Da sie dich kennt, hat sie dich leicht entschuldigt" [2438]; dieser Versuch, dem Dichter die letzte (und wichtigste) Heimat an Alfons' Hof zu nehmen, gerät erfolgreich: "Willkommner/ Ergriffe mich der Tod als diese Hand,/ Die kalt und starr mich von sich läßt" [2541].

Das lange Gespräch der Prinzessin mit ihrer "Freundin" in der zweiten Szene des dritten Aktes, der Beginn der Leonoren-Intrige, entscheidet über das Verständnis der Figur. Siebenmal charakterisiert sich die Prinzessin hier als schmerzlich Entbehrende; dagegen steht, kontrapunktisch, ihr Begriff von "Harmonie", Lustgewinn im Schmerzlichen: "Da wurde Leiden oft Genuß, und selbst/ Das traurige Gefühl zur Harmonie" [1811]. Dazwischen ereignet sich Seltsames: Die Prinzessin geht auf Leonores Vorschlag, den Dichter zu entfernen, fast blindlings ein. Ein winziger Widerstand ("du peinigst mich"), drei (einzeilige) Argumente für das Verbleiben Tassos am Hof, drei ebenso kurze Wider-

21 Lawrence Ryan: *Die Tragödie des Dichters in Goethes "Torquato Tasso"*. In: Jahrbuch der deutschen Schillergesellschaft. 9. Jahrgang, 1965, S. 299

legungen durch Leonore, und schon hören wir: "allein es sei." Die Prinzessin hält nicht an Tasso fest und kommentiert ihre eigene Entscheidung wenig später wie eine von außen kommende Katastrophe: "Muß ich denn wieder diesen Schmerz als gut/ Und heilsam preisen? [1776], und: "So lieblich angelockt [durch Tasso], so hart bestraft [durch seinen Verlust]" [1893]. Ein tiefes (und – erklärtermaßen – durchaus nicht lustloses) Bewußtsein ihrer selbst als geborene Verliererin, eine Art *idée fixe*, leuchtet auf: "Das war mein Geschick/ Von Jugend auf; ich bin nun daran gewöhnt" [1777]. Ein Exkurs beginnt über Unglück in der näheren Verwandschaft (Mutter, Schwester) und über die eigene Krankengeschichte, gefolgt von einer Klagearie über frühe Einsamkeit, Entbehrung und über den Verlust der (letzten) "Freude des Gesangs":

Nicht lang war mir dies Glück gegönnt, auch dieses
Nahm mir der Arzt hinweg: sein streng Gebot
Hieß mich verstummen; leben sollt' ich, leiden ...
[1813]

Die Krankheitserfahrung wird exponiert als Hauptbezugspunkt und Katalysator ihres Entsagungskomplexes, ihres zart-masochistischen Leidens- und Verliererbewußtseins. Und die Krankheitsgeschichte (bzw. deren Ende) steht in enger Beziehung zu Tasso (nicht nur in dieser Szene, sondern auch in der Parallelstelle in II.I).[22] "Ich bin nicht krank", sagte die Prinzessin [1819], einen Bericht über ihre Genesung einleitend:

Schmerz und Krankheit waren
kaum erst gewichen ... Da,
Eleonore, stellte mir den Jüngling
Die Schwester vor; er kam an ihrer Hand,
Und, daß ich dir's gesteh, da ergriff
Ihn mein Gemüt und wird ihn ewig halten. [1825]

Dieses "ewig halten" ist allerdings das Problem der Gegenwart. Der bevorstehende Verlust Tassos tritt der Prinzessin wieder ins Bewußtsein; und sie hält eine Rede, die sich wie eine Rechtfertigung liest, eine

---

22 Du warst der erste, der im neuen Leben
    Mir neu und unbekannt entgegentrat.
    Da hofft ich viel für dich und mich; auch hat
    Uns bis hierher die Hoffnung nicht betrogen. [864]

nachgeschobene Erklärung für ihren mangelnden Widerstand, für ihren spontanen, zunächst nur durch ihre Leidensfixierung zu erklärende Einwilligung in die Entfernung des Poeten. In Erinnerung an das letzte Zusammentreffen (vgl. II.1) hatte sie von seiner "warmen Ergebung" gesprochen; hier steigert sich Wärme zum Brand:

> Zu fürchten ist das Schöne das Fürtreffliche,
> Wie eine Flamme, die so herrlich nützt,
> Solang sie dir von einer Fackel leuchtet,
> Wie hold! Wer mag, wer kann sie da entbehren?
> Und frißt sie ungehütet um sich her,
> Wie elend kann sie machen! [1840]

Und es schließt sich der Kreis des Nachdenkens über die Genesung und über Tasso mit der Umkehrung des einleitenden Gesundheitsbekenntnisses: "Ich ... verbärge besser, wie schwach ich bin und krank" [1848]. Die immanente Struktur der Passage: Tasso begegnen heißt gesunden, Tasso verlieren heißt in die Krankheit zurückfallen. Einer Krankheit der man (tragischerweise) auch nicht entgehen könnte, bliebe der Mann, der die Seelenbeschaulichkeit ("Ich lebe gern so stille vor mich hin") gefährdet, am Hof: "Ich wich und wich und kam nur immer näher" [1892]. Die Nähe Tassos birgt Gefahren (zerstörerisches Feuer), der Verlust Tassos macht aber auch krank, und der "Zukunft Schrekken" überfällt in trüber Gegenwart "meine Brust".

Dem Harmonieideal wird letztendlich die Liebe zu Tasso untergeordnet, dem Ideal, das, mit "Entsagung" kontrapunktisch verknüpft, das zweite Leitmotiv der Figur entwickelt. Mit dem Ziel, die "schöne Harmonie" [774] wiederherzustellen, treibt die Prinzessin Tasso in Antonios offenes Messer. Harmoniebedürfnis liegt dem Konzept der "goldenen Zeit" zugrunde, welche die Prinzessin schon im Schäferinnenspiel der Eingangsszene beschwört. Mit ihrem Harmonieideal argumentiert sie im großen Eröffnungsdialog des zweiten Aktes gegen Tassos "Arkadien-Vision", jene in idealisierter Antike angesiedelten Utopie einer naiven und glückhaften Humanität: "Wo jeder Vogel ... / Zum Menschen sprach: Erlaubt ist, was gefällt" [994]. Die Prinzessin widerspricht Tasso zunächst mit einer Art historisch-kritischem Argument ("... die schöne Zeit/ Sie war ... so wenig als sie ist"), um danach dem Begriff der goldenen Zeit ihr Harmoniekonzept einzudeuten:

173

Noch treffen sich verwandte Herzen an
Und teilen den Genuß der schönen Welt:
Nur in dem Wahlspruch ändert sich, mein Freund,
Ein einzig Wort: Erlaubt ist, was sich ziemt. [1006]

Wenig zuvor hatte sie dem über sein Tat-Defizit, seine Weltferne kla-
genden Tasso erläutert, wo diese "verwandten Herzen" die "schöne
Welt" genießen sollen:

Begnüge dich, aus einem kleinen Staate,
Der dich beschützt, dem wilden Lauf der Welt,
Wie von dem Ufer, ruhig zuzusehn. [808]

Dieses Schutz-Motiv taucht wieder auf im Zusammenhang mit der
"Ziemlichkeits"-Theorie. "Edle Frauen" (wie sie selbst!) sollen über das
Sittengesetz wachen, und zwar im eigenen Interesse. Denn:

Die Schicklichkeit umgibt mit einer Mauer
Das zarte, leicht verletzliche Geschlecht. [1017]

Im kleinen, erlesenen Zirkel edler Freunde einem "stillen", weltabgewandten Glück leben, das ist der Lebensentwurf der Prinzessin. Und
auch hier – wie im Dialog mit Leonore – verknüpft sie das Harmonieideal mit ihrer Krankheitsgeschichte:

Mit breiten Flügeln schwebte mir das Bild
Des Todes vor den Augen, deckte mir
Die Aussicht in die immer neue Welt.
Nur nach und nach entfernt' es sich und ließ
Mich, wie durch einen Flor, die bunten Farben
Des Lebens, blaß, doch angenehm, erblicken. [853]

"Blaß, doch angenehm", das korrespondiert mit jener Aussage: "Da
wurde Leiden oft Genuß"; Blässe steht im Zusammenhang mit dem
"Schleier", den "Alter oder Krankheit überwirft", und Leonore bleibt es
vorbehalten, diese als "Entbehrung" und "Harmonie" verklärte lustvolle
Passivität in ein Bild zu kleiden. Der Prinzessin Leidenschaften "leuch-
ten wie der stille Schein des Mondes" [1956]. Auch Tasso gehört der
Mondsphäre an:

174

Der stille Mond, der dich bei Nacht erfreut,
Dein Auge, dein Gemüt mit seinem Schein
Unwiderstehlich lockt, er schwebt am Tage
Ein unbedeutend blasses Wölkchen hin.
Ich bin vom Glanz des Tages überschienen ... [2257]

Diese motivliche Korrespondenz liefert nicht den einzigen strukturellen
Hinweis auf die enge Beziehung zwischen Tasso und Prinzessin. So
äußert von allen Figuren die Prinzessin das tiefste Verständnis für den
Dichter (dramaturgisch ausgedrückt: Ihre "Fremdkommentare" werden
im Lauf des Stückes zumeist verifiziert). In der Eingangsszene etwa
kontert sie Leonores Platoniker-Hypothese (Tassos "Auge weilt auf
dieser Erde kaum") mit dem Hinweis auf die Tat-Sehnsucht des Dichters (die – vgl. die Tasso-Analyse – einen Fixpunkt des Dichtercharak-
ters ausmacht): "Allein mir scheint auch ihn das Wirkliche/ Gewaltsam
anzuziehn und festzuhalten" [175]. Und die Prinzessin ist die einzige,
die Tassos über die höfische Praxis hinausweisendes Selbstverständnis
als Künstler annähernd versteht und würdigt:

Es soll sich sein Gedicht zum Ganzen ründen:
Er will nicht Märchen über Märchen häufen
Die reizend unterhalten und zuletzt
Wie lose Worte nur verklingend täuschen. [275]

Leonore hat gerade nicht recht, wenn sie die Beziehung dieser "Mond-
menschen" als platonische deutet: Leidenschaft, die "nicht wärmt". Zu
eng werden Tasso und Prinzessin aufeinander bezogen; und es gibt genügend Indizien für eine ganz handfeste gegenseitige sexuelle Attraktion. Die Tasso-Ausführungen zur "goldenen Zeit" [979 f.] quellen
förmlich über von erotischer Metaphorik; vom "Hirten und der Hirtin"
geht da die Rede, ein "jüngeres Gebüsch" schlingt "zarte Zweige" um
"sehnsuchtsvolle Liebe"; ein "weicher Fluß" umfängt "die Nymphe
sanft". Und "in dem Grase" verliert sich auch noch "eine Schlange",
"unschädlich". Tassos "goldene Zeit" spricht eine erotische Utopie an,
und wenn die Prinzessin in ihrer Replik verweist "auf was sich ziemt"
[1013], so schwingt darin auch unterschwellig Tadel an derart ver-
blümter Zudringlichkeit mit.
   Die Reaktionen der Prinzessin auf die "Verbannung" Tassos blieben
unverständlich, wollte man diese Beziehung auf's Platonische herunter-
deuten. Zwar ist das Liebesideal der Figur, logische Konsequenz des

Entsagung-/Harmoniekomplexes, ein unkörperliches (und Tasso wird nicht nur einmal zur "Mäßigung" angehalten). Aber gerade diese platonische Distanz wird durch den Dichter gefährdet, von dem man "weicht und weicht" und doch "immer näher kommt". Der Prinzessin Zurückhaltung (bis hin zum Zurückstoßen Tassos in der vorletzten Szene des Stückes) wurde in der "Tasso"-Exegese zumeist mit dem Konventionsargument erledigt: "Die gesellschaftliche Situation der Prinzessin ... steht der Verwirklichung ihrer Liebe entgegen."[23] Dieses Argument streift nur die Oberfläche. Daß die Prinzessin empfänglich ist für die körperlichen Aspekte dieser Beziehung, gibt sie indirekt zu, wenn sie, um ihre Beziehung zu Tasso zu beschreiben, eine klassische erotische Metapher wählt, die der "Flamme", die "elend" macht, frißt sie "ungehütet um sich her". Den Poeten nur platonisch zu lieben, wäre kein Problem. Die Gefahr geht vom Körper aus. Hier drohen "Mauern" und "Schleier" in Flammen aufzugehen, hier ist das weltabgewandte Seelenheil in Gefahr, hier dringt die Sonne in das Reich des Mondes.

Zweimal im Stück ist es fast so weit. Zuerst zum Ende der Dialogszene II.1. Tasso hat Leben und Werk soeben der Prinzessin "gewidmet", dabei Leonores Platoniker-These klar widerlegt ("Es schwebt kein unbestimmtes Bild/ vor meiner Stirn"), ja als Referenz seiner Liebespoesie die "edle Liebe" zur Prinzessin eingestanden [1092 f.]. Und – "welch einen Himmel öffnest du vor mir" – sie gibt ihm, gewissermaßen im Bild bleibend, eine positive Antwort: "Was wir verstehen, können wir nicht tadeln/ Und es gewinnt uns dieses Lied zuletzt" [1113]. Auf Tassos flammende Reaktion kommt allerdings sofort der Dämpfer, in Gestalt der Lieblingsvokabeln der Prinzessin: "Mäßigung" und, natürlich, "Entbehren". In der Katastrophenszene V.4 gibt die Prinzessin dem verzweifelten Dichter wiederum Anlaß zu den schönsten Hoffnungen: "Ich muß dich lassen, und verlassen kann/ Mein Herz dich nicht" [3220]. Und wiederum kommt, auf Tassos "Raserei", der Dämpfer, diesmal zitiert sie das Feuerbild sogar selbst:

Wenn ich dich Tasso länger hören soll,
So mäßige die Glut, die mich erschreckt. [3266]

Diesmal "mäßigt" Tasso sich nicht, sondern *fällt ihr in die Arme und drückt sie fest an sich*, während die übrigen Hofangehörigen zu-

---

23   Rasch, a.a.O., S. 164

schauen. Und die Prinzessin läßt Tasso und ihre Interpreten mit einem dürren "Hinweg!" allein.

Gerade die nicht-platonischen Aspekte dieser Liebe werden der Prinzessin zur "Gefahr". Und die Entscheidung gegen Tasso, vollzogen im Gespräch mit der "Vertrauten", besiegelt im körperlichen "von sich Stoßen" in der letzten Szene, findet hier ihre Erklärung. Sie zementiert die kleine heile Welt der Harmonie, die Mauer wird repariert, der Schleier zugezogen. Die Lust an der Entsagung ist größer als die am Körper (und außerdem gesellschaftlich erheblich unbedenklicher!). Auch hier wird vermutlich "Entsagung" – nach bewährtem Muster – "zur Harmonie".

Der Charakter der Prinzessin läßt sich allenfalls eingrenzen, nicht aber eindeutig bestimmen. Für eine (gerade auch szenische) Interpretation bleiben genügend Spielräume. Der Text liefert Anhaltspunkte dafür, die "Schwäche" der Figur als pathologische Erscheinung zu deuten. Leonore spricht von "Krankheit des Gemütes", und daß der Entsagungs-Harmonie-Komplex aufs engste mit der Krankheitsgeschichte verknüpft ist, würde eine solche Deutung unterstützen. Obwohl ihr Umgang mit Tasso bisweilen wie ein Katz-und-Maus-Spiel anmutet (vgl. die oben zitierte Interpretation von Johannes Manthey), man kann ihr kaum böswillige Absicht unterstellen. Immer wirken ihre Entscheidungen unsicher, und auch in der Katastrophenszene schweigt sie sich gegenüber Tasso aus, man hört kein klärendes Wort, sie bleibt unentschlossen, überfordert und bittet zuletzt sogar ihren Autor (vergeblich) um einen hilfreichen Deus ex machina:

Ich finde keinen Rat in meinem Busen
Und finde keinen Trost für mich und – uns.
Ein Auge blickt umher, ob nicht ein Gott
Uns Hilfe reichen möchte? möchte mir
Ein heilsam Kraut entdecken, einen Trank,
Der deinen Sinnen Frieden brächte, Frieden uns! [3212]

Die Interpretation der Figur darf den Krankheitshintergrund nicht übersehen. In der Verknüpfung des Harmonie/Entsagungskomplexes mit der prägenden Krankheitserfahrung liefert "Tasso" einen überraschend modern anmutenden Befund: Entsagung erweist sich als Resultat einer Beschädigung und gerade nicht – als ideelles Gut. Im Harmoniestreben offenbart sich der eher hilflose Versuch einer Selbsttherapie und gerade nicht das vorbildhafte Sozialverhalten einer 'hohen Frau', einer Madonnenfigur.[24] Die Überforderung einer kranken Seele liefert die eine Erklärung (und Entschuldigung) für das Versagen der Prinzessin. Vertretbar wäre eine andere Interpretation, die, radikaler, das Krankheitsargument als vorgeschoben begriffe, als Selbstrechtfertigung, als Pose; eine Deutung, welche die Figur auf den Nenner des Dekadenten, Unlustigen, Gelangweilten, Müden bringen könnte. Das Verhältnis zu Tasso lieferte, spielerisch, den kleinen bunten Akzent gegen die unerträgliche Leichtigkeit des inhaltsleeren Seins, Laune des *ennui*, Reiz der Übersättigten. Auch hier ließe sich Passivität, Nichthandeln sinnvoll erklären: Irgendwie lohnt sich die Sache einfach nicht, das Spiel wird zu ernst, lassen wir's laufen ... .

Leonore Sanvitale

Am Anfang krönt Leonore mit einem Blumenkranz die "Ariost"-Herme, ehrt den bukolischen Dichter, "dessen Scherze nie verblühen"[18]. Drei Szenen später hält Antonio eine Lobrede auf Ariost. Zwei Figuren schwingen auf der gleichen Wellenlänge, nicht nur, was den Kunstgeschmack angeht. Wäre Leonore ein Mann, so wählte sie sich Antonios Betätigungsfeld. Als die Sprache (in I.4) auf Rom, den Papst und die große Politik kommt, unterbricht sie Antonios Bericht:

> Wie sehnlich wünscht' ich jene Welt einmal
> Recht nah zu sehn! [644]

Und der Fürst, der Leonore kennt, wirft ein:

> Doch wohl um mit zu wirken?
> Denn bloß beschaun wird Leonore nie. [645]

Im kleinen Bereich des Hofes spielt die Gräfin tatsächlich die Rolle Antonios, die des Mittlers und Boten. Leonore soll, auf Geheiß des

---

24 Es gibt zudem im ganzen Stück nichts, was von der Handlung drastischer widerlegt würde als das "Goldene-Zeit-Konzept" der Prinzessin: schöne Harmonie im kleinen Kreis ziemlicher Aristokraten! Gerade in der Gegenüberstellung dieses höfischen Ideals und seines Scheiterns offenbart sich im "Tasso" ein gesellschaftskritisches Potential, das weit über die Leidensgeschichte des Dichters hinausweist.

Fürsten, den Arretierten "zu besänft'gen suchen" [1628]. Und Leonore "kümmert" sich im dritten und vierten Akt nicht nur um Tasso, sondern auch um die Prinzessin und Antonio, wird zum Zentrum der binnenhöfischen Politik.

Einen "schönen unverwelklichen Kranz" nennt die Dame bei Tassos Dichterkrönung den Lorbeer, eine etwas andere Einschätzung äußert sie später im Gespräch mit Antonio.

> Ein unfruchtbarer Zweig ist das Geschenk,
> Das der Verehrer unfruchtbarer Neigung
> Ihm gerne bringt, damit sie einer Schuld
> Aufs leichtste sich entlade. [2032]

Man würde es sich zu leicht machen, diese illusionslose Einschätzung als Indiz für Leonores "Weltklugheit" zu nehmen. Pragmatismus, Vorteilsstreben äußert sich weniger im Inhalt der Äußerungen als in ihrer genauen Berechnung. "Unverwelklich" strahlt der Kranz gegenüber dem Dichter, dem man ein bißchen schmeicheln sollte, um ihn zu gewinnen; "unfruchtbar" welkt er vor dem eifersüchtigen Antonio – der könnte für die eigenen Plänen noch nützlich werden.

Uneingeschränkt vertrauen kann man Leonores Aussagen (fast) nie, auch nicht ihrer Einschätzung des Dichters in der Eröffnungsszene, die einige Tasso-Interpreten übernommen und ihrer eigenen Tasso-Deutung eingeschrieben haben:

> Sein Auge weilt auf dieser Erde kaum;
> Sein Ohr vernimmt den Einklang der Natur ... [159]

Und:

> Hier ist die Frage nicht von einer Liebe,
> Die sich des Gegenstands bemeistern will,
> (...)
> Er heftet sich an Schönheit und Gestalt
> Nicht gleich mit süßem Irrtum fest und büßet
> Nicht schnellen Rausch mit Ekel und Verdruß. [234]

Diese Einschätzungen sind definitiv falsch und werden im Laufe des Stückes mehrfach widerlegt (vgl. die Tasso-Analyse). Es bleibt allerdings offen, ob sich Leonore einfach irrt oder ob sie eine irrige Ansicht bewußt und zielgerichtet lanciert. Denn wenn die Fürstin, was die Prinzessin irritiert, Tasso als reinen Platoniker darstellt, wird er für sie – leichter verfügbar. Einem Tasso, der in anderen Sphären schwebt, der "hingegeben/ im holden Traum für seine Freunde lebt ..." [2102], ihm kann es egal sein, wo er den Boden berührt, in Ferrara oder Florenz. Da Tasso nirgends wurzelt, kann man ihn problemlos und ohne Skrupel verpflanzen. Exponiert also Leonores Dichterbeschreibung – ihre Intrige? Die Parallele zum dritten Akt fällt auf: Mit dem Platoniker-Argument beruhigt Leonore auch ihr schlechtes Gewissen gegenüber der "Freundin". Das zeigt sich in jenem Monolog, der – auf das die Intrige einleitende Gespräch mit der Prinzessin folgend – die Entführung Tassos erklärt und rechtfertigt:

> Du mußt ihn haben, und ihr nimmst du nichts:
> Denn ihre Neigung zu dem werten Manne
> Ist ihren andern Leidenschaften gleich.
> (...)
> Sie wärmen nicht und gießen keine Lust
> Noch Lebensfreud umher. [1953]

Daß Leonore sich die Realität zurechtbiegt, im Sinne ihrer Interessen, liegt auf der Hand: Dem Zuschauer ist die vorangehende Szene, das Gespräch Leonore-Prinzessin, in bester Erinnerung. Dort hatte die Prinzessin Tasso dargestellt als den Menschen, der sie nach langer Krankheit ins Leben zurückgerufen hatte, ihre Liebe zum Dichter kam zur Sprache, und heftig und schmerzlich hatte sie reagiert auf die bevorstehende Trennung. Wie Hohn klingen darauf Leonores Worte: "Sie wird sich freuen,/ Wenn sie ihn fern, wenn sie ihn glücklich weiß [1959]. Daß die Fürstin sowohl Tasso als auch die Prinzessin in weltentrückte Bereiche hineindeutet, offenbart letztlich mehr über die Charakterisierende als über die Charakterisierten: Geistern tut man nicht weh – mit einer kleinen Intrige.

Was sich in der Exposition andeutet, bezüglich ihres höfischen Pragmatismus', bezüglich ihres Kunstverständnisses, wird hier auf den Punkt gebracht; und hier (nur hier!) – im Selbstgespräch – kann man den Worten der Sanvitale trauen. Hier erfährt man zum Beispiel auch, was sie am Dichter wirklich interessiert: Verherrlichen soll er, den Fürsten, den Hof und vor allem – eine bestimmte Hofdame:

Ist *Laura* denn allein der Name, der
Von allen zarten Lippen klingen soll?
Und hatte nur Petrach allein das Recht,
Die unbekannte Schöne zu vergöttern? [1937]

An Tassos künstlerischem Selbstverständnis geht Leonore meilenweit
vorbei, und daß der Poet Sonette an Madonna Leonora verfassen
würde, kann man auch aus einem anderen Grund ausschließen: Tasso
mag Leonore ("die kleine Schlange") nicht, durchschaut ihren intriganten Charakter nicht erst im vierten Akt:

So liebenswürdig sie erscheinen kann,
Ich weiß nicht, wie es ist, konnt' ich nur selten
Mit ihr ganz offen sein, und wenn sie auch
Die Absicht hat, den Freunden wohlzutun,
So fühlt man Absicht, und man ist verstimmt. [965]

"Leonore ist eben auch eine Tochter Evas, auf deren Erziehung ich viel
Mühe verwendet habe", äußerte Goethe zum Anlaß der Weimarer
"Tasso"-Uraufführung.[25] Hinweise für Leonores erotisches Interesse
am Dichter gibt es genug, und eine Bühneninterpretation könnte dies
als Motiv ihrer Handlungen hervorheben. Im Schäferspiel der Exposition schwingen erotische Untertöne mit, eine subtile Rivalität um den
jungen Dichter äußert sich in gegenseitigen Spötteleien. "Liebst du
ihn?", die Frage stellt sich Leonore selbst im Rechtfertigungsmonolog
des dritten Aktes. Wobei die positive Antwort sich allerdings sofort
narzißtisch eintrübt:

Wie reizend ist's, in seinem schönen Geiste
sich selber zu bespiegeln! [1926]

Die Fürstin steuert den Höhepunkt ihrer diplomatischen Künste im
Gespräch mit Tasso (IV.2) an. Vordergründig erfüllt sie durchaus die
fürstliche Befriedungsmission, indem sie darauf insistiert, daß Tasso
die Lage falsch einschätzt, daß seine Vertrauenskrise keinen Grund hat,
"daß niemand dich im ganzen Vaterlande/ Verfolgt und haßt, und
heimlich drückt und neckt!" [2457]

---

25 Hans Gerhard Gräf: *Goethe über seine Dichtungen*. Versuch einer Sammlung aller Äußerungen des Dichters über seine poetischen Werke. T. 2. Die
dramatischen Dichtungen. Bd. 4. Frankfurt/M. 1908, S. 343

181

Und trotzdem bleibt sie ihrer eigenen Sache treu, mit einigen Halbwahrheiten und schließlich der offenen Einladung nach Florenz. Leonore verschweigt Antonios Plädoyer für das Verbleiben Tassos am Hof. Mit der Konsequenz, daß Tasso, der in Leonores Reden unlautere Absicht erkennt ("Sie schleicht heran und zischt mit glatter Zunge" [2509]), den falschen Schluß zieht: "Nun kommt sie als Werkzeug meines Feindes" [2508]. Tasso fragt erregt nach der Prinzessin ("War sie erzürnt auf mich?"[2436]). Und raffiniert untergräbt Leonore Tassos letzten Pfeiler, indem sie die komplizierte Seelenlage der "Freundin" auf ein paar dürre Wörtlein reduziert: "Da sie dich kennt, hat sie dich leicht entschuldigt" [2438]. (Entschuldigung setzt einen Schuldvorwurf voraus, den machte die Prinzessin sich selbst und nicht Tasso!) Und: "Der Frauen Gunst wird nicht so leicht verscherzt" [2440] – eine Phrase auf dem gleichen perfiden Argumentationsniveau: der Allgemeinplatz als gezielte Verschleierung. Im folgenden Tasso-Monolog erfährt man, was Leonore angerichtet hat:

O ich verstand ein jedes Wort zu gut, (...)
Und weiß nun ganz, wie die Prinzessin denkt –
"Sie wird mich gern entlassen, wenn ich gehe,
Da es zu meinem Wohl gereicht." Oh! fühlte
Sie eine Leidenschaft im Herzen, die mein Wohl
Und mich zugrunde richtete! willkommner
Ergriffe mich der Tod als diese Hand,
Die kalt und starr mich von sich läßt [1533]

Wären die übrigen Figuren gestaltet wie die Fürstin – niemand hätte dem Drama übertriebene Charakterzeichnung vorgeworfen. Leonore geht weitgehend auf in ihrer dramaturgischen Funktion: Als Intrigantin muß sie die Haupthandlung ins Unrettbare verwirren. Und die Widersprüche der Figur sind nicht interpretierbar im Sinne eines "Spektrums des Menschlichen", sondern lassen sich auf einen Nenner bringen: Eigennutz. Wenn Leonore sich widerspricht, verfolgt sie grundsätzlich einen Zweck. Die "Tasso"-Exegeten haben sich für diese Figur kaum interessiert, was unter figurenanalytischen Gesichtspunkten nachvollziehbar ist: Im Vergleich zum übrigen Personal des Stücks bleibt die Fürstin letztlich eindimensional, eröffnet der Deutung wenig Spielraum. Negativ ausgewirkt hat sich das Desinteresse an Leonore allerdings für die Interpretation der Dichterfigur, denn ohne die Handlungskonsequenz ihrer Intrige bleibt Tassos Krise letztlich unverständlich.

Tasso

Eigentlich könnte man die Anführungszeichen weglassen, wenn man das Wort *"Tasso"-Interpretation* niederschreibt. Der weitaus größte Teil der bisherigen Deutungen reduziert das Drama auf die Titelfigur. Dabei spielt es keine Rolle, ob man in der Tradition idealistischer Kunst- und Künstlerkonzepte Tasso als Urbild des ewig leidenden Dichters deutet, oder ob man kritisch nach den sozialen Bedingungen von Tassos Scheitern fragt. Nicht mehr in der Brust des ewigen Poeten toben hier die Konflikte; Tasso verkörpert, exemplarisch, die historische Krise des "bürgerlichen Schriftstellers im höfischen Mäzenat". Die idealistische Position ist verbunden mit "Tasso"-Exegeten wie Benno von Wiese, und auch die nach wie vor umfassendste "Tasso"-Analyse von Wolfdietrich Rasch[26] argumentiert in diesem Geist, verkündet schon im Titel, worum es ihr geht ("Tragödie des Dichters"), stellt ihre oft brillanten Einzelbeobachtungen nur unter ein Ziel: Fixierung eines zutiefst konservativen Dichterbilds. Die gegenläufige Tendenz tritt auf den Plan mit der kritischen Hermeneutik und Literatursoziologie der sechziger Jahre, mit Christa Bürger, Hans Rudolf Vaget und Reinhold Grimm, und sie findet ihren exemplarischen Niederschlag auf der Bühne in der "Tasso"-Inszenierung Peter Steins.

Anhand des "Tasso" läßt sich exemplarisch streiten, nicht nur um Dichterbilder. Es ist kein Streit, der am Drama vorbeiginge. "Eine gewisse Unbestimmtheit" bescheinigte Schillers Freund Ferdinand Huber dem "Tasso" schon 1792[27], zwei Jahre später spricht Schlegel vom "Räthselhaften der Auflösung".[28] "Wer hat hier Recht? Wer Unrecht?", fragt Richard Wagner[29], und als rezeptionsgeschichtliche Konsequenz dieser Unbestimmtheit formuliert, 1986, Karlheinz Schulz: Die "Tas-

---

26 Wolfdietrich Rasch: *Goethes "Torquato Tasso". Die Tragödie des Dichters.* Stuttgart 1954
27 Ludwig Ferdinand Huber: "Tasso"-Rezension in der Jenaischen "Allgemeinen Zeitung", 9. November 1792, Sp. 285
28 Friedrich Schlegel: *Gespräch über die Poesie.* In: *Athenäum*, 1800, Bd. 3, S. 174 f.
29 Richard Wagner: Brief an Mathilde Wesendonck vom 15. 4. 1859. In *Wagner an Mathilde Wesendonck*. Tagebuchblätter und Briefe. Berlin 1904. S. 124

so"-Interpretationen zeigen sich "so gegensätzlich, daß sie sich eher aufheben als ergänzen".[30] Im Tasso stoßen wir auf eine Reihe von kalkulierten und höchst modern anmutenden formalen Offenheiten (trotz des scheinbar rigiden "Baus" des Drei-Einheiten-Dramas). Und daß sich entgegengesetzte Lesarten begründet an diesem Text festmachen lassen, werde ich in den folgenden Analysen zeigen, Inhaltsanalyse mit der Auswertung von Rezeptionszeugnissen vermittelnd.

Als "siebenfach destilliertes Hofrätetum in fünffüßigen Jamben" und als "Hohelied der Bedientenhaftigkeit" galt der "Tasso" dem Philologen Johannes Scherr Mitte des 19. Jahrhunderts.[31] Diese Einschätzung – radikale Gegenposition zu solchen Interpretationen, die im "Tasso" entweder den Stürmer und Dränger, den genialischen Revoluzzer oder aber den Inbegriff des an sich selbst leidenden, innerlich zerrissenen Dichters sehen – läßt sich zunächst festmachen an der Bekränzungsszene, die mit einer Dedikationsrede Tassos eingeleitet wird. Man kann diesen Auftritt lesen als unangenehme Mischung aus konventionellen Phrasen (Tasso – hier ganz in der Rolle des Hofdichters – eignet dem fürstlichen Mäzen das "Befreite Jerusalem" zu) und kaum verhülltem Eigenlob: Indem Tasso Alfons als eigentlichem Inspirator seines Geniestreichs um den Bart geht, lobt "der bescheidene Mann" (Leonore) sich über einen kleinen Umweg selbst:

Hast du mir nicht, oh kluger, tapfrer Fürst,
Das alles eingeflößt, als wärest du
Mein Genius, der eine Freude fände,
Sein hohes, unerreichbar hohes Wesen
Durch einen Sterblichen zu offenbaren? [435]

Die gegenläufige Interpretation akzeptiert einen euphorischen Gestus als ehrlichen und spontanen Ausdruck einer überschäumenden Dichterseele, die ein besonderes Verhältnis zu Symbolen pflegt. Wolfdietrich Rasch: "Das Symbol des Lorbeers transzendiert die höfische Wirklichkeit, es gehört in Tassos eigentliche, in seine dichterische Welt."[32] Und Rasch geht noch einen Schritt weiter, fixiert hier das Zentrum seiner Interpretation:

---

30 Schulz, a. a. O., S. 7
31 Johannes Scherr: *Allgemeine Geschichte der Literatur.* Stuttgart 1875, Bd. 2, S. 234
32 Rasch, a. a. O., S. 105

Bei der Berührung mit dem Lorbeer wird diese [dichterische] Welt plötzlich gegenwärtig, und es erscheint die Kluft, die sie von der höfisch-gesellschaftlichen Wirklichkeit scheidet ... Zum erstenmal spürt man in diesem Augenblick jene Einsamkeit um Tasso, die später immer wieder fühlbar wird ... Aber diese Fremdheit _. ist nicht ursprünglich moralischer Art, nicht im negativen Verhältnis zu den Sitten und Forderungen der Gesellschaft begründet, sondern sie ist fundiert in der dichterischen Seinsweise, die sich der gegebenen, geschichtlich geformten Wirklichkeit nicht völlig einordnen läßt.[33]

Ähnlich argumentiert auch Dieter Borchmeyer: "Die in der Vertrautheit mit mythischen Urzuständen der Menschheit sich kundgebende Fremdheit des Dichters in seiner gesellschaftlichen Umwelt ist der tiefere Grund der 'Disproportion des Talents mit dem Leben'."[34]

Für die Interpretation hängt alles davon ab, ob man Tassos große Gesten als Ausdruck ehrlicher, spontaner und naiver Seelenbewegungen akzeptiert oder aber, ob man Pose unterstellt, Absicht, Selbstinszenierung, Eitelkeit. Glüht hier eine Dichterseele oder ein Schauspielertalent: Sehen wir uns hier konfrontiert mit "dem Grund seiner Existenz" (Rasch) oder sehen wir ein Spiel im Spiel? Für die Eitelkeitsthese spricht die Komposition der Szene. In vier sich steigernden Gesten ist Tassos Reaktion auf die Krönung fixiert: Tasso will den Kranz zunächst nicht annehmen ("O laßt mich zögern! Seh ich doch nicht ein/ Wie ich nach dieser Stunde leben soll" [474]); schließlich läßt er sich doch überreden und *kniet nieder*, empfängt, von der Prinzessin, den symbolischen Zweig. Doch sogleich will er ihn wieder loshaben (?!):

Nehmt ihn hinweg! Er sengt mir meine Locken,
Und wie eine Strahl der Sonne, der zu heiß
Das Haupt mir träfe, brennt er mir die Kraft
Des Denkens aus der Stirne. Fieberhitze
Bewegt mein Blut. Verzeiht! Es ist zu viel! [439]

Die letzte Steigerung wird in der "Tasso"-Rezeption, deutungsschwanger, als "Elysium-Vision" gehandelt. Tasso will "beschämt von hinnen gehn", sein "Glück im tiefen Hain verbergen". Er bleibt dann aber doch

---

33 ebd., S. 105 f.
34 Dieter Borchmeyer: *Die Weimarer Klassik*. Eine Einführung. Königstein 1980, S. 129

da, und trotzdem erfahren wir, was er in jenem Hain entdeckt. Zunächst einen "klaren Brunnen", indem er, der Bekränzte, sich spiegelt. Wie in der Kristallkugel der Wahrsagerin verändert sich sogleich dies Bildnis: "Ich sehe Elysium auf dieser Zauberfläche". Und im Konjunktiv gesellen sich zum Bekränzten "die Heroen, die Poeten/ Der alten Zeit", "unzertrennlich", magnetisch verbunden: "Held und Dichter".
Tasso landet also bei Narziß. Rasch ordnet das Motiv bruchlos in seine dichterische Wesensschau ein: "Und auch das Tasso-Drama selber ist gleichsam narcisshaft, insofern die Dichtung hier sich selbst darstellt, gleichsam eine Spiegelung ihres Wesens in sich aufnimmt."[35] Man kann die Stelle kulturgeschichtlich deuten im Zusammenhang mit Tassos zweiter Antiken-"Vision", der Goldenen-Zeit-Rede (II.1), in der Tasso ebenfalls vor der Folie eine heilen Antike seine gesellschaftlichen Ideale präsentiert. Dort geht es um eine erotische Utopie, hier um das Ideal einer, im Schillerschen Sinne, "naiven" Einheit von Subjekt und Objekt, um die Utopie einer menschlichen Ganzheit, akzentuiert in der Einheit von Dichter und Held, von Kunst und Leben, Dichten und Handeln. Die Stelle läßt sich dramaturgisch lesen als letzte Konsequenz und Steigerung einer Pose, die Tassos Verhalten über die ganze Szene hinweg dominiert: Übersteigerung der Eitelkeit ins Narzißtische: Tasso als Olympier.
Bei Tassos stürmischem Zugehen auf Antonio im zweiten Akt wurde die Frage nach der Echtheit der vorgestellten Gesten bislang nicht gestellt. Auch hier ist Tassos Verhalten nicht einsinnig interpretierbar.

> Ich trug ihm warm die schönste Freundschaft an;
> Er warf mir meine Gaben vor die Füße;
> Und hätte meine Seele nicht geglüht,
> So wär sie deiner Gnade, deines Dienstes
> Auf ewig unwert. [1476]

Mit diesem Verweis auf seine entzündete Seele verteidigt sich Tasso gegenüber dem Fürsten. In einem kleinen, leicht zu überlesenden Satz, im Verbannungsmonolog der Szene IV.1, sitzt der Widerspruch. Zwar spricht Tasso hier zunächst vom "Hoffnungswahn des Herzens", von welchem "übereilt" er auf Antonio zugestürmt war, aber, wenig später:

---

35 Rasch, a. a. O., S. 114

O hatt' ich doch so klug mir ausgedacht [!],
Wie ich den Mann empfangen wollte, der
Von alten Zeiten mir verdächtig war! [2209]

Daß Tasso nicht unbedingt, wie Antonio spottet, "vom hohen Dichter-
schwung" hinweggerissen wird, läßt sich an einem weiteren Detail belegen. Jene Elysium-Vision des ersten Aktes exponiert (in dem Bild der
Einheit von Dichter und Held) einen der wichtigsten Bausteine von
Tassos Selbstcharakterisierung, sein Tat-Defizit, seine Sehnsucht nach
der Welt des Handelns. Über kaum ein anderes Thema räsoniert der
Dichter, über das ganze Drama hinweg, so viel, wie über seinen größten Mangel. Der – in der Chronologie des Dramas – zweite Beleg für
den Tat-Komplex steht zu Anfang des zweiten Aktes, im Gespräch
zwischen Tasso und der Prinzessin. Hier stellt sich Tasso dar als
Mensch, dem es gerade nicht genügt, der Geliebten mit seinen hauseī-
genen Mitteln zu dienen, der Dichtkunst:

Doch etwas, nicht mit Worten, mit der Tat
Wünsch' ich's zu sein, im Leben dir zu zeigen
Wie sich mein Herz im stillen dir geweiht. [909]

Hier offenbart sich Tassos Motivation für den fatalen Annäherungsver-
such an den "von alten Zeiten verdächtigen", ungeliebten Höfling. Denn
der Prinzessin gutgemeintes "ihr müßt verbunden sein!"[957], wird von
Tasso verstanden als die "Tat", mit der er sich der Geliebten würdig erweisen kann.[36] Viel später im Stück wird dies verifiziert:

Ich widmete mich ihr und folgte froh
Dem Winke, der mich ins Verderben rief. [2224]

Mehrere Indizien sprechen dafür, daß Tasso nicht spontan auf Antonio
zugeht, die "vollen Segel" werden nicht vom naiven Dichterǖer-
schwang gebläht. Tasso versucht, einen vermeintlichen Auftrag zu erfüllen, und wie er dieses Ziel erreichen kann, hat er sich vorher womöglich "gut ausgedacht": den Überschwang inszenieren.
  Auch Tassos Verhalten bei der Bestrafung ist doppeldeutig. Unklar
bleibt auch hier, ob er "in echter Verwirrung und Erschütterung" ag ert

---

36   Klar, daß Tasso die Prinzessin mißversteht, nicht einen Ritter ins Turnier will
     sie, ihr zu Ehren, schicken; "Ihr müßt verbunden sein", äußert sie im Zusam-
     menhang mit ihrer Sorge um Tassos Vereinsamung am Hof.

oder aber mit Posen der Verwirrung und der Erschütterung hantiert. Äußert sich in dem fast rituellen Niederlegen des Degens und des Kranzes, wie Rasch es darstellt, wiederum der besondere, innige Umgang des Dichtersinns mit Symbolen und symbolischen Vorgängen? Oder aber – handelt es sich um eine hochtönende Trotzgeste, bei der der Gestrafte das "gnädige" Strafmaß maßlos übersteigert, um letztlich den Bestrafenden moralisch unter Druck zu setzen? Das Pathos dieser Tassoworte korrespondiert dem der "Bekränzungs"-Reden:

> Ohnmächt'ger! du vergaßest, wo du standst;
> Der Götter Saal schien dir auf gleicher Erde,
> Nun überwältigt dich der jähe Fall ... [1557]

Versucht Tasso, indem er demonstrativ den Kranz ablegt, den Fürsten zu bestrafen, der ihn ihm verliehen hat? Überhört er absichtlich dessen tröstliche Einwürfe: "Du nimmst es höher, Tasso, als ich selbst" [1548], und "Wie ich zu dir gesinnt bin, fühlst du nicht" [1567]? Auch Rasch hat die Beziehung zur Krönungsszene gesehen. Da er Tasso völlig vertraut, stellen sich ihm diese Fragen nicht:

> Was aber hier erklingt, ist der reinste Ton der Trauer, des hilflos stillen Schmerzes um die Verworrenheit und Gebrechlichkeit der menschlichen Dinge, um das rasche Welken des Glücks, das undurchschaubare Geschick ... Die Melancholie des herbstlichen Blätterfalls weht aus diesen Worten ...[37]

Im Dickicht der Dialoge und Monologe lassen sich markante Gesprächsthemen ausmachen. Sie durchziehen wie Leitmotive das ganze Stück, Fixpunkte für die Figurendramaturgie, semantische Zentren für die Imagination des Charakters. Tassos Lieblingsthema ist der erwähnte Tat-Komplex. Er tritt mit Antonio auf den Plan; offenbar bricht die in der Krönungssequenz erträumte Einheit von Dichter und Held im ersten Augenschein des Rom-Rückkehrers zusammen. In Tassos Worten:

> Doch ach! Je mehr ich horchte, mehr und mehr
> Versank ich vor mir selbst, ich fürchtete,
> Wie Echo an den Felsen zu verschwinden,
> Ein Widerhall, ein Nichts mich zu verlieren. [797]

---

37 Rasch, a. a. O., S. 97 f.

Daß Tasso nicht als Dichter, sondern als Handelnder sich der Geliebten beweisen will, habe ich angesprochen. Im Glücksmonolog der Szene II.2 wird das Motiv noch einmal aufgegriffen:

> O daß die edelste der Taten sich
> Hier sichtbar vor mich stellte, rings umgeben
> Von gräßlicher Gefahr! Ich drängte zu
> Und wagte gern das Leben, das ich nun
> Von ihren Händen habe ... [1170]

Im Gespräch mit Leonore (IV.2) kleidet der Stubenarretierte den Tat-Komplex in ein Bild:

> Der stille Mond ... er schwebt am Tage
> Ein unbedeutend blasses Wölkchen hin.
> Ich bin vom Glanz des Tages überschienen ... [2257]

Und noch im gleichen Gespräch artikuliert sich das Defizit hochpolitisch. Dem Fürsten gilt der Vorwurf:

> Hat er vom Staate je ein Wort,
> Ein ernstes Wort mit mir gesprochen? Kam
> Ein eigner Fall, worüber er sogar
> In meiner Gegenwart mit seiner Schwester,
> Mit anderen sich beriet, mich fragt' er nie.
> Da hieß es immer nur: "Antonio kommt!
> Man muß Antonio schreiben! Fragt Antonio!" [2366]

Den Kontrapunkt zum Tat-Komplex markiert ein starkes dichterisches Selbst-, ja Sendungsbewußtsein. In einem ist sich Tasso völlig sicher, an einem läßt er. bei allen sonstigen Irritationen, nicht rütteln: an seinem Geniestatus. In völlig unterschiedlichen Situationen erhält er Gelegenheit zu betonen, was ihm die Dichtkunst sei: Ein Geschenk, dessen Absender grundsätzlich in allerhöchsten Sphären wohnt. Im Krönungsmonolog schenkt die "Natur":

> Wenn die Natur der Dichtung holde Gabe
> Aus reicher Willkür freundlich mir geschenkt ... [405]

189

In der Streitszene läßt er sich von Antonio zunächst viel gefallen, als der sein Künstlertum in Frage stellt, wehrt sich Tasso. In dieser Szene schenkt die "Gottheit":

> Was eine Gottheit diesem frei gewährt
> Und jenem streng versagt, ein solches Gut
> Erreicht nicht jeder, wie er will und mag. [1303]

Und in der Schlußszene, in der die Dichterberufung als das einzige, letzte und höchste Gut übrigbleibt:

> Gab mir ein Gott, zu sagen, was ich leide ... [3435]

Auch der vierte und vielleicht wichtigste Reflex seines dichterischen Selbstverständnisses, bekannt als "Seidenwurm"-Gleichnis, belegt Tassos Sendungsbewußtsein. Es belegt zugleich die Inkompatibilität seines Berufsverständnisses zum höfisch geforderten, wie es Antonio ("Kunst, die ziert"), der Fürst ("Ich bin auf ihn als meinen Dichter stolz") und Leonore ("in seinem schönen Geist sich selbst bespiegeln") vertreten. Einige Interpreten haben aus diesem Zitat eine romantische Tendenz gefolgert. Die existentielle Radikalität der Selbstdefinition ist unüberhörbar:

> Ich halte diesen Drang vergebens auf,
> Der Tag und Nacht in meinem Busen wechselt.
> Wenn ich nicht sinnen oder dichten soll,
> So ist das Leben mir kein Leben mehr.
> Verbiete du dem Seidenwurm zu spinnen,
> Wenn er sich schon dem Tode näher spinnt.
> Das köstlichste Geweb entwickelt er
> Aus seinem Innersten, und läßt nicht ab,
> Bis er in seinen Sarg sich eingeschlossen. [3079]

Dichterisches Sendungsbewußtsein und Tat-Komplex liefern präzise Anhaltspunkte für die Dramaturgie der Figur. Die Frage nach der Pose stellt sich hier nicht. Zu deutlich verweist das Drama auf diese Charakteristika, in völlig unterschiedlichen Situationen treten diese Selbstaussagen auf den Plan. Nicht Tassos dichterischer Rang (oder sein Status als literarischer Spezialist) wird im Drama problematisiert. Nicht Tassos Stellenwert als Künstler ist das Problem, *sondern der Stellenwert der Kunst.* Das läßt sich auch mit einem rezeptionsgeschichtlichen Argument belegen:

> Wenn Antonio geringschätzig Tasso als Müßiggänger bezeichnet, dann klang das dem damaligen Zuschauer so, als würden etwa Vergil, Homer oder Shakespeare so gering angesprochen vor einem Hofmann, dessen ... Verdienste längst vergessen waren, während Tassos Ruhm die Jahrhunderte überdauert hatte.[38]

In diesem Bereich sehe ich den Spielraum der Interpretation eingeschränkt, und keine der mir bekannten schriftlichen oder szenischen Deutungen hat diese Grund-Charakteristika in Frage gestellt. Nur wenn man Tasso zunächst als Künstler (mit Tat-Defizit) akzeptiert, kann man sinnvoll über ihn streiten.

Die Geschichte der "Tasso"-Deutungen beginnt im Drama selbst. Fast immer wenn der Dichter nicht auf der Bühne steht, wird über ihn gesprochen, schon in der zweiten Szene. Das Gespräch zwischen Fürstin und Prinzessin richtet sich wie zufällig auf den Poeten, wichtige Stichworte fallen (Tassos Menschenflucht, Tassos Attraktivität, Tassos Weltferne als Dichter und als Liebender); es ist fast eine Ouvertüre. Und dann, wohlangekündigt, betritt mit dem fertigen Manuskript die Bühne der Star. Die "Tasso"-Rezeption hat sich allzuoft einfach die Tasso-Deutung ihrer jeweiligen Lieblingsfigur herausgegriffen und unkritisch zu eigen gemacht. Es geht im wesentlichen um zwei Thesen:

* Tasso liebt nur platonisch, ist als Mensch gar nicht richtig vorhanden, schwebt als 'Phantasiemensch" in anderen Welten.
* Tasso ist krankhaft mißtrauisch, unzurechnungsfähig oder wahnsinnig.

Das Platonikerargument hat in reinster Form G. Roethe formuliert, er hat zugleich die Referenz im Stück genannt; Tasso "liebte im Ur-Tasso, in unserem 'Tasso' liebt er nicht mehr oder doch nur mit einer Phantasieliebe, wie die Gräfin sieht ..."[39] "Sein Auge weilt auf dieser Erde kaum" [159], behauptet Leonore und: "Hier ist die Frage nicht von einer Liebe,/ Die sich des Gegenstands bemeistern will" [205]. Im gro-

---

38 ebd., S. 40
39 Gustav Roethe: *Der Ausgang des "Tasso".* In: *Gesammelte Vorträge und Aufsätze.* Berlin 1932, S. 128

ßen Dialog mit der Prinzessin (II.1) scheint Tasso der Meinung der Fürstin zunächst recht zu geben, wenn er, in Petrarca-Tradition, eine (legitime) höhere Minne gesteht, gekleidet in einen Begriffszierat von erhabenem, ätherischen Wohlklang: "Widmung" und "Preisung", "Reinheit" und "Göttlichkeit" – es ist fast schon ein Gebet:

Gewidmet sind dir alle meine Tage.
Wenn, dich zu preisen, dir zu danken, sich
Mein Herz entfaltet, dann empfind ich erst,
Das reinste Glück, das Menschen fühlen können;
Das Göttlichste erfuhr ich nur in dir. [1066]

Die Antwort der Prinzessin zieht, zugleich distanzierend, zugleich fragend, Tassos Geständnis ins Allgemeine:

Es ist sehr billig, daß die Frauen dir
Aufs Freundlichste begegnen; es verherrlicht
Dein Lied auf manche Weise das Geschlecht. [1086]

Doch Tasso will nicht mißverstanden werden, und wie eine Widerlegung von Leonores Platoniker-These, die ja in den Worten der Prinzessin mitschwingt, fällt der Satz:

Ich bin nur *einer, einer* alles schuldig!
Es schwebt kein geistig unbestimmtes Bild
Vor meiner Stirne ... [1093]

Tassos Liebesgeständnis, wiewohl immer noch die Regeln höfischer Dezenz wahrend, wird hier konkreter. Und die Prinzessin antwortet ziemlich positiv, man hört zwar nicht "Ich liebe dich auch!", aber immerhin: "Und so gewinnt uns dieses Lied zuletzt" (für seinen Verfasser), und dieser sieht "ein ewig Glück/ auf goldnen Strahlen herrlich niedersteigen" [1119].
Tasso liebt *eine* Frau, und nicht nur im Geiste. Ich habe im Rahmen der Analyse der Prinzessin die Indizien für eine ganz handfeste (gegenseitige) körperliche Attraktion schon genannt. Den wichtigsten Hinweis in Szene II.1 liefert die unverhüllte Sexualmetaphorik, in die Tasso seine Rede von der "Goldenen Zeit" kleidet [979 f.]. Ein weiteres Argument gegen die Platonikerthese: Der Dichter sieht in der Beziehung zur Prinzessin die Chance, seinen Tat-Komplex zu überwinden. Er "wagte

gern das Leben"[1174] und zieht auch ins Turnier, der Prinzessin vermeintlichen Auftrag ausführend: Antonio zum Freund gewinnen. Wäre der Dichter nicht an der ganzen Prinzessin interessiert, so bräuchte sie ihn nicht immer wieder zu "mäßigen". Und auch die Katastrophe hat damit zu tun. Als die Prinzessin dem an sich und seiner Umwelt Verzweifelten in der vorletzten Szene durch eine kleine Sympathiekundgebung wieder eine Perspektive eröffnet, reagiert Tasso überhaupt nicht platonisch. Im plötzlichen "Hoffnungswahn des Herzens" überschreitet der Körper den Panzer der Sitte: *Er fällt ihr in die Arme und drückt sie fest an sich.*

Die zweite rezeptionsgeschichtlich bewährte These zur Figurendramaturgie des Tasso nimmt als Nenner seiner Persönlichkeit "Mißtrauen" oder unterstellt, davon inspiriert, einen pathologischen Charakter. Daß Tasso am Schluß wahnsinnig wird, illustriert in seinem Schmerzensgesang nach der Liebeskatastrophe, steht fast schon als *common sense.* "Mißtraun"[!], so diagnostizierte schon eine der frühesten Rezensionen, "ist die Quelle seiner unsäglichen Leiden".[40] Und der Nervenarzt Paul Möbius legte 1870 Tasso auf die Couch und erklärt, Resultat einer Analyse, geprägt von einer zutiefst positivistischen Psychologie: "Im 'Tasso' ist der Held geisteskrank".[41]

Der Komplex "Mißtrauen"-"Argwohn"-"Menschenflucht" wird – wie Tassos Tat-Sehnsucht – mehrfach angesprochen. Während der Tat-Komplex weitgehend Tassos Selbstdarstellung vorbehalten bleibt, bildet die Mißtrauensthese den gemeinsamen Nenner der Außenkommentare. So sehr sich die Figuren in ihren Tasso-Deutungen widersprechen, in diesem Punkt herrscht Einigkeit. Vom Dichter, "der uns zu meiden, ja zu fliehen scheint", spricht die Prinzessin schon in der ersten Szene, und, wenig später, im großen Gespräch mit Tasso (II.1): "So kannst du selbst nach vielen Jahren kaum/ In einen Freund dich finden" [922].

Alfons erhält mehrfach Gelegenheit, sich zu beklagen, daß sein "gewählter Diener" nicht richtig funktioniert:

Es ist ein alter Fehler, daß er mehr
Die Einsamkeit als die Gesellschaft sucht. [243]

---

40 Anonymer Artikel in: Friedrich Nicolai (Hrsg.): *Neue Bibliothek der schönen Wissenschaften und freien Künste.* Berlin 1790, Jahrgang 41. Hier zitiert nach Grawe (Hrsg.): *Johann Wolfgang Goethe. Torquato Tasso. Erläuterungen und Dokumente.* Stuttgart 1981, S. 113
41 Paul Möbius: "Tasso"-Artikel in: *Die Umschau 2,* Nr. 31, 30. Juli. 1898, S. 532

Und:

> ... gegen viele
> Hegt er ein Mißtraun, die, ich weiß es sicher,
> Nicht seine Feinde sind ... [315]

Wie die Prinzessin, so will auch Alfons "helfen". Wie ein Kontrapunkt gesellt sich durch das ganze Stück hindurch zur Mißtrauensthese dieser Gedanke: "Besser wär's, wenn wir ihn heilen könnten". Und zwar durch eine Erziehung zum "Mann":

> Und Welt muß auf ihn wirken. Ruhm und Tadel
> Muß er ertragen lernen. Sich und andre
> Wird er gezwungen recht zu kennen. Ihn
> Wiegt nicht Einsamkeit mehr schmeichelnd ein.
> Es *will* der Feind – es *darf* der Freund nicht schonen;
> Dann übt der Jüngling streitend seine Kräfte,
> Fühlt, was er ist, und fühlt sich bald ein Mann. [295]

Auch Leonore stimmt überein. Von Tassos "Argwohn" redet sie [309], und den Erziehungs-/Heilungsgedanken äußert sie zweimal im Stück. In Szene I.2 gibt sie dem Fürsten recht: "O daß er sein Gemüt wie seine Kunst/ An deinen Lehren bilde!" [306]. Und viel später, im Gespräch mit Antonio, heißt es :

> Wir wünschen ihn zu bilden, daß er mehr
> Sich selbst genieße, mehr sich zu genießen
> Den anderen geben könne. [2112]

Antonio stellt in einer seiner Verachtungstiraden Tassos Mißtrauen als Resultat eines "unmäßigen Lebens" dar, "wie es uns schwere, wilde Träume gibt", und: "Was ist sein Argwohn anders als ein Traum?" [2917]. Es folgt eine Liste einschlägiger Tasso-Verfehlungen (auch der Fürst hatte in I.2 Ähnliches berichtet):

> So hat er oft mit Klagen dich [den Fürsten] belästigt:
> Erbrochne Schlösser, aufgefangne Briefe
> Und Gift und Dolch! Was alles vor ihm schwebt!
> Du hast es untersuchen lassen, untersucht,
> Und hast du was gefunden? Kaum den Schein ... [2926]

Mißtrauen wird einerseits exponiert als Haupteigenschaft der Figur, andererseits wird in der Handlung des Stückes eine Vertrauenskrise anschaulich durchgespielt. Offen bleibt der Stellenwert dieser Charaktereigenschaft, und hier erzwingt der Text förmlich Deutung. Man kann die Geschichte der "Tasso"-Exegese als einen Versuch begreifen, die Frage nach dem Verhältnis von Tassos "Talent" zu seinen negativen Eigenschaften zu beantworten. Dabei gibt es zwei Haupttendenzen. Die erste, eher fragwürdige Tradition, bezieht die 'guten' und 'schlechten' Charakteristika bruchlos aufeinander, übersieht ihre Aktualisierung in der Handlung und bewertet (je nach ideologischem Hintergrund) ihren Zusammenhang entweder positiv: ohne Wahnsinn kein Genie. Oder man folgt Antonios vernichtenden Urteilen, bewertet Tasso als "unreif" oder "unsittlich", seine Schwächen als moralisches Versagen, den Dichter als schwärmerischen Anarchisten. Die neuere "Tasso"-Deutung hat diese Deutungsstereotypen überwunden, und stellt – gleichgültig in welchem Kontext sie argumentiert – die Handlung des Stücks in Rechnung, mit überraschenden Ergebnissen.

Der wichtigste Vertreter derjenigen "Tasso"-Exegese, welche die Problematik des Tasso-Charakters ins Positive wendet, das Pathologische als dem Genie wesentlich begreifend, ist Benno von Wiese:

Der Wahn ist negative Phantasie, ein Umdichten seiner Umwelt in miteinander verknüpfte Gestalten eines Angsttraumes, der das Ich bedrängt und verfolgt. Die schöpferische Selbstbesessenheit schlägt in eine verhängnisvolle Kette von Selbsttäuschungen um ... Strömende Hingabe wechselt mit grenzenlosem Mißtrauen, beides in Glück und Schmerz gleich ausschließlich ...[42]

Die Pointe seiner Gedanken formulierte Wiese in einem Satz, er wurde gleichsam zum Credo der idealistischen "Tasso"-Deutung:

Dämonisch wird Tasso erst, weil die gleichen Eigenschaften, die ihn an der Wirklichkeit scheitern lassen, auch wieder die Voraussetzung für seine adlige und dichterische Sendung sind.[43]

---

42 Benno von Wiese: *Die deutsche Tragödie von Lessing bis Hebbel*. Hamburg 1952, S. 106
43 Benno von Wiese: *Das Dämonische in Goethes Weltbild und Dichtung*. In B. v. W.: *Der Mensch in der Dichtung*. Studien zur deutschen und europäischen Literatur. Düsseldorf 1958, S. 79 f.

Den Gegenentwurf lieferte schon im 19. Jahrhundert Hebbel: Goethe zeichne uns einen Poeten,

> ... der eigensinnig auf einer untergeordneten Bildungsstufe verharrt und nicht an seiner Poesie, sondern an seiner sittlichen Trägheit zugrunde geht ... Er gibt uns mit einem Wort die Krankheitsgeschichte eines freilich interessanten und reichbegabten, aber energielosen und verworrenen Individuums, dem eben, weil es dieses ist, der höchste Segen zum Fluch wird.[44]

1928 hat Hermann August Korff diesen Gedanken seiner autoritären "Tasso"-Deutung eingeschrieben. Er macht sich die Positionen des Hofes nicht nur rückhaltlos zu eigen, sondern sieht die höfische Gesellschaft gar "als Trägerin der Humanität". Auch Korff sieht in der Figur Tassos einen exemplarischen Zusammenhang von Genie und Wahnsinn, kehrt ihn allerdings ins Negative: Wahn als Schuld.

> Diese Schuld zeigt sich äußerlich in Tassos Unfähigkeit zu gesellschaftlicher Kultur, aber sie besteht innerlich in der Eigenwilligkeit des Künstlers, der, auf seine Genialität pochend, sich gegen die Gesetzlichkeit der Welt verschließt ...[45]

Und:

> Wenn Tasso am Ende der Tragödie niedersinkt, dann fühlt er, daß er unmöglich geworden ist, daß er trotz seines Dichtertums, das ihm die schönste Gunst der Menschen eingetragen hatte, die Prüfung als gesitteter und vernünftiger Mensch nicht bestanden hat, und es ist ihm nicht anders, als wenn er von oben her eine Stimme vernähme: damnatus est.[46]

Die Geschichte der "Tasso"-Deutungen quillt über von Statements, die den Dichter pauschal für nicht zurechnungsfähig erklären. "Nirgends vermag Tasso sein Verhältnis zur Umwelt richtig zu beurteilen"[47], liest

---

44 Friedrich Hebbel: *"Torquato Tasso"*. In: Dramaturgische Aphorismen. 1852. Zitiert nach Arno Mulot (Hrsg.): *Im Urteil der Dichter*. Die deutsche Literatur von Lessing bis Hauptmann. München 1957, S. 69
45 Hermann August Korff: *Geist der Goethezeit*. II. Teil, Leipzig 1955, S. 174
46 ebd., S. 172
47 Von Wiese, Benno: *Die deutsche Tragödie von Lessing bis Hebbel*. A. a. O., S. 106

man, oder: Tasso "ist ein verdrießlicher, kranker Geist, der überall nur
Feinde sieht, unfähig, sich zu betragen ..."[48] Oder: "Tasso trennt Wirklichkeit und Idee nicht, und darin liegt die Wurzel seiner Tragödie."[49]
Und: "Die harte Realität des Lebens bleibt ihm [Tasso] unbewußt."[50]
Und: "Die fortdauernde "Disproportion des Talents mit dem Leben"
will Tasso durch das Überspringen nicht nur der Wirklichkeit, sondern
auch des arkadischen Lebens, das ein Dasein fern der Tat ist, heilen,
indem er sich in den Mythos träumt ..."[51] Und: "Goethes Tasso hat Züge
einer Hysterie an sich, die es ihm fast unmöglich macht, die Wirklichkeit, in der er lebt, richtig einzuschätzen."[52]
Man übernimmt also bruchlos und völlig unkritisch die Einschätzungen Leonores und Antonios; und das, obwohl Leonores Bild vom
Dichter, der in anderen Sphären schwebe, eindeutig widerlegt wird.
Und Antonios von grundsätzlichen Ressentiments und der besonderen
Streitsituation geprägte Tasso-Äußerungen als objektive Aussagen zu
interpretieren, ist, vorsichtig ausgedrückt, fragwürdig. Alle zitierten
Autoren bestreiten Tassos Urteilskraft. Schon eine oberflächliche Text-
lektüre belegt schlicht das Gegenteil. Tasso urteilt nicht nur einmal
über andere. Und diese Kommentare lassen sich ohne großen analyti-
schen Aufwand auf ihren Wahrheitsgehalt prüfen. Ich will nur zwei
Beispiele herausgreifen. Im Gespräch mit der Prinzessin äußert sich
Tasso über Leonore:

> So liebenswürdig sie erscheinen kann,
> Ich weiß nicht, wie es ist, konnt' ich nur selten
> Mit ihr ganz offen sein, und wenn sie auch
> Die Absicht hat, den Freunden wohlzutun,
> So fühlt man Absicht, und man ist verstimmt. [965]

Es braucht keine argumentative Anstrengung, um die Richtigkeit dieser
Einschätzung zu belegen; die Intrige der Fürstin gibt, dem Leser leicht
nachvollziehbar, Tassos Einschätzung recht. Und den übrigen Hofmit-

48   Anonyme Rezension im *Journal du Commerce*, Dezember 1826. Zit. nach
      Grawe (Hrsg.): *Johann Wolfgang Goethe. Torquato Tasso. Erläuterungen
      und Dokumente.* Stuttgart 1981, S. 95
49   Helmut Kobligk: *Johann Wolfgang Goethe: "Torquato Tasso".* Frankfurt/M.
      1977, S. 74
50   Lieselotte Blumenthal: *Arkadien in Goethes "Tasso".* In: *Goethe.* NF des
      Jahrbuchs der Goethe-Gesellschaft, Bd.13, 1951, S. 17
51   Kobligk, a. a. O., S. 75
52   ebd. S. 53

gliedern unrecht: Die Prinzessin äußert "Vertrauen" zu der "Freundin", "rein und ganz", ausgerechnet in der Szene, wo sie von Leonore hintergangen wird (III.2); der Fürst schenkt Leonore Vertrauen, indem er sie mit der heiklen Mission betraut, Tasso zu befrieden, und Antonio erklärt der "Freundin" gar die innersten Beweggründe für sein aggressives Verhalten. Und genau diese Beweggründe erkennt der angeblich unzurechnungsfähige Tasso völlig klar schon im Streitgespräch:

Verschwende nicht
Die Pfeile deiner Augen, deiner Zunge!
Du richtest sie vergebens nach dem Kranze,
Dem unverwelklichen, auf meinem Haupt.
Sei erst so groß, mir ihn nicht zu beneiden! [1319]

Und die gleiche These lautet im Gespräch mit Leonore:

Ein solcher Mann verzeiht dem andern wohl
Vermögen, Stand und Ehre; ...
Doch das, was die Natur allein verleiht,
... das wird er nie verzeihn. [2324]

Antonio selbst gibt Tasso recht, als er Leonore den "bösen Genius" erklärt, der ihn im Streit besessen habe:

Gar viele Dinge sind in dieser Welt,
Die man dem andern gönnt und gerne teilt;
Jedoch es ist ein Schatz, den man allein
Dem Hochverdienten gerne gönnen mag,
Ein andrer, den man mit dem Höchstverdienten
Mit gutem Willen niemals teilen wird –
Und fragst du mich nach diesen beiden Schätzen:
Der Lorbeer ist es und die Gunst der Frauen. [2013]

Daß so viele Rezensenten diese Belege (man könnte weitere anführen) für Tassos überaus genaue Menschenkenntnis, für seinen (zunächst) klaren Blick auf die Realität übersehen haben, läßt sich nur damit erklären, daß – einmal abgesehen von der unkritischen Übernahme bestimmter Figurenstatements – die sogenannte "Wahnrede" überbewertet wurde, in der Tasso nach der Prinzessinnen-Katastrophe seiner Verzweiflung freien Lauf läßt. Man kann auch diese Textstelle nicht unabhängig von ihrem szenischen Kontext verstehen. Wolfdietrich Rasch:

Tasso unterliegt einer blinden Selbsttäuschung, die von einem rein subjektiven Anhaltspunkt ausgeht. In der Duellszene sah er sich durch Antonios Hohn zum Ziehen des Degens provoziert – und plötzlich trat der Herzog hinzu, so daß er bloßgestellt war. Jetzt deutet er sich im ersten Augenblick der Beschämung den Vorgang am Schluß der vierten Szene als eine Art Wiederholung dieser Duellszene. Er meint, die Prinzessin habe ihn als "Sirene" absichtlich "angelockt" ..., damit er sich endgültig bloßstelle. Aber diese wahnverzerrte Deutung hält er nur einen Augenblick aufrecht ... Es ist eine verzweifelte, aber vergebliche Flucht vor der unerträglichen Wirklichkeit in den Wahn. Auch hier unterliegt Tasso nicht der "Dichterphantasie", sondern dem Überdruck der Situation ... Selbst Antonio gesteht ihm zu, daß die maßlose ... Schmähung der Freunde "seinem Schmerz zu verzeihen ist" ...[53]

Rasch widmet in seiner "Tragödie des Künstlers" der Rechtfertigung Tassos ("als Mensch") breiten Raum. Im Gegensatz zu den Pauschalurteilen der älteren Forschung stellt er die Handlung in Rechnung, wobei seine Analysen hochgradig plausibel sind, seine interpretatorischen Folgerungen nicht unbedingt. Raschs These: Tasso versinkt im vierten und fünften Akt nicht in "Wahnvorstellungen", weil er pathologisch mißtrauisch und weltfremd ist, wird nicht "Opfer einer dichterischen Phantasie, die ihn überall Feinde sehen läßt, während er doch in Wahrheit von wohlwollenden Freunden umgeben ist":[54]

Diese Auffassung übersieht zunächst die besondere kompositionelle Bedeutung des dritten Aktes ... Tasso erfährt nichts von den wichtigen Vorgängen dieses Aktes, da er isoliert auf seinem Zimmer sitzt. Er weiß anfangs nicht, daß Alfons die einseitige Bestrafung bereut und Antonios innere Schuld festgestellt hat (II,4). Er weiß auch nicht, daß die Prinzessin und die Gräfin in Antonio den Hauptschuldigen sehen (III,2).[55]

---

53   Rasch, a. a. O., S. 131 f.
54   ebd., S. 125
55   ebd., S. 125 f.

Tasso unterliegt zwangsläufigen Irrtümern, ich bin in der Handlungsanalyse ausführlich darauf eingegangen: Der Zuschauer erfährt, daß
auch Antonio vom Fürsten zurechtgewiesen wird. Der Gefangene weiß
den Rivalen frei, wähnt ihn in Gnaden. Wir wissen um die komplizierte
Seelen- und Liebeslage der Prinzessin, Tasso fühlt sich verraten. Wir
wissen, daß Antonio Leonores Entführungsplan nicht unterstützt, und
Tasso erkennt in ihren Reden "Absicht", allerdings nicht Leonores, interpretiert die Einladung nach Florenz zwangsläufig als gezielte Aktion
Antonios, vermutet Leonore als "Werkzeug" des "Feindes".

Tasso wird nicht primär Opfer seiner charakterlichen Anlagen,
sondern eines, technisch ausgedrückt, Informationsdefizits: Niemand
klärt ihn über seine wirkliche Lage auf. Und Leonores Aussage, "Daß
niemand dich im ganzen Vaterlande/ Verfolgt und haßt, und heimlich
drückt und neckt", kann er im Kontext der Szene (IV.2) nur als unehr-
lich begreifen, zu frisch sind noch die Beleidigungen Antonios, zu deutlich, daß zumindest Leonore ihn "heimlich drückt". Rasch folgert:

> Tasso erliegt schweren Irrtümern, aber das wird sorgfältig durch
> die Zweideutigkeit vieler Umstände motiviert und zeigt nicht "das
> Mißverhältnis zwischen dem Phantasieleben des Künstlers und
> der Wirklichkeit". Es ist eine ... triviale Vorstellung, der Künstler
> neige stärker als andere Menschen dazu, im täglichen Leben sub-
> jektive Phantasien an die Stelle der Realität zu setzen und sein
> Verhalten von Hirngespinsten leiten zu lassen.[56]

Für Raschs Interpretation stellt sich hier die entscheidende Frage: Wie
vereinbart er die Einsicht in Tassos menschliche Zurechnungsfähigkeit
mit seiner Kernthese, derzufolge im Tasso essentiell von der Tragödie
des Dichters die Rede sei, ein Deutungsansatz, der klar in der idealistischen Tradition Benno von Wieses steht. In Raschs eigenen Worten:
"Wenn Tassos Wahn nicht Erzeugnis der dichterischen Phantasie, sondern des menschliche Mißtrauens und Irrtums ist, welchen Sinn hat
dann dieses Motiv? Inwiefern gehört es zur 'Tragödie des Dichters'?[57]
Raschs Lösungsversuch gerät zutiefst konventionell und verschenkt die
Ergebnisse seiner differenzierten Analyse. Zwar geht er nicht ganz so
weit wie Benno von Wiese, der ja "Wahn" als dichterischen Produktivitätsfaktor definiert. Ein Grundargument idealistischer Künstlerkonzepte

---

56 ebd., S. 131
57 ebd., S. 132

bleibt allerdings bewahrt, es lehnt direkt an christliche Vorstellungen der Doppelnatur an. Jesus ist zugleich Mensch und Gott (fehlbar und unfehlbar); Tasso ist zugleich Mensch und Dichter (krank und genial):

> Tassos Irrtum zeigt, wie der Dichter die ihm zugeteilte Gabe des tiefdringenden, verstehenden Blickes für Mensch und Welt nur als Dichter besitzt, in seinem Werk bewährt, daß er jedoch als Mensch, in den Konflikten, in die er selbst gerät, von dieser Gabe im Stich gelassen wird und dem Irrtum ... ausgesetzt ist ... Die Weisheit des Dichters, seine Kenntnis des menschlichen Herzens, sein erhöhter Sinn für Werte und Schwächen ... ist nur sicher wirksam in seinem produktiven Verhalten ... Der Dichter erhält seine Gabe "aus der Hand der Wahrheit", er dient ihr und verwirklicht sie in seinem Werk, bleibt aber als Mensch dem Verfehlen ... ausgesetzt ...[58]

Und – fast schon Originalton Wiese –: "Wahn und Schuld gehören zusammen. Sie bekunden beide den tragischen Widerspruch in der Dichterexistenz."[59]

Rasch landet also bei der konventionellen Tasso-Deutung. Das Dilemma dieser Interpretation liegt darin, daß sie einerseits Tassos Irrtümer im Rekurs auf die Handlung als zwangsläufige entschuldigt, im Resümee andererseits wieder unbeirrt von "Verfehlen", "Wahn" und "Schuld" spricht. Der Grund dieser Inkonsequenz liegt auf der Hand. Rasch, von seinem fundamentalistischen Dichterbild tief überzeugt, muß vor der Konsequenz seiner eigenen Analysen erschrecken. Indem er Tassos Irrtümer und Seelenwirren als von außen motiviert aufdeckt, gerät die Hermetik des Dichterbildes in Gefahr, ein Dichterbild, das Widersprüche, Leiden, Zerrissenheit konsequent nach innen verlegt in den Busen des ewigen Poeten. Schade, daß Rasch die naheliegendere interpretatorische Folgerung nicht gesehen hat, vielleicht nicht sehen konnte. Die Handlung führt Tassos Fehler und Krise gerade nicht vor als Resultate seiner grundsätzlichen charakterlichen Prägung, sondern als Ergebnis einer konkreten und intriganten Entwicklung. Damit ist nicht eine "Tragödie des Dichters" angesprochen, sondern eine, um ein Wort Peter Szondis zu variieren, "Tragödie menschlicher Kommunika-

---

58 ebd., S. 132 f.
59 ebd., S. 133

tion", genauer: das Scheitern eines Modells höfischen Zusammenlebens, des Musenhofs, Harmonie im kleinen Kreis der Edlen.

Die Unglücks-Konsequenz der Handlung hängt daran, daß weder Fürst noch Prinzessin auf den arretierten Tasso zugehen, sondern daß eine Diplomatin (in eigener Sache) zwischengeschaltet wird. Die Folge ist eine Kette von zwangsläufigen Mißverständnissen, wobei böser Wille, Absicht, ja Schuld vordergründig nirgendwo vorliegt, allenfalls im Sinne einer tragischen Bestimmung: schuldlos schuldig. Selbst die Leonoren-Intrige verfolgt keine eigentlich "bösen" Interessen. Die Fürstin will Tasso nicht vernichten. Virulent wird die Intrige nur durch ihren Stellenwert im Drama: Auch die Intrigantin kann nicht überblicken, was sie auslöst. Genausowenig wie Tasso Leonores Motive richtig einschätzen kann. Es wurde bislang grundsätzlich übersehen, auch in der kritischen "Tasso"-Exegese: Die Fabel hat ein ungeheueres Aneinandervorbeireden zum Thema, und die Krise, die hier auf die Bühne gestellt wird, ist nicht einfach die eines oder des Dichters schlechthin, sondern auch die einer Hofgesellschaft. Es gibt im Tasso am Schluß keine eindeutigen Sieger, wohl aber eindeutige Verlierer. Der Fürst verliert seinen Dichter, die Prinzessin den Geliebten, Leonore ihren Zauberspiegel, Tasso den Lorbeer, die Geliebte, die Gunst des Hofes, Antonio zumindest ein Vorurteil. Diese Handlung – man muß es einmal klar formulieren – funktionierte auch, wenn Tasso nicht der Hofpoet wäre, sondern, sagen wir, der Gärtner.

Auch die neuere, literatursoziologisch orientierte "Tasso"-Rezeption hat diese Lesart nicht aufgegriffen. Die in diesem Umfeld publizierten Schriften zielen allerdings nicht vorrangig auf eine dramaturgische Auslegung, sondern versuchen den literatur- und sozialgeschichtlichen Ort des Dramas auszumachen: "Tasso" als Ausdruck einer Umbruchsphase. Walter Hinderer:

Goethes "Tasso"-Darstellung zeigt nicht nur in nuce den "Übergang vom ständischen Dichter zum freien Schrifsteller", wie ihn vor allem das Beispiel Klopstocks veranschaulicht, sondern ebenso eine Veränderung des ästhetischen Selbstverständnisses. Neben der "Kunst der Grazie", der ebenso eine bestimmte menschliche Verhaltensform wie ein spezifischer gesellschaftlicher Kontext entspricht, hören wir am Schluß des Dramas von einer Dichtungsauffassung, in deren Mittelpunkt die Artikulation des menschlichen Leidens steht; sie ließe sich ... mit den Begriffen Schillers als pathetische Darstellung bezeichnen, zu der erhabener Stil gehört –

und nicht als die graziöse, pragmatische oder ethische Stilart, wie sie eben die offiziöse Kunst Ariosts auszeichnet.[60]

Ähnlich argumentiert Reinhold Grimm:

> Der Aufstieg des Bürgertums, der sich im Verfall des Ancien régime manifestiert, und die Emanzipation des Dichters wie dessen kritische Selbstreflexion gehen Hand in Hand. Weder Hofpoeten noch dichtende Gelehrte ... oder adlige Dilettanten ... bestimmen fortan das Bild der Literatur, sondern der sogenannte "freie Geist" unter den Marktgesetzen des kapitalistischen Wirtschaftssystems, wo er, je nach Erfolg, als Hohepriester der Kunst oder fronender Tagesschriftsteller, als Dichterfürst oder Dachstubenpoet ... in Erscheinung tritt, den Bücherschrank und die Bühne füllt. Immer ist der Dichter seitdem mehr *und* weniger als der Bürger; immer herrscht nun bei ihm die Spannung zwischen Wunschbild und Schreckbild, Ideologie und Realität ...[61]

Und Christa Bürger konstatiert, im Rückgriff auf Goethes Biographie:

> Es geht um die Selbstwertkrise des bürgerlichen Schriftstellers in der Situation des höfischen Mäzenats ... Goethes Interesse richtet sich weniger auf die gesellschaftliche Wirkung der Kunst als auf die individuellen Entfaltungs- und Wirkungsmöglichkeiten des künstlerischen Subjekts. Im "Tasso" reflektiert er über den Zusammenhang der materiellen Bedingungen der künstlerischen Produktion mit den Gehalten der Einzelwerke. Und er läßt die problematische Subjektivität des bürgerlichen Autors an diesen Bedingungen scheitern. Das Scheitern Tassos ist zu verstehen als Ausdruck einer Phase der Entwicklung der Kunst, von der aus die höfische Institution Kunst in ihrer Problematik erkennbar geworden ist.[62]

---

60 Walter Hinderer: *Torquato Tasso.* In: W.H. (Hrsg.): *Goethes Dramen· neue Interpretationen.* Stuttgart 1980, S. 172

61 Reinhold Grimm: *Dichter-Helden. Tasso, Empedokles und die Folgen.* In: *Basis.* Jahrbuch für deutsche Gegenwartsliteratur 7. Frankfurt/M. 1977, S. 9

62 Christa Bürger: *Der bürgerliche Schriftsteller im höfischen Mäzenat.* Literatursoziologische Bemerkungen zu Goethes "Tasso". In: Karl Otto Conrady (Hrsg.): *Deutsche Literatur zur Zeit der Klassik.* Stuttgart 1977, S. 148 f.

Es ist das Verdienst der kritischen "Tasso"-Exegese, die dargestellte Dichterproblematik gleichsam auf die Füße gestellt zu haben. Der Blick wird frei auf die gesellschaftlichen Ursachen der Dichterleiden. Nicht mehr im Busen des ewigen Poeten toben, Katalysatoren eines genialen Schaffens, die Konflikte. Man entdeckt im "Tasso" die Spuren handfester Interessengegensätze; sie kommen zum Ausdruck in äußerst unterschiedlichen Ansichten über die Rolle des Dichters, seine Funktionen, seinen sozialen Stellenwert; sie kommen zum Ausdruck, ganz konkret, in Tassos Verhalten zum Hof, im Verhalten des Hofs zu Tasso. Schon in der ersten Szene des Stückes wird, was gegensätzliche Kunstkonzepte angeht, ein deutlicher Gegensatz aufgebaut: in den beiden Hermen und ihrer Bespielung. Ariost, Inbegriff des höfischen Dichters, Bukoliker, erhält den Kranz von Leonore, die Prinzessin krönt zunächst den Klassiker schlechthin, "Virgil", dieser Kranz wandert hernach auf Tassos Haupt.

Die motivliche Zuordnung wird in der Folgeszene weitergeführt: Antonio redet bei seinem ersten Auftritt zweimal über Kunst, lobt – im Bezug auf den Papst – "Kunst die ziert" und rühmt, in einer vordergründig begeisterten Rede (die hintergründig Tasso herabsetzen will), überschwenglich den Ariost: "Zufriedenheit, Erfahrung und Verstand,/ Und Geisteskraft, Geschmack und reiner Sinn" [716]. Als dritter steht im Feld des Ariost-Motivs der Fürst, mehrfach im Stück erhält er Gelegenheit, sein Kunstverständnis zu artikulieren. Dessen repräsentativen Nutzen erläutert er in der zweiten Szene:

Dann soll das Vaterland, es soll die Welt
Erstaunen, welch ein Werk vollendet worden,
Ich nehme meinen Teil des Ruhms davon. [289]

"Gefunden hab ich diesen und gewählt/ Ich bin auf ihn als meinen Dichter stolz" [2850], heißt es noch viel später – der Fürst will seine fortstrebende Perle nicht "ohne Not" an einen anderen Hof "verlieren". Und daß er das Manuskript schließlich einbehält, steht nur vordergündig im Zusammenhang des "Heilungs-" und "Erziehungs"-Konzepts ("Der Mensch gewinnt, was der Poet verliert"); es geht dem Mäzen um die Sicherung eines (mit Tassos Grillen) hart erkauften Besitzstandes.

Ich will auf den von Hans Rudolf Vaget treffend auf den Nenner des "Dilettantischen"[63] gebrachten Kunstbegriff Leonores und den zumindest eingeschränkten Dilettantismus der Prinzessin nicht weiter eingehen. Ich habe schon darauf verwiesen, daß sich Tassos "ganzheitliches" und subjektives dichterisches Selbstverständnis, radikal formuliert im Gleichnis vom Seidenwurm ("dem Tode näher spinnen"), mit den Ansprüchen an den höfischen Dichter (Divertissement, Fürstenlob, gehobene Unterhaltung) nicht deckt. Trotzdem würde man den "Tasso" vereinfachen, wollte man ihn auf eine Formel wie diese bringen: "Das Verlangen geistiger Freiheit, ästhetischer Autonomie steht im Widerspruch zu den Verwendungsansprüchen der feudal-höfischen Gesellschaft."[64] Das Verhältnis Tassos zum Hof stellt sich kompliziert und widersprüchlich dar. Wir treffen im Lauf der Handlung auf völlig entgegengesetzte soziale Gesten. Das reicht von Tassos Dedikationsrede, die, zutiefst konventionell, dem Fürsten mit dem Werk gar das Urheberrecht zuspricht. Und im Gespräch mit der Prinzessin absolviert Tasso, ganz Edelmann, sein höfisches Credo:

... Doch glaube nicht, daß mir
Der Freiheit wilder Trieb den Busen blähe.
Der Mensch ist nicht geboren, frei zu sein,
Und für den Edlen ist kein schöner Glück,
Als einem Fürsten, den er ehrt, zu dienen. [928]

Je schlechter es Tasso geht, desto mehr schrumpft dieses "Glück". Im Leidenszimmer arretiert, klagt der Diener über den Fürsten:

Hat er [Alfons] vom Staate je ein Wort,
Ein ernstes Wort mit mir gesprochen? Kam
Ein eigner Fall, worüber er sogar
In meiner Gegenwart mit seiner Schwester,
Mit anderen sich beriet, mich fragt' er nie.
Da hieß es immer nur: "Antonio kommt!
Man muß Antonio schreiben! Fragt Antonio!" [2367]

---

63 Vgl. Hans Rudolf Vaget: *Um einen "Tasso" von außen bittend: Kunst und Dilettantismus am Musenhof von Ferrara.* In: Deutsche Vierteljahresschrift für Literaturwissenschaft und Geistesgeschichte. 54. Jahrgang, H.2., Juni 1980, S. 232–258
64 Borchmeyer, a. a. O., S. 129

Und als er ganz am Boden liegt, wird aus dem glücklichen Diener der
Unterjochte:

Ja, gehe nur, Tyrann! Du konntest dich
Nicht bis zuletzt verstellen, triumphiere!
Du hast den Sklaven wohl gekettet, hast
Ihn wohl gespart zu ausgedachten Qualen. [3304]

Wo die 'autoritäre' "Tasso"-Deutung, Hauptvertreter Korff, einen "humanitären" Hof herauslas und ihm einen dichterischen Wirrkopf und
Querulanten entgegensetzte, steht die kritische Lesart (wie auch die
idealistische in der Schule Benno von Wieses) auf der Seite Tassos. So
schreibt Christa Bürger über das Tyrannen-Zitat: "Im Wahn nur enthüllt
sich Tasso die Scheinhaftigkeit und Wesenlosigkeit der höfischen Gesellschaft."[65] Und fast wie die direkte Umkehrung des Korff-Stand-
punktes liest sich dieses Statement: "Das Ereignis nun, das zur Entfremdung zwischen Tasso und der höfischen Gesellschaft führt, besteht
darin, daß der bürgerliche Schriftsteller die ihm gesetzten Grenzen
überschreitet."[66] Für Korff war dies Frevel, für Christa Bürger Ausdruck eines historischen Moments der Diskrepanz höfischer und bürgerlicher Ideologie, wo "das auf dem unproblematischen Wertekonsens
beruhende partikulare Verhältnis zwischen Mäzen und Künstler als ein
(allgemeines) Besitz- und Herrschaftsverhältnis erscheint".[67]
Obwohl Christa Bürger zweifellos dem Spektrum der "Tasso"-Exe-
gese ein wichtiges kulturhistorisches Steinchen hinzufügt, geht sie
letztendlich vor wie die "Tasso"-Exegeten, von denen sie sich distan-
zieren muß. Auch hier wird Tasso auf einen allgemeinen Nenner gebracht, der vom eigenen Denksystem zutiefst geprägt ist. Eine neue
"Tasso"-Formel tritt auf den Plan, nicht mehr 'mißlungener Erziehungs-
versuch eines störrischen Monomanen durch einen humanitären Hof',
nicht mehr 'Tragödie des ewigen Dichters', nicht mehr Kampf zwischen
Natur (-recht) und gesetzlicher Ordnung, sondern: "Tasso" als Sinnbild
für ein Ausbeutungsverhältnis.
Hans Rudolf Vaget, in derselben Denktradition wie Bürger, analysiert differenzierter:

---

65   Bürger, a. a. O., S. 151
66   ebd., S. 150
67   ebd., S. 151

Tassos Dichtertum ist in jeder Hinsicht auf die Hofgesellschaft angewiesen. Sie ist Nährboden für Tassos Schaffen ...; und sie ist der Adressat seiner Dichtung. In dieser eng koordinierten Wechselwirkung von Produktion und Rezeption ..., reicht die höfische "Institution Kunst" in die Gegenwart hinein. Auf der anderen Seite jedoch – und darin gründet das eigentliche Anliegen des Goetheschen Schauspiels – findet sich das Dichtertum Tassos von ebenderselben Hofgesellschaft, ihren Erwartungen und Ansprüchen, eingeengt und in seinen Wirkungsmöglichkeiten gehindert.[68]

Im "Tasso" wird der schwarze Peter nicht einfach der Seite des Hofes zugespielt. Tasso leidet am Hof, er profitiert aber auch, und verfolgt man seine wichtigsten sozialen Gesten, so fällt auf, daß der Dichter, wenn es ihm gut geht, nur allzugerne bereit ist, die höfischen Rituale mitzuspielen, bis hin zum aristokratischen Glaubensbekenntnis. Sobald es ihm schlecht geht, sobald er die Anerkennung, das Lob, die Geniebezeugungen nicht mehr sicher weiß, kippt dieses Bekenntnis, der edle Fürst wird zum Tyrannen, die Prinzessin zur "Sirene". Ich habe es im Zusammenhang mit meinen Überlegungen zur Krönungsszene schon formuliert: Es finden sich in diesem Drama genügend Anhaltspunkte, die – jenseits der traditionellen Verdammungen oder Heiligsprechungen der Figur – eine Lesart plausibel machen, die als ein deutliches Charakteristikum dieser Dichterfigur ausmacht: Eitelkeit. Wo der Hof Tasso zu Repräsentationsgründen ausbeutet, beutet Tasso den Hof aus – als Folie seiner Selbstdarstellung. Man kann indes einen Schritt weitergehen *und in den überspannten Posen des Dichters selbst die sozialen Defekte ausmachen*; die interpretatorische Konsequenz der Stein-Aufführung weist in diese Richtung.

Die gesellschaftliche Beschädigung der Figur äußert sich nicht vordergründig plakativ als einfach zu durchschauendes Ausbeutungsverhältnis. Die Analyse der Handlungs- und Intrigenstruktur zeigt, daß keine Seite wirklich gewinnt, daß vordergründige böse Absicht nirgendwo die Situation ins Negative steuert, daß niemand hier schlußendlich profitiert. Der Fürst stellt Tasso (Tassos Ruhm) ins Kalkül seiner Staatsräson, und doch ist er kein Sklavenhalter, entbindet den Dichter, seinen Ausnahmerang respektierend, sogar von allen höfischen Repräsentationspflichten. Gesellschaftliche Beschädigung zeigt sich, hinterhältig, im Sozialverhalten Tassos, und hier wird die Einsicht in seine

---

68   Vaget, a. a. O., S. 235

durchaus gegebene Lebenstüchtigkeit interessant: Der Verlust der "goldenen Zeit", die Entfremdung vom Ideal eines naiven, ganzheitlichen Lebens äußert sich in Lust und Elend von Rollenspielen. Funktioniert es (scheinbare Identität von Rollenideal und Ichideal im Augenblick der Dichterkrönung), wähnt man sich im Elysium, mißlingt es (Stichwort Antonio), glaubt man sich auf der Galeere. Nicht ein Dichterbild wird im Tasso fixiert, sondern eine künstlerische Kompetenz in ihrer gesellschaftlichen Vermittlung problematisiert.

Goethe nannte, im Gespräch mit Eckermann (3.5.1827), seinen "Tasso" einen "gesteigerten Werther". Kein anderes "Tasso"-Zitat des Autors war so umstritten wie dieses, wer im Tasso das Naturgenie gegen die gesellschaftliche Gerechtigkeit wüten sah, interpretierte "Steigerung" im Sinne eines – im Vergleich zum Werther – radikalisierten Kraftgestus; Korff: "Gesteigert aber ist im Tasso sowohl das Mißverhältnis zwischen dem Phantasieleben des Künstlers und der Wirklichkeit, das hier zu völliger Verblendung führt, als auch das Mißverhältnis zwischen der Hemmungslosigkeit des künstlerischen Gefühlslebens und den Maßforderungen des gesellschaftlichen Feingefühls."[69] Plausibler argumentiert Wilfried Schulz: "Steigerung ... bedeutet nicht, daß die Hauptgestalt des Dramas noch wertherschere Züge als Werther selbst hat. Die Begriffsprägung ist vielmehr aus der Vorstellungswelt des alten Goethe zu erklären, nach der durch Gegensätzlichkeiten, durch Polaritäten, eine Steigerung stattfindet. Das heißt: neben den wertherschen Zügen enthält der Tasso nun auch deren Gegenpositionen, deren Kritik."[70] Daß das Drama weder die Position des Hofes noch diejenige Tassos bevorzuge, daß "Tasso" aufzufassen sei "comme une oeuvre den synthese" (P.Cotet) postulieren eine Reihe von neueren Arbeiten.[71] Es gibt gewichtige Argumente dafür: Der Schluß bleibt offen und dem Leser anheimgestellt, ob er Tasso "zernichtet" sehen will, tragisch gescheitert, oder ob er zum "Kern seines Wesens" vorstoße (etwa: Einheit von Dichten und Leiden), oder aber, ob sich im Aufeinanderzugehen von Tasso und Antonio etwas Neues ankündigt, Versöhnung der Gegensätze, der Beginn einer wunderbaren Freundschaft. Horst Nahler führt eine Liste von 30 sich widersprechenden Deutungen dieses Schlusses

---

69   Korff, a. a. O., S. 173
70   Schulz, a. a. O., S. 9
71   vgl. Schulz, a. a. O.

an[72]; ein Drittel wertet den Ausgang "tragisch", ein Drittel als "Versöhnung". Das letzte (und wohl überzeugendste) Drittel versucht, zwischen diesen Ansätzen zu vermitteln. Den Hintergrund bildet wiederum eine Goethe-Aussage, die sich über die Suche nach Sinneinheit geradezu lustig macht. Eckermann befragt den Autor (am 5.5. 1827) zum "Tasso", welche *Idee* Goethe darin zur Anschauung gebracht habe:

> *Idee?* sagte Goethe – daß ich nicht wüßte! ... Die Deutschen sind übrigens wunderliche Leute! Sie machen sich durch ihre tiefen Gedanken und Ideen, die sie überall suchen und überall hineinlegen, das Leben schwerer als billig. ... Aber denkt nur nicht immer, es wäre alles eitel, wenn es nicht irgend abstrakter Gedanke und Idee wäre.[73]

Man kann sich über das offene Ende endlos streiten. Eine eindeutige Lösung gibt es nicht, wohl aber Interpretationsraum für Inszenierungen. Allerdings läßt der biographische Rekurs eine Bevorzugung Tassos oder Antonios und der mit ihnen verbundenen Sphären unwahrscheinlich erscheinen: Die Idee zum "Tasso" und die (verlorene) Urfassung der ersten beiden Akte reichen in Goethes erste Weimarer Dekade zurück, in der er als Dichter kaum in die Öffentlichkeit trat, wohl aber als einer der höchsten Hofbeamten. Es klingt wie eine Schulbuchweisheit, Wilhelm Gundolf hat es zuerst formuliert: "Goethe selbst hatte die beiden Seelen Tasso und Antonio in seiner Brust."[74] Und in der Struktur des Stücks läßt sich dies klar nachzeichnen: Antonio ist nicht, wie Leonore, einfach Intrigant – vgl. die Antonio-Analyse – sondern Gegenspieler.

Zu kritisieren wäre eine gemeinsame Tendenz sowohl der differenzierten idealistischen "Tasso"-Exegese und der kritischen Auslegung, als deren Bühnenexponent Peter Steins Inszenierung steht: die Fixierung der Deutung auf die Dichterfigur. Ich habe schon darauf hingewiesen: Es gibt genügend Indizien im Stück, die es zulassen, die Krise des Dichters als Teil einer umfassenderen Krise des höfischen Zusammenlebens zu deuten. Eine Krise, wenn man mir noch einmal das biographische Argument nachsehen will, die Goethe am eigenen Leib er-

---

72   Horst Nahler: *Dichtertum und Moralität in Goethes "Torquato Tasso".* In: Helmut Holtzhauer und Bernhard Zeller (Hrsg.): *Studien zur Goethezeit,* Weimar 1968, S. 294 f.
73   *Goethes Gespräche mit Eckermann.* Leipzig, o.J., S. 322
74   Friedrich Gundolf: *Goethe.* Berlin 1920, S. 327

fahren hat, und deren Ausdruck seine Flucht nach Italien war. Und dort entsteht, als Reaktion auf diese Hoferfahrung, das komplizierte Drama. Aus dem "Tasso" läßt sich eine kritische Lesart begründet ableiten, die über die Offenlegung eines repressiven Mäzenats hinausweist. In der allgemeinen Vertrauenskrise, einem fatalen Aneinandervorbeireden der Figuren, äußert sich das Scheitern eines höfisch-elitären Modells des Zusammenlebens, des "Musenhofes". Dies zeigt sich – auf der Ebene der Handlung – in einer globalen Niederlage und Ernüchterung. Das drückt sich aus in der Liebeskrise, in der Leonoren-Intrige, im Scheitern des Erziehungsprogramms des Fürsten, ja sogar in einem Lernprozeß Antonios, der am Schluß den engen Horizont seiner erzkonservativen Ideologie eingestehen muß.

Tasso thematisiert in der Götterdämmerung des Dichters zugleich die des Hofes, und hierin liegt ein bislang nicht aufgedecktes und der Bühneninterpretation nicht erschlossenes Potential des Stückes. Auch hierin könnte ein Anreiz für eine Inszenierung liegen: So wie – in den Worten Vagets – die Mechanismen der höfischen "Institution Kunst" in die Gegenwart hineinreichen (und das Bremer Ensemble zu einer Anverwandlung Tassos inspiriert haben), so reicht die dargestellte Krise einer höfischen Lebensform in die gegenwärtige hinein: Kommunikations- und Vertrauensverlust als Entfremdungserscheinungen.

Antonio

O edler Mann! Du stehest fest und still,
Ich scheine nur die sturmbewegte Welle. [3434]

Dies sagt Tasso am Schluß des Dramas, der von vielen als Versöhnung gedeutet wurde. Am Anfang taucht Antonio auf – als Wellenbrecher. Mit dem Romrückkehrer, dem erfolgreichen Diplomaten und Weltmann, tritt, in der vierten Szene der Exposition, der Konflikt auf den Plan. Schlagartig erfährt der eben gekrönte und euphorisierte Dichter seine Grenzen. "Du wirst mich wahrhaft finden, wenn du je/ Aus deiner Welt in meine schauen magst"[583] erwidert Antonio auf Tassos Gruß, und in bezug auf die Zwei-Welten-These (Welle-Fels, Kunst-Leben) herrscht Einigkeit zwischen Dichter und Weltmann. Ernüchtert fühlt sich der Dichter, (noch) nicht aus Gründen persönlicher Gekränktheit, sondern weil ihm seine Grenzen bewußt werden:

> Doch ach! je mehr ich horchte, mehr und mehr
> Versank ich vor mir selbst, ich fürchtete,
> Wie Echo an den Felsen zu verschwinden ...[797]

Der Dichter leidet an einem Tat-Defizit und Antonio (der sich auch als Gelegenheitspoet[75] betätigt) hat klare Vorstellungen vom Stellenwert der Kunst: "Er schätzt die Kunst, sofern sie ziert", damit umreißt er die Position des Papstes und zugleich seine eigene. Wie der ideale Zier-dichter charakterlich beschaffen sein soll, entwickelt der Staatsmann in seiner Lobeshymne auf Ariost: "Zufriedenheit, Erfahrung und Verstand/ Und Geisteskraft, Geschmack und reiner Sinn" zählen, und das Werk wahre vor allem eines: Dezenz.

> Die Weisheit läßt von einer goldenen Wolke
> Von Zeit zu Zeit erhabne Sprüche tönen,
> Indes auf wohlgestimmter Laute wild
> Der Wahnsinn hin und her zu wühlen scheint
> Und doch im schönsten Takt sich mäßig hält. [729]

Antonio breitet hier die Folie aus, vor deren Hintergrund er später den "unmäßigen", "unerfahrenen", "unzufriedenen" Tasso negativ charakte-risieren wird, und daß er mit dem exorbitanten Ariostlob schon den Be-kränzten treffen will, erkennt nicht nur der Zuschauer; die Prinzessin tröstet Tasso, eine Szene später:

> Wird er dann
> Auch näher kennen, was du diese Zeit
> Geleistet hast: so stellt er dich gewiß
> Dem Dichter an die Seite, den er jetzt
> Als einen Riesen dir entgegenstellt. [775]

Der Fels scheint dem Erdreich fest verwurzelt, Antonio hat es im Ge-gensatz zu Tasso nicht nötig, sich unentwegt selbst zu definieren. Sein Charakter profiliert sich in der Vermittlung entweder durch Fremd-kommentare, durch indirekten Eigenkommentar (Antonio lobt den

---

75   Vgl. die Tasso-Äußerungen Z. 2329 f.

Papst und damit seine eigenen politischen Ideale[76]) und, wichtigstes Indiz, durch sein Handeln: im Streit, im Bedauern, in der Versöhnung.

Über Tasso äußern sich die Hofangehörigen äußerst unterschiedlich, über Antonio zeigt man sich weitgehend einig: der Weltmann als des Poeten Gegenpart:

> Er besitzt,
> Ich mag wohl sagen, alles, was mir fehlt.

(Der Dichter im Gespräch mit der Prinzessin, [943])

> Sieh das Äußere nur
> Von beiden an, das Angesicht, den Ton,
> Den Blick, den Tritt! Es widerstrebt sich alles;

(Prinzessin zu Leonore, [1678])

> Bei dir ist alles Ordnung, Sicherheit;
> Du sorgst für dich, wie du für andre sorgst;
> Du hast, was man dir geben möchte. Jener
> Beschäftigt uns in unserem eignen Fache.
> Ihm fehlt's an tausend Kleinigkeiten ...

(Leonore zu Antonio, [2065])

Und Leonore bringt diesen Gegensatz schließlich auf den Punkt, unausgesprochen an Tassos "Elysiums-Vision" (Einheit von Held und Dichter) anschließend:

> Zwei Männer sind's, ich hab es lang gefühlt,
> Die darum Feinde sind, weil die Natur
> Nicht *einen* Mann aus ihnen beiden formte. [1704]

Die Ironie der Geschichte liegt darin, daß Antonio, Inbegriff von Recht und Ordnung, Hauptexponent des höfischen Konservativismus, Fels, in einen Handlungszusammenhang gestellt wird, in dem er sich gerade nicht ordnungsgemäß verhält. "Denn eine Wolke stand,/ Schon als er zu uns trat, um seine Stirn" [1668], so umreißt später Leonore ihren Eindruck von Antonios Erstauftritt, und in der dritten Szene des zweiten Aktes entlädt sich diese Wolke mit Blitz und Donner. Tasso, ob

---

76 Nur der erfahrne Mann besitzt sein Ohr,
    Der tätige sein Zutraun, seine Gunst. [629]

seines vermeintlichen Liebesglücks erneut euphorisiert, geht in Szene II.3, den Freundschaftsauftrag der Prinzessin ("Ihr müßt verbunden sein") ausführend, auf Antonio zu, "mit vollen Segeln". Den ersten Dämpfer kassiert er allerdings schon nach wenigen Sätzen, Antonio:

Freigiebig bietest du mir schöne Gaben,
Und ihren Wert erkenn ich, wie ich soll,
Drum laß mich zögern, eh' ich sie ergreife [1202].

Tasso bringt die Prinzessin ins Spiel; er stehe in "der Fürstin Wort, die uns zu Freunden wünscht". Und er wirft Antonio "Kälte" vor. Als Ernte fährt er die erste Provokation ein:

Der Mäßige wird öfters kalt genannt
Von Menschen, die sich warm vor andern glauben,
Weil sie die Hitze fliegend überfällt. [1222]

Tasso, offenbar tief entschlossen, den Auftrag der Prinzessin auszuführen, bleibt erstaunlich gelassen, geht auf diese und eine Reihe ähnlicher Angriffe nicht ein, immer mit derselben rhetorischen Strategie. Er gibt Antonio recht: "Mit Beifall und Verehrung hör ich dich" [1244]. Tasso wiederholt schließlich, ein Muster an gutem Willen, sein Freundschaftsangebot: "Noch einmal! Hier ist meine Hand!" [1283]. Doch Antonio antwortet wiederum herabsetzend:

Du bist gewohnt zu siegen, überall
Die Wege breit, die Pforten weit zu finden.
(...)
Wir stehn zu weit noch voneinander ab. [1289]

Hier nimmt der Dialog eine entscheidende Wendung. Tasso ändert die Taktik, gibt, zum ersten Mal, Antonio nicht einfach recht, nimmt den Fehdehandschuh auf, zunächst in Form einer harmlosen Selbstverteidigung, anknüpfend an Antonios Differenz-These:

Es sei an Jahren, an geprüftem Wert,
An frohem Mut und Willen weich ich keinem. [1294]

Dies ist für Antonio schon zu viel, schlagartig wird der Ton rauher und offen spricht er aus, was im Ariost-Lob nur zwischen den Zeilen mit-

213

schwang: "oft entbehrt ein Würd'ger eine Krone"; und: "Kränze gibt es/ Von sehr verschiedner Art; sie lassen sich/ Oft im Spazierengehn bequem erreichen" [1298]. Tasso hat sich viel gefallen lassen, hier ist das Ende der Fahnenstange erreicht. Sein Künstlertum, einzige und letzte Konstante seines Selbstbewußtseins (siehe Tasso-Analyse) wird verhöhnt! Er weist Antonio barsch zurecht:

> Was eine Gottheit diesem frei gewährt
> Und jenem streng versagt, ein solches Gut
> Erreicht nicht jeder wie er will und mag. [1303]

Antonio setzt nach:

> Das Glück erhebe billig der Beglückte!
> (...)
> Er halte gnädiges Geschenk für Lohn,
> Zufällgen Putz für wohlverdienten Schmuck. [1313]

Doch Tassos Antwort sticht:

> Verschwende nicht
> Die Pfeile deiner Augen, deiner Zunge!
> Du richtest sie vergebens nach dem Kranze,
> Dem unverwelklichen, auf meinem Haupt.
> Sei erst so groß, mir ihn nicht zu beneiden! [1319]

Der Dichter durchschaut hier Antonios Neidmotive völlig klar. Und später, im Gespräch mit Leonore, gibt der Staatsmann ihm vor den Augen der Zuschauer recht, als er den "bösen Genius", dem er im Streit ein "Opfer gebracht" habe, erklärt:

> Gar viele Dinge sind in dieser Welt,
> Die man dem andern gönnt und gerne teilt;
> Jedoch es ist ein Schatz, den man allein
> Dem Hochverdienten gerne gönnen mag,
> Ein andrer, den man mit dem Höchstverdienten
> Mit gutem Willen niemals teilen wird –
> Und fragst du mich nach diesen beiden Schätzen:
> Der Lorbeer ist es und die Gunst der Frauen. [2013]

Daß der vorgeblich "übereilte Knabe" ihn so klar durchschaut, daß Tasso hinter der autoritär-arroganten Pose den kleinlichen Neid herausliest und auch noch offen benennt, das löst die letzte, schärfste und perfideste Attacke Antonios aus: Tassos Beleidigung als Edelmann. Wolfdietrich Rasch hat präzise analysiert, wie Antonio sein Opfer zum Ziehen des Degens gezielt hintreibt:

Antonio ... läßt sich zu einer neuen Verhöhnung des Gegners hinreißen ...: Zum hämischen Bezweifeln von Tassos Kampfesmut:

Wo Lippenspiel und Saitenspiel entscheiden,
Ziehst du als Held und Sieger wohl davon.

Antonio ... weiß genau, daß Tasso nicht aus Feigheit den Streit bisher als reinen Wortstreit führte, ohne einfach den Beleidiger zu fordern. Diese Zurückhaltung ist notwendig wegen des Verbots, im Bereich des Hofes einen Gegner zum Duell zu fordern. In dieser Lage dem Gegner mangelndes Vertrauen in seine Kampftüchtigkeit vorzuwerfen, ist eine ungewöhnliche Bosheit, die Antonios Verhalten in ein zweideutiges Licht setzt. Er weiß: auf ein Duell im Palast steht als Strafe "Verbannung, Kerker, Tod" (v.1509). Will er Tasso mit bösartiger Berechnung provozieren, um ihn zu vernichten und sich so des Gegners zu entledigen? Wenn man allein den Ablauf dieser Szene betrachtet, so läßt sich aus ihrem Wortlaut diese Auffassung nicht widerlegen. Tasso ... kann nicht anders auf *diese* Herausforderung antworten als mit einer Forderung zum Zweikampf. Antonio lehnt sie ab mit dem Hinweis auf den Ort, der den Austrag verbietet. Tasso entgegnet, daß Antonios Bosheit den Ort entweiht habe, aber er respektiert noch das Gesetz ... Doch Antonio verhöhnt ihn aufs neue, und als Tasso wieder zum bloßen Wortstreit hinüberzulenken scheint ("Hier ist noch Raum, dem Busen Luft zu machen"), schürt Antonio wiederum die Flamme ...:

Es macht das Volk sich auch mit Worten Luft.

(...) Tasso wiederholt gegenüber der neuen Provokation seine Forderung, Antonio lehnt sie ab und weigert sich auch, außerhalb des Palastes den Zweikampf auszutragen, weil schon die Forderung als solche verboten sei. Jetzt wirft Tasso ihm Feigheit vor, die Feigheit dessen, der im Schutze des Duellverbots Beleidigungen ausspricht, die im allgemeinen ein Duell zur Folge haben. Antonio gibt diesen Vorwuf zurück und beleidigt Tasso aufs neue – da schließlich zieht er den Degen.[77]

Die Analyse dieser Szene liefert stichhaltige Argumente gegen Antonios vielbeschriebenen Edelmut. Und Tasso verhält sich keineswegs wie ein "schwärmerischer Knabe" [1599], als den ihn Antonio später gegenüber dem Fürsten ausgibt. Und daß er ihn als "Edelmann nicht beleidigt" habe [1614], ist eine glatte Lüge. Tasso bricht, degenziehend, das Gesetz; die Umstände jedoch zeigen sich mehr als mildernd. Antonio, Vertreter der Ordnung, strapaziert dieses Gesetz nicht nur, *sondern handelt so, wie er es Tasso immer wieder vorwirft*: "übereilt" [1365], "hinweggerissen" [1431], "heftig ausbrechend" [2126], in "launischem Mißbehagen" [2969].

Rasch weist zu Recht darauf hin, daß eine Intriganten-Deutung in der Bühnenluft liegt. "Man würde sich nicht wundern, wenn Goethe etwa ... dieser Szene einen Monolog folgen ließe, in der Antonio befriedigt feststellt, es sei ihm schließlich doch gelungen, Tasso zum Verstoß gegen das Gesetz zu bringen."[78] Erst im Zusammenhang der weiteren Entwicklung wird Antonios Verhalten erkenntlich – als Entgleisung. Das erste Argument habe ich schon angesprochen: In Antonios Gespräch mit Leonore drückt sich Bedauern aus, nicht Siegerpose, und der "böse Genius" verschafft sich mildernde Umstände:

Ja, mich verdrießt – und ich bekenn' es gern –
Daß ich mich heut so ohne Maß verlor.
Allein gestehe, wenn ein wackrer Mann
Mit heißer Stirn von saurer Arbeit kommt
Und spät am Abend im ersehntem Schatten
Zu neuer Mühe auszuruhen denkt
Und findet dann von einem Müßiggänger
Den Schatten breit besessen, soll er nicht
Auch etwas Menschlichs in dem Busen fühlen? [1996]

Der Fürst tadelt, nachdem er Tasso aufs Zimmer verbannt hat, auch Antonio (II.5):

---

77 Rasch, a. a. O., S. 88 f.
78 ebd., S. 89

Wenn Männer sich entzweien, so ... hält man billig
Den Klügsten für den Schuldigen ... [1620]

Und auch Antonio erhält seine – milde – Strafe, er soll sich mit dem
Dichter versöhnen und ihm die Freiheit wiedergeben: "Noch eh' wir
scheiden, will ich Frieden wissen". Antonio reagiert hier *zum ersten
Mal*, wie es den Regeln der Ritterlichkeit entspricht:

Ich bin beschämt und seh in deinen Worten
Wie in dem klarsten Spiegel meine Schuld! [1645]

Und ein weiteres Indiz interpretiert Antonios Verhalten in der Streitszene als temporäre Entgleisung: Die billige Chance zu einem verspäte-
ten Sieg, den Leonore anbietet, Tassos Entfernung vom Hof, schlägt er
aus: "Um meinetwillen/ Kann er an unserm Hofe ruhig bleiben" [2156].
Antonios Bedauern gilt dem eigenen Fehlverhalten, seine Meinung
über den "Knaben" verändert er erst ganz am Schluß. Während Tasso
im Leidenskämmerlein brummt, führt der Fels Gespräche mit Alfons
und Leonore, und in beiden Fällen hält er mit seiner Meinung nicht
hinter dem Berg. Und zwar so wenig, daß man bisweilen doch wieder
einen Intriganten vor sich zu haben meint. Tasso kann sich nicht wehren und Antonio entwirft Verachtungstiraden. Einen "Müßiggänger"
nennt er (mit einem durchaus modernen Banausen-Argument) den
Künstler, und im gleichen Gespräch mit Leonore hört man vom "glück-
sel'gen Jüngling", "dem so schön vergönnt ist,/ den Knaben noch als
Mann zu spielen" [2089], und der "so wenig seinen Mund als seine
Brust" beherrscht [2147]. Und noch in der ersten Szene des fünften
Aktes – die "Versöhnung" hat schon stattgefunden – zeichnet er gegen-
über dem Fürsten Tasso als reizbares "Kind", "argwöhnisch", "un-
mäßig" lebend; und "sein launisch Mißbehagen/ Ruht auf dem breiten
Polster seines Glücks" [2969].
Erst im Augenschein der höchsten Verzweiflung des Poeten scheint
sich Antonios Meinung zu ändern. Annäherung drückt sich aus in einer
markanten Geste: *Antonio tritt zu ihm und nimmt ihn bei der Hand*.
Doch auch hier bleibt der Interpretation Spielraum, ich bin im letzten
Abschnitt schon darauf eingegangen: Ein Drittel der "Tasso"-Deutun-
gen wertet den Dramenschluß als Katastrophe, als endgültiges Scheitern Tassos, wertet die Hand des Feindes als perfide Zementierung der
Niederlage (Schluß als Tragödie). Ein weiteres Drittel sieht eine wun-
derbare Freundschaft heraufziehen, insistiert auf Versöhnung (Schluß

als Synthese). Ich halte das Argument des letzten Drittels für plausibler: Das Drama durchspielt ein Problem, nicht seine Lösung.

Eine kalkulierte Symmetrie liegt der Figurendramaturgie des Tasso und des Antonio zugrunde, in mehrfacher Hinsicht. Der eine dichtet und ersehnt die Tat, und der Politiker schmiedet dilettantisch Verse. Der eine wird im Fremdkommentar markant charakterisiert als leicht erregbar, unkontrolliert, hitzköpfig, nicht ganz zurechnungsfähig, und das Gegenteil (siehe Tasso-Analyse) führt die Handlung vor: Tasso kennt die Menschen von allen am besten, verhält sich "ritterlich" sogar im Streit und seine Seelenwirrungen in den letzten drei Akten werden nicht (primär) motiviert durch grundsätzliche Charakterschwächen, sondern durch zwangsläufige und verzeihbare Irrtümer. Der Fremdkommentar schildert Antonio als Hohepriester der Ordnung und Selbstbeherrschung, und die Handlung führt genau das Gegenteil vor: Antonio verhält sich im Streit, wie man es eigentlich von Tasso erwartet hätte. Fixpunkte für die Figureninterpretation liefern für Tasso sein erster Auftritt (Eitelkeit oder glühendes Dichterherz), für Antonio sein letzter (Triumph oder Lernprozeß). In beiden Fällen lassen sich entgegengesetzte Figurendeutungen begründen.

Wolfdietrich Rasch führt seine überaus genaue und nachvollziehbare Analyse der Streitszene in einen interpretatorischen Engpaß. Wie auch bei seinen Tasso-Ausführungen zeigt sich hier die Analyse der interpretatorischen Folgerung überlegen. Rasch deutet Antonio als vollwertigen Träger eines gleichberechtigten Gegenprinzips ("Tatsphäre"), insistiert auf dem Gesamtzusammenhang und unternimmt alles, um Antonio zu rechtfertigen. Denn klar: Würde man Antonio als Intriganten akzeptieren, bräche eine der klassischen Deutungslinien zusammen: "Tasso" als Kampf zweier gleichwertiger Prinzipien; als Intrigant wäre Antonio in diesem Sinne entwertet, das tragische Konzept hinfällig:

> Ein wirklich bösartiger Intrigant durfte Antonio nicht werden, denn er hatte ja eine sehr bedeutsame andere Funktion im Drama: die eines gewichtigen, vollwertigen Gegenspielers, der die Wirklichkeitswelt repräsentiert.[79]

Rasch argumentiert im Zusammenhang einer 'klassischen' Interpretationslinie, die Gleichwertigkeits-These steht schon bei Gundolf:

---

79 Rasch, a. a. O., S. 90

Wenn Antonio also als gleichgewichtig und gleichberechtigt in dem Drama dem dichterischen Helden gegenüberwuchs, so lag der Grund davon in dem gesteigerten Wert, welchen Goethes Gefühl jetzt den beschränkenden, praktischen, ordnenden, weltlich umsichtigen Kräften beimaß ... Indem der Gegner Tassos wuchs, wuchs zugleich Tassos Tragik, sie wurde tiefer und innerlicher. Denn dieses Wachstum des Gegners hatte keineswegs eine Entwertung der dichterischen Kräfte, keine Verminderung Tassos zur Folge .. [80]

Man kann diesem Deutungsmuster zwei Argumente entgegenhalten. Zum einen – und dies gerade erweist die Analyse – ist Antonio nicht einfach als Träger eines abstrakten (Ordnungs-) Prinzips zu interpretieren, *gerade weil er es durchbricht*. Und zum anderen finden sich neben Indizien, die für seine Schuldeinsicht sprechen, auch solche, welche die Häme des Streit-Antonio weiterführen, in einer unangenehmen Tasso-Hetze. Wo Raschs "Tasso"-Analyse zunächst das Scheitern des Poeten als menschlich-soziales analysiert, um ihn dann – aporetisch – doch wieder in das tragische Bild des ewig leidenden Dichters zu packen, zeigt er Antonios menschliches Versagen, um in danach als Träger eines Prinzips wieder auf den Thron zu setzen. Wie aber, wenn es im Tasso nicht vordergründig um den Kampf zwischen Prinzipien ginge, sondern z. B. um deren (soziale) Relativität, um den Konflikt zwischen ideellem Anspruch und seiner Realisierung in einem besonderen Lebensumfeld?

Man sollte die offenen Ambivalenzen und Widersprüche in den Charakterbildern der beiden Figuren nicht idealisierend weginterpretieren, sondern sie als das vielleicht wichtigste Problemfeld des Stückes akzeptieren. Sämtliche "Tasso"-Deutungen und gerade die, die auf einen Idealkonflikt insistieren, haben sich auf eine Aussage Goethes bezogen, im "Tasso" ginge es um "Disproportion des Talents mit dem Leben'. Dabei wurde "Leben" einfach mit "Gesetz", Tatsphäre, Ordnung und letztendlich Antonio gleichgesetzt. Übersehen wurde dabei die Handlung des Stückes, der eine symmetrische Konzeption der beiden Figuren strukturell zugrunde liegt. Das heißt: Man kann die Goethe-Bestimmung auf Antonio spiegelbildlich übertragen: *Disproportion des Gesetzes mit dem Leben.* Und hiermit eröffnet sich ein Deutungsspielraum, der "Tasso" nicht mehr, die Widersprüche in der Charakterzeich-

80   Friedrich Gundolf: *Goethe*. Berlin 1920, S. 328

nung übersehend, auf den Nenner eines abstrakten, tragischen Kampfes von Ideen bringt, sondern im Drama die Krise eines höfischen Sozialmodells eingeschrieben sieht. Nicht um einen Wertkonflikt geht es hier, sondern um einen Konflikt mit Wertvorstellungen. Um eine umfassende, nicht nur auf den Dichter beschränkte Krise von ritterlichen Idealen, höfischen Rollenerwartungen. In diesem Sinne wären Tasso und Antonio gleichwertig – als Entfremdete, Opfer falscher gesellschaftlicher Verhältnisse, der ideelle Anspruch dieser Gesellschaft ist nicht einlösbar, gerinnt zur Pose. Der Musenhof frißt seine Kinder.

Alfons

Wie Antonio, so spricht auch der Fürst nicht über sich selbst. Auch hier läßt sich ein Charakterbild nur vermittelt bestimmen, durch Fremdkommentare, in Alfons' Äußerungen über andere und – an erster Stelle – durch seine Aktionen. Der Fürst hat im Stück die kleinste Rolle, und doch handelt er, relativ, am meisten. Er veranlaßt Tassos Krönung und bringt damit die Fabel auf die Startblöcke. Er verhindert das Duell, bestraft Tasso und Antonio und sorgt sich um die Befriedung der Streitenden, im Falle Tassos nicht persönlich, sondern auf diplomatischen Umwegen. Ausgeschickt werden zuerst Leonore und dann Antonio; dies erweist sich als Fehler. Und schließlich behält der Fürst, unwillig über Tassos Reisepläne, das "Befreite Jerusalem" ein. Und selbst in der Schlußszene behält er das letzte Wort, Tasso ist am Boden zerstört:

> Alfons (*der sich schon eine Zeitlang mit Antonio genähert*):
> Er kommt von Sinnen, halt ihn fest. (*Ab.*) [3284]

Nirgendwo werden wir darüber im Unklaren gelassen, wer an diesem Hof die Entscheidungsgewalt innehat; schwieriger zu beurteilen bleibt der politisch-moralische Stellenwert dieses Regenten. Im Stück selbst werden zwei widersprüchliche Ansichten laut, für Tasso gibt es (solange er sich in Gnaden weiß) "kein schöner Glück,/ Als einem Fürsten, den er ehrt, zu dienen" [931]. Doch in der "Wahnrede" der letzten Szene wird der Fürst zum "Tyrann". Und "Abscheu" erregt nun "die Übermacht .../ Die frevelhaft und ungerecht ergreift" [3304].

Auch hier haben sich Interpreten, entsprechend ihres ideologischen Hintergrundes, für eine der beiden Figurenpositionen entschieden. Für Korff vertritt der Musenhof die "Humanität", Christa Bürger äußert sich über die Wahnrede so: "Im Wahn nur enthüllt sich Tasso die Scheinhaftigkeit und Wesenlosigkeit der höfischen Gesellschaft."[81] Beide Deutungen reichen zu kurz. Wer den Hof angesichts des reichhaltigen Fehlverhaltens seiner Mitglieder zum Ideal erhebt, muß eigentlich ein anderes Stück gelesen haben. Und die Wahnrede als Durchbruch zur Wahrheit zu werten, ist nicht unoriginell, aber fragwürdig aus drei Gründen. Zum einen wird Tassos Ausfall motiviert durch seine emotionale Situation (Prinzessinen-Krise), zweitens revidiert der Dichter seine Position, als er sich, wenig später, wieder "faßt" ("Oh küßt ich nur noch einmal seine [des Fürsten] Hand!" [3390]), und drittens sagt Tasso an anderer Stelle im Drama genau das Gegenteil (siehe oben).

Alfons handelt eigennützig, vordergründig als Despot gezeichnet ist er nicht. Er kalkuliert als Mäzen offen mit dem repräsentativen Nutzen der Kunst, nennt Tassos Werk "in gewissem Sinne mein" [394], nimmt "einen Teil des Ruhms davon" [291], ist auf Tasso als seinen "Diener stolz" [2851]. Ärgerlich reagiert Alfons auf Tassos Abreisewünsche, auch hier steht eine klare Kosten-Nutzen-Rechnung im Hintergrund. Alfons fürchtet, seine Investition an ein anderes Fürstenhaus zu verlieren (und er hat mit seiner Befürchtung nicht unrecht, schließlich verfolgt genau dies Ziel die Leonoren-Intrige):

Das hat Italien so groß gemacht,
Daß jeder Nachbar mit dem andern streitet,
Die Bessern zu besitzen, zu benutzen. [2843]

Alfons schafft seinem Diener gute Arbeitsbedingungen. Entbunden von allen unmittelbaren Repräsentationspflichten, darf Tasso ganz seinem Werk leben:

Wenn er dich
In unbedingter Freiheit lassen mag,
So ehrt er dich, wie er dich ehren kann. [2374]

Das sagt Leonore zu Tasso und auch der Fürst selbst macht den besonderen Status, den er Tasso einräumt, zum Thema, gegenüber dem nörgelnden Antonio:

---

81 Bürger, a. a. O., S. 151

Du hättest Recht, Antonio, wenn in ihm
Ich meinen nächsten Vorteil suchen wollte!
Zwar ist es schon mein Vorteil, daß ich nicht
Den Nutzen grad und unbedingt erwarte.
Nicht alles dienet uns auf gleiche Weise ... [2935]

Und doch – wie dieser Dichter ihm dient, strapaziert die Duldsamkeit
des Fürsten nachhaltig. Ich bin in der Tasso-Analyse ausführlich darauf
eingegangen: Alfons wird exponiert als Hauptprotagonist des Erzie-
hungsgedankens. Schon während seines ersten Auftritts (I.2) beklagt er
sich ausführlich über den menschenfliehenden, mißtrauischen, labilen
Dichter, der durch seine "Grillen" die Kreise des Hofes stört. Alfons
reagiert jedoch nicht autoritär (was Antonio ihm später als Versagen
vorhält). Alfons will Tasso verändern, anpassen an das Hofleben, zum
"Mann" bilden – in der Rolle des väterlicher Ratgebers und "Arztes":

Besser wär's,
Wenn wir ihn heilen könnten, lieber gleich
Auf treuen Rat des Arztes eine Kur
Versuchten, dann mit dem Geheilten froh
Den neuen Weg des frischen Lebens gingen. [329]

Und noch im Gespräch mit dem Abreisewilligen blitzt diese Idee auf:
Tasso soll sein "Blut durch eine Kur verbessern" [3059].

Man würde es sich zu leicht machen, Alfons die väterlich-fürsorgliche
Rolle, in die er sich gerne kleidet, einfach abzukaufen. Sein Verhalten
wirkt zumindest doppeldeutig. Duldsam sucht er nicht den "unbeding-
ten Vorteil", wohl aber, unausgesprochen, den bedingten. Sogesehen
hält Alfons den Dichter wie ein Börsenspekulant eine kurzfristig
schwache, langfristig jedoch erheblich gewinnversprechende Aktie.
Und sein Erziehungsprogramm ist eben nicht nur Ausdruck eines gnä-
digen landesväterlichen Herzens, sondern, ganz klar, Kurspflege: "Und
da man alles üben muß, so üb ich/ ... an Tasso die Geduld" [343].
Tassos gezogener Degen strapaziert diese Geduld erheblich. Diese
Szene (II.4) ist dramaturgisch äußerst interessant, weil Leser und Zuschauer den eskalierenden Verbalstreit der Streit-Szene kennen, Alfons
hingegen muß die Wahrheit aus den Tendenzberichten der Streithähne
herausfiltern. Wir haben die Impertinenz, den "bösen Genius" Antonios
erfahren, der den erstaunlich gefaßten Tasso (vgl. die Antonio-Analyse)

222

zum Ziehen des Degens praktisch gezwungen hat; Alfons sieht zunächst nur den blanken Degen, den formellen Verstoß gegen das höfische Gesetz. Wenn man dieses Informationsdefizit (zwischen Zuschauer und Figur) beachtet, verhält sich der Fürst geradezu vorbildlich. Alfons durchschaut sofort, daß Tasso nicht der Alleinschuldige ist: "Hier sind Recht und Unrecht nah verwandt". Und an *beide* richtet sich der Tadel:

> Ihr hättet schöner eure Pflicht getan,
> Wenn ich dies Urteil nicht zu sprechen hätte. [1521]

Daß Antonio Tasso "auf irgendeine Weise genugzutun" habe, ordnet er an, sowie eine symbolische Bestrafung des Poeten (eigentlich hätten gedroht "Verbannung, Kerker, Tod"):

> Indessen, dein Vergehen macht, o Tasso,
> Dich zum Gefangnen. Wie ich dir vergebe,
> So lindr' ich das Gesetz um deinetwillen.
> Verlaß uns Tasso! Bleib auf deinem Zimmer,
> Von dir und mit dir selbst allein bewacht. [1528]

Tasso steigert sich in einen maßlosen Schmerzensgesang, legt, mit großer Geste, Lorbeer und Degen nieder und nötigt dem Fürsten zwei Sätze des Bedauerns ab: "Du nimmst es höher, Tasso, als ich selbst" [1548] und: "Wie ich zu dir gesinnt bin, fühlst du nicht" [1567]. Alfons widerruft jedoch die Strafe nicht, entläßt Tasso zuletzt wortlos in den Stubenarrest. Doch des Dichters stürmische Reaktion auf die vermeintlich milde Strafe zeigt nachträglich Wirkung. "Er ist gestraft: ich fürchte nur zu viel" [1606], sagt Alfons zu Antonio, der einen schweren Fehler begeht, als er versucht, über den abwesenden Poeten zu hetzen: "Wo schwärmt der Knabe hin?" [1599]. Antonio höhnt weiter, im Tonfall des Streits, und genau den hört Alfons heraus, Zweifel an Antonios Mitschuld gibt es nun nicht mehr:

> Wenn Männer sich entzweien, hält man billig
> Den Klügsten für den Schuldigen. [1619]

Und die Bestrafung Antonios folgt auf dem Fuß, er wird angewiesen, sich mit dem Widersacher zu versöhnen ("Du wirst als Freund und als

Vertrauter mit ihm sprechen" [1633]); Antonio seinerseits "sieht wie in dem klarsten Spiegel" seine Schuld [1646].

Daß auch Antonio gemaßregelt wird, erfährt Tasso nie; und der Fürst, so gerecht er als Richter agiert, versagt schließlich genau in seiner Lieblingsrolle. Wie auch seine Schwester, läßt er den Verbannten im Leidenszimmer allein (mit Antonio umgibt er sich dagegen weiterhin), wird damit für die vernichtende Vertrauenskrise des Dichters mitverantwortlich. Der "Arzt" läßt seinen Patienten im Stich, der lästige Zwischenfall soll schnellstmöglich bereinigt werden. Alfons' anderes Gesicht, der Kosten und Nutzen kalkulierende Mäzen, kommt wieder zum Vorschein, und, ganz Politiker, versucht er die unangenehme Sache aus der Welt zu schaffen – indem er sie delegiert. Um den Streit mit dem Papst um ein Stücklein Land zu schlichten, hatte er Antonio nach Rom geschickt, um Tasso zu befrieden, sendet er Leonore – die Geiß als Gärtnerin.

Auch in der zweiten Szene des fünften Aktes, als Tasso um die Rückgabe seines Manuskriptes bittet, zeigt der Fürst zwei Gesichter. Im Gespräch mit Antonio (V.1) äußert sich Alfons über Tassos Abreisepläne "verdrießlich", die Befriedungsdiplomatie ist gescheitert, und der fürstliche Mäzen fürchtet vor allem eines, den Verlust des Dichters an ein anderes Fürstenhaus. Der Mäzen hat Angst um sein Hofgenie, und wenn er dessen Werk, das "Befreite Jerusalem", einbehält, so bleibt ihm zumindest – ein Pfand. Im Gespräch mit Tasso (V.2) verhält sich Alfons wiederum nach bewährtem Muster als väterlicher Freund und (hier sogar literarischer) Ratgeber, und das Argument, mit dem er offiziell das Manuskript verweigert, klingt fast schon infam:

> Laß zwischen dich und zwischen dein Gedicht
> Mich als Vermittler treten: hüte dich
> Durch strengen Fleiß die liebliche Natur
> Zu kränken, die in deinen Reimen lebt. [3030]

Und auch der gute Arzt ist wieder zu hören. Das "Blut durch eine Kur verbessern" soll der Poet:

> Dir
> Gewährte dann die schöne Harmonie
> Der hergestellten Sinne, was du nun
> Im trüben Eifer nur vergebens suchst. [3060]

Auch der Fürst zählt am Schluß nicht zu den Gewinnern. Was der Mäzen auf jeden Fall vermeiden wollte, tritt (voraussichtlich) ein: der Verlust seiner literarischen Großinvestition. Und was der gute Arzt anstrebte, scheitert völlig: die Heilung Tassos. Wie die anderen Rollen (Leonore ausgenommen) ist auch die des Fürsten widersprüchlich angelegt. Ein Schauspieler kann, im Extremfall, den Fürsten interpretieren als aufgeklärten Herrscher oder aber als ausbeuterischen Despoten; beide Interpretationen wird er mit Blick auf den Text rechtfertigen können. Die Widersprüche gerade nicht einsinnig zu gewichten und aufzulösen, sondern sie als Fixpunkte für das kritische Potential des Stückes interpretatorisch zu nutzen, wäre die dritte und sinnvollste Möglichkeit. Und in ihren Widersprüchen sind sich Fürst und Untertanen ähnlicher, als es zunächst scheinen mag. Die Prinzessin scheitert am Widerspruch zwischen Harmonieideal und der konventionellen Realität des Hofes in Sachen Liebe, bei Tasso läßt sich "Disproportion des Talents mit dem Leben" deuten als Konflikt zwischen einer künstlerischen Potenz und ihrer gesellschaftlichen Vermittlung: Lust und Elend von Rollenansprüchen. Und bei Antonio klaffen der "sittliche" Anspruch und seine Einlösung im Alltag auseinander; allzu leicht fällt er seinem "bösen Genius" zum Opfer. Und auch beim Fürsten äußert sich der Konflikt zwischen Rollenidealen (weiser Vater, Arzt) und Realität (Interessen des Mäzens) in widersprüchlichem und zuletzt erfolglosem Agieren. Das harmonische Zusammenleben von "Eden", Ideal des Musenhofs, wird im "Tasso" vorgeführt. Nirgendwo löst sich der ideelle Anspruch ein, wobei vordergründig schuldhaftes Verhalten die Katastrophen des Stückes *nicht* motiviert. "Tasso" zeigt nicht (nur) die Tragödie eines oder des Dichters, sondern die einer Gesellschaftsform. So gesehen ist "Tasso", fertiggestellt im Jahre der französischen Revolution, gerade nicht ein Werk höfischen Konservativismus', das einige Interpreten darin gesehen haben, sondern führt, kritisch, ein aristokratisches Sozialmodell vor, das seine Angehörigem zerreibt zwischen Überbau und materieller Basis, zwischen ideellem Anspruch und alltäglicher Lebenspraxis.

Peter Steins "Tasso"-Inszenierung

Die Textfassung

Anstelle von fünf Akten (mit jeweils vier oder fünf Szenen) organisiert der Aufführungstext dreizehn Abschnitte. Zehn dieser neuen Segmente fassen, unter knappen Stichworten, Szenen der Vorlage zusammen: Der Abschnitt "Bekränzung" etwa umklammert die Szenen zwei, drei und vier des ersten Goethe-Aktes. Abgesehen von einigen Streichungen folgt die Bearbeitung auf dieser Ebene sowohl dem Wortlaut als auch der Chronologie des Goethe-Dramas. Jenseits des originalen Zusammenhangs präsentieren sich dagegen ein "Vorspiel" und zwei den zehn Abschnitten eingefügte "Zwischenspiele", die Bruchstücke des Goethe-Textes neu zusammensetzen. Im Überblick wird die Zwei-Ebenen-Struktur der Bearbeitung deutlich:

Goethe	Stein/Karsunke
Material aus I.3, I.1, III.2, II.3, II.2, I.3, II.1	"Vorspiel"
I.2 I.3 I.4	"Bekränzung"
Material aus I.1, II.1, V.1, V.2	"Erstes Zwischenspiel"
I.1 II.1 II.2	"Die Prinzessin"
II.3 II.4 II.5	"Der Streit"

Das "Vorspiel" verbindet, ohne Brüche irgendwie vertuschen zu wollen, Textmaterial aus der Schäferinnenszene mit Partikeln aus der Bekränzungssequenz, der Streitszene und dem großen Dialog zwischen Tasso und Prinzessin aus dem zweiten Akt. Jede der fünf Figuren kommt dabei zu Wort, ein Dialog im eigentlichen Sinne ergibt sich indes nicht. Die Leitmotivouvertüre nach dem Muster von Wagner- oder Verdiopern bildet das kompositorische Vorbild. Diese synchronische Technik, im Kontext moderner Dramaturgie vertraut, führt, angewandt auf das klassizistische Werk, zu Irritationen. Erich Emigholz: "Dieser *Tasso* erschüttert nicht wenige Menschen, weil sie die philologisch heile Welt in ihm nicht mehr wiederfinden, nicht die Vitrinenaura ihrer Literaturanschauung."[1] Das Stück gilt dieser Aufführung nicht als Heiligtum, sondern als Angebot, aus dem sie nach ihren Intentionen

---

1   Erich Emigholz: *30 Fragen zum Bremer "Tasso"*. Programmheft Theater
     Bremen, Spielzeit 1968/69, Heft 14. Zit. nach: Volker Canaris (Hrsg.):
     "Goethe u. a.: "Torquato Tasso". Frankfurt/M. 1970, S. 137

227

auswählt. Thematisches Material flackert kurz auf, Schlaglichter, Leitthemen der Figurenzeichnung. Was Tasso sagt, ist nach zwei Gesichtspunkten ausgewählt: dichterische Selbsteinschätzung und biographische Vorgeschichte. Der Poet hat das erste Wort, und das Zitat, herausgelöst aus seiner euphorischen Krönungsrede (I.3), bringt diese beiden Aspekte ideal zusammen: der "Dichtung holde Gabe" als Geschenk der Natur und jugendliches Unglück: "So trübte bald den jugendlichen Sinn/ Der teuren Eltern unverdiente Not". In der Geschichte der "Tasso"-Rezeption wurde mehrfach Leonores erste Charakterisierung des angeblich weltabgewandten Dichters der eigenen (Negativ-) Deutung eingeschrieben. Die Stein-Inszenierung geht einen Schritt weiter: Die Sätze, mit denen die Fürstin Tasso ins Reich des Platonischen definiert, spricht Tasso hier, Ausdruck genialischer Andersartigkeit, selbst: "*Mein* Auge weilt auf dieser Erde kaum;/ ... Das weit Zerstreute sammelt *mein* Gemüt." Tassos dritter Beitrag (herausgelöst aus II.1) schildert wiederum Vorgeschichte: erste Eindrücke am Hofe von Ferrara, Glanz, Feste und Turniere; und aus der gleichen Szene stammen die letzten Vorspiel-Worte der Titelfigur, die problematische Liebe zur Prinzessin klingt an: Irrtum, Schmerz, Dialektik von Nähe und Ferne und die Sehnsucht nach der Tat:

> Wenig nur,
> Doch etwas, nicht mit Worten, mit der Tat
> Wünscht ich's zu sein, im Leben dir zu zeigen,
> Wie sich mein Herz im Stillen dir geweiht.

Auch Leonore exponiert zuerst Vorgeschichte, die Vorgeschichte Ferraras, das "durch seine Fürsten" groß wurde, und zum ersten Mal klingt hier an, was der Inszenierung besonders am Herzen liegt, das Verhältnis Kunst-Gesellschaft: "... es ist vorteilhaft, den Genius/ Bewirten: gibst du ihm ein Gastgeschenk,/ So läßt er dir ein schöneres zurück." Aus der ersten Goethe-Szene, dem "Schäferinnenidyll", stammen die übrigen Leonoren-Zitate, man erfährt, daß sie bald abreisen wird. Auch einige naturlyrische Reflexe haben überlebt: "Die Blumen von den Beeten schauen uns/ Mit ihren Kinderaugen freundlich an." Vorgeschichte vermitteln auch die ersten Sätze der Prinzessin; an den Anfang stellt die Textfassung die Krankheitserfahrung, wo "Leiden zum Genuß" wurde, bei Goethe lesen wir darüber erst im dritten Akt, im Gespräch Prinzessin-Leonore. Die übrigen Dialogsplitter stammen, wie bei Leonore, aus der ersten Goethe-Szene: in die "goldene Zeit" der

Dichter träumen. Antonio bringt einen (noch relativ gemäßigten) Abschnitt seiner Tasso-Kritik vom Anfang der Streitszene ein, und Alfons gibt eine Lebensweisheit zum besten: "Wer früh erwirbt, lernt früh den hohen Wert/ Der holden Güter dieses Lebens schätzen".

Die Einleitungssequenz konzentriert Vorgeschichte und stellt vor diesem Hintergrund entscheidende Weichen für die Figurenzeichnung, sagt, vor allem für Tasso und Prinzessin, in den ersten Sätzen, worum es gehen soll. Tassos starkes künstlerisches Selbstbewußtsein, das schon der Goethetext mehrfach betont, wird durch die Adaptation des Leonoren-Zitates drastisch verstärkt: Dichterhybris zeigt sich – vermittelt mit frühem Leid. Die Prinzessin tritt "lustvoll leidend" auf die Bühne, bezogen wird der Kernsatz ihres widersprüchlichen Entsagungskonzepts auf die Krankengeschichte. Vom Glanz Ferraras erfährt man, Andeutungen der sozialen Problematik fallen, idyllische Splitter montieren atmosphärische Reflexe ein. Das Konzept liegt auf der Hand: Die Motivouvertüre fungiert als semantischer Leitstrahl für die Figurenzeichnung, markante Zitate etikettieren die Rollengestalten. Indem die Textfassung das Montageprinzip "offener" Dramaturgie auf das klassische Modell anwendet, verfährt sie nicht nur "antiphilologisch", sondern zugleich, den Horizont moderner und insbesondere "epischer" Dramaturgie konnotierend, antipsychologisch. Diese Leit-Fragmente arbeiten nach demselben Prinzip wie die Szenenüberschriften des epischen Theaters, verändern den Fokus der Darstellung vom Subjektiven auf den sozialen Gestus: Kommentar statt Einfühlung.

Das Kapitel "Bekränzung" umfaßt die zweite, dritte und vierte Szene des ersten Aktes, also das Gespräch zwischen Fürst, Prinzessin und Leonore über den noch abwesenden Dichter, dessen anschließende Krönung und Antonios ernüchternde Ankunft. Wie auch in den nachfolgenden 'Hauptkapiteln' folgt die Bearbeitung hier der Chronologie der Goetheschen Handlungsabläufe. Ganz selten nur dringt Unzeitgemäßes ein, Reflexe der szenischen Synchronführung der Figuren. Wenn etwa in jenem Teil der "Bekränzung", dem die zweite Szene des ersten Goethe-Aktes entspricht, plötzlich Antonio ein Fürstenlob einbringt. (Bei Goethe taucht er erst eine Szene später auf.)

Die wenigen Striche betreffen in der "Bekränzung" vor allem solche Textdetails, welche die Inszenierung später mit anderen Mitteln sagen wird. Alle Passagen, die sich auf die beiden Hermen (Ariost und Vergil) beziehen, fallen heraus. Die Bühne verzichtet auf diese Vorgabe, übrig bleibt nur – eine Büste Goethes. Wie ich in der dramaturgischen Analyse gezeigt habe, fungieren die Hermen in der Goethe-Konzeption als semantische Zentren für die motivliche Gruppierung bestimmter Figuren. Im Umfeld Ariosts argumentieren (hinsichtlich ihrer Kunstauffassung) Leonore, Antonio und Alfons, in der Sphäre Vergils Tasso und die Prinzessin. Die Inszenierung übernimmt dies nicht, stellt – gerade in der entsprechenden Sequenz – Tasso global dem Hof gegenüber, in der Figuration der Darsteller. Der größte Strich betrifft Antonios hymnische Ariost-Verherrlichung (aus I.4); die subtile Tasso-Anfeindung (Herabsetzung), die sich darin ausdrückt, organisiert die Aufführung mit einigen Gesten und Betonungen. Die übrigen kleinen Striche und Umstellungen sind, da sie die "hohe Form" der Vorlage unangetastet lassen, nicht relevant, die Textfassung beläßt es bei der Vieldeutigkeit der Vorlage.[2]

Neu arrangiert wird der Goethe-Text, wie schon im Vorspiel, im ersten "Zwischenspiel", das auf die "Bekränzung" folgt. Es beginnt mit Fragmenten aus der ersten Szene des zweiten Aktes, mit jenen Äußerungen, in denen Tasso Antonios Eindringen in sein Bekränzungsglück überdenkt, einer der wichtigsten Belege für seinen "Tat-Komplex": "Wie Echo an den Felsen ... verschwinden". Ein längerer Abschnitt liefert nach, was bislang bis auf wenige Splitter fehlte: die erste Szene des ersten Aktes, und dabei hauptsächlich die subtile Auseinandersetzung der beiden "Schäferinnen" um den Dichter: Platoniker – ja/nein. Ein harter Schnitt führt in den fünften Akt (3035 f.): Alfons gibt, wie im Vorspiel, eine Weisheit zum Besten, sinniert über das Wesen des Dichters, der "tausendfältige Gedanken ... klug in eins" setze. Und auch Antonios Beitrag knüpft an das Vorspiel an, wieder äußert er sich unfreundlich gegen Tasso; hier – es ist ein kleiner Ausschnitt aus seiner Tasso-Hetzrede (V.1) – beklagt er des Dichters mangelnde "Genügsamkeit". Rückblende zu I.1: Die Prinzessin trägt einen der Kernsätze ihrer passiven Lebenshaltung vor, freut sich "wenn kluge Männer sprechen". Tasso blendet die vier Anfangszeilen aus II.1 ein: "Unsicher folgen meine Schritte dir ..."; noch einmal plustert sich Antonio mit moralinsaurer Tasso-Kritik auf (diesmal geht es um des Dichters mangelnde "Bescheidenheit"). Und das letzte Wort hat der Fürst als Mäzen: "Gefunden hab ich Tasso und gewählt/ Ich bin auf ihn als meinen Diener stolz".

Die Zusammenstellung dieses Zwischenspiels knüpft eng an das Vorspiel an, beide Sequenzen zitieren Tassos Tat-Komplex; der Selbst-

---

2 Da ich den Goethe-Text bereits ausführlich analysiert habe, kann ich mich hier auf die wenigen für die Inszenierung wichtigen Veränderungen beschränken.

darstellung der Prinzessin – Leidenslust exponierte das Vorspiel – wird ein weiteres Steinchen angefügt: Passivität. Leonore wird als Charakterisierende charakterisiert: Ihre fragwürdige Tasso-Platoniker-Definition spricht sie hier selbst aus: "Sein Auge weilt auf dieser Erde kaum". Antonio hat bislang über den Dichter genörgelt, er tut es weiter; Alfons redet, wie schon im Vorspiel, in Sentenzen.

Zwischen dem ersten und zweiten Zwischenspiel folgt die Textfassung wieder weitgehend dem Goethe-Drama, die Abschnitte "Die Prinzessin" und "Der Streit" komplettieren den zweiten Akt. In "Leonores Plan" und "Antonios Meinung" geht, von unbedeutenden Umstellungen abgesehen, der dritte Akt auf, "Kerker Leonore" und "Kerker Antonio" treiben den vierten Akt bis zur fünften Szene, an deren Stelle das "Zweite Zwischenspiel" geschaltet wird (das seinerseits Material aus IV.V und V.1 kombiniert). Wirklich relevant sind nur zwei Veränderungen. Die erste verdankt sich wieder dem szenischen Konzept der synchronen Präsenz aller Bühnenfiguren. In jenen Sequenzen aus "Leonores Plan", die der zweiten Szene des dritten Goethe Aktes entsprechen, streicht die Textfassung einige Abschnitte, in denen die Prinzessin ihre Verzweiflung über den bevorstehenden Verlust Tassos in einen fast lyrischen Klagegesang kleidet. Diese ariosen Momente vermittelt die dramaturgische Bearbeitung zu Beginn der Sequenz "Leonore: Kerker" mit Material aus der Goethe-Szene IV.1, einem Verzweiflungsmonolog Tassos. Interessant ist dieses Arrangement, weil es ein Sinnangebot, das der Goethe-Text in Motivanklängen durchspielt, montierend auf den Punkt bringt und damit heraushebt. Ich habe in der Dramenanalyse darauf verwiesen: Die enge (Liebes-) Beziehung zwischen Tasso und Prinzessin wird nicht nur in der direkten Gegenüberstellung der Figuren angespielt, sondern äußert sich auch in subtilen thematischen und metaphorischen Äquivalenzen. So werden, um nur ein Beispiel zu nennen, über das ganze Stück hinweg, beide Figuren in einen "nächtlichen" Zusammenhang gestellt, der "Mond" scheint beiden. Die Montage der Textfassung bringt diesen Aspekt auf den Punkt, arrangiert einen Dialog, der kein Dialog ist, aus korrespondierendem Textmaterial. "Die Sonne hebt von meinen Augenlidern/ Nicht mehr sein schön verklärtes Traumbild auf", sagt die Prinzessin, und verdunkelt zeigt sich Tassos "Replik": "Hat dich nach einem Tag der höchsten Lust/ Ein Schlaf gebändigt ..." "Mein erster Blick hinab in unsere Gärten/ Sucht ihn vergebens", sagt Leonore. "Ich habe *sie* gesehen!" beginnt Tasso darauffolgende Rede. "Nun überfällt in trüber Gegenwart/ Der Zukunft Schrekken heimlich meine Brust". Und Tasso: "Es geht die Sonne mir der schönsten Gunst/ Auf einmal unter ..." (Die szenische Realisierung der Sequenz arrangiert daraus keinen wirklichen Dialog, Tasso leidet *auf* seinem Schreibtisch und die Prinzessin, ein paar Meter davor. Man schaut sich nicht an, der Monologcharakter bleibt erhalten.) Während dieser Aspekt der Bearbeitung ein im Goethe-Text angelegtes Potential im Neuarrangement hervorhebt und bestärkt, fällt der zweiten Veränderung ein wichtiger Aspekt der Vorlage zum Opfer. Wieder geht es um eine Monologszene, Tassos große Reflexion auf Leonores intriganten "Gefängnisbesuch", bei Goethe IV.2, hier Teil der Sequenz "Kerker: Leonore". Bei Goethe fixiert der Monolog Tassos Situation, Resultat zweier ineinanderlaufender Handlungsstränge, als von Irrtümern geprägte. Tasso durchschaut Leonores unlautere "Absicht", hält sie indes für ein "Werkzeug" des "Feindes" (Antonio). Und Tasso reagiert auf Leonores hinterhältige Verkürzung der komplizierten Seelenlage der Prinzessin ("Der Frauen Gunst wird nicht so leicht verscherzt") äußerst schmerzlich: "Willkommner/ ergriffe mich der Tod, als diese Hand/ Die kalt und starr mich von sich läßt". Beides fällt drastischen Strichen, die von dem langen Monolog kaum etwas übriglassen, zum Opfer. Überlebt haben nur das Mißtrauen gegenüber Leonore Sanvitale und der Abreiseentschluß, die tiefere Motivation (Feindschaft zu Antonio und Liebesverlust) fällt weg. Dieser Tasso verläßt – zugespitzt formuliert – den Hof wegen Leonore.

Wichtig sind diese Striche im Hinblick auf den rezeptionsgeschichtlichen Streit, der sich an der Frage nach der Zurechnungsfähigkeit der Titelfigur entzündete. Wo die einen (positiv oder negativ wertend) einen "Wahnsinnigen" vor sich zu haben glauben, einen dichterischen Wüterich, verteidigen die anderen Tassos "Normalität", seine Zurechnungsfähigkeit im Hinblick auf die unvermeidlichen Irrtümer, in die ihn die Handlungskonsequenz des Dramas treibt: Tasso weiß weniger als der Zuschauer, weiß z. B. nicht, daß Antonio für sein Verbleiben am Hof plädiert, daß der Fürst ihm längst verziehen hat, daß die Prinzessin die Schuld nicht bei ihm, sondern bei sich sucht, daß Leonore im reinen Eigeninteresse handelt. Weshalb hier die Verkürzung? Da es der Inszenierung weder um die Heiligsprechung eines genial Wahnsinnigen noch um eine Kritik an einem unreif-anarchistischen Querkopf geht, müssen die Gründe anderswo liegen.

Die Antwort läßt sich finden im Hinblick auf die kritischen Intentionen des Stein-Projekts. Nicht die Person des Künstlers soll hier verhandelt werden, sondern eine "unmenschliche Ordnung", die "sich in der Rolle des wahnsinn-nahen Genies ein Ventil ins allzu Menschliche"

232

schafft.[3] Das heißt: Die Konsequenz der neueren Tasso-Interpretation, die von der "Zurechnungsfähigkeit des Dichters" ausgeht, interessiert nicht. Die Stein-Inszenierung nimmt Tasso als "wahnsinn-nah", nähert sich in diesem Bereich der traditionellen Deutung scheinbar an. Hierbei stimmt die szenische Interpretation mit Lesarten der kritischen "Tasso"-Hermeneutik überein. Auch Christa Bürger bewertet, wie ich gezeigt habe, Tasso als "wahnsinn-nah". Daß die Irrtumskonsequenz, mit der man das Wahnsinns-Klischee interpretatorisch zumindest relativieren kann, übergangen wird, hat hier wie dort die gleichen Gründe. Es geht der soziologisch interessierten Interpretation nicht um das Subjekt, den Dichter Tasso; es geht um den literarischen Spezialisten als Opfer einer unmenschlichen Situation, oder genauer: um den bürgerlichen Dichter als Opfer höfischer Produktionsverhältnisse. So dreht die kritische Lesart (ob am Schreibtisch oder auf der Bühne) letztendlich nur die Position eines August Hermann Korff um, der ja – in diametralem Gegensatz – den Hof als Inbegriff nobelsten Humanismus', zugleich als Opfer eines sittenlosen Dichter-Anarchisten beschrieb.

Daß sich eine differenziertere kritische Deutung entwickeln läßt, jenseits der "Wahnsinns"-Formel, habe ich in der Dramenanalyse gezeigt, ich werde in meiner Kritik an der Stein-Inszenierung noch genauer darauf eingehen. Die Antwort auf die Frage nach den genannten Strichen liegt auf der Hand: Wiedrum drückt sich darin das Desinteresse der Textbearbeitung an den Figuren*subjekten* aus. Tassos "Wahnsinn" wird mit der sozialen Situation global verrechnet. Die Irrtumskonsequenz der Handlung, Tassos Exaltationen als Resultate einer perfiden Entwicklung, fällt dieser Logik zum Opfer, und damit auch die besondere Dialektik von Privatem und Öffentlichem, die gerade der kritischen Deutung eine weiterführende Perspektive eröffnen könnte.

Das "Zweite Zwischenspiel" unterscheidet sich von den vorigen, da es nur drei Figuren zu Wort kommen läßt, und da es Textmaterial aus nur zwei (im Goethe-Text aufeinanderfolgenden) Szenen montiert. Es geht um einen weiteren Klagemonolog Tassos (IV.5) und den Dialog Alfons-Antonio (V.1). Schon einmal, in "Kerker: Leonore", verwob die Textfassung zwei unterschiedliche Szenen ineinander; und wie dort subtile Seelengleichklänge zwischen Tasso und Prinzessin durch das Neuarrangement hervorgehoben wurden, so wirkt auch hier die Mon-

---

3   Peter Stein, Yaak Karsunke: *Zum "Tasso"*. Programmheft Theater Bremen.
     Spielzeit 1968/69, Heft 14. Zit. nach: Volker Canaris (Hrsg.), *"Goethe u. a.:*
     "Torquato Tasso". Frankfurt/M. 1970, S. 135

tage als Verdeutlichung und Betonung eines im Goethe-Drama nur Angedeuteten. Das betrifft vor allem Antonio.

Ich bin auch auf diesen Punkt schon ausführlich eingegangen: Die
Konzeption dieser Figur ist widersprüchlich, weil sie sich (im Streit)
verhält, wie Jago es kaum besser könnte, weil sie später "bedauert",
den Vorfall als Entgleisung entschuldigt, gegenüber der Fürstin. Es
hängt viel davon ab, wie die Interpretation das Verhalten Antonios bewertet. Akzeptiert man das Bedauern und die Schuldeingeständnisse,
wird der Staatsmann zum gleichberechtigten Gegenspieler Tassos. Eine
Reihe von wichtigen Interpreten haben es so dargestellt, gerade solche,
die im "Tasso" einen Streit hoher Prinzipien (Kunst-Leben, Anarchie-
Ordnung, Subjekt-Staat) verwirklicht sehen: Tasso und Antonio als
Repräsentanten eines überindividuellen Kampfes zweier gleichberechtigter Mächte. Deutet man Antonio als Intriganten, als Negativfigur,
funktioniert dieser "tragische Wertkonflikt" nicht mehr. Und vor allem:
Tassos Vertrauensverlust hat vor dieser Folie einen wirklichen Grund,
ist nicht nur eingebildet. Tasso irrt sich nicht, seine Vertrauenskrise ist
alles andere als wahnhaft.

Gerade der große Dialog Antonio-Alfons zu Anfang des fünften
Aktes liefert dieser Interpretation den entscheidenden Hinweis. Antonio
hat längst bedauert, hat sich mehrfach beim Fürsten entschuldigt – und
plötzlich überrascht er die Zuschauer mit einer üblen Hetzrede wider
den Dichter, der sich nicht wehren kann, und der längst schon darnie-
der liegt. Antonio zieht kräftig vom Leder, und ob man ihm sein Bedauern noch glaubt, bleibt der Interpretation anheimgestellt. In gezielten Montagen kommentieren die Zwischenspiele den Text, und die
Intention dieser Sequenz hebt vor allem auf eines ab: Antonio als Intriganten zu befestigen und als Teil eines nicht nur eingebildet, sondern
definitiv unfreundlich bis gleichgültigen Hofes zu etablieren. Man spielt
sich, über die alten Szenengrenzen hinweg, die Argumentationen zu;
ein auf wesentliche Aspekte verkürzter Überblick kann dies verdeutlichen:

1.	(IV.5) Tasso denkt nach über das vorangegangene "Versöhnungs"-Gespräch mit Antonio, dem er nach wie vor zutiefst mißtraut: "Mich will Antonio von hinnen treiben".

2.a	(V.1) Alfons ist "verdrießlich" über Tassos Abreisewunsch, fürchtet, seine Perle an ein anderes Fürstenhaus zu verlieren.
2.b	Antonio zeigt sich "fassungslos", da er für die Misere verantwortlich sei.
2.c	Der Fürst entschuldigt Antonio mit dem Hinweis auf Tassos Launen.

3.	(IV.5) Tasso: Erkenn ich noch Alfonsens festen Sinn?
	Der Feinden trotzt und Freunde treulich schützt ...

4.a	(V.1) Antonios Hetzrede: der Dichter als maßloses Kind.
4.b	Alfons gibt ihm recht.

5.	(IV.5) Tasso: Hat nicht die Ankunft dieses Mannes allein
	Mein ganz Geschick zerstört, *in einer Stunde?*

6.a	(V.1) Antonio: Willst du von ihm wohl Freude *dir* versprechen?
6.b	Alfons sucht nicht den "nächsten Vorteil".

7.	(IV.5) Tasso klagt über die Prinzessin.

8.a	(V.1) Alfons:	"Geduld" mit Tasso!
b	Antonio:	O glaube mir, sein launisch Mißbehagen
		Ruht auf dem breiten Polster seines Glücks.

9.	(IV.5) Tasso: Nur sind erst meine Feinde stark.
	Wie soll ich streiten, wenn *sie* gegenüber
	Im Heere steht.

Die Montage zielt ab auf den Eindruck eines klaren "Gegenübers", hier Tasso, hier der Hof. Die Textfassung geht also noch über die pure Gewichtung Antonios als Intriganten hinaus, Tassos Vertrauenskrise besteht zu Recht, Antonio und Alfons rücken zusammen, Stichworte: Aversion und Kalkül des Mäzens. Daß der Fürst seinerseits Tassos Abreisewunsch fehlinterpretiert (als Schrulle und Laune des Poeten), daß seine Wut ihrerseits auf einem Irrtum beruht, tritt dabei in den Hintergrund.

Während die Haupt-'Kapitel' der Textfassung bislang mehrere der Goethe-Szenen unter einer Überschrift vereinten, kommt es zum Schluß zu einer Art Engführung: Der dritte Auftritt, ein kurzer Monolog Tassos, in dem der Dichter sein eigenes Taktieren reflektiert ("Es ist das erste Mal,/ Daß du dich selbst verstellen magst"), wird gestrichen. In den drei übrigen Szenen fallen die Segmente des Goethe-Textes mit denen der dramaturgischen Bearbeitung zusammen, aus V.II, dem Gespräch Tasso-Fürst, wird "Abschied", V.IV, die Prinzessinen-Katastrophe, heißt "Faux-Pas", die letzte Szene, nüchtern, "Schluß". Auch hier betreffen die Veränderungen allenfalls Nuancen. Im Gespräch zwischen Tasso und Alfons geht es bei Goethe um zwei Themen, die Rückgabe des Manuskripts (im Zusammenhang mit den Reiseplänen) und um (unterschiedliche) Künstlerbilder: Der Fürst will Tasso heilen, auf daß auch weiterhin "die liebliche Natur" in seinen "Reimen lebt"; Tasso insistiert, mit dem Gleichnis vom Seidenwurm, auf seiner besonderen Arbeitsdisposition: "Verbiete du dem Seidenwurm zu spinnen,/ Wenn er sich schon dem Tode näher spinnt".

Die Textfassung akzentuiert klar den ersten Aspekt, streicht das "Seidenwurm"-Gleichnis, das den Tasso-Interpreten als Hauptbeleg für das neuartige, bürgerlich-subjektive Kunstverständnis des Stückes teuer ist. Dreimal wiederholt der Dichter dafür folgenden Satz: "O gib die Blätter mir zurück". Vor dem Hintergrund des zweiten Zwischenspiels wird damit vor allem eines erreicht: die Fixierung der Opposition Tasso-Hof, die Fixierung des Ausbeutungsverhältnisses. Auch daß der kurze Verstellungsmonolog (V.3) wegfällt, erklärt sich in diesem Zusammenhang: Tasso verstellt sich hier – im Gegensatz zur Goethe-Fassung – kaum. Zwar bleiben auch hier die hohen Worte, mit denen sich Tasso dem Fürsten nähert, erhalten ("Die Gnade, die so oft du mir erwiesen ..."); um was es ihm eigentlich geht, um das Manuskript, artikuliert dieser Tasso allerdings nachhaltiger als der Goethes. Die knappen Striche in den letzten beiden Szenen sind nicht erwähnenswert.

Worum es in der Aufführung gehen soll, prägt sich schon der Textfassung deutlich ein. Indem die Bearbeitung Techniken epischer Dramaturgie auf den klassizistischen Text projiziert, konnotiert sie deren übersubjektive Intentionen. Der Fokus verändert sich, in Brechts Terminologie, vom Psychologischen hin zum sozialen Gestus; es geht, primär, um gesellschaftliche Relationen. Dies läßt sich zunächst darin ablesen, daß bestimmte metaphorische Gruppierungen, die der Goethe-Text anbietet, herausfallen, also etwa die Übereinstimmung zwischen Prinzessin und Tasso in Kunstsachen. Dieser Tasso steht gegenüber dem Hof einsam und alleine, in jeder Hinsicht. Damit erklärt sich auch das Desinteresse der Textbearbeitung am Antagonismus Tasso-Antonio (als Vertreter zweier fundamentaler und gleichberechtigter Prinzipien) Antonio, wie er hier angelegt ist, wirkt als Teil eines grundsätzlich mißgünstigen Hofes. Daß Tasso sich in den Menschen irre, war Credo auch der gegensätzlichsten "Tasso"-Interpretationen, entweder weil er – schwärmerischer bis anarchistischer Wirrkopf – kein Urteilsvermögen besitze, oder aber, weil ihn die Handlungskonsequenz schuldlos in den Irrtum treibe. Beide Deutungstraditionen übergeht die Bearbeitung. Daß die Handlung eine Irrtumskonsequenz durchspielt, interessiert einfach deshalb nicht, weil Tasso sich hier – nicht irrt. Dieser Hof ist allenfalls interessiert an einem funktionierenden "Emotionalclown" (Peter Stein über Tasso), einem besseren Hofnarren. Und Tassos "Wahn" steht hier als Grunddisposition, gerade nicht als dichterischer Produktivitätsfaktor, sondern als Konsequenz falscher gesellschaftlicher Lebens- und Arbeitsbedingungen; "wahnsinn-nah" wird er hier nicht aufgrund der Handlungsentwicklung, er ist es, aufgrund seiner Situation am Hof.

Diese Intentionen der Inszenierung spiegeln sich auch in figurendramaturgischen Akzenten wieder, hier vor allem in den leitthematischen Arrangements des "Vorspiels" und des "Ersten Zwischenspiels". Tassos dichterische Eitelkeit wird, in der gezielten Montage, zu einer problematischen Dichterhybris verschärft, und – Zeichen für die seelische Zerrissenheit der Figur – mit dem (mehrfach zitierten Tat-Komplex) zusammengeschaltet: *Lebensdefizit und Künstlerallüre bedingen sich gegenseitig: Faktoren des "Wahns".* Die zweitwichtigste Figur ist hier nicht Antonio, sondern die Prinzessin. Ausführlich exponieren die Zwischenspiele ihr passives Lebenskonzept, wo "Leiden zum Genuß" wird. Knapp und eindeutig präsentieren sich dagegen die übrigen Figuren: Alfons zeigt sich als sentenziöser Schwafler, Antonio – hier kündigt sich schon die Reduktion der Figur auf die intrigante Funktion an – als nörgelnder Miesepeter. Die Fürstin zeichnet schon das Goethe-Drama eher eindimensional, sie spielt dort wie hier die Intrigantin.

Die Zwei-Ebenen-Struktur der Bearbeitung – um noch einmal auf den Anfang dieses Abschnitts zurückzukommen – ist im Prinzip nur relevant für den Anfang: Im "Vorspiel" und im "Ersten Zwischenspiel" organisiert die Textfassung eine Motivouvertüre. Danach läuft – bis auf die genannten Umstellungen und Striche – alles nach der Vorgabe des Goethe-Dramas weiter. Und auch das "Zweite Zwischenspiel" paßt sich weitgehend in die Chronologie der Vorlage ein. Während "Vorspiel" und "Erstes Zwischenspiel" ihre Zitate aus dem ganzen Stück herausgreifen und montieren, findet hier nur eine Parallelführung zweier Szenen (IV.3 und IV.5) statt, eine einfache Verschränkung, die auch in einem 'Hauptkapitel' passiert (siehe "Kerker: Leonore"). Zudem kommen hier, im Gegensatz zu den anderen Zwischenspielen, nur die Figuren zu Wort, die auch den Dialog im Goethe-Text tragen. Das "Zweite Zwischenspiel" unterscheidet sich also definitiv nicht von den Hauptsegmenten, und hat, was die "Zwei-Ebenen-Struktur" der Bearbeitung betrifft, keine besondere Funktion.

Insgesamt repräsentieren die in der Textfassung gestalteten (Haupt-) Segmente wohl eher das Ergebnis des strukturierenden Leseprozesses der Bearbeiter, man teilt sich das Stück ein, um es 'handlicher' zu machen. Die stichwortartigen Überschriften beziehen sich überwiegend auf die entscheidenden Stationen der Handlung des Goethe-Dramas und organisieren das Stück nicht eigentlich neu. Dafür spricht auch, daß die Bühnenrealisierung an keiner Stelle auf diese Segmentierungen eingeht. Nicht einmal Grenzlinien zwischen den Zwischenspielen und den Hauptabschnitten werden den Zuschauern vermittelt! So zeigt sich die Grobstruktur dieser Bearbeitung für die Inszenierung wenig relevant, ganz im Gegensatz zu den Vorgaben, die ich oben *en detail* entwickelt habe.

Ouvertüre.

Die Eingangssequenz exponiert mit den wesentlichen Merkmalen der Sprache dieser Inszenierung zugleich ihre inhaltliche Konsequenz. Das beginnt schon auf der Ebene der Textfassung, die – wie ich im vorigen Abschnitt gezeigt habe – wichtige rollendramaturgische Akzente setzt, indem sie leitmotivisch-gezielt Fragmente der Vorgeschichte mit Bruchstücken der Selbstdarstellung der Figuren vermittelt. Tassos (schon bei Goethe stark ausgeprägtes) dichterisches Selbstbewußtsein wird durch die Adaption eines wichtigen Leonoren-Zitates ("[Sein ⇒] Mein Auge weilt auf dieser Erde kaum") zusätzlich akzentuiert, und dieser Höherwertigkeitskomplex wird vermittelt mit der von Armut und

Elend geprägten vorhöfischen Existenz Tassos, mit "unverdienter Not": Höhen und Tiefen (schon) in den ersten Sätzen. Mit Verweisen auf die Krankheitsgeschichte, mit dem Leidenslustzitat, mit dem problematischen Harmonieideal fixiert das Vorspiel, was der Inszenierung an der Prinzessin wichtig ist. Weniger genau werden auf dieser Ebene die übrigen Figuren ausgewiesen, die Fürstin Leonore als diskret hinterlistige Vertraute und "Freundin", Antonio mißgünstig und autoritär, der Fürst als Schwafler.

In der szenischen Polyphonie der Eingangssequenz macht die sprachliche Komponente nur einen kleinen, wenn auch markanter. Teil aus. Wichtige Voreinstellungen liefert das für die ganze Inszenierung konstante (Einheits-) Bühnenbild von Wilfried Minks. Die Videoanalyse trifft hier auf ihre erste Schwierigkeit: Zu undeutlich für die genauere Beschreibung flimmert das Fernsehbild; gerade 10 Sekunden lang zeigt die Kamera, ganz am Anfang, die Bühne in der Totalen. Man erkennt die giftgrüne Farbe des Bodenbelages, nicht seine genauere Beschaffenheit; man erahnt, daß eine (Plexiglas-) Wand das Spielfeld umgrenzt, sogar um die Rampe zieht sie sich, hier allerdings auf ein zehn bis zwanzig Zentimeter hohes Fragment reduziert: Metapher für Abgeschlossenheit, Hermetik, Begrenztheit. Raum wird hier geschaffen für einen theatralischen Laborversuch: Tasso, gleichsam wörtlich, *in vitro*. Im Hintergrund und an den Seiten schimmert es vornehm-gülden, offenbar unterliegt hier der Kunststoffwand eine Goldfolie. Man erkennt einen (Schreib-) Tisch mit Hocker, etwa in der Mitte der (von der Zuschauerposition aus) linken Bühnenhälfte; zwei Tücher, ein dunkles und ein helles, breiten sich darum auf dem Boden. Ein Sessel mit einem grünen Stoffüberwurf ragt hinten rechts. Von den im Drama vorgesehenen Ariost- und Vergil-Hermen ist eine Goethe-Büste übriggeblieben; dies verweist, wie auch die klassizistisch-noblen Kostüme, auf das Desinteresse der Inszenierung am Renaissance-Schauplatz.

Die Montagetechnik der Textfassung findet ihr formales Äquivalent in einer forciert antinaturalistischen Bühnengestaltung. Dieser Ort ist ein explizit theatralischer, Assoziationsraum, Katalysator für mannigfaltige imaginäre Räume; und der raumsemantische Nenner, soweit an der Konserve ablesbar, heißt Künstlichkeit: Ein giftig prätentiöses Gehege präsentiert den Rahmen für die Abrechnung mit einer giftig-prätentiösen Gesellschaft, Einheit von Raum und Inhalt. Wie schon die Textfassung des Vorspiels, so betreibt auch die Rauminstallation mit ihren Mitteln: Kommentar; auch die Bühne wird zur tragenden Stimme in der Polyphonie der Ouvertüre.

Diese Einschätzung teilen auch diejenigen, die – im Gegensatz zu mir – das Original besichtigen und beschreiben konnten. Erich Emigholz assoziierte "Glaskäfig oder gläserner Sarg", das Bühnenbild

... betont die Künstlichkeit dieser Welt (...). Der aggressiv grüne Farbton des Teppichs hat manch einen ... zu dem Begriff "Spielwiese" inspiriert ... Die Kunststoff-Folie, die den Bühnenraum eingrenzt, der Schreibtisch, der etwas befremdlich mitten darin steht, als wolle er die Begrenzungen von Innen- und Außen-Rahmen bestreiten. Schließlich die spielzeughaft wirkende Kunststoffbarriere zum Parkett hin.[4]

Von Botho Strauß stammt die präziseste Raum- und Kostümbeschreibung:

Wilfried Minks hat den Bühnenboden ausgelegt mit einem Teppich von grasgrünem Langfloorplüsch, und ringsum ist dies Belriguardo aseptisch abgeschirmt von einer hohen mattspiegelnden Plexiglaswand, durch die im Hintergrund eine zartgoldene Wand hindurchschimmert. Die delikate, niemals üppige oder kolossale Pracht der Gewänder (Minks' Mitarbeiterin: Susanne Raschig), von samtenen Decken und Umhängen, von dunkelgrün changierenden Capes und lamettierten Strickkleidern, von edel ornamentierten Tüchern aus japanischer Seide, mit denen die Leonoren ihre geziert anmutigen Verhüllungsspiele treiben, und die sorgsam aufgelöste Römerinnen-Frisur der Prinzessin und das braune, mit Perlen gerahmte Netztuch als strenge Kopfbedeckung der Gräfin – das alles ist fern von Talmi-Glanz und Theaterplunder und sichert jene Grenze preziöser Kostbarkeit vor vulgärem Gepränge. ... Für das Stück *Tasso* liegt ... im luxuriösen Ambiente ein sinngemäßer Ausdruck für seine zweckentbundene, narrenfreie Existenz als Kunstwerk, die das Theater ziert, wie Tassos Anwesenheit zu Belriguardo das Renommee des Herzogs.[5]

4   Erich Emigholz: *30 Fragen zum Bremer "Tasso"*. A. a. O., S. 146
5   Botho Strauß: *Das schöne Umsonst*. In: Theater heute 5/69. Zit. nach: Volker Canaris (Hrsg.), *"Goethe u. a.: "Torquato Tasso"*. Frankfurt/M. 1970, S. 161 f.

Was bei Goethe nur in drei Szenen[6] vorgesehen ist, die Öffentlichkeit einer Situation, das prägt hier die ganze Aufführung. Nur in der ersten Spielminute steht Tasso alleine auf der Bühne, danach ist der ganze Hof präsent, ohne Unterbrechung. (Soweit ich das der Videoaufzeichnung und einigen Kritikerbeschreibungen entnehmen kann.) Noch einmal Botho Strauß

> Wie dabei diejenigen sich verhalten und beschäftigen, die "nicht im Dialog sind" – denn der schwenkt filmartig in zuweilen knappen Schnitten von einer Gruppe zur nächsten über – ist bereits eine Sehenswürdigkeit für sich. Die Leonoren lustwandeln elegisch oder trippeln aufgeregt mit flatternden Tüchern über den Rasen, Antonio ergeht sich staatsmännisch; der Herzog fläzt sich elegant in seinen Patriziersessel und studiert die losen Blätter des *Befreiten Jerusalems*, mit denen Tasso zuvor, sie wie ein Kind in der Luft wiegend und herzend, durch die Gartenlandschaft gesprungen ist. Und dies geschieht so nebenher, ohne jede Verlegenheit und Störung.[7]

Bisweilen kommentieren die, "die nicht im Dialog sind", sogar lautlos die Sprechenden. Die erste Tasso-Replik etwa spricht der Fürst, unhörbar, aber durch die Kameraeinstellung hervorgehoben, mit: Nicht zum ersten Mal hört er offenbar die Sätze. Tassos Äußerungen werden als Zitate ausgewiesen, ein weiterer Hinweis auf den demonstrativen Kunst- (bzw. Künstlichkeits-) Charakter der Veranstaltung. Bisweilen werden Figuren, die nicht gebraucht werden, regelrecht "abgeparkt": "Da saß dann Jutta Lampe, die Leonore von Este, ganz vorn am Plexiglas-Rahmen der Bühne, von Stein gleichsam nach vorn abgestellt, in einer Wartehaltung exponiert."[8] Alles scheint sich in einer seltsamen Öffentlichkeit abzuspielen, sämtliche Sprechaktionen, welche die Kamera verfolgt, scheinen eingebettet in eine komplizierte (und durch den Ausschnittcharakter der Aufzeichnung kaum nachvollziehbare) Choreographie. Ein Spiel mit und ohne Ball, Peter Stein hat viele Jahre später selbst das Stichwort

---

6   I.3 und 4: Bekränzung Tassos und Ankunft Antonios; V.4: Tasso umarmt die Prinzessin, und plötzlich stehen alle anderen darum herum.
7   Botho Strauß, a. a. O.; S. 163 f.
8   Peter Iden: *Jutta Lampe zeigt die erschöpfte Introversion eines Systems.* Theater 1969. Chronik und Bilanz eines Bühnenjahres der Zeitschrift "Theater heute". Zit. nach: Volker Canaris (Hrsg.), *"Goethe u. a.: "Torquato Tasso"*. Frankfurt/M. 1970, S. 168

genannt: "Ballett". Hochgradig artifiziell wirken diese Arrangements, und der wichtigste Inhalt dieser proxemischen Komposition erschließt sich schon am Anfang: Eliminierung des Privaten, die Omnipräsenz der Figuren deklariert jede Geste, jede Äußerung zur öffentlichen. In der proxemischen Stilisierung reflektiert sich die Aufführung wiederum selbst als Kunstprodukt, als Artefakt, zugleich gewinnt das Arrangement inhaltliche Bedeutung, korrespondiert mit der Hauptintention der Textfassung, des Bühnenbildes: Dominanz des Gesellschaftlichen, sozialer Gestus statt Psychologie.

Das Spiel beginnt ganz ohne Worte: An den Schreibtisch – einige Papiere liegen, eine Karaffe steht darauf, ein Helm darunter – tritt, in wildledernem Rock, der Dichter. Sinnend tritt er heran, sinnend legt er die Fingerspitzen beider Hände auf die Platte, sinnend schaut er ins Leere. Dreht sich dann zum Publikum, "den Fuß prätentiös vor den anderen setzend"[9], greift sich, weitausholend, einen Zettel vom Tisch, hält ihn, pathetisch, vor die Augen, den Körper kerzengerade, den linken Arm herrisch angewinkelt, liest, legt das Blatt pompös zurück, steht wiederum sinnend, schaut gen Himmel, will sich, mit einer eleganten Halbpirouette, auf den "Dichterthron" setzen, setzt sich jedoch daneben: Tassos erster Fall. Gelächter im Publikum, denn genau in diesem Augenblick fällt auch, halb belustigt, halb erschreckt, das erste Wort: "Tasso" sagt der Fürst, der im peinlichsten Moment hinzutritt. Und als der Dichter sich aufrappelt, pfeift Alfons ein bißchen, ungefähr so, wie man einem Hund pfeift: "Braver Tasso, komm!" Tasso überspielt die Peinlichkeit souverän, führt, ohne auf den Fürsten zu reagieren, seine Pantomime weiter und setzt sich nun endlich auf seinen Hokker, würdevoll die Hände faltend. Eine halbe Drehung nach rechts: Tasso nimmt die Pose des "Denkers" von Rodin ein. Einen Augenblick später beugt sich die Gestalt nach vorne, verschränkt beide Hände vor der Stirn, Ausdruck höchster, allerhöchster Konzentration. Offenbar ist der Denkakt von Erfolg gekrönt, denn ganz entspannt lehnt der Dichter sich nun an den Tisch, die Pose zitiert Tischbeins "Goethe in der Campagna", greift zur Feder, den Genieblitz zu Papier bringend. Inzwischen stehen die übrigen Hofangehörigen um ihn herum, als Zuschauer. Auf dem Dichterhocker aber liegt ein blaues Tuch, ein Umhang, vielleicht ein Mantel. Den legt Tasso sich, auf daß er wärme, über die Beine, sein

---

9 Volker Canaris: *Bruno Ganz spielt und analysiert Tasso*. In: "Theater 1969". Chronik und Bilanz eines Bühnenjahres der Zeitschrift "Theater Heute". Zit. nach: Volker Canaris (Hrsg.): *Goethe u. a.: "Torquato Tasso"*. Frankfurt/M. 1970, S. 171

linker Arm hebt sich deklamatorisch. Und jetzt endlich, vorbereitet durch ein Spiel, das markante Dichter-Denker-'Bilder' grotesk durchspielte, jetzt endlich ertönen die Worte: "Wenn die Natur der Dichtung holde Gabe .." Und sie markieren nur noch den Höhepunkt einer schlagend eitlen Pose. In den ersten drei Minuten charakterisiert die Aufführung ihre Titelfigur so markant, daß für den weiteren Verlauf kaum Zweifel aufkommen können. Daß Tassos Verhalten (in der Krönungsszene und in der Streitszene) als Pose interpretierbar ist, habe ich – im Zusammenhang meiner Dramenanalyse – als Deutungsmöglichkeit genannt. Peter Steins Inszenierung präsentiert es gleichsam als Eröffnungsfanfare.

Ein Stichwort bringt den Äußerungskosmos, den Bruno Ganz für seinen Tasso entwickelt, auf den Punkt: Theatralität. Das hochkultivierte Theater zitiert das dilettantische, dieser Tasso agiert wie ein schlechter Komödiant. Das zeigt sich in korrespondentieller Überproduktion, gestischer Überzeichnung; zum Beispiel in den ersten sechs Versen im Zusammenklang zwischen dramatischer Sprache und Körperausdruck:

Wenn die Natur der Dichtung holde Gabe
Aus reicher Willkür freundlich mir

Tasso schaut seine deklamatorisch erhobene linke Hand an.

geschenkt,

Die Hand wandert von "oben" zeigend nach "unten".

So hatte mich das eigensinnige Glück

Die sitzende Gestalt fällt in sich zusammen, verkniffener Gesichtsausdruck, die Hand wandert schützend zum Gesicht.

Mit grimmiger Gewalt von sich gestoßen;

Starke Betonung auf 'gestoßen", Geste des Stoßens.

Und zog die schöne Welt den Blick des Knaben

Steht auf, zeigt mit großer Geste "schöne Welt".

243

Mit ihrer ganzen Fülle herrlich an,

Zum Publikum gewendet, Geste des Empfangens:

So trübte bald den jugendlichen Sinn
Der teuren Eltern unverdiente Not.

Setzt sich in Bewegung, den blauen Mantel hinter sich her schleppend, "unverdiente Not" scharf artikuliert, die linke Hand klopft mehrmals verbittert in die Luft.

Eröffnete die Lippe sich zu singen,

Er kommt auf der linken Tischseite an. Elegante Halbpirouette, bei "singen": Sängerpose.

So floß ein traurig Lied von ihr herab,
Und ich begleitete mit leisen Tönen
Des Vaters Schmerzen und der Mutter Qual.

Tasso wendet sich hinter den Tisch, Pause nach "Schmerzen"; während er von der "Qual" spricht, wandert sein Arm auf den Tisch und angelt sich etwas Eßbares, vielleicht eine Praline. Die hohe Pose bricht sich, ironisch, im Banalen.

Auch auf dieser Ebene kommentiert (und kritisiert) sich die Aufführung selbst, Spiel im Spiel als Doppelung der theatralischen Grundbedingungen, und setzt zugleich einen starken interpretatorischen Akzent. In der gezielten Äquivalenzsetzung körperlichen und sprachlichen Ausdrucks exponiert das Vorspiel den Gestus einer ins Groteske getriebenen Literateneitelkeit, bringt damit die in der Textfassung schon angedeutete hybride Konsequenz szenisch auf den Punkt. Schlechte Theatralität, körpersprachliche Überproduktion, übergroßer Körperambitus präsentieren das gestische Leitthema der Figur, grenzen Tasso zugleich ab von den übrigen Figuren.

Was den Bewegungsambitus betrifft, entwickelt Jutta Lampes Prinzessin einen drastischen Gegensatz zum exaltierten Poeten. Auch hier organisiert das Vorspiel ein korrespondentielles Leitthema, hier sogar – ganz Oper – mit einem diskret musikalischen Mittel. Als "Sirene" bezeichnet, in Goethes Schlußszene, Tasso die verlorene Geliebte. Mit einem Laut, der stark an eine Alarmsirene (in der abklingenden Fhase) erinnert, beginnt Jutta Lampe ihr Spiel, abwärts schmiert die Stimme und abwärts bewegt sich dazu der Körper, mit einer langsamen, überakkuraten Bewegung geht sie in die Hocke und greift nach ihrem Hauptrequisit, einem großen bestickten Tuch, das später als Schäferinnenkostüm, als schützende Wand, als Schleier bespielt wird: Bühnenäquivalent des "Schleier"-Motivs, das – vgl. die Prinzessinen-Analyse – auch im Drama ein Hauptmotiv der Figur ausmacht. Die Prinzessin redet bei Goethe mehrfach von ihrer Krankengeschichte, bezieht ihre (Entscheidungs-) "Schwäche" auf frühes Leid. Und mit dem Zitat, in dem sich die Problematik der Figur in wenigen Sätzen verdichtet, beginnt die Bremer Leonore. Auch hier macht es die Inszenierung der Analyse leicht, auch hier – wie schon bei Tasso – offenbaren sich in der ersten Minute wesentliche Aspekte der Rollenkomposition:

Der Sirenenton ist verklungen, akkurat nimmt die Prinzessin das Tuch auf, mit spitzen Fingern. Unendlich langsam erhebt sie sich:

> Wenn Freunde, wenn Geschwister
> Bei Fest und Spiel gesellig sich erfreuten,
> Hielt Krankheit ...

Starker Intonationsakzent auf "Krankheit"', die rechte Hand fährt zur Stirn, kurze Pause

> ... mich auf meinem Zimmer fest,
> Und in Gesellschaft mancher Leiden ...

Unendlich langsam senkt sich der rechte Arm, Akzent auf "Leiden".

> ... mußt
> Ich früh entbehren lernen.

Akzent auf "früh" und auf "entbehren", kaum merklich legt sie den Kopf schräg.

> Eines war,
> Was in der Einsamkeit mich schön ergötze,
> Die Freude des Gesangs;

Spricht schneller, lauter, trippelt ein paar Schritte, das Tuch elegant hinter sich herziehend.

> ... ich unterhielt
> Mich mit mir selbst, ich wiegte Schmerz und Sehnsucht
> Und jeden Wunsch mit leisen Tönen ein.

Die Prinzessin erstarrt zur Statue. Sanft schwebt die rechte Hand vor dem Bauch. Schön drapiert liegt das Tuch, dessen Zipfel sie immer noch in der Linken hält. Herrlich fällt das klassizistische Gewand. Langsamer spricht sie, leiser.

> Da wurde Leiden oft Genuß, und selbst ...

Bis hier sprach sie mit übertrieben sorgfältiger Artikulation, bei "Genuß" steigert sich's zum Gesang.

> Das traurige Gefühl zur Harmonie ...

Ganz gesungen, eine aufsteigende Melodielinie, die ihren Höhepunkt bei "Harmonie" erreicht. Immer noch steht die Prinzessin als Statue.

Mehrfach bringt Jutta Lampe im Laufe dieser Inszenierung die kleine Harmonie-Melodie zu Gehör, und der gestische Akzent, der hier vermittelt wird, liegt auf der Hand: Die Inszenierung nutzt das Deutungsangebot aus, das Goethe in die zart-masochistische Dialektik von Leiden und Genuß legt, und nimmt sie als Inspiration zur Gestaltung der Rollenfigur, als ihren thematischen Kern. Lethargisch, an der Grenze zum Somnambulen, bewegt sich die Prinzessin, in jedem Augenblick zugleich hochkontrolliert, überpräzise bis zur Manier. Diese Prinzessin gestaltet äußerlich, was die Dynamik und den Ambitus des Körperausdrucks betrifft, den Gegenpol zu Tasso. Und doch arbeiten beide Darsteller aus einem ähnlichen Gestaltungszentrum. Denn auch hier gerät jede noch so kleine Geste, jeder Gang zum Auftritt, wobei dieser Eindruck durch die seltsame Halböffentlichkeit aller Vorgänge verstärkt wird. Auch hier erlebt man Spiel im Spiel, nicht holzend eitel wie beim Dichter, sondern sublimer, virtuos. Auch hier steht eine Komödiantin auf der Bühne, eine kultiviertere, elegantere Figur indes, eine müde Aristokratin, meisterlich im Ausdruck gepflegtester Dekadenz, Schülerin weniger des Plato als des Baudelaire: *ennui.*

Die Inszenierung geht in klare Distanz zu dieser Figur. Die Motivation ihres späteren Versagens gegenüber Tasso, ihres Rückzugs, ihrer Entscheidungsschwäche deutet sich hier schon an: Nicht Entsagung, nicht die Überforderung einer kranken Seele stehen im Hintergrund, sondern Unlust und Müdigkeit. Die Liebe zu Tasso betreibt diese Prinzessin womöglich als Akzent gegen die "unerträgliche Leichtigkeit des Seins", als Stimulanz. Wenn es ernst wird, klinkt man sich aus, und das Krankheitsargument dient als pseudomoralische Verbrämung. Jutta Lampe:

> Die Flucht der Prinzessin ist ihre immer wiederkehrende Flucht in die Krankheit, obwohl sie gar nicht mehr krank ist. Aber das Leiden ist ihr "von Jugend auf" vertraut. Sie liebt und genießt es, sie macht es sich schön und groß. Diese Kultivierung des Leidens ... ist eine dauernde Entschuldigung für Nichtstun.[10]

Während die Prinzessin spricht, sitzt Tasso regungslos an seinem Tisch. Was sich in den nächsten Sekunden abspielt, ist nicht nur bezeichnend für die Kurzexposition der Figuren Antonio und Alfons, sondern gerade auch für die präzise Bewegungskomposition der Inszenierung. Das letzte Wort der beschriebenen Passage lautet "entbehren", die Prinzessin steht im Vordergrund, schaut müde und resigniert ins Publikum, ein eingefrorenes Bild vornehmsten Jammers. In diesem Augenblick wandern der Spielimpuls (und die Kamera) zu Tasso. Er erhebt sich plötzlich. Schützend zieht er seinen Mantel vor der Brust zusammen, denn Antonio, der bislang unmerklich im Bühnenhintergrund herumgeschlichen war, beginnt eine kurze und scharfe Rede wider den Dichter: "Es ist wohl angenehm, sich mit sich selbst/ Beschäftigen ..." Abgehackt, hölzern, mit metallischem Unterton zitiert er eine Passage aus der Streitszene, gekleidet in einen strengen schwarzen Gehrock. Er bellt in Richtung auf den demonstrativ wegblickenden Dichter, und nur ein einziges Mal regt sich die Gestalt, als sie sich ("der Mensch erkennt sich nur im Menschen ...") leicht nach rechts dreht. Damit spielt Antonio den Ball dem Fürsten zu, der – die Kamera vollzieht die leichte Drehung mit – jetzt ins Spiel gebracht wird. Beifallheischend wirkt nun Antonios letzter Satz: "Das Leben lehret jedem, was er sei". Und der Fürst signalisiert mit einem kurzem Wink seine Zustimmung; und während Alfons mit der nächsten Weisheit anhebt, verschwindet Antonio wieder im Halbdunkel des Hintergrunds. Alfons wandelt sprechend

---

10 Jutta Lampe, in: *30 Fragen zum Bremer "Tasso"*. A. a. O., S. 148

langsam nach vorne – "Wer früh erwirbt, lernt früh den hohen Wert/ Der Güter diese Lebens schätzen" – und passiert dabei (nicht zufällig!) die Goethe-Büste. Die Kamera begleitet ihn und am rechten Bildrand taucht Leonore von Este auf, an welche die Rede nun adressiert wird, und die dem preußisch exakt gestikulierenden Fürsten andächtig zuhört. Videoaufzeichnung und Bühnenspiel korrespondieren hier ideal, insofern sich das filmische Medium das von ihm entlehnte und auf der Bühne angewandte Montageprinzip problemlos zurückholen kann: die sanfte, fast unmerkliche Überblendung, die wandernde Perspektive. 'Geschnitten' wird nur auf der Bühne ... Im Kreis herum wandert der Fokus, von der Prinzessin über Tasso über Antonio über Alfons zu Leonore von Este und wieder zurück zu Tasso. Der fährt, wenn der Fürst zu Ende ist, mit seiner Selbstdarstellung fort.

Alfons und Antonio kommen im Vorspiel nur hier zu Wort, und doch werden beide in den wenigen Augenblicken wesentlich charakterisiert. In dem (im Verhältnis zu den anderen Figuren) reduziertesten Bewegungsambitus, im schwarzen Gehrock, in der metallisch stakkatierenden Stimme korrespondieren mit dem borniertem Inhalt seiner knappen Replik: bürokratische Steifheit, Lebensferne, Arroganz. Werner Rehms Antonio-Darstellung ist offensichtlich inspiriert von einigen Tassoäußerungen über den Rivalen, vermittelt: "steifen Sinn", "Fels" und: "Die Grazien sind leider ausgeblieben". Und schon in der winzigen beifallheischenden Drehung zu Alfons – die einzige größere Bewegung während dieses "Auftritts" – offenbart sich, was die Inszenierung später immer wieder betonen wird: Das einzige, was für ihn zählt, ist die Meinung des Fürsten. Der agiert hier weltmännisch-geschmeidig. "Operettengeneral" assoziierte ein Kritiker. Die selbstgenügsame Sicherheit seines Auftretens in Kombination mit dem sentenziösen Geschwafel wirken zutiefst vertraut, weniger wohl aus der Operette als – aus der Tagesschau. So agiert, wer die Macht hat, wie dieser Fürst bewegen sich die kinderküssenden, Boden-des-Vaterlandes-schleckenden, breitlachenden Souveräne unserer Tage: der Präsident, jovial, in der Rolle des netten Nachbarn, das süße Grinsen der Macht. Oder, wie es Ivan Nagel formuliert hat:

Die "Tasso"-Sprache aus Sentenzen ist für den Fürsten Wolfgang Schwarz' (dank ihrer scheinkommunikativen Verbindlichkeit, bei aller Endgültigkeit) ein Mittel, mit freundlich herablassender Urbanität zu verschleiern, daß das letzte Wort unter allen Umständen ihm, dem Souverän gehört.[11]

Eine der wenigen Konstanten der Interpretationsgeschichte des "Tasso" zeigt sich hinsichtlich der Figur der Leonore von Este: Niemand fällt so recht etwas zu ihr ein. Im Verhältnis zu den übrigen Figuren bleibt die Fürstin eindimensional, das Interpretationsspektrum eingeschränkt. Es gibt kaum Widersprüche, kaum Fragliches. Diese Leonore präsentiert sich, wie immer man sie dreht und wendet, als Intrigantin, lebt von keinem (Selbst-)Zweifel angenagt, wie die Made im Speck des Hofes ist vital und hat eine leidenschaftliche Lust an der Politik. Ich habe bei meinen rezeptionsgeschichtlichen Recherchen keine Urteile gefunden, die dem widersprechen würde.

Auch die szenische Interpretation hat ihre Schwierigkeiten mit Leonore. Seltsam blaß bleibt die Fürstin der Edith Clever. Sie kommt nach Tassos ersten Sätzen zu Wort. Und sie macht gleich weiter mit der Rückblende, berichtet über die Geschichte des Hofes zu Ferrara, das "durch seine Fürsten groß" wurde, wobei sie, gewandet in ein edles beigefarbenes Seidenkostüm mit einem enormen Rückendekollete (in dem ein hochnobles Collier baumelt), sich zunächst ans Publikum wendet (fast ein Vortrag!). Von den "Fürsten" sprechend, dreht sie sich in Richtung Alfons, der, würdevoll geschmeichelt, ihr mit einer kleinen Geste zuwinkt: "sehr gut gesagt!" Dieser Auftritt ist zwischen Tassos exaltierten Anfangsmonolog und der Prinzessin Leidensarie geschaltet, und er wirkt gerade im Kontrast dazu. Selbstsicher agiert die Gräfin, hier wird weder posiert noch gelitten, gleichsam "normal" bewegt sie sich auf der Bühne, mit festem Schritt spaziert sie einher, liebenswürdig-charmant äußert sie sich. Auch Edith Clever artikuliert äußerst sorgfältig, nicht überspannt indessen. Auch hier, wie im Goethe-Text, der Eindruck: Diese Frau fühlt sich wohl am Hof, und am ähnlichsten ist ihr vielleicht der Fürst. Beide Figuren profitieren von den Verhältnissen; und es ist kein Zufall, daß sie sich mehrfach – schon während des Vorspiels – gestisch die Bälle zuwerfen. Leonore adressiert ihre aristokratische Rede wie selbstverständlich an den Fürsten (nicht beifallheischend wie Antonio), und in der kurzen Sequenz, die ich oben

---

11   Ivan Nagel: *Epitaph und Apologie auf Steins "Tasso"*. In: "Theater 1959". Chronik und Bilanz eines Bühnenjahres der Zeitschrift "Theater Heute". Zit. nach: Volker Canaris (Hrsg.): *Goethe u. a.: "Torquato Tasso"*. Frankfurt/M. 1970, S. 184

beschrieben habe, passiert das Einverständnis anders herum. Dort findet eine Fürstenweisheit bei Leonore die einverständige Hörerin. Und doch: Die Spiel-im-Spiel-Relationen, welche die übrigen Rollengestalten prägen (Tasso spielt den Dichter als Chargen, die Prinzessin spielt die Leidende, Antonio inszeniert den Musterbeamten, Alfons zitiert das Klischee des weisen Staatsmanns), diese kalkulierten Überzeichnungen finden hier gerade nicht statt. Bestes Beispiel dafür liefert der Beginn des zweiten Leonoren-Auftritts. Daß sie bald abreisen muß, erfährt man, daß sie ihrem Mann den "Sohn bringt, der ... so schnell gewachsen, schnell sich ausgebildet". Vor Freude gluckst die Stimme, inniges Mutterglück drückt der ganze Körper aus, bei "schnell gewachsen" schlägt sie gar begeistert die Hände zusammen: Applaus. Eine glückselige "Glucke", wie ein Kritiker notierte, und wo bei anderen Figuren Exaltation und Manier als Zeichen von Defekten lesbar sind, trifft man hier auf wohlige Gesundheit. Anders ausgedrückt: Die höfischen Verhaltenmuster sind dieser Fürstin "natürlich"; es gibt keine spürbare Distanz zwischen Rolle und Leben, Leonore von Este stimmt mit sich überein. Und diese Verwurzelung in der Erde des Hofes geht weiter noch als beim Fürsten: Leonore zitiert nicht die Mutterrolle wie der Fürst etwa den Gestus des Souveräns, sie ist es, unproblematisch, Rolle als Natur.

Einen Sonderfall im Rahmen des Vorspielarrangements nehmen die Sequenzen ein, in denen sich die Fürstin mit der Gräfin unterhält. Es ist dies der einzige 'authentische' Dialog, und es ist die einzige Stelle, wo das Vorspiel die Anfangsszene des Goethe-Dramas berücksichtigt: Fragmente aus dem Schäferinnenspiel. Daß diese Sequenz hier eingebaut wird, hat bestimmt nicht den Grund, etwas vom originalen Anfang zu retten, sondern nutzt nur, was das Drama dort, den Intentionen des Vorspiels ideal entgegenkommend, entwirft: Spiel im Spiel! Dieses Spiel aber beginnt noch, während die Fürstin über ihr Kind redet. Unendlich langsam schwebt die Prinzessin ins Bild, langsam beugt sie sich hernieder, nimmt ein großes, weißes, besticktes Tuch vom Boden auf (in ein ähnliches ist sie gehüllt) und legt es der "Freundin" fast zärtlich über die Schulter. "Du siehst mich lächelnd an, Eleonore" – diese lächelt noch in Gedanken an das Kind – "Und siehst dich selber an, und lächelst wieder" – die Fürstin blickt kurz auf das Tuch. Und langsam, tranig, und fürchterlich falsch-besorgt und völlig unmotiviert: "Was hast du, laß es eine Freundin wissen." Amüsiert, sogar leise kichernd, auf den pseudo-besorgten Unterton der Prinzessin in keinem Augenblick eingehend, antwortet die Fürstin, das Spiel beginnend: "Wir scheinen recht beglückte Schäferinnen". Die Damen wandeln nach hinten, es folgt ein längerer Tassomonolog (Faszination der ersten Eindrücke am Hof vom Ferrara). Danach wandert der Ball wieder zu den beiden Damen, die sich links im Vordergrund eingefunden haben. Mit den "edel ornamentierten Tüchern aus japanischer Seide ... betreiben die Leonoren ihre geziert anmutigen Verhüllspiele" (Botho Strauß). Doch sie tun es sehr unterschiedlich. Bewegung ins Spiel bringt ausschließlich die Fürstin. Während die Prinzessin das Tuch unentwegt wie schützend vor der Brust zusammenrafft, Assoziation: Klosterschwester, läßt die Freundin es wehen. Während Leonore ihre kurze Replik ("Ich liiiiebe Belriguardo") melancholisch einhersäuselt, liefert Edith Clever den vitalen Kontrapunkt. Wie ein Gedicht spricht sie die Naturverse, eine imaginäre Blume wird gepflückt ("die Blumen mit ihren Kinderaugen"), fast tänzerisch bewegt sie sich, auch hier, objektiv "spielend", ist die Fürstin mit sich einig, verhält sich wie sonst auch; ein weiterer Beleg für die oben formulierte These: Rolle als Natur.

Edith Clevers Fürstin fällt aus dem Äußerungskontext der übrigen Rollengestalten heraus, Distanz ist nicht spürbar. Man kann diesen "Bruch" unterschiedlich interpretieren, zunächst mit Blick auf die Eindimensionalität der Figur auf der Ebene des Dramas, die sich vorzöglich auf die Rollengestalt durchpaust. Edith Clever hatte offensichtlich genau damit zu kämpfen: "Das ist schwer mit Leonore Sanvitale, sie ist so aufgeprägt negativ. Sehr modisch, zieht alles auf sich, die Kunst, den Dichter ... keine wirkliche Auseinandersetzung ..."[12] Siegfried Melchinger findet eine spielexterne Erklärung, argumentiert in Hinblick auf unterschiedliche schauspielerische Anlagen, konstatiert, "daß [im Rahmen dieses Spielkonzepts] ein formales Talent wie das von Jutta Lampe aufblüht, während ein persönliches wie das von Edith Clever verkümmert."[13]

Insgesamt erweckt dieses Vorspiel den Eindruck einer hohen stilistischen Einheit, ja Geschlossenheit. Jede Stimme in der szenischen Polyphonie gestaltet sich nach den gleichen Gesetzmäßigkeiten. Überall trifft man auf die Tendenz zur Künstlichkeit, zur Stilisierung; in jedem Ausdrucksdetail ist dies forciert Kunstgemachte, oder, um es mit dem Brechtterminus zu benennen, ist "Verfremdung" zugleich inhaltlich

---

12 Edith Clever, in: *30 Fragen zum Bremer "Tasso"*. A. a. O., S. 148
13 Siegfried Melchinger, *Stein produziert Steins "Tasso"*. In: "Theater 1969". Chronik und Bilanz eines Bühnenjahres der Zeitschrift "Theater Heute". S. 27

relevant. Man trifft hier auf die dialektische Disposition jeder artifiziellen, gezielt antinaturalistischen Theatersprache. Indem die an der szenischen Darstellung beteiligten Ausdrucksebenen Eigendynamik entwikkeln, wirken sie einerseits distanzierend: Kommentar statt bruchlosem "Einschmelzen" im korrespondentiellen Gesamtzusammenhang. Im Akt der Wahrnehmung können indes formale Gegenwirkungen (Konventionsbrüche) zu neuer Bedeutungseinheit gefügt werden: Korrespondenzen zweiten Grades. Was zunächst episch-distanzierend sich auswirkt, führt zu Einheit auf der nächsten Ebene.[14] Was als "natürlich" korrespondiert, hat zu tun mit der Kenntnis der szenischen Sprache, mit "Codekompetenz". Dieses höhere Codeniveau kann innerhalb kurzer Zeit zwischen Bühne und Zuschauerraum vereinbart werden. In der Stein-Inszenierung übernimmt das "Vorspiel", diese Aufgabe, wobei rezeptive Kreativität, "Zuschaukunst", hoch gefordert ist. Stein konfrontiert hier das Publikum fast rücksichtslos mit seiner hochartifiziellen Theatersprache, vom ersten Augenblick an, ohne Übergangs- und Zwischenschritte. In dieser Radikalität des Ausdrucks liegt eine Gefahr des Unternehmens. Denn entweder akzeptieren die Zuschauer diese unkonventionellen Zusammenhänge, machen sie, die Sprache dieser Inszenierung erlernend, inhaltlich nutzbar, oder aber: Man nimmt, was auf höherem Niveau bedeuten kann, einfach als Parodie, Stichwort "Denunziation" eines Klassikers: Steins "Tasso" als arrogante Clownerie. Kritiker und Zuschauer, die dieser Aufführung ablehnend gegen-

---

14 Das beste Beispiel für diese Dialektik des Verstehens liefert das Musiktheater, das ja jeden Bühnenvorgang, fernab von "natürlichen" Erfahrungszusammenhängen, musikalisch unterlegt und doch von (kompetenten) Zuschauern "natürlich" verstanden wird. Auch hier treffen wir auf die angesprochene Dialektik von Distanz und Einheit: Der musikalische Subtext definiert, wesentlich präziser als Regieanweisungen im Sprechtheater, den szenischen Äußerungskontext der dramatischen Information. Und im Gegensatz zu sprachlichen Regieanweisungen bleibt dieser musikalische Nebentext, auf der Bühne und im Orchestergraben, ununterbrochen anwesend. Und dennoch realisieren wir die musikalischen Anteile nicht als Kommentar, nicht als eigenständige Größe. In der Unmittelbarkeit der Korrespondenz-Synthese gehen musikalische, dramatische, szenische Ausdrucksebenen auf in neuer Einheit der Gestalt. Nur in bewußten analytischen Akten kann man sich etwa dem Eindruck der Plausibilität und "Natürlichkeit" der szenischen Abläufe in einer Mozartoper entziehen, kann man sich klar machen, daß Don Giovanni in jedem Augenblick als Resultat eines gezielten Arrangements auf der Bühne steht. Daß jeder musikalische Gestus genau kalkuliert ist, daß die Figur musikalisch in jedem Augenblick zugleich definiert und kommentiert wird, fällt dieser "Selbstverständlichkeit" zum Opfer. Man vergißt einfach, daß da jemand etwas völlig Absurdes tut: in den unmöglichsten Situationen zu singen.

überstanden, argumentierten auf dieser Ebene. Ich werde im nächsten Abschnitt genauer darauf eingehen. Auf höherer Interpretationsebene *können* die vorgestellten Fremdartigkeiten bedeuten. Das gilt für jede Dimension des Ausdrucks. Die Künstlichkeit der Raumgestaltung steht nicht als Selbstzweck, sondern präsentiert, symbolisch, das Spielfeld für eine künstliche (= naturferne) Gesellschaft, im aristokratischen Destillierkolben köchelt Gift. Die Omnipräsenz und Synchronität der Bühnenfiguren und die darauf bauende proxemische Komposition der Veranstaltung zielen nicht auf ein selbstgenügsames "Ballett", sondern werden zum Zeichen der Allgegenwart gesellschaftlicher Ansprüche, Zwänge, Kontrolle. Eine Tendenz, die sich auch im Arrangement des Textmaterials aufzeigen läßt, im Desinteresse an der Entwicklung des Subjekts Tasso: Wer recht hat, interessiert hier nicht. Tasso agiert als Clown, als Charge, und zugleich drückt sich damit etwas aus über seine Situation. Wenn man sich auf die Sprache dieser Inszenierung einläßt, stehen die parodistischen Elemente gerade nicht als Selbstzweck. Nicht Tasso wird lächerlich gemacht, die Eitelkeit der Figur steht als Symptom einer sozialen Krankheit, die in unmenschlichen Verhältnissen ihre Ursachen hat, der Dichter als besserer Hofnarr: Schon seine ersten Kapriolen finden ihr interessiertes Publikum. Die Pose, so scheint es, wird gefordert, genauso – wie das Werk. Man macht da im Prinzip keinen Unterschied. Auch bei anderen Figuren stößt man auf Doppelheiten, Rollenspiele, wobei die dauernde Halböffentlichkeit aller Aktionen diesen Eindruck verstärkt. Jutta Lampe spielt eine Prinzessin, die den Gestus nobelsten Ennuis wie ein schönes Kostüm trägt. Antonio führt den steifen Bürokraten, der Fürst den jovialen Staatsmann aus. Und die "gesunde" Figur der Fürstin fällt nur scheinbar aus dem Rahmen: Die Intrigantin wird gerade, indem sie, als einzige "konventionell" spielend, die Einheit von Mensch und (höfischer) Rolle verkörpert, entscheidend charakterisiert: als Krisengewinnlerin.

Die Aufführung stellt nicht einfach, parodistisch oder als Tribut an das epische Theater (von dem sie, klar, zutiefst beeinflußt ist), Rollen als Rollen aus, sondern sagt damit zugleich etwas über das Stück und über sich selbst: *Rollenspiele als Entfremdungserscheinungen*, Virtuosität (siehe Prinzessin) als "Schleier". Gerade in den Spiel-im-Spiel-Relationen reflektiert sich dieses Theater selbst, oder, wie Peter Stein und Yaak Karsunke in ihrem knappen programmatischen Statement geschrieben haben:

Ähnliche Erwartungen wie die höfische Gesellschaft ihrem Dichter, bringt die bürgerliche Gesellschaft ihrem Theater entgegen. Wir wissen, daß wir mit dieser Inszenierung diese Erwartungen befriedigen: Wir verhalten uns dabei wie Goethes Tasso und wie Goethe selbst. Wir füllen die bereitgestellten Rollen aus und erfreuen mit kunstvollen Verrenkungen die Mächtigen.[15]

Tasso

Das "Vorspiel" (und die Texfassung) kommentieren (und kritisieren) das Goethe-Stück so deutlich, daß man versucht ist, ein analytisches Fazit hier schon zu ziehen. Ein Resümee, das nicht weit entfernt wäre von dem, was Peter Stein und Yaak Karsunke in ihrer vielzitierten programmatischen Schrift geliefert haben: Es geht um einen "Tasso" von außen, radikal fokussiert die szenische Umsetzung auf das, was am Stück gesellschaftlich ist: Tasso nicht als Opfer innerer Widersprüche des ewigen Dichters, sondern als Opfer falscher Verhältnisse, Eitelkeit als Symptom einer sozialen Krankheit.

Im Vorspiel etabliert die Stein-Inszenierung eine komplexe Theatersprache, treibt zugleich die Möglichkeiten szenischer Drameninterpretation auf die Spitze. Und wenn die Inszenierung danach zu Ende wäre, könnte man sie abhaken, als episierendes Experiment: kritische Hermeneutik auf der Bühne. Sie dauert indes fast drei Stunden. Sie orientiert sich – im Gegensatz zu der Ouvertüre – im Fortlauf über weite Teile am Wortlaut und der Chronologie des Goethe-Stückes. Sie muß sich daher zu dramatischen Entwicklungen verhalten, und selbst die in der dramaturgischen Bearbeitung nachweisbare Kupierung eines wichtigen Aspekts der Handlungsentwicklung (Streichung der Tasso-Irrtümer als Motiv seines Abreiseentschlusses) kann kaum verhindern, daß szenisches "Kommentieren" in der Radikalität wie am Anfang nicht immer möglich ist.

Daß Stein im "Vorspiel" mit parodistischen Mitteln arbeitet, haben auch wohlmeinende Kritiker der Inszenierung wie Botho Strauß und Ivan Nagel konstatiert. Den Gegnern lieferte es das Material für Verrisse. Joachim Kaiser:

---

15   Peter Stein, Yaak Karsunke: *Zum "Tasso"*. A. a. O., S. 135

Stein machte ... die hier einmal zu unterstellende Überlegenheit unseres aufgeklärten Jahrhunderts ... dadurch klar, daß er die "Tasso"-Crew in eine Mischung aus Dummköpfen und Spinnern verwandelte ... Aber wo gerät Aufklärungsfreude hin, wenn sie in Denunziation umschlägt?[16]

Siegfried Melchinger:

Wir sehen und hören eine lächerliche Gesellschaft, die ihr Spiel treibt mit einem nicht minder lächerlichen Menschen.[17]

Und:

Dafür daß die Versimpelung Goethes bewußt vorgenommen worden ist, sprechen die Streichungen."[18]

Peter Handke spricht von der "ärgerlichsten aller Produktionen", und:

Stein, indem er sich lächerlich machen wollte über Tasso, hat *sich* lächerlich gemacht.[19]

Bestünde die Stein-Inszenierung nur aus ihrem Vorspiel, könnte ich die Vorwürfe verstehen (wenn auch nicht teilen), eben als Resultate eingeschränkter Wahrnehmung: im "Spiel im Spiel" nur das Spiel sehen (wollen?!). Das "Vorspiel" entwirft, wie gesagt, eine doppelte Struktur. Was auf der ersten Ebene als Parodie erscheint, wirkt auf der zweiten glaubwürdig; Tassos eitle Exaltation steht nicht als Selbstzweck, sondern wird zum Indiz für ein pathologisches Sozialverhalten. Wenn man das mehrdimensionale "Vorspiel" nur auf der ersten ('naturalistischen') Ebene wahrnimmt (wahrnehmen will), produziert es durchaus: Kasperletheater. Wenn man sich auf die Vielschichtigkeit dieser Aufführung einläßt, bereit ist, ihre Sprache nachzuvollziehen, kommt man zu anderen Ergebnissen.

---

16 Joachim Kaiser: *Stein vergnügt sich an fünf dümmeren Menschen.* In: "Theater 1969". Chronik und Bilanz eines Bühnenjahres der Zeitschrift "Theater heute". S. 22
17 Siegfried Melchinger: *Stein produziert Steins "Tasso".* In: "Theater 1969". Chronik und Bilanz eines Bühnenjahres der Zeitschrift "Theater heute". S 25
18 ebd., S. 27
19 Peter Handke. *Zu: Experimenta III der deutschen Akademie der darstellenden Künste, Frankfurt 1969.* In: "Die Zeit", Nr. 24, 13. 6. 69, S. 36

Die Stein-Inszenierung liefert mehr als eine krude Vereindeutigung und Versimpelung ihrer dramatischen Vorlage. Das läßt sich schon im Vorspiel aufzeigen, das wird gerade im Fortlauf der Inszenierung deutlich. Entwicklungen finden statt, und das betrifft vor allem die Figur, der die Aufführung (und auch die folgende Interpretation) ihr größtes Interesse schenkt, dem Tasso des Bruno Ganz.

Gottesanbeterin

Nach dem Vorspiel bleibt zunächst einmal alles beim alten. Im Drama ist Tassos Verhalten während der Bekränzung doppeldeutig; entweder man akzeptiert seine großen Worte als Ausdruck echter Seelenbewegung, oder man unterstellt Pose, Rollenspiel. Die konventionelle, "idealistische" Interpretation, wichtigster Vertreter: Wolfdietrich Rasch, sieht den Bekränzten auf "dem Grund seiner Existenz", bei Peter Stein sehen wir wiederum – ein Spiel im Spiel.

Die Sequenz "Bekränzung" umfaßt die zweite, dritte und vierte Szene des Dramas. Sie schließt nahtlos an das Vorspiel an: Der Fürst und die tücherschwingenden Damen ergehen sich im giftgrünen Park, Gesprächsthema: Tasso. Dieser treibt sich währenddessen im Bühnenhintergrund herum, mit dem Manuskript seines "Befreiten Jerusalems" wedelnd. Und wie er ins Spiel gebracht wird, sagt einiges aus über seinen Stellenwert am Steinschen Hof. "Schon lange seh ich Tasso kommen", sagt die Prinzessin, und der Fürst und Leonore Sanvitale (die Tassos Auftauchen mit einem ironischen Summlaut kommentiert) drehen sich dem Dichter zu und mit ihnen die Kamera. In Großaufnahme verfolgt sie ihn, während im Off die Prinzessin kommentiert, was er, wie eine Marionette, ausführt: "Langsam bewegt er seine Schritte" – "steht bisweilen auf einmal still" – "geht dann wieder schneller auf uns los" – "und weilt schon wieder". Traurig-ironisch klingt das, in der typischen hochmüden Prinzessinen-Artikulation. "Er hat uns gesehen, er kommt hierher", jauchzt plötzlich die Sanvitale; doch der Dichter dreht wieder ab, als ob ihn der Mut verlassen hätte. Und der Hof kichert, freut sich, zeigt sich amüsiert. Diese Geste korrespondiert mit dem Hündchenpfeifen, womit der Fürst im Vorspiel Tassos "ersten Fall" kommentiert hatte. Und die Situation der "Bekränzung" ist damit definiert: Man wartet auf den Auftritt eines Belustigungs-Objekts.

Der erfolgt etwa eine Minute später. Tasso geht vor dem illustren Dreiergrüppchen in die Knie, das Manuskript in Händen, und unerdlich langsam, hochkonzentriert, als ob er einen auswendig gelernten Text aufsagen würde: "Ich komme langsam, dir ein Werk zu bringen ..." Würdevoll nimmt Alfons die Blätter entgegen, Tasso verharrt noch in einer exorbitanten Pose des Überreichens, kniend, den Oberkörper weit vorgebeugt, die darreichende Hand unendlich weit vorgestreckt "So halt ich's endlich denn in meinen Händen", sagt Alfons. Und Tasso erhebt sich kurz, um sogleich wieder, eine weitere Dedikationsformel auf den Lippen, sich tief zu verbeugen. Danach steht er erwartungsvoll, regungslos, wartet ein paar Sekunden, erwartet offensichtlich ein Lob. Das kommt nicht, so spricht eben Tasso weiter.

Damit beginnt die zweite Phase des Spiels: Der Dichter dediziert nicht nur das Werk, er delegiert sogar dessen Urheberschaft an den Fürsten: "Ich hab es nur von euch", sagt er, ruhig, gefaßt, gezielt bescheiden. Wiederum eine kurze Pause (der Fürst antwortet immer noch nicht!), und weiter geht die Lobrede: "Freiheit" gab der Fürst (weit recken sich die Arme Alfons entgegen), und noch einmal: der Fürst als eigentlicher Urheber – Tasso küßt den Boden. Endlich äußert sich Alfons ("Bescheiden" ehrst du "dich und uns zugleich"), und interessiert schielt Tasso von seiner Bodenposition nach oben. Er ist offenbar noch nicht zufrieden, denn weiter geht das Fürstenpreisen, und die Inszenierung findet ein schönes Bild dafür: Vom klugen tapferen Fürst, ja von seinem "Genius" spricht Tasso, kniend, beide Hände dem fürstlichen Grüppchen entgegenreckend. Und die Pose zitiert deutlich die Gestalt eines mediterranen Insekts: Gottesanbeterin.

Die dritte Phase des Spiels beginnt, als der Dichter erneut zu Boden geht. Jetzt endlich spielt der Hof mit. Die Damen eilen zu Tasso, heben ihn auf: "Erfreue dich des Beifalls ..." Der Poet behauptet, "an diesem Augenblick genug" zu haben, verstärkt dennoch noch einmal sein Fürstenlob, indem er einen neuen Körperausdruck findet: Er steht endlich auf, umkreist und umflattert das fürstliche Grüppchen, hell klingt seine Stimme, und einen starken Intonationsakzent legt sie auf ein wichtiges Wort, ein Wort, das wohl den Zweck des Spielchens auf den Punkt bringt: "Nur wer euch gleich ist ... soll *belohnen*". Und der Hof versteht. Da, wie gesagt, die bekränzten Hermen nicht zur Verfügung stehen, zieht Leonore Sanvitale wie selbstverständlich einen Lorbeerkranz unter ihrem Schäferinnentuch hervor, zeigt ihn kurz dem Fürsten, der ihr zunickt und über das "schöne Zeichen" zu philosophieren beginnt: "Hat es der Zufall, hat's ein Genius/ Geflochten und gebracht?" (Dabei fällt die Sanvitale kurz aus dem Spiel und kichert leise!) Der Kranz wandert an die Prinzessin weiter (da Tasso, die Kamera zeigt es nicht, sich offenbar weigert, ihn von der Fürstin anzunehmen). Und während der Fürst weiterschwadroniert, eilt die Prinzessin hinter dem Dichter her, der sich, Hände vor den Augen, an die rechte Plexiglaswand flüchtet. Tasso ziert sich kurz, geht, schon wieder, auf die Knie, während die Prinzessin ihn krönt, und Alfons und Leonore mit den Fingerspitzen (!) applaudieren: "Wie zieret den bescheidnen Mann der Kranz", sagt Leonore – der spöttische Unterton ist unüberhörbar.

Die nächste Phase steht unter der Überschrift: "Nehmt ihn hinweg von meinem Haupte wieder". Tassos Posieren erreicht hier den ersten Höhepunkt. Mit geschlossenen Augen taumelt der Bekränzte umher, wie ein Blinder tastet er mit weitausgestreckten Armen in die weite Welt hinein; wie der Kranz "die Kraft des Denkens aus der Stirne" brennt, zeigt er mit beiden Händen, fast schon durchbohren die Finger den Schädel. Dann geht er in die Hocke und – beginnt zu winseln, ein Vorgang von höchster, allerhöchster Peinlichkeit; Ganz' Spiel provoziert hier den Eindruck jämmerlichsten Chargierens; sogar der Hof, der doch bislang trefflich mitgespielt hatte, zeigt sich berührt: "O daß sein Argwohn sich nicht zuletzt/ in Furcht und Haß verwandle", flüstert Leonore, prophetisch, dazwischen. Sie ist es auch, die Tasso (kurzfristig) zurückholt. ("Kühlen" soll der Kranz, nicht erhitzen).

Der Dichter steht wieder, neugierig beobachtet vom Dreiergrüppchen: Was passiert jetzt noch? Er schielt unter seinem Kranz hervor, Pause: "Hat das Entzücken dieses Augenblicks/ Das Mark in meinen Gliedern aufgelöst?" Und markaufgelöst sinkt er schon wieder in die Knie, und sein Kopf landet vor der Prinzessin, in Schoßhöhe. Die soll den Kranz – angeblich – zurücknehmen. Das tut sie natürlich nicht, immerhin öffnet sie, während sie (tranig) vom "schönsten Geschenk" spricht, das vor ihrem Körper gefaltete Schäferinnen-Tuch, legt seine Enden, fast schützend, über Tassos Kopf. Doch gleich wird die freigelegte Körperregion, die der Dichter fasziniert beäugt, wieder abgedichtet. Und die Prinzessin beäugt nun ihrerseits mit müdem Interesse den Dichter, dem kurz nichts mehr einfällt. Bis er sich endlich aufrafft, *the show must go on*, ein kurzer Ruck geht durch den Körper: die "Elysiumsvision" beginnt. Bruno Ganz gestaltet sie als eine Art Vortrag, untermalt die "Einheit von Dichter und Held" mit glanzvollen Gesten; die leicht spiegelnde Kunststoffbegrenzung der Bühne wird als "spiegelnde Quelle" bespielt. Am Schluß, als ihm die Worte ausgehen, wiegt sich der Dichter mit leisem Summen in elysische Gefilde hinein.

Die Kamera fährt zurück, und wir sehen den Fürsten und die Damen andächtig zu seinen Füßen sitzen. Alle sind sehr zufrieden. Tasso hat sich die Krone erspielt. (Nicht erschrieben; niemand kennt das Werk bislang!) Der Hof genießt bizarre Lustbarkeiten; dieser Dichter, das seltsame Tier, hat hohen Unterhaltungswert; eine gute Wahl: "Ich bin auf ihn als meinen Dichter stolz."

Tasso steht also, versonnen summend, mit den Armen auf einer unsichtbaren Geige fiedelnd, umgeben von seinem Publikum: die Sonne im Kreis ihrer Planeten. Doch schlagartig gerät diese Ordnung durcheinander. "Antonio kommt!" rufen der Fürst und die Damen durcheinander, springen auf, umkreisen die neue Sonne. Und der Dichter bleibt übrig, am Bühnenrand. Dreimal versucht er, sich in die Gespräche mit dem Rom-Heimkehrer einzuschalten, dreimal blitzt er ab. Schroff reagiert Antonio auf seinen Gruß, kühl fertigt er Tassos Frage nach der Kulturpolitik des Papstes ab, beleidigend reagiert er auf Tassos Lorbeerschmuck: "Mir war es lange schon bekannt, daß im Belohnen/ Alfons unmäßig ist ..."

Es ist ein schöner Tag für den Fürsten und die Damen. Er beginnt mit einem Schäferinnenspiel, danach spielt man "Dichterkrönen", und dann kehrt auch noch der Chefdiplomat erfolgreich von seiner Rom-Mission zurück. Für Tasso ist der Tag nicht mehr ganz so schön. Daß er mit sich selbst "aufs neu in streitender Verwirrung" sei, sagt er zu Beginn des zweiten Zwischenspiels, daß er fürchte, "wie Echo an den Felsen zu verschwinden". Und er begründet dies mit der Faszination der Tat-Welt, die Antonios Romberícht ihm vermittelte. In "streitende Verwirrung" mit sich selbst gerät dieser Tasso indes nicht, weil ihm sein Tat-Defizit klar wird, sondern – weil man ihm die Show gestohlen hat. Und die Inszenierung findet dafür in der Anordnung der Darsteller einen präzisen szenischen Ausdruck, indem sie den Dichter buchstäblich an den Rand rückt. Hier der Hof und hier Tasso – *in der Stellung der Figuren konkretisiert sich der Stellenwert des Poeten.*

Bis hier entwickelt sich die Inszenierung linear. Was das Vorspiel formal und inhaltlich exponierte, wird in der "Bekränzung" auf den Punkt gebracht: Dichtereitelkeit und Dominanz des Gesellschaftlichen, vermittelt in der konsequent durchgehaltenen Spiel-im-Spiel-Relation, und – gerade im Hinblick auf die Rollenfigur Tasso – in der konsequenten Weiterentwicklung eines Körperausdrucks, den ich auf den Nenner der korrespondentiellen Überproduktion gebracht habe: Tasso als Hampelmann und Tanzbär, bisweilen sogar seinen höfischen Zuschauern peinlich.

Der Faun

Würde sich Bruno Ganz' Spiel in der beschriebenen Weise weiterent-wickeln, könnte man den Kritikern, die von einer Vereinfachung, Sim-plifizierung oder Vereindeutigung des Dramas sprechen, recht geben. Tassos überspannter Gestus in den Eingangssequenzen läßt sich verste-hen als Zeichen für die pathologische Situation des Dichters am Hof, Eitelkeit als Krankheitserscheinung. Würde der gleiche Gestus im Fort-lauf dem liebenden Tasso, dem Streit-Tasso, dem verzweifelten Tasso unterschoben, so käme heraus, was konservative Kritiker der Auf-führung vorgeworfen haben: Kasperletheater. Genau das passiert nicht. Verfolgt man die Entwicklung der Figur, trifft man – nach dem Ende der "Bekränzung" – auf einen anderen Tasso. Und der unterscheidet sich deutlich vom eitlen Tanzbären der Anfangssequenzen.

Das "Vorspiel" beginnt mit der Exposition des "Emotionalclowns", das erste Zwischenspiel vermittelt das zweite Gesicht der Figur. Im Stimm- und Körperausdruck, den Bruno Ganz jenem Monolog paralle-lisiert, in dem er Antonios Auftauchen überdenkt, ist Tasso ein anderer. Ruhig spricht er, frontal zum Publikum, den Blick nach innen. Die Hände bleiben während der etwa dreiminütigen Rede vor der Brust verschränkt, einmal – Tasso spricht vom Papst – hebt sich kurz der Zeigefinger, einmal ("wie Echo an den Felsen") zeigt der rechte Arm kurz in die Weite. Gerade zwei kleine Schritte nach vorn macht der Dichter, als er über sein "bewegtes Herz" spricht. Hier poltert nicht mehr ein Dichterclown, hier passiert nicht mehr Spiel im Spiel; die In-szenierung nimmt sich um eine Stufe zurück. Nüchtern, ernüchtert, äußert sich der Poet, konzentriert, und zum ersten Mal: glaubwürdig. Bruno Ganz spielt hier nicht den Dichter der einen Dichter spielt, son-dern nur noch den Dichter. Und als ob die Inszenierung die beiden unterschiedlichen Äußerungstypen, die sie für Tasso entwickelt, her-vorheben wollte, setzt sie – unmittelbar an diese nüchterne Sequenz – noch einmal den Dichterdichter. Leonore Sanvitale tritt hervor, stellt sich schräg neben den Poeten, zeigt auf ihn: "Sein Auge weilt auf dieser Erde kaum ...", referiert über die genialische Anders- und Eigenartig-keit des Künstlers – und währenddessen ergeht sich Tasso wiederum in eitlen Gesten. Geschmeichelt lächelt er, schaut heroisch in die Ferne.

"Das weit Zerstreute sammelt sein Gemüt" – Tassos Hand reckt sich in die Welt und beginnt – zu sammeln. Und sein "Gefühl", das vorgeblich das "Unbelebte belebt", illustriert er, indem er mit der rechten Hand im Leeren Klavier spielt ...

Den 'normalen' Tasso, der sich im ersten Zwischenspiel vorstellt, treffen wir in der Sequenz "Die Prinzessin" wieder. Die Inszenierung entscheidet sich hier klar dafür, die Beziehung der beiden Figuren ernst zu nehmen. Völlig problemlos hätte man das Aufeinandertreffen der beiden Figuren als schräge Klamotte auf die Bühne stellen können, die Äußerungsvorgaben der "Bekränzung" einfach weiterspinnend. Große Worte, die sich mit exorbitantem Körperspiel verkleinern ließen, finden sich genug. Wo in den ersten Sequenzen fast Wort für Wort inszeniert wurde, nimmt sich die Inszenierung ab dieser Szene stark zurück. Die korrespondentielle Dichte läßt nach zugunsten der dramatischen Anteile. Bis hier war die Chronologie des Goethe-Dramas außer Kraft, zwischen den radikal montierten Abschnitten des "Vorspiels" und des ersten "Zwischenspiels" standen gerade drei Szenen, die annähernd der Vorlage folgten. Ab hier baut die Inszenierung auf der Chronologie des Dramas auf. Das heißt für die Interpretation: Sie kann sich in ihrer Beschreibungsdichte zurücknehmen, muß weniger einer komplizierten und auf mehreren Ausdrucksebenen zugleich bedeutenden szenischen Polyphonie nachforschen als einer akzentuierten Homophonie. (Und wo die Inszenierung auf die Handlungslogik des Dramas verweist, verweist die Analyse auf die dramaturgische Vorarbeit.)

Die Sequenz "Die Prinzessin" zeigt über weite Teile den gefaßten Tasso (und auch – dazu später – eine andere Prinzessin!). Maßvoll wandert man im giftigen Park, in äußerst ruhigem Ton unterhält man sich, über das erste Kennenlernen, über Tassos Beziehungen zu Antonio, Alfons und Leonore. Das (Körper-) Spiel steht in starkem Kontrast zu den vorigen Passagen, auch die Kameraführung geht darauf ein: vermittelt, was der trauliche Dialog schon sagt: Innigkeit in häufigen Großaufnahmen des wandelnden Paares.

Der Stellenwert von Tassos Liebe ist im Drama selbst und auch in seiner Interpretationsgeschichte umstritten. Leonore von Este proklamiert ihren platonischen Charakter, und einige Interpreten haben ihr geglaubt und Tassos Liebe als Schwärmerei abgetan, sie in den Bereich seiner Weltabgewandtheit, seines vorgeblichen Schwebens in höheren Sphären hineingedeutet. Das fragliche Leonoren-Zitat (aus der ersten Goethe-Szene) schaltet die Inszenierung ein, kurz nach Beginn der Prinzessinnen-Sequenz. "Hier ist die Frage nicht von einer Liebe' Die sich des Gegenstands bemeistern will ...", sagt die Gräfin. Und durch die kleine Montage verändert sich der Charakter der ganzen Szene: Der Stellenwert der Beziehung Tasso-Prinzessin wird verhandelt und dabei interessiert mehr, wie das Gespräch geführt, als was darin besprochen wird. Mit dem Ergebnis: Leonore hat nicht recht.

Daß der Tonfall wichtiger als der Inhalt wird, wirkt sich vor allem auf diejenigen Gesprächspassagen aus, die Generationen von Philologen beschäftigt haben, Stichwort: "Goldene Zeit" (Goethe und die Antike), Stichwort: "Erlaubt ist, was gefällt" (Goethe und Recht und Gesetz). An Tassos "Goldener Zeit"-Rede interessiert hier etwas völlig anderes: die erotische Komponente. Es ist die einzige Stelle in "Die Prinzessin", wo Tasso in bekannter Manier ins Spielen kommt. "Und jüngeres Gebüsch die zarten Zweige/ Um sehnsuchtsvolle Liebe schlang" – Tasso umkreist, mit den Händen wedelnd, die Prinzessin, hautnah; die "Nymphe", die der "weiche Fluß" "sanft umfing", zeichnet er in Umrissen nach, die "gescheuchte Schlange" im "Grase" versucht der Dichter höchstselbst zu fangen; und die Krönung des Spiels: Tasso jauchzt vom "kühnen Faun", die Stimme überschlägt sich, und er hüpft, gleichsam bocksfüßig, hinter der Prinzessin her. Der Dichter balzt, und er macht, was er immer macht, wenn er auf Wirkung aus ist, er spielt; und bei "erlaubt ist, was gefällt" dreht er – zum Ende der Show – eine äußerst anmutige Pirouette.

Die Prinzessin reagiert zunächst schulmeisterlich und altjüngferlich, belehrend und mit erhobenem Zeigefinger hört man: "Willst du genau erfahren, was sich ziemt,/ So frage nur bei edlen Frauen an". Doch gleich danach öffnet sie den abscheulichen "grünchangierenden Umhang", der eben noch, klösterlich-streng, ihre "Reize" verdeckt hatte, und sie gewährt, fast kokett, dem Tasso Einblicke.

Tassos anschließendes Liebesgeständnis hat Goethe komponiert im Tonfall eines Gebets, ein hoher, liedhafter Petrarca-Tonfall. Diese Sequenz hätte sich für Parodie ideal angeboten, doch das einzige, was passiert: Tasso kniet nieder – wie es sich für einen Betenden gehört – und spricht die Verse gefaßt und ernst: "Gewidmet sind dir alle meine Tage ..." Und die Prinzessin tritt ganz nahe hinzu, ihre normalerweise hochmüde Stimme rutscht in tiefere Lagen, wirkt plötzlich gar nicht mehr tranig: "Es ist sehr billig, daß die Frauen dir/ Aufs freundlichste begegnen ..." Der Knieende dreht sich zur Sprechenden. "Ich bin nur einer, einer alles schuldig ...", sagt er, und sein Kopf schwebt jetzt, wo er während der Bekränzung schon einmal war: in Schoßhöhe der Prinzessin. Die kniet nun ihrerseits nieder, der fürchterliche grüne Umhang

262

geht auf, und fast singend "gewinnt uns dieses Lied zuletzt". Tasso will sie spontan umarmen, doch schon schließt sich der Umhang wieder, die Frau steht auf, "Entsagung", "Mäßigung" ... Tasso krümmt sich schmerzlich am Boden. Um gleich darauf begeistert auf der Bühne herumzuhüpfen, die Prinzessin ist inzwischen entschwebt: "O Witterung des Glücks".

Das Dilemma der Tat

Im Drama bleibt es offen, ob Tasso die Begeisterung ("volle Segel"), mit der er auf Antonio zugeht, inszeniert ("So klug hat ich mir ausgedacht ..."), oder ob er – beseelt von der Begegnung mit der Prinzessin – in spontanem Glücksgefühl auf den Rivalen zugeht. Auch hier entscheidet sich die Inszenierung klar: "Unmögliches mit einer edlen Schar/ Nach *ihrem* Wink und Willen ... verbringen" will der seelenberauschte Dichter, nichts scheint unmöglich, und während er wildbegeistert auf der Bühne herumspringt, die "edle Schar" illustrierend, tritt Antonio hinzu – und Tasso rennt, mit offenen Armen, den Diplomaten beinahe um. Bruchlos wird hier die Prinzessinen-Euphorie in die Streitszene getragen: "Sei mir willkommen ..."

Die Szenengruppe "Der Streit" faßt die dritte, vierte und fünfte Szene des zweiten Goethe-Aktes zusammen, also die eigentliche Streitszene, die Verhandlung des Falls durch den Fürsten, Konsequenz: Tassos Stubenarrest, und das Gespräch Antonio-Alfons, in dem auch der Beamte gemaßregelt wird.[20]

Bruno Ganz arbeitet auch hier mit den beiden Darstellungstypen, die er im Vorspiel und im ersten Zwischenspiel exponiert hatte, wobei die aufdringliche gestische Exorbitanz seines Tasso, wie schon in "Die Prinzessin", nur punktuell auftritt. Die Inszenierungsidee, die dem Aufeinandertreffen der beiden Rivalen unterliegt, scheint bezogen auf

---

20   Die Streitsequenz ist – auf der Ebene des Dramas – vieldeutig weniger in bezug auf den Dichter. Tasso ist der Beleidigte, und sein Gesetzesbruch, das Ziehen des Degens, wird durch Antonios Aggression motiviert und entschuldigt. Fraglich ist hier Antonios Verhalten: Wie vereinbart sich seine offene Feindseligkeit, seine intrigantes Verhalten mit seinem ehernen Ruf als Repräsentant von Gesetz und Ordnung, von höfischem Savoir-vivre, von Ritterlichkeit. Ich werde auf Antonios Verhalten in einem späteren Abschnitt eingehen.

die "Welle-Fels"-Metapher, mit der Tasso am Schluß sein Verhältnis zu Antonio charakterisiert. Antonio steht ehern und unbeweglich, und Tasso brandet mehrfach an ihn heran, und jedesmal bricht sich die Welle und ebbt, kräftesammelnd, zurück. Auch hier konkretisiert und betont die Bühne, was im Dialog schon angelegt war. Ich bin in meiner Dramen-Untersuchung ausführlich darauf eingegangen: Mehrmals versucht Tasso, den Versöhnungsauftrag der Prinzessin zu erfüllen, mehrfach geht er auf Antonio zu, mehrfach überhört und schluckt er dessen Beleidigungen. Und erst als der Diplomat ihm den Dichterrang abspricht, wird es ernst. Tassos Bewegungsambitus steht in starkem Kontrast zu dem wortwörtlich zugeknöpften Antonio, und doch verhält er sich, zumindest über weite Teile, "korrekt". Bruno Ganz zeigt hier nicht den Dichter, der den Streitenden spielt, sondern den streitenden und präzise argumentierenden Tasso.

Einmal bricht allerdings der Hofnarr durch. Dreimal schon ist Tasso auf Antonio zugegangen, mit offenen Armen, zweimal hatte sich die Welle am hochragenden Fels gebrochen, beim dritten Anlauf ließ ihn Antonio, beiseite tretend, sogar stürzen. So recht ins 'Spielen' verfällt der Dichter allerdings erst bei seinem allerletzten Versuch, die Situation zu retten. Die Degen sind schon verteilt, die Eskalation steht kurz bevor. Tasso zu Antonio: "Dein Geist verunreint dieses Paradies,/ Nicht meines Herzens schwellendes Gefühl." Hier verliert Tassos Stimme plötzlich jegliche Schärfe, fast weinerlich hört sich das an, ja Tasso geht plötzlich vor Antonio auf die Knie, wischt (bei "verunreint") imaginären Schmutz vom Boden, des "Herzens schwellendes Gefühl" singt er fast, die rechte Hand vor der Brust, zu Antonio aufschielend. Es ist Tassos letzter Versuch, den Frieden zu retten, und er demütigt sich dabei. Das kleine Spiel scheitert nicht nur, die klägliche Pose liefert Antonio die Munition für eine weitere Beleidigung, die Tasso zum Ziehen förmlich zwingt: "Welch hoher Geist in einer engen Brust". Und Tasso zieht, schlagartig wieder nüchtern, die Pose gleichsam abschüttelnd. Es geht zur Sache, ein paar böse Worte fallen noch, Tasso schlägt, um Antonio zum Degenziehen zu veranlassen, die Waffe ein paarmal durch die Luft. Trifft damit jedoch nicht Antonio, sondern beinahe den plötzlich dazwischen tretenden Fürsten: "In welchem Streit treff ich euch unerwartet?"

In der anschließenden Verhandlungssequenz findet die Inszenierung für den Kampf der beiden Rivalen um die Meinung des Fürsten ein präzises Bild. Ein gleichschenkliges Dreieck markiert die Grundkonstellation. Rechts vorne Tasso, links Antonio, hinten der Fürst. Wie die

Waagschale Justitias bewegt sich nun Alfons zu dem jeweils Redenden, Tasso streichelt er einmal beinahe – so schön hat er gesprochen
Doch gleich wird er wieder zu den formaljuristischen Argumenter Antonios gelockt. Und als er schließlich Tasso zum Stubenarrest verur-
teilt, steht er – natürlich – bei Antonio.

Bruno Ganz zeichnet den sich verteidigenden Tasso gefaßt, leidenschaftlich argumentierend, doch ohne jegliches Pathos. Und selbst die
große Unglücksrede des Dichters bleibt weitgehend in diesem Rahmen,
angesichts des melodramatischen Potentials dieser Vernichtungsrede
fast ein Wunder:

> Ohnmächt'ger! du vergaßest, wo du standst;
> Der Götter Saal schien dir auf gleicher Erde,
> Nun überwältigt dich der jähe Fall ...

Das Pathos dieser Worte steht jenem in der "Bekränzung" um nichts
nach. Auch hier drängt sich der Verdacht auf, daß Tasso den Fürsten
sprechend (spielend) zum Handeln bewegen will, dort zur Dichterkrönung, hier zu Bedauern und Verzeihen. Bruno Ganz unterlegt den Gestus nobelster Enttäuschung, langsam spricht er, langsam legt er die Insignien seines Status', Kranz und Degen, nieder, doch exorbitantes
Posieren passiert nicht. Die Inszenierung nahm schon Tasso als Liebenden ernst, und auch hier vermeidet sie die Parodie. Daß sie diese Möglichkeit nicht ausnutzt, kann kein Zufall sein: Tassos Reaktionen auf
das Urteil vermitteln den ehrlichen Ausdruck von Kränkung! Und Antonios Häme nach Tassos Abgang fällt so ins Leere "Wo schwärmt der
Knabe hin' – nach den Bekränzungspeinlichkeiten hätte der Satz ge-
paßt, hier entlarvt er nur noch seinen Sprecher. Und folgerichtig erhält
Antonio seine Strafe: Den Dichter zu versöhnen, sich zu entschuldigen,
lautet der Auftrag des Fürsten.

"Zweideutiges Geflügel"

Am Anfang der Sequenz "Kerker: Leonore" schaltet die Inszenierung
die einzige große Textmontage außerhalb der Zwischenspiele. Tasso
taucht hier nach langer Pause wieder auf. Und sein großer Klagemonolog, bei Goethe IV.1, wird mit monologisierenden Abschnitten der

Prinzessin (aus dem großen Gespräch mit Leonore, III.2) vermittelt, mit jener Passage, in der sie über den Schmerz der bevorstehenden Trennung von Tasso nachdenkt. Man redet zwar nicht miteinander, aber übereinander; und beide sind traurig, resigniert und sogar die Bilder, in die sie ihre Gefühle kleiden, sind sich ähnlich. Bei Goethe stehen die beiden motivlich korrespondierenden Monologe fast einen Akt auseinander, die Textmontage der Stein-Inszenierung packt sie zusammen, unterstreicht damit noch einmal, daß sie die tiefere Beziehung der beiden Figuren ernst nimmt (wie schon in "Die Prinzessin"). Wobei es auf der Bühne *nicht* zu einem 'echten' Dialog kommt. Die Prinzessin sitzt in ein schwarzes Spitzengewand gehüllt an der linken Plexiglaswand; Tasso liegt in seinem blauen Umhang auf dem Tisch. Man nimmt sich nicht wahr. Es ist fast wie im Film; und selbstverständlich verstärkt die Videoaufzeichnung diesen Eindruck: Hin- und hergeschaltet wird hier zwischen zwei imaginären Räumen (Kerkern?) – nur die Wände sind gleichsam durchsichtig.

Wichtig für die Gestaltung der Rollenfigur Tasso wird in "Kerker: Leonore" eine kurze Sequenz, sie steht zwischen der große Montage und dem (nahtlos anschließenden) Auftritt der Sanvitale; wie Sprache und Körper hier korrespondieren, will ich im Detail beschreiben:

Es geht die Sonne mir der schönsten Gunst
Auf einmal unter;

Tasso kauert auf seinem Tisch, fast ganz in seinen blauen Umhang gehüllt, die Stimme zittert:

                    seinen holden Blick
    Entziehet mir der Fürst,

Tasso zieht den Umhang vor dem Gesicht zu:

                 und läßt mich hier
Auf düstrem, schmalen Pfad verloren stehn.

Das Gesicht kommt wieder zum Vorschein, Tasso schaut ängstlich nach oben:

Das häßliche zweideutige Geflügel,
Das leidige Gefolg der alten Nacht,

Tasso kauert sich wieder ganz zusammen und wedelt heftig mit dem Tuch:

Es schwärmt hervor und schwirrt mir um das Haupt.

Kurz richtet sich der Oberkörper auf, Tasso schaut wieder nach oben, erblickt imaginäres "Geflügel", kauert sich wieder zusammen, der Umhang wird zum Zelt:

Wohin, wohin beweg' ich meinen Schritt?

Fast winselnd, durch die vordere Öffnung des Zeltes hervorlugend:

Dem Ekel zu entfliehn, der mich umsaust,

Er erhebt sich auf seine Knie, aufrechter Oberkörper, schaut demonstrativ über den Tischrand nach unten:

Dem Abgrund zu entgehn, der vor mir liegt?

Als Zeichen für die Pose, Spiel im Spiel, etablierte die Inszenierung in den Eingangssequenzen die korrespondentielle Hoch- und Überproduktion. Daß die Insignien der Pose hier auftauchen, versteht sich nicht von selbst. Aus zwei Gründen: Zum einen verfiel Tasso bislang in gestische Exorbitanz immer dann, wenn er etwas erreichen wollte. Er spielte dazu eine Rolle, die man offenbar von ihm, dem exzentrischen Dichter, erwartete, und er spielte immer vor Publikum. *Hier ist Tasso mit sich allein.* Der andere Grund: Die letzten Tasso-Auftritte in "Die Prinzessin", im "Streit" und während der vorangehenden Monolog-Montage waren nicht, oder nur punktuell, "überspannt" gezeichnet, warum also der plötzliche Rückfall? Wieso wird hier eine Struktur widerrufen, die sich doch bislang deutlich aus Bruno Ganz' Rollenanlage herausfiltern ließ: Je schlechter es Tasso geht, desto mehr kommt er zu sich, desto mehr scheint er sich und seine Verhältnisse zu durchschauen?

Am Schluß des Dramas fallen die Worte: "Und wenn der Mensch in seiner Qual verstummt,/ Gab mir ein Gott, zu sagen, wie ich leide". Eine Bühneninterpretation hätte die lyrisch-bildhafte "Geflügel'-Stelle gleichsam als vorweggenommenen Beleg dafür in Szene setzen können: Bewältigung von Leiden durch Dichten. Die Konsequenz der Stein-

Inszenierung schließt diese Deutung aus, zu korrumpiert ist der körperliche Ausdruck dieses Dichtens. Ich habe mehrfach darüber gesprochen: Tassos exorbitante Eitelkeit steht als Ausdruck eines defekten Sozialverhaltens. Wenn Tasso in einem Moment schmerzlichster Selbsterkenntnis ins Posieren verfällt, so äußert sich darin eine neue Qualität dieses Defekts: Selbstverlust, Wahn, Schizophrenie. Mit sich und seiner Enttäuschung allein, verhält sich Tasso so, als gelte es, einem Publikum den Schmerz als Dichterschmerz vorzuspielen. Außen rutscht nach innen; gesucht wird der Kern der Zwiebel, gefunden ihre Schale. Die "soziologische" Vermessung des Dramas fördert einen plausiblen "psychologischen" Befund zu Tage: *vom Rollenzwang zur Ichspaltung.*

Akzente

In der kurzen Sequenz des "zweideutigen Geflügels" bringt die Inszenierung ihre Rollengestalt auf den Punkt. Im Fortlauf ergibt sich im Prinzip nichts, was diese Konsequenz relativieren oder ergänzen würde. Das gilt vor allem für die langen Dialogpassagen, in denen Leonores Intrige auf den Plan tritt ("Kerker: Leonore"), das gilt für die Scheinversöhnung zwischen Tasso und Antonio und auch für das Gespräch des Abreisewilligen mit dem Fürsten. In all diesen Szenen und Sequenzen präsentiert die Aufführung (weitgehend) den "gefaßten" Tasso. Ich will dennoch einige Punkte hervorheben, in denen die Inszenierung Akzente setzt, die Textfassung raffiniert illustrierend oder auch konterkarierend.

Auf der Ebene der dramaturgischen Bearbeitung streicht Stein wesentliche Momente der (Irrtums-) Konsequenz der Handlung. Das betrifft vor allem Tassos Reaktionen auf Leonores intriganten "Gefängnisbesuch", bei Goethe IV.2, hier Teil der Sequenz "Kerker: Leonore". Im Drama fixiert der Monolog Tassos Situation, Resultat zweier ineinanderlaufender Handlungsstränge, als von zwangsläufigen Irrtümern geprägte. Tasso durchschaut Leonores unlautere "Absicht", hält sie indes für ein "Werkzeug" des "Feindes". Und Tasso reagiert auf Leonores unverschämte Verkürzung der komplizierten Seelenlage der Prinzessin ("Der Frauen Gunst wird nicht so leicht verscherzt") äußerst schmerzlich: "Willkommener ergriffe mich der Tod, als diese Hand/ Die kalt und starr mich von sich läßt". Beides fällt drastischen Strichen zum Opfer. Überlebt haben nur das Mißtrauen gegenüber Leonore Sanvitale und der Abreiseentschluß, die tiefere Motivation (Vertrauenskrise und Liebesverlust) wird nicht zum Thema.

Dieses Desinteresse an der Handlungskonsequenz des Stückes hat zu tun mit der in Textfassung und Vorspiel exponierten übersubjektiven Perspektive der Inszenierung. Nicht das persönliche Schicksal des Künstlers steht im Vordergrund, sondern der Stellenwert der Kunst in einer (schlechten) Gesellschaft. Nach den Eingangssequenzen nimmt sich die Inszenierung in dieser Hinsicht stark zurück, es kommt – allein schon weil sie zunehmend auf die Chronologie und den Wortlaut des Dramas baut – durchaus Interesse auf am Subjekt Tasso. In diesem Zusammenhang steht auch eine Art szenischer Zurücknahme des einen wichtigen Irrtums-Striches. Tasso sagt zwar nicht mehr, daß er Leonore für ein Werkzeug Antonios hält, er macht es dennoch sehr deutlich. Raffiniert nutzt Stein dazu die Möglichkeiten des Simultanspiels. Am Schreibtisch sitzend, sinniert Tasso über die Fürstin, die 'kleine Schlange". Plötzlich – "Und wer dringt so klug/ Mit treuer lieber Meinung auf mich ein" – springt er auf, greift sich dabei einen Degen, der vor dem Schreibtisch auf dem Boden liegt. Und schlägt ihn, wie schon in der Streitszene, erregt durch die Luft. Er trifft dabei beinahe Antonio, der – natürlich – ohne etwas zu 'bemerken', weiterflaniert. "Zarte Freundin" sagt Tasso, bezieht Fechtstellung, zielt mit der Degenspitze aber nicht auf Leonore, sondern auf Antonio und – durchbohrt ihn. Und der Durchbohrte wandelt seelenruhig weiter, der Degen steckt noch (im imaginierten Antonio).

Daß er Antonio als Drahtzieher der Abreiseidee und eigentlichen Feind sieht, sagt er nicht mehr, er zeigt es dennoch.[21] Der Abreiseentschluß wird wieder auf den Rivalen bezogen, die etwas dünne Basis der Textfassung (gleichsam: Abreisen wegen Leonore) entscheidend erweitert, die Vertrauenskrise Tassos tritt wieder auf den Plan und damit, wie gesagt, Interesse an Tassos Leidensweg.

Auch auf die Textmontage des "Zweiten Zwischenspiels" bin ich in der Analyse der dramaturgischen Bearbeitung ausführlich eingegangen. Tasso überdenkt nach dem "Versöhnungsgespräch" (Goethe IV 5, hier "Kerker: Antonio") erneut seine Situation, mißtraut Antonio weiterhin, will nun seinerseits kräftig mitintrigieren, um seinen Abreiseentschluß

---

21 Ein schönes Beispiel für die von Semiotikern vielbeschriebene "Mobilität", die Möglichkeit theatralischer Zeichen, sich gegenseitig zu ersetzen.

durchzusetzen. Und er beklagt erneut seinen Status- und Vertrauensverlust, fühlt sich vor allem vom Fürsten verlassen und verkannt. Und hier endlich spricht er über die (Untreue der) Prinzessin. Dieser große Monolog wird zusammengeschaltet mit dem Gespräch zwischen Antonio und dem Fürsten, das, bei Goethe (V.1), direkt an Tassos Klage-Monolog anschließt. Der Fürst ist sauer, weil seine Perle verschwinden will, und Antonio lanciert – im Widerspruch zu seinem mehrfach geäußerten Bedauern über sein Streit-Fehlverhalten – eine üble Hetzrede wider den "unmäßigen", "launischen", "ungenügsamen" Dichter. Die Montage des "zweiten Zwischenspiels" akzentuiert den Eindruck eines klaren Gegenübers, hier Tasso, hier der Hof. Und vor allem: Die Vertrauenskrise, die nach Ansicht vieler "Tasso"-Exegeten nur im Kopf des Dichters tobt, *wird durch die Montage objektiviert.* Tasso sagt (hier sagt er es!): "Mich will Antonio von hinnen treiben", und gleich darauf startet der Beamte seine Hetzrede. Tasso fühlt sich vom Fürsten verlassen. Und wir sehen Alfons, der traulich vereint mit Antonio über die Bühne wandelt: *der feindliche Hof – kein Hirngespinst!*

Bislang zeigten sich die Figuren, wenn Textmontagen im Simultanspiel vermittelt wurden, von ihren gegenseitigen Aktionen völlig unbeeindruckt; bestes Beispiel: Tassos Antonio-Stechen. Hier reagieren die Figuren aufeinander. Das zweite Zwischenspiel erhält dadurch den Charakter einer Verhandlung. Fürst und Diplomat wandeln im Vordergrund herum, Gesprächsthema: Tassos Abreisewunsch; der Dichter sitzt zunächst in sich gekehrt am Schreibtisch, plötzlich steht er auf und hört dem Gespräch interessiert zu. "Wie sehr ich ganz vergessen,/ Daß ich eigentlich an ihn/ Zu fordern hätte", sagt Alfons. Und der Zuhörer haut wütend auf den Tisch: "Erkenn' ich noch Alfonsens festen Sinn?" Antonio schwärzt Tasso an, erzählt über seinen exzentrischen Umgang mit Ärzten. Goethe hat diese Sequenz als dialogisierten Monolog gestaltet, wobei Antonio berichtend in die Rollen Tassos und des Arztes schlüpft. Hier geht er auf den Dichter am Schreibtisch zu. Und der übernimmt seinen Part einfach selbst.

Den Schmerz um die Prinzessin ("geliebte Fürstin, du entziehst dich mir ...") spart sich die Inszenierung bis hier auf. Und er wird gestaltet als deutliche Parallele zum "zweideutigen Geflügel". Wieder flüchtet sich der Dichter im Moment äußersten Schmerzes in die Pose, krümmt sich (auch hier!) auf dem Schreibtisch, dem Schmerzensort, zusammen, gestikuliert wild, zeigt, droht, winselt und schreit. Während die Prinzessin und Leonore vor dem Tisch spazierengehen. Und geradezu genüßlich nützt Stein diesen Spielimpuls, wenn er nach Tassos Geschrei den Spielball zum Fürsten wandern läßt. Und der hält sich schmunzelnd die Ohren zu: "Wir sollen eben nicht in Ruhe bleiben!" Aus der mangelnden Seelenruhe, die Goethes Tasso verursacht, wird hier die mangelnde akustische Ruhe, Geschrei im Narrenhaus! Und nahtlos schließt an das Zwischenspiel das Gespräch zwischen Tasso und Alfons an ("Abschied"), gestaltet als subtiler Streit um das Manuskript, Tasso wieder nüchtern, Tasso noch einmal: bestraft.

Bock und Affe

Tassos zweites und letztes Treffen mit der Prinzessin entwickelt sich in drei Phasen. Es schließt nahtlos an das Gespräch Tasso-Alfons an. Der Fürst richtet noch ein paar joviale Worte an den um sein Manuskript betrogenen Dichter, geht ab, die Prinzessin tritt hinzu, wie beim ersten Treffen in den abscheulichen grünen Umhang gewickelt, spricht Tasso von hinten an, der zuckt, als er die Stimme hört, schmerzlich zusammen, fängt sich aber schnell wieder. Der erste Teil des Gesprächs kreist um Tassos Reisepläne, man redet an den entscheidenden Dingen vorbei, wahrt Haltung(en).

Die zweite Phase wird von der Prinzessin eingeleitet. Du "nimmst uns weg,/ Was du mit uns allein genießen konntest", sagt sie (in ihrer tieferen Stimmlage, fern von ihrem tranigen Dekadenzgesang) und streichelt den Freund ein bißchen am Arm. Die kleine Geste provoziert, was der Dichter einmal genannt hatte: "Hoffnungswahn des Herzens". Bruno Ganz gestaltet jene schon bei Goethe diskret "verrückte" Stelle, in welcher der Dichter darum bittet, man möge ihn doch als Gärtner in einem Lustschloß leben lassen, wieder einmal ganz am Boden. Wälzt sich herum, steigert sich hinein: Blumen pflanzen, Zitronen pflegen, Wände säubern ... Tieftraurig schaut die Prinzessin zu, und wieder leitet sie eine neue Phase ein, mit einem Satz, den man diesen seltsamen Gärtner vor Augen, gerne glauben will: Ich "finde keinen Trost für dich und – uns". Und dann: "Ich muß dich lassen, und verlassen kann/ Mein Herz dich nicht."

Hoch erregt rennt Tasso hinter ihr her, Vergebung erflehend. "Du machst uns Freude, wenn du Freude hast", sagt die Prinzessin – und Tasso steht, glückselig (und auch ein bißchen dümmlich) lächelnd.

Doch wie um die Angelegenheit nicht allzusehr ins Private und Persönliche gleiten zu lassen, findet die Inszenierung ein Bild, das der Prinzessin versöhnliche Reden stark in Frage stellt, dem Zuschauer, nicht
aber dem glücksglotzenden Poeten einsichtig. Von des "Freundes
Hand" spricht sie, "die, sehnlichst ausgereckt, dich nicht erreicht", dabei kriecht, wie eine Schlange, diese Freundeshand aus dem Umhang
hervor, tastet sich auf Tasso zu, um sich – als der Dichter sie ergreifen
will – blitzschnell wieder in den Stall zurückzuziehen. Die Geste widerruft die Worte, und alte Zweifel an der Prinzessin – man hat sie
schon fast vergessen – stehen wieder im Raum: Spielt sie nur mit dem
Dichter-Hündchen, was ist ihr "Freundschaft", was "Liebe"?
Der einzige, der, wie gesagt, die Geste übersieht, ist der Dichter.
Und der hebt nun völlig ab. Und für den erotischen Angriff, das "Ge-
fühl", das die Panzer des Standes und der Sitte sprengt, entwirft die
Inszenierung Furchtbares:
"Ja, es ist das Gefühl, das mich allein/ Auf dieser Erde glücklich ma-
chen kann", singt Tasso und geht mit ausgestreckten Armen auf die
Prinzessin zu. Die versucht, wie schon einmal, Tasso zu dämpfen
("Mäßigung"!), wobei sie, zurückweichend, ihren Umhang vor dem
Gesicht zusammenzieht. Tasso mäßigt sich aber überhaupt nicht. Es
wird immer unerträglicher, lächerlich und mitleiderregend zugleich: Der
Dichter versucht die Prinzessin, im wahrsten Wortsinn, zu bespringen.
"Ich fühle mich von aller Not entladen", jauchzt er, wobei er ("entladen") in die Luft hüpft; weiterplappernd verfolgt er die Prinzessin, die
jetzt fast ganz in den Umhang gehüllt ist, nur die Haare schauen noch
heraus: ein hochragender Trutzturm. "Du hast mich ganz gewonnen" –
der Dichter umfaßt mit seinem rechten Arm ihre Taille, die Frau biegt
sich darauf fast rechtwinklig nach hinten durch. Geknickt hängt sie nun
zwischen Tassos Beinen; doch der will offenbar noch näher an sie oder
in sie, macht dazu ein paar groteske (Stech-) Schritte, wodurch sich das
seltsame Ensemble in Richtung Bühnenmitte schiebt. Dort stürzen sie,
wobei Tasso der Prinzessin noch den Mantel entwendet (diesen benutzt
er in den letzten Minuten der Inszenierung wie einen Fetisch, schnüffelt
daran herum, birgt seinen Kopf darunter etc.). "Hinweg", ächzt die
Dame. "Hinweg", droht auch der Fürst, der mit den übrigen Hofmitglie-
dern hinzutritt (im Moment des Sturzes; wie ganz am Anfang schon
einmal!). "Hinweg", schnauzt er[22] und (zu Antonio): "Halt ihn fest".
Man hebt die Prinzessin auf und führt sie nach hinten.

---

22   Bei Goethe sagt es nur die Prinzessin!

Kaum eine Szene des Dramas war rezeptionsgeschichtlich so umstritten wie die letzte. Ein Drittel der Interpreten wertet das dritte Aufeinandertreffen von Tasso und Antonio als Besiegelung der Niederlage des Dichters, ein weiteres Drittel als Versöhnung der Gegensätze, das letzte Drittel akzeptiert ein *open end*: Ein Problem wird verhandelt, nicht seine Lösung. Die Stein-Inszenierung entscheidet sich für die Niederlage und findet dafür ein markantes Schlußbild. Ein Bild, das sich einbrennt; fast alle Kritiker haben es beschrieben, am genauesten (wiederum) Botho Strauß:

> Daß ihm ein Gott zu sagen gebe, was er leide, verkündet dieser Tasso schließlich mit verkniffenem Trotz als Privileg. Wie dies zu verstehen ist, das klärt sofort die hinreißende Schlußchiffre ... Tasso, bei diesem letzten Monolog im Rasen hockend, streckt sich auf den Rücken lang vor Antonio aus, richtet sich aus halbgespreizten Beinen in die Höhe, unmittelbar am Körper des Antonio entlang, klettert an ihm empor und kauert auf seinen Schultern, gafft von dort mit verblödeter Zufriedenheit in ruckartigen Kopfdrehungen in die Runde: ein Affe, der nach sauber gefertigter Nummer von seinem Dressurherrn aus der Manege getragen wird.[23]

Der "Schluß" korrespondiert mit der Darstellung des letzten Aufeinandertreffens von Dichter und Prinzessin: Bock und Affe. Beide Bilder zusammen illustrieren die Konsequenz der Figurendarstellung. Nicht zu "sagen", wie er leide, gab ihm ein Gott, sondern – zu spielen. Was sich in der "Geflügel"-Sequenz zum ersten Mal zeigte, was wieder auftrat im Schmerz um die Prinzessin, das prägt auch die letzten Auftritte der Figur: Die Pose wandert nach innen. Bruno Ganz ordnet zum Schluß dem Schmerz, der Verzweiflung seines Tasso den gleichen gestischen Ausdruck zu, der in den Eingangssequenzen sein peinlich-exaltiertes Sozialverhalten prägte. Am Anfang war es Rollenspiel, am Anfang spreizte sich der Künstler aus Eitelkeit, und weil es der Hof so erwartete (von seinem exzentrischen Dichter, von seiner Perle, seinem Genie). Am Anfang "spielte" Tasso, wenn er etwas erreichen wollte, den Kranz oder die Freundschaft Antonios. Am Ende, in den Sequenzen "Faux Pas" und "Schluß", wirkt die Pose nur noch mitleiderregend. Aus dem "Spiel" wird Ernst. Am Schluß gibt es keine Grenzen mehr zwi-

---

23 Botho Strauß: *Das schöne Umsonst*. A. a. O., S. 163

schen zwischen außen und innen, zwischen öffentlichem und privatem Verhalten. *Peinlichkeit wird zum Ausdruck für Pein*; der Dichter verliert sich, die Persönlichkeit löst sich auf. Und auf die alte Frage, ob Tasso Tragödie sei oder (nur!) "Schauspiel", findet die Inszenierung am Schluß ihre eigene Antwort: "Tasso" eine bittere – Groteske.

Die anderen

Ich behandle die übrigen Mitglieder des Steinschen Hofes unter einer gemeinsamen Überschrift nicht nur, weil ich damit analytisch auf die szenische Tasso-Dominanz reagiere, sondern auch aufgrund einer wichtigen Beobachtung. Wie es sich in der dramaturgischen Bearbeitung, im "Vorspiel" und zum Teil auch bei der Rollengestalt Tasso gezeigt hat, interessieren hier (zunächst) mehr soziale Relationen als Figurensubjekte. Und die wichtigste ist die eines hierarchischen Gegenübers: hier Tasso – hier der Hof. Das Bild (aus der "Bekränzung"), in dem sich dies vielleicht am markantesten ausdrückt, habe ich beschrieben: Tasso wird nach dem Auftritt Antonios am Rand abgestellt, während die übrigen über die 'wichtigen' Dinge palavern. Die Opposition Tasso-Hof strukturiert die ganze Inszenierung. Das beginnt auf der Ebene der Körpersprache. Tassos mimischer, gestischer, motorischer und stimmlicher Ausdruck steht zu allen anderen in krassem Gegensatz. Das hüpft und tobt, zappelt, schreit, windet und wälzt sich. Und auf der anderen Seite: gemessene Gesten, vornehmes Trippeln, gedämpfte Stimmen. Man applaudiert mit den Fingerspitzen, und wenn der Fürst einmal (als er sich über Tassos Abreisewunsch ärgert!) laut wird, aus seinem jovialen Ton fallend, erschreckt man fast ... Und deutlich stellt die Inszenierung dieses Gegenüber aus in der Montage des zweiten Zwischenspiel, die ja darauf abzielt, Tasso gegen einen global mißgünstigen Hof anschreien zu lassen ... Dieser Tasso gehört nicht dazu. Und es ist kein Zufall, daß sich die intendierte Andersartigkeit in vielerlei Tierassoziationen niederschlägt; in keiner Kritik fehlen sie (und auch in meiner Interpretation nicht): "Hündchen", "Schoßhund im Luxuskäfig", "Affe", "Bock", "Gottesanbeterin" ...
Ich greife mir aus den "anderen" die beiden Figuren heraus, die durch ihre Nicht-Entwicklung (oder Entwicklung) die interpretative

Konsequenz dieser Inszenierung maßgeblich beeinflussen: Prinzessin und Antonio. Für den Fürsten und für Leonore lohnt sich ein ausführlicher Kommentar weniger. Beide sind durch die Vorspielsequenz hinreichend charakterisiert. Und Leonore geht in ihrer Funktion als Intrigantin auf, bei Goethe und bei Peter Stein (obgleich man über viele Details der Rollengestaltung der Edith Clever ins Schwärmen geraten kann). Und der Fürst ist und bleibt, was er am Anfang war, Machthaber mit jovialer Maske. Wesentlich Neues ergibt sich hier nicht.

Der "klassische" andere ist Antonio. Bei Goethe taucht er in der vierten Szene des ersten Aktes auf, und mit ihm das – für die Handlungsentwicklung – wichtigste Konfliktpotential des Dramas, Kunst-Politik, Künstler-Weltmann, "Welle"-"Fels". Die Stein-Inszenierung führt den Staatsmann völlig anders ein: Noch während Tassos Anfangspantomime erscheint der Diplomat am linken Bühnenrand, registriert Tasso, steuert dann unbemerkt, die Hände auf dem Rücken, in den Bühnenhintergrund, wo er auf- und abzuschreiten beginnt. Er kommt im Vorspiel einmal zu Wort; mit überlauter, scharfer Stimme trägt er einen Ausschnitt aus einer späteren Tasso-Hetzrede bei: "Es ist wohl angenehm, sich mit sich selbst beschäftigen ..." Bei Goethe wird die Konfrontation der beiden Figuren in die dramatische Entwicklung eingebaut; hier steht das Problem als Grundproblem. Nicht erst durch Tassos Werk, durch seinen Kranz (der auf den Romheimkehrer – eingestandenermaßen – wie ein rotes Tuch wirkt) eskaliert der Konflikt. Er gerinnt hier zur Grundsituation: Tasso vor-geurteilt!

In der Versöhnungsszene stiehlt Antonio Tasso die Show. Diskret lässig, ja stolz tritt er auf, die Aufmerksamkeit des Hofes genießend. Auf Tasso, der – vom Rand aus – ins Gespräch kommen will, reagiert er schroff, ja arrogant, setzt den Stellenwert der Kunst herab (Zierat) und versucht auch Tassos Kranz abzuwerten, "unmäßig" sei der Fürst im Loben. Stein streicht hier eine relativ große Textpassage: Antonics Ariost-Lobrede, die im wesentlichen zwei Funktionen hat. Zum einen setzt sie Tasso herab (macht ihn vor dem "Riesen" Ariost zum Zwerg), zum anderen belegt sie durchaus ein Kunstinteresse Antonios. Das verweist auf eine spätere Stelle, in der sich Tasso hämisch über die dilettantischen Dichtversuche des Staatsmannes ausläßt.[24] Goethes Antonio steht der Kunst nicht so fern wie der Peter Steins, hat ein Verhältnis zu

---

24 Er, der mit steifem Sinn
   Die Gunst der Musen zu ertrotzen glaubt?
   Der, wenn er die Gedanken mancher Dichter
   Zusammenreiht, sich selbst ein Dichter scheint? [2329]

ihr, wenn auch – ein konservatives. Der erste Aspekt der Ariost-Rede, die Herabsetzung Tassos, bleibt erhalten, eben im mißgünstigen Tonfall, in bösen Blicken und Worten. Der zweite Aspekt geht ersatzlos verloren; ein weiteres Zeichen für das Desinteresse der Inszenierung am Subjekt Antonio. Vieldeutig und widersprüchlich wirkt, auf dramatischer Ebene, die Figur vor allem in der Streitszene. Antonio verhält sich hier (fast) wie ein Intrigant: "Man würde sich nicht wundern, wenn Goethe etwa ... dieser Szene einen Monolog folgen ließe, in der Antonio befriedigt feststellt, es sei ihm schließlich doch gelungen, Tasso zum Verstoß gegen das Gesetz zu bringen."[25] Dem widerspricht Antonios späteres Bedauern, ausgesprochen gegenüber Leonore, geäußert gegenüber dem Fürsten: Der "böse Genius" verlangt sein Recht, auch Helden können stolpern. Doch auch diese Distanzierungen bleiben zwiespältig: Antonios Tasso-Hetze geht unbeeindruckt weiter. Ob man sich Antonio als Intriganten oder als Ehrenmann (mit einem kleinen 'Ausrutscher') zurechtdeutet, hat erhebliche Konsequenzen für die Interpretation des Ganzen. Akzeptiert man die "intrigante" Lesart, läßt sich eine Interpretation, die einen Wertekampf nach tragischem Muster vertritt (Kunst-Leben, Dichter-Weltmann, Natur-Gesetz etc.) nicht mehr begründen: Als Intrigant kann Antonio nicht unbedingt ein (gleichberechtigtes) Gegenprinzip zu Tasso vertreten. Akzeptiert man Antonio als cholerischen Ritter, funktioniert zwar der tragische Antagonismus einigermaßen, allerdings auf Kosten der Plausibilität der Figur. Wie also streitet Steins Antonio: im Affekt oder mit Kalkül?

Während Tassos Euphorie-Gehüpfe nach der Prinzessinnen-Sequenz steht Antonio mit verschränkten Armen im Hintergrund, den schwarzen Rock zugeknöpft. Als er, sein Stichwort ist gefallen, nach vorne marschiert, ballt er seine rechte Hand zur Faust und schlägt sie im Gehen rhythmisch gegen den Oberschenkel. Sein Körper vermittelt Verspannung und Steifheit. Auf Tassos überschwenglichen Gruß reagiert er überhaupt nicht, bleibt die ganze Szene hindurch unnahbar und abweisend; die Inszenierung nimmt die "Fels"-Metapher wörtlich. Nur mit Worten drückt sich dieser Antonio aus, in scharfem, kalten Tonfall, gezielt *emotionslos*. Es gibt eine Stelle in diesem Streit, in dem Tassos Argumentation Antonio treffen muß, als der Dichter ein wesentliches Beleidigungs-Motiv des Staatsmannes erkennt und benennt":

---

25   Wolfdietrich Rasch, a. a. O., S. 89

Verschwende nicht
Die Pfeile deiner Augen, deiner Zunge!
Du richtest sie vergebens nach dem Kranze,
Dem unverwelklichen, auf meinem Haupt!

Er trifft damit den Nagel auf den Kopf, und später – im Gespräch mit Leonore – gibt es Antonio auch zu. Auf dramatischer Ebene markiert der Neidvorwurf eine Wendung im Gespräch, der Ton wird rauher und schärfer, man treibt der Eskalation zu. Doch der Stein-Antonio bleibt auch hier regungslos! Nichts rührt sich. Und auch die letzten bösen Sätze, die Tasso zum Degenziehen förmlich zwingen, spricht Antonio geradezu seelenruhig. Der Eindruck einer gezielten Provokation überwiegt, "vom bösen Genius" hinweggerissen wirkt dieser Fels nicht.

In der anschließenden Verhandlung zeigt sich Antonio geradezu zufrieden: Süffisant, selbstsicher, ja arrogant bringt er Tasso mit formalrechtlichen Argumenten zu Fall, einmal lächelt er siegesgewiß. Auch ein Strich arbeitet diesem Eindruck zu. Bei Goethe wird er Tasso noch halbwegs gerecht: "Und seinen Lippen ist im größten Zorn/ Kein sittenloses Wort entflohen", sagt er, nach Tassos Abgang, zum Fürsten. Dies ist, in Szene II.5, der einzige Beleg für Antonios vielgerühmte Vornehmheit. Stein hat ihn gestrichen. Werner Rehm hat sich zu seiner Figurengestaltung geäußert:

> Viele Bezüge zu uns finden sich im "Tasso" ... Vieles von dieser Auseinandersetzung hätte ich gern dem Publikum vermittelt, aber es gibt nur wenige Szenen im "Tasso", in denen sich etwas von meinen Problemen artikulieren kann; andeutungsweise vielleicht in den Momenten, wenn der Antonio seine Abhängigkeit und Unterdrückung durch den Herzog begreift und zu einem ... schwachen Protest greift; oder wenn ich versuche zu zeigen, wie sehr sich der Antonio durch diese Verdrängung seiner eigenen vitalen Interessen zu einem starren, unlebendigen Funktionär umfunktioniert hat ...[26]

Dieser "schwache Protest" betrifft eine leicht zu übersehende Nuance. Nur ein einziges Mal im ganzen Streitkomplex zeigt Antonio Wirkung, als ihn *der Fürst* tadelt, zurechtweist, bestraft:

---

26 Erich Emigholz: *30 Fragen zum Bremer Tasso*. A. a. O., S. 143

Gib ihm in meinem Namen
Die volle Freiheit wieder und gewinne
Mit edlen wahren Worten sein Vertraun.

Der Fürst geht nach hinten ab. Und zum ersten Mal belebt sich dieser Antonio, eilt hinter ihm her, hält ihn auf und sagt, in äußerst sarkastischem Tonfall:

Gar leicht gehorcht man einem edlen Herrn
Der überzeugt, indem er uns gebietet.

Und dann *rennt* er weg, nach links, fühlt sich sichtlich – wie Tasso – ungerecht behandelt. Statt "Verbannung, Kerker, Tod" erhält der Rivale nur Stubenarrest, und dann soll man sich auch noch entschuldigen. (Im Absolutismus Recht und Gesetz zu vertreten, ist bisweilen offenbar nicht leicht; zum Beispiel – wenn das Gesetz Alfons heißt.)

Das Streitverhalten dieses Antonio läßt nirgends eine Spur des "bösen Genius" erkennen, dieser Antonio läuft sich nicht aus dem Ruder. Aber ein Intrigant ist er deshalb noch lange nicht. Dazu hat er – nicht das Format. Gegen die Intriganten-Deutung spricht sein Verhalten im großen Dialog mit Leonore. Den Gehrock aufgeknöpft (weiße Weste zeigend!), gibt er sich hier gelöst, fast privat. Schon der Goethe-Text entwirft eine nähere Beziehung der beiden (man versteht sich in Kunstdingen, man betreibt leidenschaftlich Politik); hier wird es geradezu intim. Tief in die Augen blickt man sich, hält sogar Hände. Und Antonio wirkt geradezu lebendig. Einmal hüpft er sogar ein bißchen: "Gunst der Frauen". Man setzt sich ins Gras, und Antonio legt sich gar hin, völlig entspannt. Einen Sieg feiert er dennoch nicht, erklärt sich "verdrießt" über sein Streitverhalten, bekennt seinen heimlichen Tasso-Neid. Von Schuldbewußtsein kann dennoch keine Rede sein. All diese Aussagen fließen dahin, in lockerem Parlando, im Konversationston; und im selben Tonfall entwirft er sein Tasso-Bild: der "Müßiggänger", das verwöhnte Kind, der Traumtänzer ... Fazit: Antonio mag Tasso nicht, an seiner engstirnigen Selbstüberzeugtheit, die schon den Gestus des Streit-Antonios prägte, ändert sich nichts. Er hält sich schlicht für etwas Besseres und Tasso nicht – für satisfaktionsfähig.

Daß mit Leonores Vorschlag, Tasso "für eine Weile" vom Hof zu entfernen, etwas nicht stimmen kann, realisiert dieser Antonio übrigens sofort. Der politische Routinier kommt zum Vorschein. Eben saß man noch vergnügt plaudernd im Grase, und auf Leonores Einwurf hin wird

Antonio plötzlich nüchtern, steht auf, knöpft seinen Rock zu, schmunzelt ein bißchen in sich hinein und lehnt das Kooperationsangebot ohne zu zögern und mit Nachdruck ab: "Er/ Ist unserem Fürsten wert/ Drum muß er bleiben."

Das einzige, was Antonio wirklich interessiert, ist ein gutes Verhältnis zum Fürsten. Bei seinem Versöhnungsgespräch mit Tasso erfüllt er klar einen Auftrag ohne eigenes Engagement. "Zu rächen hast du nichts als Edelmann/ Und wirst als Mensch Vergebung nicht versagen" Das sind – unüberhörbar – reine Lippenbekenntnisse, Antonio spult Formeln ab, schaut den Dichter nicht einmal an; an seiner grundsätzlichen Tasso-Verachtung ändert sich nichts. Und als er – im "Zweiten Zwischenspiel" – sich des "fürstlichen Vertrauens" wieder sicher weiß, genießt er unverholen den Schulterschluß mit Alfons. Wie schon im innigen Zwiegespräch mit Leonore setzt er sich gemeinsam mit seinem Gesprächspartner ins Gras. Und wie im Gespräch mit Leonore nutzt er die wiedergewonnene Vertrautheit, um seine Verachtung über den Dichter loszuwerden. Und der Fürst ist ein verständiger Zuhörer.

Werner Rehms Antonio tritt mit einem Tasso-Vorurteil auf die Bühne, und es gibt auch am Schluß kein Indiz dafür, daß sich etwas ändern würde. Zwar bleibt der Goethe-Text erhalten, und auf dieser Ebene äußert Antonio durchaus Versöhnliches. Doch das Körperspiel korrespondiert damit keineswegs. Statisch steht der Diplomat auf der Bühne, wie schon im Streit; daß dieser Dichter eine lächerliche Figur sei, hat er schon immer gewußt. Die Goethe-Verse lassen durchaus eine szenische Interpretation zu, derzufolge Antonio sich erschüttert zeigt, im Augenschein der Katastrophe sein Urteil revidiert. Zwar feiert, was ebenso denkbar und mit einfachsten Mitteln auf der Bühne zu realisieren wäre, Antonio keinen Triumph. Aber es bleibt für ihn alles beim alten. Er führt wieder einmal einen Auftrag aus: "Er kommt von Sinnen, halt ihn fest" hatte ihm der Fürst – befohlen.

Antonio entwickelt sich nicht. Aus der Handlungs*entwicklung* nimmt die Inszenierung die Figur schon einfach dadurch heraus, daß sie ihr Tasso-Urteil als Vorurteil deklariert, im "Vorspiel". Weder stellt Antonio einen Intriganten dar noch agiert er als gleichberechtigter Gegenspieler Tassos. Das zeigt sich gerade auch in der Eliminierung seiner 'musischen' Anteile. Das Interesse der Inszenierung am Subjekt Antonio ist gering; und das ihm zugebilligte Ausdrucksspektrum reicht – überspitzt formuliert – vom geschlossenen Rock zum offenen. Nur einmal, für eine Sekunde, blitzt auf, daß auch der Diplomat, wie Tasso, Opfer der Verhältnisse sein könnte.

Die Inszenierung reduziert nicht nur die Figur, sondern verschenkt, indem sie den Stellenwert des Tasso-Antonio-Konflikts herabsetzt, wichtige Deutungsmöglichkeiten, gerade im Hinblick auf ihr kritisches Anliegen. Ich bin in der dramaturgischen Analyse darauf eingegangen: In der Anlage der Figuren Tasso und Antonio versteckt sich eine symmetrische Struktur. Den Dichter zieht's zum Handeln, der Staatsmann schmiedet in seiner Freizeit Verse. Der Dichter verhält sich im Streit korrekt, und Antonio genau so, wie er es dem Dichter mehrfach unterstellt: launisch, ohne Selbstkontrolle. Daß es im Tasso um eine "Disproportion des Talents mit dem Leben" gehe, hat Goethe selbst formuliert. Bedenkt man die symmetrische Relation, kann man es auf Antonio übertragen: Disproportion des Gesetzes mit dem Leben. Und es gibt genügend Indizien dafür: Antonio ist letztendlich der Fürstenwillkür genauso ausgesetzt wie Tasso, genauso auf Gnadenbezeugungen angewiesen, auch er spielt eine Rolle. Das Goethe-Drama liefert Hinweise auf eine Entwicklung der Figur. Gerade der Antonio-Text in der letzten Szene gibt gewichtige Hinweise darauf, daß der Staatsmann im Augenschein von Tassos Fall eigene Vorurteile und Überheblichkeiten relativiert. Hier eröffnen sich (kritische) Deutungsmöglichkeiten. Wenn man Antonio ernst nimmt, offenbart sich im Stück eine umfassende, eben nicht nur auf den Dichter beschränkte Krise. Eine Krise von Wertvorstellungen, von ritterlichen Idealen, höfischen Rollenerwartungen, die zu den alltäglichen Ansprüchen in krassen Widerspruch treten. In diesem Sinne wären Tasso und Antonio gleichwertig – als Entfremdete, der ideelle Anspruch dieser Gesellschaft ist nicht einlösbar. Das Stück (wie ich es gelesen habe) verhandelt mehr als die Krise des Dichters. Bei Stein wird Antonio "gesichtslos", Hofschranze, Teil des höfischen Kollektivs, Teil "der anderen". Ich behaupte nicht, daß diese Darstellung nicht "legitim" sei, ich halte sie dennoch für eine Schwäche der Inszenierung.

Die Prinzessin wird im Vorspiel so deutlich 'vorgeführt', daß man mit einer Entwicklung eigentlich nicht rechnet. Mit hoher traniger Stimme, mit maniriert-müdem Körperausdruck stellt sie sich vor als Vertreterin eines hochkultivierten *taedium vitae*, Schülerin des Baudelaire (*ennui*) mehr als "Schülerin des Plato"; und das Kernwort ihres hochproblematischen Lebensideals, "Harmonie", trägt sie singend vor: ein veritables Leitmotiv. Und gleich, im ersten Satz, bezieht sie es auf ihre Krankengeschichte. Mehrfach klingt das im Laufe der Inszenierung an. Nicht Entsagung, nicht die Überforderung einer kranken Seele, nicht Krankheit stehen im Hintergrund, sondern Unlust und Müdigkeit. Jutta Lampe hat sich in diesem Sinne geäußert:

Die Flucht der Prinzessin ist ihre immer wiederkehrende Flucht in die Krankheit, obwohl sie gar nicht mehr krank ist. Aber das Leiden ist ihr "von Jugend auf" vertraut. Sie liebt und genießt es, sie macht es sich schön und groß. Diese Kultivierung des Leidens ... ist eine dauernde Entschuldigung für Nichtstun.[27]

Obwohl diese Prinzessin auf den ersten Blick einen radikalen Gegensatz zu Tasso präsentiert, gerade auf der Ebene des Körperausdrucks, sind sich die Figuren eng verwandt. "Spiel im Spiel" betreiben zunächst beide, die eine hochkultiviert (Staatsschauspielerin!), der andere holzend und clownesk (niedere Charge!). Und beide werden in der Eingangssequenz so deutlich charakterisiert (und kritisiert), daß man geneigt ist, die Rollenanalyse vorzeitig abzubrechen. Der weitere Kurs scheint festgelegt: Wie anders soll die Beziehung der Dame zum Dichter (von "Liebe" möchte man gar nicht mehr reden) gestaltet werden denn als müder Akzent gegen die "unerträgliche Leichtigkeit des Seins", als Stimulanz? Und auch die Frage nach ihrem Rückzug vom leidgeprüften Tasso glaubt man hier schon beantwortet: Diese Prinzessin wird vermutlich einfach die Lust an ihrem kleinen Psychokitzel verlieren. Was soll's, lassen wir's laufen, im Notfall wird ja doch: "Leiden zu Genuß" ...

Tasso verändert sich im Laufe der Inszenierung; und auch, was als Prinzessin auf die Plakatwand des Vorspiels gepinselt wurde, bleibt nicht unberührt – von der Handlungslogik des Dramas. Nach dem "Ersten Zwischenspiel" entwickelt sich alles nach den Vorgaben des Dramas, wobei die Inszenierung dabei diskret ihren Fokus verschiebt: vom "Gestischen" zum Subjektiven. Wie schon bei Tasso, so kommt Interesse auch auf an der Figur der Prinzessin; aus der Puppe des Vorspiels entwickelt sich ein (widersprüchliches) Figuren-Subjekt. Und dabei wird die Vorspiel-Definition zumindest teilweise – widerrufen.

Zunächst bleibt – genau wie bei Tasso – alles beim alten. In "Die Bekränzung" agiert die Prinzessin müde, falsch, dekadent; an irgendeine Sonderbeziehung zum Dichter ist überhaupt nicht zu denken.[28] "Wie ein fremdes Tier' betrachtet sie ihn. Und wer das Stück nicht

---

27 Jutta Lampe, in: *30 Fragen zum Bremer Tasso*. A. a. O., S. 148
28 Das Drama liefert hierfür ein Angebot: die beiden Hermen. Tasso und die Prinzessin (die seine Kunst als einzige zu verstehen scheint) werden der klassischen Sphäre Vergils zugeordnet; die übrigen Hofangehörigen stehen im Zeichen des Ariost, der höfisch-konservativen Kunstauffassung. Indem die Inszenierung die Hermen verwirft, übergeht sie diese Gruppierungsmöglichkeit.

kennt, würde nicht auf die Idee kommen, daß direkt im Anschluß eine Liebesgeschichte exponiert wird; allzu deutlich ist die Prinzessin hier: Teil des Hofes, Teil der anderen, die sich über den kuriosen Tanzbären amüsieren. Auch im "Ersten Zwischenspiel" entwickeln sich die Figuren parallel. Hier zeigt Tasso zum ersten Mal sein "anderes Gesicht", der ruhige, gefaßte Dichter betritt, kurz, die Szene. Und auch die Prinzessin verändert sich. Das kündigt sich im ersten "Zwischenspiel"-Auftritt an. Er umfaßt jene Teile des Schäferinnen-Spiels, in dem sich die beiden Leonoren über den Dichter streiten: Wen (von beiden) meint er mit der "Leonore", für die er Liebeslyrik drechselt? Und, vor allem, ist er auch in Liebesdingen – Platoniker? Beisammen, in die schön bestickten Tücher gehüllt, sitzt man auf der Wiese. Leonore säuselnd: "Wir scheinen/ Nur den Mann zu lieben, und wir lieben nur/ Mit ihm das Höchste, was wir lieben können". Und die Prinzessin reagiert plötzlich stocksauer, springt auf (so schnell hat sie sich noch nie bewegt, noch nie so schnell und grell gesprochen): "Du ... sagst mir Dinge,/ Die mir beinahe nur das Ohr berühren ..." Sagt es und eilt (eifersüchtig? mißtrauisch? irritiert?) hinweg, mit wehendem Tuch: Hat Leonore einen wunden Punkt berührt?[29] Das Schäferinnenspiel findet ein abruptes Ende. Leonore kichert schamlos hinter ihr her.

Noch in diesem "Zwischenspiel" passiert die erste, gleichsam private Begegnung Prinzessin-Tasso. Hier noch nicht im Sinne eines "authentischen" Dialogs, sondern im Rahmen einer Textmontage. Die Prinzessin hat zunächst das Wort, sinniert über "kluge Männer", die sie so gerne sprechen höre. Der "kluge Mann" Tasso gesellt sich (sichtlich geschmeichelt) dazu. Sie schaut ihn freundlich an, und der Dichter bringt, ruhig und gefaßt, den Beginn der Goethe-Szene II.2 zu Gehör: "Unsicher folgen meine Schritte dir ..." Der Spielimpuls wandert zu Antonio weiter, doch eine kurze Kameraeinstellung macht klar: Tasso und die Prinzessin bleiben zusammen. Und nahtlos folgt die große Dialogsequenz: "Die Prinzessin". Und was im Zwischenspiel exponiert wurde, wird bruchlos weitergeführt. Weder verhält sich Tasso exaltiert noch wirkt die Prinzessin übertrieben tranig. In tiefere Stimmlagen rutscht ih-

---

29 Schon auf der Ebene des Dramas kann man an dieser Stelle hellhörig werden, denn Leonores "Platoniker"-Hypothese klingt nicht ganz echt (und sie wird auch im Fortlauf der Handlung drastisch widerlegt). Startet sie hier ihre Intrige, indem sie Tasso als "nicht ganz von dieser Welt" interpretiert, als Träumer, den man – dies als praktische Konsequenz – ohne Skrupel klauen kann? Dem in anderen Sphären Schwebenden kann es egal sein, wo er sich (auf dieser Welt) aufhält.

re sonst hochmüde Stimme, nicht mehr "wie ein fremdes Tier" schaut sie Tasso an, sondern – durchaus – mit Zuneigung und echtem Interesse. Äußeres Zeichen dieser "neuen" Prinzessin: Sie trägt zum ersten Mal den "grünchangierenden Umhang", das Lock- und Trutzgewand, den Fetisch.

Tasso erleidet schließlich doch noch einen 'Rückfall' (als er seine Antikenvision breit ausmalt und schließlich als "Faun" herumhüpft), und auch der "Vorspiel"-Charakter der Prinzessin bricht wieder durch. Piepsend vor schulmeisterlicher Inbrunst widerlegt sie Tassos Konzept von der "Goldenen Zeit". Und bei: "Erlaubt ist, was sich ziemt", packt sie eines ihrer wichtigsten Requisiten aus, ihren Zeigefinger, hoch ragt er heraus, extrem betont sie "ziemt". Und im altbekannt hochtranigem Tonfall, den Mantel vor der Brust gefaltet: "Willst du genau erfahren, was sich ziemt,/ So frage nur bei edlen Frauen an". Doch gleich danach ("Wir sind vor keinem Männerherzen sicher ...") öffnet sie den furchtbaren Mantel, der eben noch, matronenhaft, ihre Reize verdeckt hatte, präsentiert den schönen Körper. Tassos anschließendes Liebes-"Gebet" liefert sozusagen die Antwort auf Leonores Platoniker-Verdacht. "Ich bin nur einer, einer alles schuldig", sagt Tasso. Und genau das wollte die Prinzessin hören! "Es schwebt kein geistig unbestimmtes Bild/ Vor meiner Stirn", sagt der Dichter, knieend. (Leonore hatte genau das Gegenteil behauptet!)[30] Und sichtlich gerührt tritt die Dame ganz nah heran, kniet sich daneben, ihre Stimme klingt tief, warm, und fast singend "gewinnt uns dieses Lied zuletzt". Tasso will sie spontan umarmen, doch schon schließt sich der Umhang wieder, die Frau steht auf, steht wie ein Turm, tritt zurück: "Entsagung", "Mäßigung", "Tugend", Abgang.

Die Prinzessin verhält sich keineswegs eindeutig. Auf der einen Seite unterstellt ihr Jutta Lampe durchaus so etwas wie Ernsthaftigkeit und Ehrlichkeit des Gefühls. Auf der anderen Seite wird der Verdacht, daß sie mit Tasso nur ihre Spielchen treibt, nie ganz ausgeräumt. Darauf verweist der partiell eingeblendete Dekadenz-Gestus (hohe Stimmlage, müde Sprechweise). Darauf verweist vor allem das Spiel mit dem Hauptrequisit, dem grünen Mantel, mit dem sie Tasso reizt und lockt. Ab und an macht man den Schutzwall, Panzer, Schleier auf, der Dichter darf kurz "Witterung des Glücks" aufnehmen. Und wenn er in Fahrt ge-

---

30 Nicht nur im Zwischenspiel. Zu Beginn der Sequenz "Die Prinzessin" schaltet sich Leonore – unzeitgemäß – ein: "Hier ist die Frage nicht von einer Liebe,/ die sich des Gegenstands bemeistern will ...", posaunt sie über die Bühne, macht damit den großen Dialog zur Verhandlung über die Platoniker-These.

kommen ist, wird alles wieder fein verschlossen und verpackt. Das zeigt sich exemplarisch beim letzten Aufeinandertreffen der beiden. Auch in dieser Szene (ich habe sie in der Tasso-Analyse ausführlich kommentiert) möchte man ihr zunächst glauben, daß sie es ehrlich meint mit dem Dichter. Wenn da nicht eine kleine Geste wäre, bei der wiederum der Mantel die Hauptrolle spielt. "Du machst uns Freude, wenn du Freude hast", sagt die Prinzessin freundlich – und der gequälte Dichter lächelt hoffnungsselig. Von des "Freundes Hand" spricht sie, "die, sehnlichst ausgereckt, dich nicht erreicht". Dabei öffnet sich der ansonsten geschlossene Umhang ein wenig, und wie eine Schlange kriecht diese "Freundeshand" heraus, tastet sich auf Tasso zu, um sich – als der Dichter sie ergreifen will – blitzschnell wieder zurückzuziehen. Die Geste straft die Worte Lügen, und der alte (Vorspiel-) Zweifel an der Prinzessin kommt erneut hoch: Spielt sie nur mit dem Dichter-Hündchen, schauen wir einer Liebenden zu oder einer Zynikerin?

Es gibt Indizien für die 'böse' Prinzessin, und es gibt Signale für eine andere Prinzessin, die sich, prinzipiell gutwillig, heillos im eigenen Mantel verfängt: "Disproportion der Liebe mit dem Leben". Im großen Gespräch mit Leonore, hier Teil der Sequenz "Leonores Plan", sieht es so aus. Das erste, was hier auffällt, ist das Kostüm: ein schwarzer, gehäkelter Seidenüberwurf. (Den trägt sie bis zum nächsten Treffen mit Tasso – dort ist wieder der grüne Sexualmantel an der Reihe.)[31]

Hochgradig nervös gerät der Anfang der Sequenz, die Prinzessin rennt wie gescheucht auf der Bühne herum, redet in ungeahntem Tempo, unterstützt von der eifrig mitgackernden Leonore: Was ist passiert? Tasso und Antonio streiten, die Katastrophe! Müde und abgeklärt wirkt das nicht, und eine weitere markante Geste wirft ein anderes Licht auf die Prinzessin: Während Leonore ihr Konzept der "heilsamen" Entfernung des Dichters vom Hofe erläutert, faßt sie die Prinzessin an den Schultern. Und die läßt sich wie eine Marionette durch die Gegend drehen und wenden. Die Prinzessin als Leonoren-Opfer. Das korrespondiert mit der (direkt anschließenden) Dialogsequenz, in der sie sich Tasso praktisch ohne Gegenwehr abschwätzen läßt: "Allein es sei".

Die Dame wird überrumpelt und ausgekontert, und ihre Reaktion auf diese selbstverschuldete Niederlage läuft schließlich nach bekanntem Muster ab. Tranig-müder Tonfall, Kopfschmerzgeste, überprätentiöse Bewegungen: "Muß ich denn wieder diesen Schmerz als gut/ Und heil-

---

31 Fast den ganzen Rest der Inszenierung sitzt sie, diesen Umhang kreisförmig um sich drapiert, apathisch auf der Bühne: schwarze Blume des Leidens.

sam preisen ..." Diese Maske legt sie jedoch gleich wieder ab, die (stark gekürzte) Rede über die Krankenvorgeschichte, über die erste Begegnung mit Tasso, über seinen bevorstehenden Abgang klingt traurig und resigniert. Und die Liebesbekenntnisse: "Ich wich und wich und kam nur immer näher" und: "Ich mußt ihn lieben, weil mit ihm mein Leben/ zum Leben ward", artikuliert sie ernsthaft, glaubwürdig, ohne falsche Untertöne. Ein weiteres Indiz dafür, daß die Inszenierung die Prinzessin als Liebende akzeptiert, liefert schließlich die Parallelsetzung der Leidensmonologe.[32] Man redet zwar nicht miteinander, aber übereinander, und beide sind traurig, resigniert, und sogar die dunklen Bilder, in die sie ihre Gefühle kleiden, sind sich ähnlich. Bei Goethe stehen die beiden motivlich korrespondierenden Monologe fast einen Akt auseinander, die Textmontage der Stein-Inszenierung packt sie zusammen, unterstreicht damit noch einmal die tiefere Beziehung der beiden Figuren.

Die Figur der Prinzessin ist schon auf der Ebene des Dramas widersprüchlich und kompliziert, d. h.: vielfältig interpretierbar. Für indiskutabel halte ich im Prinzip nur die banal-idealistische Deutung, die sich, der Prinzessin Lieblingsworte ("Entsagung" und "Harmonie") kritiklos akzeptierend, eine "hohe Frau", eine Madonnenfigur ausspinnt. Wichtig für eine differenziertere Interpretation ist die Krankheits-Vergangenheit der Figur; mehrfach spricht sie darüber, gerade auch im großen Gespräch mit Leonore (bei Peter Stein gleich am Anfang). Man kann dies in den Vordergrund rücken, die Prinzessin – ein pathologischer Fall: "Entsagung" als Resultat einer Beschädigung und eben nicht – als ideelles Gut, Harmoniestreben als Selbsttherapie und nicht – als selbstverständliche Leitlinie des Musenhofs. Und man kann, was diese Inszenierung zumindest andeutet, das Krankheitsargument als vorgeschoben betrachten, als wichtigen Baustein einer fatalen, zart masochistischen Lebensideologie, eben: Leiden zum Genuß. Klare Antworten zur Prinzessin gibt es allerdings weder bei Goethe noch bei Stein, obwohl das "Vorspiel" dies eigentlich erwarten ließ. Die Prinzessin wird in den Eingangssequenzen klar als Teil des Hofes, der anderen, ausgewiesen, im Fortlauf der Inszenierung gerät sie immer näher zu Tasso. Sie ist,

---

32 Zu Beginn der Sequenz "Kerker: Leonore" wird Tassos großer Klagemonolog, bei Goethe IV.1, mit monologisierenden Abschnitten der Prinzessin (aus dem großen Gespräch mit Leonore, III.2) vermittelt, eben mit jener Passage, in der sie über den Schmerz der bevorstehenden Trennung von Tasso nachdenkt.

neben ihm, die einzige Figur, die sich entwickelt. Und nicht nur das: Ihre Entwicklung verläuft exakt parallel mit der des Dichters! Die Prinzessin tritt auf als dekadentes Monster, später wird sie zur Leidenden. Die Prinzessin spielt mit dem Dichter ein sexuelles Lockspielchen, andererseits scheint sie ihn wirklich zu lieben. Von plakativer Vereindeutigung, die Teile der Kritik dieser Inszenierung vorgeworfen haben, kann – überblickt man das Ganze – keine Rede sein. Jutta Lampes Prinzessin ist nicht weniger vieldeutig, als die Goethefigur, wenngleich mit unterschiedlichen Akzenten. Bei den Rollengestalten Antonio, Leonore und Alfons gibt es nichts Vergleichbares, produktiv widersprüchlich agiert ansonsten nur noch Bruno Ganz' Tasso. Die Prinzessin markiert hier die zweite Hauptperson, nicht Antonio.

Schluß: Kontexte

"L'art est mort, ne consommez pas son cadavre". Diesen Satz schreiben Studenten im Mai 1968 an Wände der Sorbonne. Karl Markus Michel flicht im *Kursbuch 15* einen "Kranz für die Literatur" (keinen Lorbeerkranz!), erklärt Kunst zum Luxus ("etwas für den Sonntag"), und weiter: Die Kunst "tummelt sich munter zwischen Allotria und Zauberspruch, und das Ergebnis ist: der Dichter steht hoch im Kurs, aber er hat nichts zu melden".[1] Daß Kritik "seit Jahren an des Kaisers neuen Kleidern" webe, beklagt, ebenda, Yaak Karsunke, "dabei braucht er bestenfalls noch ein Leichenhemd."[2] Hans Magnus Enzensberger hört "das Sterbeglöcklein für die Literatur" läuten. "Die Poeten beweisen sich und anderen die Unmöglichkeit, Poesie zu machen. Die Kritiker besingen den definitiven Hinschied der Kritik. Die Bildhauer stellen Plastiksärge her für die Plastik".[3] Hans Mayer macht sich "Gedanken über die Zukunft des Theaters": "Berechtigt erscheint mir die kaum gestellte Frage zu sein, ob seit der Realität Auschwitz noch *Tragödien* geschrieben und gespielt werden sollen ..."[4] Und Botho Strauß konstatiert, daß "während Peter Stein ... seine Version des Goetheschen 'Tasso' auf der Bühne vorzeigt, ... zur gleichen Zeit revolutionäre Bewegungen und Kämpfe in allen Teilen der Erde auf die Fragwürdigkeit jeglicher ästhetischen Produktion" hinweisen.[5]

Diese Äußerungen aus den Jahren 1968 und '69 belegen den Höhepunkt der, wie Günther Rühle es formuliert hat, "zweiten Phase der Politisierung der Kunst" in den sechziger Jahren. Sie belegen zugleich ihre Krise. Noch am Anfang der Dekade waren die "Literaten, Schriftsteller, Kritiker, die 'Intellektuellen' Westdeutschlands zur Zeit ihres

---

1   Karl Markus Michel: *Ein Kranz für die Literatur*. In: Kursbuch 15, November 1968, S. 174
2   Yaak Karsunke: *Anachronistische Polemik*. In: Kursbuch 15, a. a. O., S. 168
3   Hans Magnus Enzensberger: *Gemeinplätze, die Neueste Literatur betreffend*. In: Kursbuch 15, a. a O., S. 187
4   Hans Mayer: *Bildung, Besitz und Theater*. In: *Das Geschehen und das Schweigen*. Aspekte der Literatur. Frankfurt/M. 1969, S. 97
5   Botho Strauß: *Das schöne Umsonst*. In: Theater heute 5/69. Zit. nach: Volker Canaris (Hrsg.), *"Goethe u.a.: "Torquato Tasso"*. Frankfurt/M. 1970, S. 160

größten Selbstgefühls"[6]. 1966 schon stand die "Gruppe 47" praktisch vor ihrem Ende, "gab es kaum noch eine Klammer zwischen den politisch und ästhetisch divergierenden Strömungen."[7] "Vom mangelnden Selbstvertrauen der schreibenden Hofnarren unter Berücksichtigung nicht vorhandener Höfe" betitelte Günther Grass seine Rede (anläßlich der Gruppen-Tagung in Princeton). Den unmittelbaren geschichtlichen Hintergrund für die zunehmende Politisierung[8] und der mit ihr verbundenen Selbstwertkrise der Kunstschaffenden markieren die Spiegel-Affäre 1962, die Krise der parlamentarischen Opposition, "die in dem Regierungsbündnis der SPD mit der CDU/CSU 1966 ihren sinnfälligen Ausdruck fand"[9]. Im Hintergrund stehen das Erstarken neofaschistischer Tendenzen, die Verabschiedung der Notstandsgesetze, die im Anwendungsfall wesentliche Grundrechte der Verfassung außer Kraft setzen. Im Hintergrund steht der Vietnam-Krieg, empfunden als politische und moralische Bankrotterklärung der westlichen Führungsmacht.

Im Zusammenhang mit der "ersten" Politisierungswelle versuchte man, auf die neuen gesellschaftlichen Herausforderungen mit neuen Formen zu reagieren:

> In kaum einem Sektor der literarischen Produktion spiegelte sich in einer ähnlich nachhaltigen Weise das gegenüber den fünfziger Jahren gewandelte Selbstverständnis der Literatur wider, wie in dem ... Entstehen einer Fülle von dokumentarischen Werken. Nirgendwo sonst scheinen sich in ähnlich zugespitzter Form Sedimente bürgerlicher Ideologie mit dem Anspruch einer kritisch operativen Literatur derart nachhaltig zu vermitteln. Nichts verdeutlicht dies mehr als die Tatsache, daß sich der dokumentarischen Methode so unterschiedliche Autoren wie z. B. Hochhut, Kipp-

---

6   Karl Heinz Bohrer: *Die gefährdete Phantasie, oder Surrealismus und Terror*. München 1979, S. 90 f.

7   Heinz-B. Heller: *Literatur im Zeichen der Rezession, Neuen Linken und "Tendenzwende"*. In: Jan Berg u. a. (Hrsg.): *Sozialgeschichte der deutschen Literatur von 1918 bis zur Gegenwart*. Frankfurt/M. 1981, S. 668

8   Seit der Princeton-Tagung "gab es kaum noch eine Klammer zwischen den politisch und ästhetisch divergierenden Strömungen: etwa zwischen den entschiedenen Vietnam-Krieg-Gegnern wie Enzensberger, Fried, Weiss auf der einen und der auf Ausgleich mit den amerikanischen Geldgebern bedachten Leitung der Gruppe auf der anderen Seite; oder in der höchst kontroversen Einschätzung des durch die Große Koalition in der BRD geschaffenen Machtkartells zwischen Anhängern und Sympathisanten der SPD einerseits und denen der außerparlamentarischen Opposition andererseits." Ebd.

9   ebd.

288

hardt, Weiss, Grass, Walraff, Runge, Delius, Enzensberger, Scharang oder selbst Frisch bedient haben.[10]

Den Vordenkern der "zweiten Politisierungswelle" (im Zeichen der Studentenrevolte) war schließlich auch die gesellschaftskritische Literatur und Dramatik der unmittelbaren Vorgänger verdächtig, auch hier witterte man "Sedimente bürgerlicher Ideologie". Den wohl wichtigsten philosophischen Hintergrund der "Neuen Linken" lieferte, gerade auch im Hinblick auf die Kunstdiskussion, die Kulturkritik der "Frankfurter Schule", lieferten die Schriften von Adorno, Habermas, Benjamin. Und den vielleicht direktesten Bezug zu den zitierten Grabreden, zugleich den engsten Bezug zu der Inszenierung, um die es hier geht, vermittelt ein Aufsatz aus dem Jahre 1937, der 1967 in deutscher Übersetzung zugänglich wurde. "Vom affirmativen Charakter der Kultur" heißt die Schrift, sie stammt von Herbert Marcuse. Und ihre Hauptargumente sind exemplarisch geeignet, gerade bei kritisch-engagierten Künstlern (und Wissenschaftlern) Irritationen und Selbstwertkrisen zu schüren. ("Vom Selbstzweifel angenagt und durch Spottchöre verschüchtert" – so charakterisierte Enzensberger die Seelenlage junger Autoren!) Peter Bürger hat die Provokation dieser Schrift pointiert und weitergedacht

Wie Marx in der Religion ein "affirmatives" Moment aufzeigt (als Trost entlastet sie die Gesellschaft vom Druck der auf Veränderung drängenden Kräfte), so Marcuse in der bürgerlichen Kultur, die humane Werte nur als Fiktion zuläßt und zugleich deren reale Verwirklichung verhindert. Und wie Marx in der Religion ein kritisches Moment erkennt ("Protestation gegen das wirkliche Elend"), so verzeichnet Marcuse den humanen Anspruch der großen Werke der bürgerlichen Kultur als Protest gegen eine ungerechte Gesellschaft. "Sie [sc. die affirmative Kultur] hat zwar die 'äußeren Verhältnisse' von der Verantwortung um die 'Bestimmung des Menschen' entlastet – so stabilisiert sie deren Ungerechtigkeit –, aber sie hält ihnen auch das Bild einer besseren Ordnung vor, die der gegenwärtigen aufgegeben ist." [Marcuses Modell] erlaubt ..., die Werke der bürgerlichen Kultur zu interpretieren als Gebilde, in denen idealler Anspruch und reale Funktion ... auseinandertreten. Marcuse konstatiert die praktische Folgenlosigkeit der Kunst im Hinblick auf die von ihr intendierten Ziele, und

---

10 ebd., S. 678

er macht den Zusammenhang deutlich, der zwischen dieser Folgenlosigkeit und dem autonomen Status der Kunst in der bürgerlichen Gesellschaft besteht.[11]

Daß Kunst, auch kritische, durch ihren Autonomiestatus gerade noch unterstützt, wogegen sie angeht, ist eine bittere These. Vor dem Hintergrund dieses Arguments erklären sich die zitierten Grabreden: Wenn Kunst nur stabilisiert, was sie bekämpft, muß sie abgeschafft werden. Oder zumindest – dies die abgemilderte Konsequenz – was "Institution" ist an der Kunst, muß beseitigt werden, um ihre gesellschaftliche Wirksamkeit erst freizusetzen.

Im literarischen Bereich läßt sich die Illusion des "Freischaffenden" leicht herstellen; der institutionelle Charakter der Literatur ist wenig offensichtlich und kann, wie Peter Bürger das vorgeführt hat, erst durch Gedankenarbeit freigelegt werden. Theaterschaffende hingegen erleben "Institution" im Arbeitsalltag, Regisseure, Dramaturgen, Schauspieler sehen sich dem Einfluß des Apparates unmittelbar ausgesetzt. Fixiert wurden die Machtverhältnisse in den westdeutschen Theatern schon 1949 im "Intendanten-Mustervertrag".

Er fixierte die vorher schon faktisch entwickelte zentrale Position des Intendanten abschließend auch juristisch: legte allein in des Intendanten Hand das Recht, zu engagieren und den Spielplan festzulegen ... und fixierte nach innen die hierarchische Struktur des Theaterbetriebs, die unumschränkte Spitzenstellung des Intendanten gegenüber allen anderen im Theater Tätigen.[12]

Die Institution Theater zu bekämpfen hieß zuallerst: die Macht der Intendanten zu brechen, hieß anzugehen gegen jene Generation von Theaterleitern, die, wie Peter Iden schreibt, "in den alten, traditionsreichen und ... nach dem Krieg rasch und repräsentativ aufgebauten Häusern fast ausnahmslos wie Fürsten in Kleinstaaten" herrschten. "Everding in München, Buckwitz in Frankfurt, Barlog in Berlin, Stroux in Düsseldorf."[13]

---

11   Peter Bürger: *Theorie der Avantgarde.* Frankfurt/M. 1974, S. 13 f.
12   Henning Rischbieter: *Deutsches Theater und Drama nach 1945.* In: H. Rischbieter/ J. Berg (Hrsg.): *Welttheater.* Braunschweig 1985, S. 436
13   Peter Iden: *Die Schaubühne am Halleschen Ufer 1970–1979.* München und Wien 1979, S. 17

Peter Stein hatte, als er den Bremer "Tasso" vorstellte, mit diesen Verhältnissen schon einschlägige Erfahrungen gemacht und machte sie mit und im "Tasso" wieder. Stein, Sohn eines Industriellen aus Bad Homburg, war "nach ausgedehnten Studien" Regieassistent bei Fritz Kortner an den Münchner Kammerspielen; seine erste eigene Inszenierung von Bonds "Gerettet" galt gleich als "das überraschendste Debüt eines Regisseurs am deutschen Theater nach dem Krieg", wurde von der Zeitschrift *Theater heute* zur "Aufführung des Jahres" 1967 gewählt. Steins Karriere an den Münchner Kammerspielen wurde jäh unterbrochen, als er, im Juli 1968, nach einer Vorstellung des "Vietnam Diskurs" von Peter Weiss, für den Vietkong sammeln ließ: August Everding setzte ihn unverzüglich vor die Tür. Stein und sein Ko-Regisseur Wolfgang Schwiedrzik wechselten an die Berliner Schaubühne, damals eine der dezidiert linken Bühnen der Stadt. Man übernahm Teile der Münchner Inszenierung (vor allem Bühnenbildelemente) und erarbeitete sich das Stück neu: *mitbestimmt von Schauspielern und Laiendarstellern.* In Berlin kam es immerhin zu drei Aufführungen. Diesmal versuchte man, Geld zu sammeln für amerikanische Deserteure. Die politisch hochgespannte Atmosphäre eskalierte in der Festnahme von Schauspielern. Vorgeblich aus Gründen mangelnder künstlerischer Qualität wurde die Aufführung von der Intendanz abgesetzt. Die (Marcuse-) These von der affirmativen Eigendynamik institutionalisierter Kunst sah man dabei ideal bestätigt. In einem vom "Vietnam-Kollektiv des Ensembles der Staatsbühne am Halleschen Ufer" verfaßten "Rückblick auf den "Viet Nam Diskurs" artikulierte sich das folgendermaßen:

Das Theater ist ein Bestandteil des offiziellen Kulturbetriebes. Das Bedürfnis der Beherrschten nach Auflehnung gegen die Herrschenden wird durch linkes Bildungstheater sublimiert, die marxistische Dialektik in der Form von pseudo-revolutionärem Schöngeist in den Schoß des Abendlandes gesenkt und tief unten integriert. Anders: Das Establishment vögelt die Antiautoritären, die nach unerwartetem Lustgewinn wieder ganz hübsch neu differenzieren können. Nicht nur Dokumentartheater ist im Kapitalismus Scheiße ...[14]

---

14 Das Vietnam-Kollektiv des Ensembles der Staatsbühne am Halleschen Ufer (Peter Stein, Wolfgang Schwiedrzik u.a.): *Rückblick auf die Arbeit am "Viet Nam Diskurs" der Schaubühne am Halleschen Ufer, Berlin.* In: Theater heute, Mai 69, S. 24 f.

Das nachfolgende Engagement führte Stein an das Bremer Theater, das in den sechziger Jahren unter Kurt Hübner, zum "Zentrum szenischer Arbeit in Deutschland" geworden war.[15] Das heißt nicht, daß sich die Arbeit an diesem Haus sonderlich politisch orientiert hätte; die Uraufführungen der zeitgenössischen (Dokumentar-)Dramatik überließ man anderen Bühnen. Es ging um ästhetische Innovationen, um eine neue "Theatersprache". Und die entwickelte man anhand von Klassikeraufführungen (am nachhaltigsten wirkten hier, in den ersten Jahren, die "anarchistischen" Shakespeare- und Schillerinszenierungen von Peter Zadek und die Bühnenbildentwürfe von Wilfried Minks.) Die "erste Politisierungswelle" war an diesem Haus fast spurlos vorbeigegangen, die zweite erfaßte es dann nachdrücklich. Und in ihrem Scheitelpunkt stand "Tasso".

Begonnen hatte alles ganz konventionell: als Auftragsarbeit eines Regisseurs. Vor dem Hintergrund der zeitgenössischen Kulturdiskussion erwuchs im Verlauf der Probenarbeiten aus der Beschäftigung mit dem zweihundert Jahre alten Stück ein Arbeits- und Denkprozeß, der den konventionellen Rahmen "Klassikerinszenierung" aufsprengte. Das äußerte sich zunächst in einem Parallelprojekt. Ein Teil des während der Probenarbeit für das Verhältnis Kunst-Macht, Künstler und Institution sensibilisierten Ensembles zog die direkte Konsequenz: Man begann, parallel, an einer *selbstbestimmtem* Inszenierung zu arbeiten, der "Frauenvolksversammlung" des Aristophanes. Es kam indes zu keiner Aufführung des Stückes, sondern, einen Tag vor der "Tasso"-Premiere, am 29. März 1969, machten die Beteiligten vor Zuschauern und Theatermachern ihre Diskussion öffentlich. "Es gab kein konsumierbares ... Produkt mehr, sondern nur den Ausweis und Nachweis von Selbstbeschäftigung (Beschäftigung mit sich als Klärungsprozeß, wie man Theater machen soll). Das war die Krisis selbst."[16] Auch im Rahmen dieses Projekts setzte man sich intensiv mit der "Institution Theater" auseinander:

---

15 Hübner hatte es verstanden, die wichtigsten und innovativsten Theaterleute der jüngeren Generation an sein Haus zu binden. Viele der heute etablierten Theaterschaffenden nahmen dort ihre Anfänge: die Regisseure Zadek, Minks, Hollmann, Faßbinder, Neuenfels, Grüber, die Bühnenbildner Karl Ernst Herrmann und Erich Wonder; und über die "Tasso"-beteiligten Schauspieler hinaus sind zu nennen: Margit Carstensen, Hannelore Hogner, Hans Peter Hallwachs, Vadim Glowna, Fritz Schedewy ...

16 Günther Rühle: *Die Suche nach der Kunst*. In G. R.: *Theater in unserer Zeit.* Frankfurt/M. 1976, S. 194

Das Theater ist eine Institution. Institutionen sind gesellschaftliche Einrichtungen. Die Kritik an jeder Institution ist für uns zunächst Kritik an den Abhängigkeitsverhältnissen. Wie in jeder Institution sind die Arbeitsverhältnisse auch am Theater festgelegt. Der einzelne muß sich den Verhältnissen unterwerfen, wenn er nicht mit der Institution in Konflikt geraten will. Die Arbeitsverhältnisse sind Zwangsverhältnisse.[17]

Und auch hier, wie schon in München und Berlin, schlug die Institution unverzüglich zurück. Die "Frauenvolksversammlung" (bzw. die Diskussionsveranstaltung) wurde von Hübner abgesetzt. Gegen den Willen der Beteiligten, die sich keineswegs "gescheitert" sahen. Bruno Ganz: "Die Beschäftigung mit der Problematik der Beziehung von Gesellschaft und Theater bis zur Verweigerung von Theater scheint mir wichtiger als das Produzieren – wenn auch kritisch – von 'Qualität'."[18] Und Jutta Lampe konstatiert: "Der sogenannte gescheiterte Abend der 'Frauenvolksversammlung' beweist nicht, daß kollektive Arbeit unmöglich und ohne Ergebnis bleiben muß. Kollektive Arbeit ist eine neue Art von Theaterarbeit und muß neu gelernt werden."[19]

Mit ein Ausgangspunkt und zugleich Gegenpol zur "Frauenvolksversammlung" war die Arbeit am "Tasso", als deren Ergebnis sich das hochgelobte und virtuose Produkt vorstellte.[20] Der gleiche Gedankenhintergrund, der in der "Frauenvolksversammlung" die Form aufsprengte, bog sich im "Tasso" in Form von "gesellschaftskritischen Bedeutungen ... in die Anschaulichkeit des Spiel zurück".[21] Wo Kritiker

17 Rolf Becker, Peter Berie, Claus Bremer, Hans Jürgen Plaumann: *Probennotizen zur Bremer Arbeit an Aristophanes/ Bremer "Frauenvolksversammlung"*. In: *Theater heute*, 4/1969, S. 23
18 Emigholz-Interview, a. a. O., S. 157/158
19 ebd., S. 157
20 Dabei entwickelte sich die Probendiskussion um Stellenwert und Wirkung des Theaters auf der Basis konventioneller Arbeitsbedingungen: "Grundlegend war das herkömmliche Produktionsschema nicht angetastet."(Jürgen Rapprich im Emigholz-Interview, a. a. O., S. 158). Und Werner Rehm: "Die bislang am Theater praktizierte Arbeitsteilung zwischen Regisseur, Dramaturg, Bühnenbildner und Schauspieler blieb auch bei dieser Arbeit voll erhalten. Das Stück wurde ohne mich zu befragen ausgewählt, ich wurde mit einer Rolle besetzt, das Bühnenbild wurde ohne mich entwickelt, das Programmheft dann später gegen mich, und auch an der Ausarbeitung der Regiekonzeption hatte ich nur wenig Anteil." (Emigholz-Interview, a. a. O., S. 141)
21 Ivan Nagel: *Epitaph und Apologie auf Steins "Tasso"*. In: "Theater 1969". Chronik und Bilanz eines Bühnenjahres der Zeitschrift "Theater Heute". Zit. nach: Volker Canaris (Hrsg.): *"Goethe u. a.:"Torquato Tasso"*, Frankfurt/M. 1970, S. 179

das selbstbestimmte Projekt gescheitert sahen, schwärmten sie beim "Tasso" von der "durchdachtesten und aufregendsten" Inszenierung, die "seit langem dem Theater hierzulande vergönnt war"[22], billigten der Premiere "ein Niveau von Kunst und Intelligenz" zu, "das das deutsche Theater an Eindringlichkeit seit Kortners, an Vollendung seit Noeltes besten Inszenierungen nicht mehr erreicht hatte."[23] Das Goethe-Stück kritisch aufarbeitend, kam man zu einer Reflexion der eigenen Situation. Stein benennt die Parallele:

> Ähnliche Erwartungen wie die höfische Gesellschaft ihrem Dichter, bringt die bürgerliche Gesellschaft ihrem Theater entgegen. Wir wissen, daß wir mit unserer Inszenierung diese Erwartung befriedigen: wir verhalten uns dabei wie Goethes Tasso und wie Goethe selbst.[24]

Daß auch kritische Kunst die Gesellschaft bestärkt, gegen die sie angeht, lautet die Marcuse-These, Formel der Selbstwertkrise der Kunst am Ende der sechziger Jahre. Im Erfolg der Inszenierung machten, in dieser Logik, die Beteiligten ihr Scheitern fest. Im Programmheft erklärte Stein die Inszenierung für prinzipiell mißlungen: "Dennoch ist es uns nicht gelungen, unsere Zweifel am Sinn unserer Arbeit auf der Bühne deutlich zu machen. Unsere Produktion verbleibt im Goetheschen Kunstrahmen, der nur durch rigorose Striche zu sprengen gewesen wäre."[25] In derselben Logik liegt es, daß das Scheitern der "Frauenvolksversammlung" dem "Tasso"-Team (angeblich) wertvoller erschien als der "Tasso"-Erfolg: "Ich halte die 'Frauenvolksversammlung' in ihrer Wirkung auf den Betrieb Theater für wichtiger und sicher nachhaltiger als die des 'Tasso'."[26] Schließlich schob man die Schuld am "Scheitern" auch noch der befürwortenden Kritik in die Schuhe: "Der ramponierte Ruf eines Provinzavantgarde-Theaters [wurde] restauriert; und das durch einen Erfolg, der vor allem deshalb so nachdrücklich ausfiel, weil man gegen eine Arbeit, die die gegebenen Verhältnisse und den Einzelnen ändern wollte und vorläufig scheiterte, hä-

---

22 Botho Strauß, a. a. O., S. 167
23 Ivan Nagel, a. a. O., S. 178
24 Peter Stein, Yaak Karsunke: Zum "Tasso". A. a. O., S. 135
25 ebd., S. 135/136
26 Hans Jürgen Rapprich im Emigholz-Interview, a. a. O., S. 158

misch ein Stück affirmatives Kunstgewerbe ausspielen zu können glaubte".[27]

Auch beim "Tasso" gab es zunächst Überlegungen, "das Stück aufzubrechen und durch Kommentare aus heutiger Sicht die ... wichtigsten Stellen zu erhellen".[28] Die Produktion entschied sich für einen anderen Weg: den Kommentar, die Kritik, in die Inszenierung selbst zu verlegen. Das äußert sich vor allem in den Anfangssequenzen, in "Vorspiel", "Bekränzung" und "Erstem Zwischenspiel", im Neuarrangement des Textes, in den Spiel-im-Spiel-Anlagen, im episierenden Gestus der Inszenierung. Ich möchte meine Analyseergebnisse hier nicht paraphrasieren. Festzuhalten ist, daß sich die Inszenierung hier selbst zum Thema macht, wobei sie ihre institutionelle Bedingtheit und ihre Stückvorlage kommentiert und radikal kritisiert. Diese Kritik spielt sich nicht vordergründig plakativ aus, sondern vermittelt sich, in der Hoch- und Überstilisierung selbst, darstellungsimmanent. Alle Brechungen, Verfremdungen, szenischen Kommentare gehen als Elemente einer komplexen Theatersprache in einer neuen "hohen Form" auf, die sich indes nicht selbst genügen, sondern relativieren und hinterfragen will: den Geschmack am Süßen durch eine Überdosis "Zuckerguß" verderben. Die Inszenierung beschäftigt sich mit sich selbst, gleichzeitig befördert sie, was ihr (historisches) Thema betrifft, einen plausiblen Befund ans Licht. Die gestische Vermessung des klassizistischen Dramas, die sich in den vielbeschriebenen parodistischen Elementen vielleicht am deutlichsten ausdrückt, holt Symptome eines sozialen (und eben nicht dichterisch-essentiellen) Krankheitsbilds ans Licht: Überzogene Dichtereitelkeit steht nicht als humoristischer und "denunziatorischer" Selbstzweck, sondern als Indiz pathologischer Verhältnisse, einer "unmenschlichen Ordnung", die sich, "im Emotionalclown", ein Ventil ins allzu Menschliche schafft.[29]

Im "Vorspiel" hatte man die Möglichkeiten szenischen Kommentierens bis an die Grenzen getrieben. Man hatte die Bühne zum Sprechen gebracht, und man war dennoch nicht zufrieden, ja demonstrierte öffentlich Unbehagen, sogar schlechtes Gewissen. Dahinter stand die Befürchtung, daß, was Kommentar und Kritik war auf der Bühne, sich in der "hohen Form" selbst – in doppeltem Sinne – 'aufheben' könnte,

27 Peter Stein im Emigholz-Interview, a. a. O., S. 145
28 *Kennen Sie ihre Bedürfnisse?* Text der "Pausenveranstaltung" zum Bremer "Tasso". In: Theater heute 5/69. Hier zitiert nach: Volker Canaris (Hrsg.), *Goethe u. a.:"Torquato Tasso".* Frankfurt/M. 1970, S. 123.
29 ebd.

daß, formelhaft pointiert, *Kritik an Kunst durch Kunst selbst wieder ("affirmative") Kunst hervorbringen würde.* Gegen die Zerstörung der "hohen Form" durch zwischengeschaltete (spielexterne) Kommentare hatte man sich, wie gesagt, entschieden. Und dennoch fand man eine Lösung zu artikulieren, was sich auf der Bühne selbst (jedenfalls nach Ansicht der Beteiligten) nicht vermitteln ließ. Man bereicherte die Produktion um eine "Pausenveranstaltung", die selbst wieder zum Lehrstück über die Macht der Institution werden sollte.

In der Pause der Premiere traten Stein und die Schauspieler an die Rampe und diskutierten mit den Zuschauern über aktuelle (Theater-) Verhältnisse. Nach der Premiere forderte die Theaterleitung "eine schriftliche Fixierung und Straffung der zunächst offen vorgetragenen Argumente." Dieser Text wurde zusammen mit einem Protest gegen die Absetzung der "Frauenvolksversammlung" in der Zweitvorstellung verlesen. Und unverzüglich von Hübner zensiert. Der Text dieser Veranstaltung ist erhalten; ich will nicht genauer darauf eingehen, da er nichts anderes beinhaltet, als das, worauf ich schon eingegangen bin, eben die Auseinandersetzung mit der Institution, künstlerische Selbstzweifel, Herrschaftsproblematik.

Die Eingangssequenzen – um auf die Interpretation zurückzukommen – vermessen die Stückvorlage konsequent "gestisch", insistieren auf die gesellschaftliche Relation, arbeiten, auf allen Ebenen, konsequent antipsychologisch. Dabei formulieren sie szenisch vor, was "Tasso"-Exegeten im Umfeld der "kritischen Hermeneutik" (sicherlich davon inspiriert!) später am Schreibtisch entworfen haben: eben Tasso als Opfer falscher gesellschaftlicher Verhältnisse. Gerade in den genannten Eingangssequenzen wird überaus deutlich vermittelt, wie die Inszenierung das Stück, seine Figuren, sich selbst sieht. (Und spielextern, im Programmheft und in der Pausenveranstaltung, wird es zusätzlich festgeklopft.) Das macht es der Analyse nur scheinbar leicht: Für meine eigene Arbeit hatte dies die Konsequenz, daß, nachdem Textfassung und "Vorspiel" untersucht waren, zunächst nichts weitergehen wollte. Alles schien hier auf eine (kritische) Formel gebracht, alle Fragen beantwortet. Den Kritikern ging es offenbar nicht anders. Praktisch alle Beiträge handeln über die erste halbe Stunde. Das gilt für Lobreden (etwa von Botho Strauß und Ivan Nagel), die sich an der raffinierten Dialektik dieser Sequenzen entzünden. Das gilt auch für die Negativkritik (Joachim Kaiser, Peter Handke), die, die semantische Reichweite der Passagen (polemisch?) um eine Ebene kürzend, im Parodistischen nur das Parodistische sehen wollten: Stichwort "Denunziation".[30] Das gilt zuletzt für Peter Stein selbst, der viele Jahre später, 1984, seine "Tasso"-Arbeit radikal kritisiert hat, die Negativ-Kritik noch übertönend:

> Für den "Tasso" habe ich einige grundlegende Behauptungen in den Boden des Stückes gerammt; dabei habe ich die Techniken der Montage weitestgehend auch bei diesem Stück von Goethe benutzt. Und ich habe die Eulenspiegeleien der Schauspieler in ihrer Behandlung des Textes nicht nur geduldet, ich habe sie ermutigt ... Ich habe diese Inszenierung gefilmt, ich kann sie mir anschauen, und ich sterbe vor Scham.[31]

Auch Stein schaut nur auf die erste halbe Stunde. Dabei ist mit dem Anfang keineswegs alles gesagt, und ich vermute, daß er mit dem (konventionelleren) Fortlauf zufriedener wäre. Daß nach den Anfangssequenzen noch Entscheidendes passiert, geht bei den mir bekannten "Tasso"-Beiträgen fast völlig unter. Ich habe nur zwei Statements ge-

---

30 Diese Möglichkeit der "Codeunterschreitung" lieferte nicht nur der Negativkritik ihren Ansatzpunkt. Darin lag die Gefahr der Aufführung schlechthin. Nur wenn ein Publikum bereit war, die angebotenen Verabredungen einzugehen, konnte sich die Inszenierung als "hohe Form" überhaupt erst entfalten. (Steins "Tasso" präsentiert in dieser Hinsicht den interaktionstheoretischen Musterfall, ein Lehrstück über die Rolle der Zuschauer!) Bei der Bremer Premiere funktionierte es: "Der hingebungsvolle Ernst ..., die gemessene Ästhetik verschlugen den Atem, der sich zum Lachen gesammelt hatte". (Ivan Nagel, a. a. O., S. 175) Als man "Tasso" später in einem anderen Umfeld, bei der "Experimenta" in Frankfurt/M., spielte, "war dieser empfindliche Kreislauf unterbrochen Manche Geste leistete der Entlarvung so viel Vorschub, daß sie ihr Eigengewicht verlor ... Text und Parodie wurden ... kurzgeschlossen, was Minute für Minute besserwisserisches Lachen im Parkett veranlaßte. Der Star der Aufführung schien nicht mehr der unglückselige Dichter Tasso ... – sondern der zufriedene Zuschauer, der sich klüger ... als alle Figuren vorkommen durfte." (ebd. S. 176) Martin Walser "ging in der Pause"; Peter Handkes vernichtende Kritik reagiert auf diese Frankfurter Aufführung, und auch Joachim Kaiser plaziert seinen Verriß vor diesen Hintergrund. Kaiser: "Dieses Gastspiel fand vor einem Publikum statt, das durch die Frankfurt/M.er Experimenta-Veranstaltungen in ... eine kindische Abwehrhaltung ... und in eine Lust am Verlachen gedrängt worden war. Jedesmal wenn das Wort 'Staat' oder 'Fürst' fiel ... jauchzte man vor Überlegenheit." (Joachim Kaiser, a. a. O., S. 22) Kaiser, Hauptvertreter des Denunziationsvorwurfes, stellt dies indes nicht in Rechnung, sondern wendet es, fast schon infam, gegen ihn Inszenierung. Das Argument: Die schenkelklopfenden Zuschauer hätten "die Bremer Bemühungen zur Kenntlichkeit verändert".

31 *Wohin das führen wird, weiß ich noch nicht*". Auszüge aus einem in Paris veröffentlichten Interview mit Peter Stein – vor seiner Entscheidung, 1985 die Leitung der Schaubühne abzugeben. In: *Theater heute*. 4/1984, S. 4

297

funden, die Veränderungen und Entwicklungen andeuten; vage Hinweise auf den Fokuswechsel (vom Gestischen zum Psychologischen), in dem sich für mich eines der wichtigsten und interessantesten Merkmale dieser Aufführung ausprägt. Der eine Hinweis stammt von Botho Strauß: "Je mehr 'Tasso' sich als von der Gesellschaft korrumpiert ... erkennt, um so deutlicher nimmt Ganz das Posieren zurück ..."[32] Und bei Siegfried Melchinger steht: "Für die ungewöhnliche Kraft von Bruno Ganz spricht, daß er drei Tassos spielt: den des 'Zuckergusses', den verrückten, und, stellenweise, sogar den Goethes."[33]

Ich will auch hier nicht ausführlich zusammenfassen, was ich in meinen Analysen vorgestellt habe. Wichtig ist folgendes: Von "Die Prinzessin" an nimmt sich der episierende Gestus stark zurück. Die Inszenierung baut – ganz im Gegensatz zu den radikal montierten Anfangsteilen – auf der Chronologie des (fast unveränderten) Goethe-Dramas auf, verläuft in konventionelleren Bahnen. Das äußert sich zunächst darin, daß man es über weite Strecken nicht mehr mit einer komplizierten und auf mehreren Ausdrucksebenen zugleich bedeutenden szenischen Polyphonie zu tun hat, sondern mit einer "akzentuierten Homophonie". Die Inszenierung stellt sich der Handlungslogik des Dramas. Und für zwei Figuren hat das erhebliche Konsequenzen: *Tasso und Prinzessin entwickeln sich* (im Gegensatz zum übrigen Personal). Die anfänglich konsequent durchgehaltenen Spiel-im-Spiel-Relationen werden gleichsam um eine Stufe zurückgeschraubt. Bruno Ganz spielt in "Die Prinzessin" und im "Streit" nicht mehr den Dichter, der die Dichterrolle dem Hof vorspielt, sondern nur noch den (liebenden, streitenden, leidenden) Dichter. Ein zweites Äußerungsmuster tritt auf den Plan, bei dem der körpersprachliche Ambitus des "Vorspiel"-Hysterikers drastisch abgesenkt wird: Ernüchterung. Auch für die Prinzessin finden sich plötzlich Zwischentöne. Noch in der Bekränzung betrachtet sie Tasso mit müdem Interesse wie ein "interessantes Tier", ganz auf der Seite des (über den "Emotionalclown") hochamüsierten Hofes. In "Die Prinzessin" zeigt die Inszenierung die Figur zwar nicht bruchlos als Liebende, nimmt die Beziehung der beiden jedoch durchaus ernst, Jutta Lampe verliert an wichtigen Stellen (Liebeserklärung Tassos) zuweilen ihren hochmüden Tonfall, es wird geradezu innig.

---

32   Botho Strauß, a. a. O., S. 166
33   Siegfried Melchinger: *Stein produziert Steins "Tasso"*. In: "Theater 1969". Chronik und Bilanz eines Bühnenjahres der Zeitschrift "Theater Heute". S. 28

Am deutlichsten zeigt sich die Arbeit mit unterschiedlichen Äußerungstypen bei Bruno Ganz' Tasso, der unbestrittenen Haupt- und Zentralfigur. Den exaltierten Dichter-Dichter haben wir kennengelernt und, im Fortlauf der Handlung, den ernüchterten Tasso. Und die entscheidende interpretatorische Konsequenz steuert die Inszenierung an, indem sie beide Äußerungstypen raffiniert kombiniert und in Beziehung setzt. Zum Kulminationspunkt dieser Interferenzen wird eine kurze Sequenz, die ich ausführlich beschrieben habe: "Zweideutiges Geflügel". Wenn Bruno Ganz seinem Tasso ausgerechnet im einsamen Moment schmerzlichster Selbsterkenntnis den Äußerungskontext der exorbitanten Vorspiel-Pose unterschiebt, so äußert sich darin eine neue Qualität des Defekts. Mit sich und seiner Enttäuschung allein verhält sich dieser Tasso so, als gelte es, einem Publikum den Schmerz als Dichterschmerz vorzuspielen. Die "epische" Vermessung des Dramas fördert einen plausiblen "psychologischen" Befund zu Tage: *vom Rollenzwang zur Ichspaltung.* Die Inszenierung endet, womit sie begonnen hat: mit einer drastischen Tasso-Pose. Antonio trägt den blöde gaffenden Dichter hinweg. Doch der Stellenwert der Pose ist am Schluß ein völlig anderer. Wo am Anfang in der Tasso-Pose die Inszenierung ihre sozialkritischen Intentionen transportierte, wirkt sie am Ende durchaus auch mitleiderregend. Die Pose wird dabei nicht einfach psychologisch umdefiniert, sondern *um eine Bedeutungsschicht erweitert*: im Zeichen des gesellschaftlichen Defekts äußert sich, nachdem die entsprechenden Ausdrucksmittel durch die Handlungsentwicklung geschleust worden sind, die persönliche Katastrophe. Aus dem "Spiel" (im Spiel) wird Ernst: *Peinlichkeit als Ausdruck von Pein.*

In der starken Konzentration auf die Dichterfigur liegt zugleich die Schwäche der Inszenierung: Den Stellenwert des Tasso-Antonio-Konflikts herabsetzend, vergibt sie wichtige Deutungsmöglichkeiten, gerade im Hinblick auf ihr kritisches Anliegen. Antonio steht hier, Teil des global mißgünstigen Hofes, als verknöchert-autoritärer Höfling auf der Bühne. Gerade diese Figur wäre einer differenzierteren Umsetzung entgegengekommen. Auch Antonio ist ein Instrument des Fürsten und dessen Willkür ausgesetzt. Auch in seinem Verhalten äußern sich Sozialdefekte, verschuldet durch ein Herrschaftssystem, das in humanistischen Idealen seine reale Unmenschlichkeit nur verschleiert. Im Streit verhält sich der angeblich so ritterliche, gefaßte, kluge Mann kleinlich und unbeherrscht, also genau so, wie er es mehrfach dem Dichter vorwirft. Dieses Angebot übergeht die Inszenierung völlig, im Streit agiert der Höfling wie sonst auch: steif und unbewegt. Gerade der Antonio-

Auftritt in der letzten Goethe-Szene gibt schließlich gewichtige Hinweise darauf, daß der Staatsmann im Augenschein von Tassos Fall eigene Vorurteile und Überheblichkeiten relativiert. Der Stein-Antonio führt auch hier nur, reglos, einen Fürstenauftrag aus ("halt ihn fest!"). Wenn man Antonio ernst nimmt, offenbart sich im Stück eine umfassende, eben nicht nur auf den Dichter beschränkte Krise. Eine Krise von Wertvorstellungen, von ritterlichen Idealen, höfischen Rollenerwartungen, die zu den alltäglichen Ansprüchen in krassen Widerspruch treten. In diesem Sinne wären Tasso und Antonio gleichwertig – als Entfremdete, der ideelle Anspruch dieser Gesellschaft ist nicht einlösbar. Das Stück (wie ich es gelesen habe) verhandelt mehr als die Krise des Dichters. Bei Stein wird Antonio "gesichtslos", Hofschranze, Teil des höfischen Kollektivs, Teil "der anderen". In der Reduktion Antonios auf eine bürokratische Ungestalt verkleinert sich die ganze kritische Unternehmung.

Ich vermute, daß sich im Desinteresse der zeitgenössischen Kritik an den Entwicklungslinien der Inszenierung äußert, was Gadamer als "Vorurteil" beschrieben hat, die Prägung der subjektiven Verstehensleistungen durch verschiedene zeitbedingte Kontextfaktoren. Die Kritiker argumentierten vor dem Hintergrund einer erbittert geführten Kulturdiskussion, die selbst die Konsequenz des Verschwindens der Kunst als denkbar annahm. Ich schreibe dies ziemlich genau 22 Jahre nach der Uraufführung, im Mai 1990. Zwar sind die Fragen um die gesellschaftliche Relevanz und die politische Wirkung und Verantwortung künstlerischer Praxis durch die Jahre nicht einfach beantwortet. Die derzeitige Kulturdiskussion steht indes unter völlig anderen Vorzeichen. Peter Stein selbst verschreibt sich heute einem dramen- und autorfixierten (psychologischen) Realismus, ekelt sich öffentlich über den alten "Tasso". Kunst, schon gar nicht kritische, gilt heute – in der Kulturdiskussion – nicht mehr als verdächtig, viel eher die gesellschaftspolitischen Entwürfe und Ziele, denen man damals folgte, und die ja gerade Kunst fragwürdig werden ließen. Die Fragen der Endsechziger sind nicht beantwortet, sie sind dennoch historisch weitgehend verschüttet und entschärft. Daß ein veränderter gesellschaftlicher Horizont den Blick auf die geschichtlichen Werke verändert, ist eine grundlegende hermeneutische Einsicht. Und vielleicht äußert sich historische Distanz hier konkret darin, daß sich die heutige Analyse mit Teilen und Aspekten der Inszenierung auseinandersetzt, die vor dem damaligen Horizont schlicht von geringerem Interesse waren.

Die erste Stein-Inszenierung, die ich ("live") gesehen habe, war, 1979, "Groß und klein"; und daß ich in (den Dokumenten) der "Tasso"-inszenierung Aspekte entdecke, die auf den psychologischen Realismus der mir bekannten Arbeiten hinweisen, erklärt sich vielleicht auch in diesem Zusammenhang. Die historische Bedeutung und Wirkung dieser Inszenierung (die man nicht trennen darf von ihrem direkten Umfeld, von "Frauenvolksversammlung", "Pausenveranstaltung" und Kritikerstreit) äußert sich vor allem darin, daß hier, in erstaunlicher Dichte, wesentliche Elemente der zeitgenössischen Kulturdiskussion kulminieren und szenisch zum Sprechen gebracht werden. Ihre ästhetische Konsequenz weist zugleich darüber hinaus: "Tasso" als Modell einer theatralischen Darstellung, die, indem sie zwischen historischen Theatersprachen, "gestisch" und psychologisch fokussierenden, vermittelt, soziale Bedingtheit subjektiv veranschaulicht. Der ideologische Horizont, vor dem diese Aufführung spielt, und der in ihr aufgehoben ist, mag heute als allzu eng, ja verstaubt erscheinen. Ihr besonderer Reiz, ihre Lebendigkeit, ihr Anspruch hat sich indes erhalten (sogar in der Video-Aufzeichnung). Der Bremer "Tasso" realisiert Theater als Forum einer kritisch-einfühlsamen künstlerischen Selbstreflexion, geprägt von hoher Schau- und Erkenntnislust. Ich halte dies nicht für überholt. Vor "Scham sterben" muß niemand – zuletzt Peter Stein.

Mitwirkende an der Bremer "Tasso"-Inszenierung

Inszenierung:	Peter Stein
Bühnenbild:	Wilfried Minks
Kostüme:	Wilfried Minks und Susanne Raschig
Alfons der Zweite	
Herzog von Ferrara:	Wolfgang Schwarz
Leonore von Este	
Schwester des Herzogs:	Jutta Lampe
Leonore Sanvitale	
Gräfin von Scandino:	Edith Clever
Torquato Tasso	Bruno Ganz
Antonio Montecatino	
Staatssekretär:	Werner Rehm

Premiere: 30.3.1969 im Theater am Goetheplatz, Bremen

Daten der "Tasso"-Aufzeichnung

Titel: "*Torquato Tasso* von Johann Wolfgang von Goethe.
Bremer Bühnenfassung"

Produktionsleitung:	Gerd Gundlach
Kamera:	Hans Sommerfeld
	Reinhard Bortfeld
	Michael Vallenthin
	Klaus Brix
	Volker Mach
Bildtechnik:	Hans Flug
Aufnahmeleitung:	Rainer Gronwald
Bildführung und Bildschnitt:	Michael Batty
Produktion:	Norddeutscher Rundfunk
Erstausstrahlung: 15. 11. 69	

302

Literatur

Barthes, Roland: *Die strukturalistische Tätigkeit*. In: *Essays critiques*. Editions du Seuil, Paris 1964; deutsch von Eva Moldenhauer, in: Günther Schiwy (Hrsg.): *Der französische Strukturalismus*. Reinbek 1969, S. 153–158

Berg, Jan: *Theorie des spektatorischen Ereignisses*. Berlin 1987, Typoskript der Habilitationsschrift.

Birdwhistell, Ray: *Introduction to Kinesics*. Louisville 1952

Birdwhistell, Ray: *Kinesics and Context: Essais on Body-Motion Communication*. Harmondsworth 1971

Blumenthal, Lieselotte: *Arkadien in Goethes "Tasso"*. In: Goethe. NF des Jahrbuchs der Goethe-Gesellschaft, Bd.13, 1951, S. 1–24

Bogatyrev, Petr: *Semiotics in the Folk Theatre*. In: L. Matejka/J.R.Titunic (eds.): *Semiotics of Art*. Prague School Contributions. Cambridge 1976, S. 33–50

Bohrer, Karl Heinz: *Die gefährdete Phantasie, oder Surrealismus und Terror*. München 1979

Borchmeyer, Dieter: *Die Weimarer Klassik. Eine Einführung*. Königstein 1980

Bouissac, Paul: *System versus Processus in the Understanding of Performances*. In Hess-Lüttich, E.W.B. (Hrsg.): *Multimedial Communication*. Vol. 1: Semiotic Problems of its Notation. Tübingen 1982, S. 63–74

Brauneck, Manfred und Schneilin, Gérard (Hrsg.): *Theaterlexikon*. Reinbek bei Hamburg 1986

Brauneck, Manfred: *Theater im 20. Jahrhundert*. Reinbek bei Hamburg 1982

Brecht, Bertolt: *Gesammelte Werke*. Frankfurt/M. 1967

Brecht, Bertolt: *Theaterarbeit*. Berlin DDR 1961

Buchholz, Gudrun: *Die Hermannschlacht in der Inszenierung des Schauspielhauses Bochum*. Szenenbeschreibungen und -analysen. Magisterarbeit. Berlin 1985

Bürger, Christa: *Der bürgerliche Schriftsteller im höfischen Mäzenat*. Literatursoziologische Bemerkungen zu Goethes "Tasso". In: Karl Otto Conrady (Hrsg.): *Deutsche Literatur zur Zeit der Klassik*. Stuttgart 1977, S. 141–153

Bürger, Peter: *Theorie der Avantgarde*. Frankfurt/M. 1974

Canaris, Volker (Hrsg.): *Goethe u.a.: "Torquato Tasso"*. Frankfurt/M. 1970

Craig, Edward Gordon: *Die Kunst des Theaters* In: E. G. C.: *Über die Kunst des Theaters*. Berlin 1969, S. 101–170

De Saussure, Ferdinand: *Grundfragen der allgemeinen Sprachwissenschaft* (Cours de linguistique générale). Hrsg.: Charles Bally und Richard Sechehaye; übers. von Peter von Polenz. Berlin 1967

Eco, Umberto: *Einführung in die Semiotik* (La struttura assente). Übers. von Jürgen Trabant. München 1972

Elam, Keir: *The Semiotics of Theatre and Drama*. London/New York 1980

Emigholz, Erich: *30 Fragen zum Bremer "Tasso"*. Programmheft Theater Bremen, Spielzeit 1968/69, Heft 14

Enzensberger, Hans Magnus: *Gemeinplätze, die Neueste Literatur betreffend*. In: Kursbuch 15, November 1968, S. 187–197

Fischer-Lichte, Erika (Hrsg.): *Das Drama und seine Inszenierung*. Tübingen 1985

Fischer-Lichte, Erika: *Semiotik des Theaters*. Bd. 1: Das System der theatralischen Zeichen; Bd.2: Vom "künstlichen" zum "natürlichen" Zeichen; Bd. 3: Die Aufführung als Text. Tübingen 1983

Fischer-Lichte, Erika: *Was ist eine werkgetreue Inszenierung?* Überlegungen zum Pozeß der Transformation eines Dramas in eine Aufführung. In: E. F.-L. (Hrsg.): *Das Drama und seine Inszenierung*. Tübingen 1985, S. 37–49

Frank, Helmar: *Grundlagenprobleme der Informationsästhetik und erste Anwendung auf die Mime pure*. Stuttgart 1959

Frank, Manfred: *Was ist Neostrukturalismus*. Frankfurt/M. 1984

Girshausen, Theo: *Zur Geschichte des Fachs*. In: Renate Möhrmann (Hrsg.): *Theaterwissenschaft heute*. Berlin 1990. S. 21–40

Goethe, Johann Wolfgang: *Torquato Tasso*. In: Robert Petsch (Hrsg.): *Goethes Werke*. Festausgabe. Siebenter Band: Dramen III. Leipzig 1926

Gräf, Hans Gerhard: *Goethe über seine Dichtungen*. Versuch einer Sammlung aller Äußerungen des Dichters über seine poetischen Werke. Frankfurt/M. 1908

Grimm, Reinhold: *Dichter-Helden. Tasso, Empedokles und die Folgen*. In: Basis. Jahrbuch für deutsche Gegenwartsliteratur 7. Frankfurt/M. 1977

Gude, Karl: *Erläuterungen deutscher Dichtungen*. Bearb. und hrsg. von Ernst Linde. Leipzig 1922

Gundolf, Friedrich: *Goethe*. Berlin 1920

Häusser, Siegfried: *Wie dem Herrn Mockinpott das Leiden ausgetrieben wird" von Peter Weiss*. Magisterarbeit. Berlin 1982

Heller, Heinz-B.: *Literatur im Zeichen der Rezession, Neuen Linken und "Tendenzwende"*. In: Jan Berg u. a. (Hrsg.): *Sozialgeschichte der deutschen Literatur von 1918 bis zur Gegenwart*. Frankfurt/M. 1981, S. 645–764

Herrmann, Max: *Forschungen zur deutschem Theatergeschichte des Mittelalters und der Renaissance*. Berlin 1914

Hickethier, Knut: *Methodisches Nachwort*. In K. H. (Hrsg.): *Grenzgänger zwischen Theater und Kino. Schauspielerporträts aus dem Berlin der zwanziger Jahre*. Berlin 1986, S. 248 –252

Hinderer, Walter: *Torquato Tasso*. In: W. H.: *Goethes Dramen: neue Interpretationen*. Stuttgart 1980, S. 169–175

Hiß, Guido: *Korrespondenzen. Zeichenzusammenhänge im Sprech- und Musiktheater*. Tübingen 1988

Hübler, Axel: *Drama in der Vermittlung von Handlung, Sprache und Szene*. Bonn 1973

Iden, Peter: *Die Schaubühne am Halleschen Ufer 1970-1979*. München und Wien 1979

Iden, Peter: *Jutta Lampe zeigt die erschöpfte Introversion eines Systems*. Theater 1969. Chronik und Bilanz eines Bühnenjahres der Zeitschrift "Theater heute". S. 59

Iser, Wolfgang: *Der Lesevorgang. Eine phänomenologische Perspektive*. In Rainer Warning (Hrsg.): *Rezeptionsästhetik*. München 1975, S. 253–276

Jakobson, Roman (Sammlung dt.): *Poetik*. Ausgewählte Aufsätze aus den Jahren 1921-1971, herausgegeben von Elmar Holenstein und Tarcisius Schelbert. Frankfurt/M. 1979

Jansen, Steen: *Esquisse d'une théorie de la forme dramatique*. In: Langage 12, 1968, S. 71–93

Justen, Heidrun: *Robert Wilsons "Death, Destruction and Detroit" an der Schaubühne am Halleschen Ufer, Berlin (1978/79) – Darstellung und Interpretation des ersten Aktes*. Magisterarbeit. Berlin 1981

Kaiser, Joachim: *Stein vergnügt sich an fünf dümmeren Menschen*. In: "Theater 1969". Chronik und Bilanz eines Bühnenjahres der Zeitschrift "Theater heute". S. 22 f.

Karsunke, Yaak: *Anachronistische Polemik*. In: Kursbuch 15, November 1968, S. 165–168

Kleindiek, Jürgen: *Zur Methodik der Aufführungsanalyse*. München 1973

Klier, Helmar (Hrsg.): *Theaterwissenschaft im deutschsprachigen Raum*. Darmstadt 1981

Kobligk, Helmut: *Johann Wolfgang Goethe: "Torquato Tasso"*. Frankfurt/M., Berlin, München, 1977

Korff, Hermann August: *Geist der Goethezeit*. Leipzig 1955

Kowzan, Tadeusz: *Littérature et spectacle dans leurs rapports esthéthiques, thématiques et sémiologiques*. Warszawa 1970

Lindemann, Rainer und Wandke, Christiane: *Audiovisuelle Dokumentation in der Theaterwissenschaft*. Magisterarbeit. Berlin 1986

Lyotard, Jean François: *Beantwortung der Frage: Was ist postmodern?* In: Peter Engelmann (Hrsg.): *Postmoderne und Dekonstruktion. Texte französischer Philosophen der Gegenwart*. Stuttgart 1990, S. 48 f.

Lotman, Jurij: *Die Struktur literarischer Texte*. Übers. von Rolf-Dietrich Keil; München 1972

Manthey, Johannes: *Der Sprachstil in Goethes "Torquato Tasso"*. Berlin 1959

Mayer, Hans: *Bildung, Besitz und Theater*. In: *Das Geschehen und das Schweigen*. Aspekte der Literatur. Frankfurt 1969

Melchinger, Siegfried: *Stein produziert Steins "Tasso"*. In: "Theater 1969". Chronik und Bilanz eines Bühnenjahres der Zeitschrift "Theater heute". S. 25–27

Michel, Karl Markus: *Ein Kranz für die Literatur*. In: Kursbuch 15, 1969 S. 169–186

Mukarovsy, Jan: *Zum heutigen Stand einer Theorie des Theaters*. In: A. v. Kesteren/H. Schmid (Hrsg.): *Moderne Dramentheorie*. Kronberg 1975; S. 76–95

Nagel, Ivan: *Epitaph und Apologie auf Steins "Tasso"*. In: "Theater 1969". Chronik und Bilanz eines Bühnenjahres der Zeitschrift "Theater heute". S. 27–31

Nahler, Horst: *Dichtertum und Moralität in Goethes "Torquato Tasso"*. In: Helmut Holtzhauer und Bernhard Zeller (Hrsg.): *Studien zur Goethezeit*. Weimar 1968, S. 285–301

Pagnini, Marcello: *Per una semiologia del teatro classico*. In: Strumenti critici, 12, 1970, S.121–140

Passow, Wilfried: *Max Reinhardts Regiebuch zu Faust II*. München 1971

Paul, Arno: "*Theater*". In Faulstich Werner (Hrsg.): *Kritische Stichwörter zur Medienwissenschaft*. München 1979, S. 316–355

Paul, Arno: *Theater als Kommunikationsprozeß*. In: H. Klier (Hrsg.): *Theaterwissenschaft im deutschsprachigen Raum*. Darmstadt 1981, S. 238–289

Paul, Arno: *Theaterwissenschaft als Lehre vom theatralischen Handeln*. (1971) In: Klier, Helmar (Hrsg.): *Theaterwissenschaft im deutschsprachigen Raum*. Darmstadt 1981 S. 208–237

Pavis, Patrice: *Dictionnaire du Théâtre*. Editions sociales, Paris 1987

Pavis, Patrice: *Languages of the Stage*. New York 1982

Pavis, Patrice: *Problèmes de sémiologie théâtrale*. Montréal 1976

Pfister, Manfred: *Das Drama*, München 1982

Posner, Roland: *Strukturalismus in der Gedichtinterpretation*. In: Heinz Blumensath (Hrsg.): Strukturalismus in der Literaturwissenschaft. Köln 1970, S. 202–242

Rasch, Wolfdietrich: *Goethes "Torquato Tasso"*. *Die Tragödie des Dichters*. Stuttgart 1954

Rischbieter, Henning und Berg, Jan (Hrsg.): *Welttheater*. Braunschweig 1985

Roethe, Gustav: *Der Ausgang des "Tasso"*. In: Gesammelte Vorträge und Aufsätze. Berlin 1932, S. 119–136

Rühle, Günther: *Theater in unserer Zeit*. Frankfurt/M. 1976

Ryan, Lawrence: *Die Tragödie des Dichters in Goethes "Torquato Tasso"*. In: Jahrbuch der deutschen Schillergesellschaft, 9. Jahrgang, 1965, S. 283–322

Schälzky, Heribert: *Empirisch-quantitative Methoden in der Theaterwissenschaft*. München 1980

Scherr, Johannes: *Allgemeine Geschichte der Literatur*. Stuttgart 1875

Schlegel, Friedrich: *Gespräch über die Poesie*. In: Athenäum, 1800, Bd. 3, S. 174

Schmidt, Susanne: *Methodische Untersuchung zur ästhetischen Differenz von textuellen und theatralischen Bauprinzipien am Beispiel von Tschechows "Kirschgarten"*. Magisterarbeit. Berlin 1985.

Schollak, Gylfe: *Die audiovisuelle Theaterdokumentation*. Berlin (DDR) 1979

Schopenhauer, Arthur: *Die Welt als Wille und Vorstellung*. Bd. 1; Sämtliche Werke Bd. 2, Leipzig 1916

Schulz, Karlheinz: *Goethes und Goldonis "Torquato Tasso"*. Frankfurt, Bern, New York, 1986

Schulz, Wilfried: *Die Entwicklung theatraler Techniken (Darstellungsformen) im gegenwärtigen volkstümlichen Theater am Beispiel von "L'Age d'or" des Théâtre du Soleil, Paris*. Magisterarbeit. Berlin 1976

Staiger, Emil: *Goethe. 1749-1786*. Zürich und Freiburg 1952

Stein, Peter und Karsunke, Yaak: *Zum "Tasso"*. Programmheft Theater Bremen, Spielzeit 1968/69, Heft 14

Steinbeck, Dietrich: *Einleitung in die Theorie und Systematik der Theaterwissenschaft*. Berlin 1970

Steinbeck, Dietrich: *Probleme der Dokumentation von Theaterkunstwerken*. In H. Klier (Hrsg.): *Theaterwissenschaft im deutschsprachigen Raum*. Darmstadt 1981, S. 179–191

Strauß, Botho: *Das schöne Umsonst*. In: Theater heute 5/69.

Strauß, Botho: *Versuch, ästhetische und politische Ereignisse zusammenzudenken*. Texte über das Theater 1967–1986. Berlin 1987

Szondi, Peter: *Theorie des modernen Dramas*. In: Schriften 1, Frankfurt/M. 1978, S. 11–147

Vaget, Hans Rudolf: *Um einen "Tasso" von außen bittend Kunst und Dilettantismus am Musenhof von Ferrara*. In: Deutsche Vierteljahresschrift für Literaturwissenschaft und Geistesgeschichte. 54 Jahrgang, H.2., Juni 1980, S. 232–258

Van Stapele, Peter: *"Starting the Cycle: Possibilities for the Analysis of Performance"*. In Erika Fischer-Lichte (Hrsg.): *"Das Drama und seine Inszenierung"*. Tübingen 1985, S. 219 –232

Von Hofmannsthal, Hugo: *Unterhaltung über den "Tasso" von Goethe*. In: Gesammelte Werke in Einzelausgaben. Hrsg. von Herbert Steiner. Prosa II. Frankfurt/M. 1951. S. 222 f.

Von Wiese, Benno: *Der Mensch in der Dichtung*. Studien zur deutschen und europäischen Literatur. Düsseldorf 1958

Von Wiese, Benno: *Die deutsche Tragödie von Lessing bis Hebbel*. Hamburg 1952

Wagner, Richard: *Oper und Drama*. Dichtung und Tonkunst im Drama der Zukunft. In: R.W.: Sämtliche Schriften und Dichtungen in zehn Bänden; Band 4, Leipzig 1911

Wekwerth, Manfred: *Theater und Wissenschaft*. München 1974

Wille, Franz: *Vergleichende Analyse zweier Inszenierungen von Thomas Bernhards "über allen Wipfeln ist Ruh"*. Magisterarbeit. Berlin 1983

307

Oper als Spiegel gesellschaftlicher Veränderungen, Band 1
Udo Bermbach/Wulf Konold (Hg.)
DER SCHÖNE ABGLANZ
Stationen der Operngeschichte
(Hamburger Beiträge zur Öffentlichen Wissenschaft, Band 9)
295 Seiten mit 17 Abbildungen
Broschiert / ISBN 3-496-00449-5

Oper als Spiegel gesellschaftlicher Veränderungen, Band 2
Udo Bermbach/Wulf Konold (Hg.)
GESUNGENE WELTEN
Aspekte der Oper
(Hamburger Beiträge zur Öffentlichen Wissenschaft, Band 10)
287 Seiten mit 13 Abbildungen
Broschiert / ISBN 3-496-00448-7
Unter dem Titel »Oper als Spiegel gesellschaftlicher Veränderungen«
erscheint ein dreibändiges Werk, das Operngeschichte auf dem Stand der
gegenwärtigen Forschung darstellt und diskutiert. Der dritte, abschließen-
de Band (erscheint 1993) wird sich den gegenwärtigen Problemen der
Oper zuwenden.

Udo Bermbach (Hg.)
IN DEN TRÜMMERN DER EIGNEN WELT
Richard Wagners »Der Ring des Nibelungen«
(Hamburger Beiträge zur Öffentlichen Wissenschaft, Band 7)
275 Seiten mit Tabellen und Graphiken
Broschiert / ISBN 3-496-00452-5

Renate Möhrmann (Hg.)
THEATERWISSENSCHAFT HEUTE
Eine Einführung
396 Seiten mit 40 Abbildungen, Register und Bibliographie
Broschiert / ISBN 3-496-00998-5

Heidrun Adler (Hg.)
THEATER IN LATEINAMERIKA
Ein Handbuch
463 Seiten
Broschiert / ISBN 3-496-00997-7

DIETRICH REIMER VERLAG
Unter den Eichen 57 · 1000 Berlin 45

BERLIN

Wolfgang Kemp (Hg.)
DER BETRACHTER IST IM BILD
Kunstwissenschaft und Rezeptionsästhetik
(Kunstgeschichte zur Einführung)
360 Seiten mit 80 Abbildungen. Broschiert. ISBN 3-496-01088-6

Künstler, Werk und Betrachter – diese drei unverzichtbaren Bestandteile der ästhetischen Sphäre haben in der Kunstwissenschaft eine sehr ungleichmäßige Behandlung erfahren. Während die Produktions- und Darstellungsästhetik immer im Mittelpunkt des Interesses gestanden haben, blieb der rezeptionsästhetische Ansatz unterentwickelt. Der vorliegende Band, erstmals 1985 bei DuMont erschienen und nun – erweitert um einige aktuelle Texte – wieder greifbar, führt die wichtigsten Forschungsergebnisse zusammen und eröffnet damit die Auseinandersetzung über eine ebenso neue wie alte Dimension der Kunst.

Michael Baxandall
URSACHEN DER BILDER
Über das historische Erklären von Kunst
Ins Deutsche übertragen von Reinhard Kaiser
Mit einem Vorwort von Oskar Bätschmann
268 Seiten mit 4 farbigen und 69 Schwarzweiß-Abbildungen
Format 17 x 24 cm. Hardcover. ISBN 3-496-01072-X

Michael Baxandall, einer der namhaftesten europäischen Kunsthistoriker, befaßt sich in seinem neuesten Buch mit dem historischen Erklären von Bildern. Auf dem Weg, Konzept und Umfeld des Künstlers zu ermitteln, gelangt er zu Einsichten, die das gegenwärtige Selbstverständnis der Kunstwissenschaft im Kern berühren.

KUNSTGESCHICHTE – ABER WIE?
Zehn Themen und Beispiele
Herausgegeben von der Fachschaft Kunstgeschichte München
(Clemens Fruh, Raphael Rosenberg, Hans-Peter Rosinski)
308 Seiten mit 111 Abbildungen. Broschiert. ISBN 3-496-00971-3

Wie man Kunstwerke befragen kann, welche Aspekte je nach Fragestellung an Bedeutung gewinnen, das demonstrieren hier zehn namhafte Kunsthistoriker. Sie führen ihre unterschiedlichen Ansätze in beispielhaften Interpretationen vor, legen ihre Grundannahmen offen, diskutieren methodische Begriffe und Phänomene der klassischen und modernen Kunst.

DIETRICH REIMER VERLAG  BERLIN
Unter den Eichen 57 · 1000 Berlin 45

FRANKFURTER SCHULE UND KUNSTGESCHICHTE

Herausgegeben von Andreas Berndt, Angela Rosenberg, Peter Kaiser
und Diana Trinkner
ca. 230 Seiten mit ca. 17 Abbildungen
Broschiert / ISBN 3-496-01093-2

Die Berührung von Kunstgeschichte und Kritischer Theorie kann nur
kritisch und partiell erfolgen, durch Bereitschaft zur Neubewertung
»kanonischer« Texte, Erproben einzelner Verfahren und Überprüfen
bestimmter Annahmen der Kritischen Theorie: Zehn Kunsthistoriker
diskutieren die Bedeutung der Frankfurter Schule für die Kunstgeschichte.

Barbara Aulinger
KUNSTGESCHICHTE UND SOZIOLOGIE
Eine Einführung

ca. 150 Seiten mit 20 Abbildungen, Bibliographie und Literaturempfehlungen
Broschiert / ISBN 3-496-01094-0

Von der Perspektive und vom Wissensstand des Kunsthistorikers ausgehend, skizziert das Buch die wichtigsten Vorstellungen und Grundbegriffe der Soziologie und will als Schlüssel zur weiteren Vertiefung in
die Soziologie der Kunst verstanden werden.

Martina Sitt (Hg.)
KUNSTHISTORIKER IN EIGENER SACHE
Zehn autobiographische Skizzen

Mit einer Einleitung von Heinrich Dilly
330 Seiten mit 19 Abbildungen und einem Personen- und Sachregister
Broschiert / ISBN 3-496-00467-3

Zehn einflußreiche Kunsthistoriker unserer Zeit schreiben über ihr
Leben, ihre Arbeit und ihr Verständnis von Kunst: Otto Pächt, Ernst H.
Gombrich, Werner Hofmann, Joseph Gantner, Werner Schmalenbach,
Rudolf Arnheim, Heinrich Lützeler, Max Imdahl, J.A. Schmoll gen.
Eisenwerth und Willibald Sauerländer. In den Erfahrungen und Begegnungen, die sie schildern, werden fünf Jahrzehnte deutscher Geistesgeschichte lebendig.

DIETRICH REIMER VERLAG
Unter den Eichen 57 · 1000 Berlin 45

BERLIN